PORSCH · HELLFRITSCH · BERWANGER

Bayerisches Kinderbildungs- und -betreuungsrecht

W0051682

Bayerisches Kinderbildungs- und -betreuungsrecht

Praxishandbuch zu BayKiBiG und AVBayKiBiG

Stefan Porsch
Diplom-Verwaltungswirt – Sachbearbeiter im Referat II/4 –
Kindertagesbetreuung im Bayerischen Staatsministerium für
Arbeit und Soziales, Familie und Integration

Magdalena Hellfritsch
Diplom-Pädagogin und wissenschaftliche Mitarbeiterin am
Staatsinstitut für Frühpädagogik (IFP), derzeit abgeordnet an das
Bayerische Staatsministerium für Arbeit und Soziales, Familie
und Integration als wissenschaftliche Referentin im Referat II/3 –
Frühkindliche Bildung und Erziehung

Dr. Dagmar Berwanger
Diplom-Psychologin und wissenschaftliche Referentin am
Staatsinstitut für Frühpädagogik (IFP), derzeit abgeordnet an das
Bayerische Staatsministerium für Arbeit und Soziales, Familie
und Integration als wissenschaftliche Referentin im Referat II/3 –
Frühkindliche Bildung und Erziehung

3., neu bearbeitete Auflage, 2014

Bibliografische Information der Deutschen Nationalbibliothek | Die Deutsche Nationalbibliothek verzeichnet diese Publikation in der Deutschen Nationalbibliografie; detaillierte bibliografische Daten sind im Internet über www.dnb.de abrufbar.

3. Auflage, 2014
ISBN 978-3-415-04976-5

© Richard Boorberg Verlag GmbH & Co KG, 2007
Scharrstraße 2
70563 Stuttgart
www.boorberg.de

Satz: Dörr + Schiller GmbH, Curiestraße 4, 70563 Stuttgart | Druck und Bindung: Gulde Druck GmbH & Co. KG, Hechinger Straße 264, 72072 Tübingen

Richard Boorberg Verlag GmbH & Co KG | Scharrstraße 2 | 70563 Stuttgart
Stuttgart | München | Hannover | Berlin | Weimar | Dresden
www.boorberg.de

Vorwort zur 3. Auflage

Seit dem Inkrafttreten des Bayerischen Kinderbildungs- und -betreuungsgesetzes (BayKiBiG) zum 1. August 2005 haben sich aufgrund umfangreicher gesellschaftspolitischer Entwicklungen die Rahmenbedingungen rund um die Kindertagesbetreuung in erheblichem Maße verändert. Dies hatte eine Vielzahl von rechtlichen Änderungen in diesem Bereich zur Folge. Erwähnt seien hier insbesondere:
– Das Inkraftreten des Bundeskinderschutzgesetzes (BKiSchG) zum 1. Januar 2012,
– der Eintritt des Rechtsanspruchs auf einen Betreuungsplatz für Kinder ab vollendetem 1. Lebensjahr zum 1. August 2013 und
– das Bildungsfinanzierungsgesetz vom 24. April 2013.

Diese Veränderungen veranlassten den bayerischen Landesgesetzgeber zu einer umfassenden Überarbeitung des BayKiBiG sowie der AVBayKiBiG. Mit dieser Ausgabe wird die rechtliche Entwicklung im Bereich der Kindertagesbetreuung auf den aktuellen Stand gebracht. Insbesondere werden die Neuerungen im BayKiBiG und der AVBayKiBiG im Detail erläutert. In dieser dritten Auflage wurden folgende Neuerungen eingearbeitet:
– Novellierung des BayKiBiG zum 1. Januar 2013
  – Änderungen im Bereich der kommunalen Bedarfsplanung
  – Wegfall der Gastkindregelung
  – Stärkung der Inklusion
  – Einführung eines Qualitätsbonus
  – Einführung der Beitragsentlastung für Eltern von Vorschulkindern
  – Verbindliche Einführung eines onlinegestützten Abrechnungsprogramms (KiBiG.web)
  – Verbesserungen in der Kindertagespflege
– Änderung der AVBayKiBiG zum 1. September 2013

Die Überarbeitung des pädagogischen Teils des Buches beschränkt sich in dieser Auflage auf die Anpassung an die gesetzlichen Änderungen. Von einer weiteren Überarbeitung des pädagogischen Teils wird zu diesem Zeitpunkt abgesehen, da die rechtliche Entwicklung mit der Novellierung des BayKiBiG zum 1. Januar 2013 noch nicht abgeschlossen ist. Insbesondere das Bildungsfinanzierungsgesetz erfordert zum 1. September 2014 eine neuerliche Änderung des BayKiBiG, wobei sich derzeit noch nicht abschätzen lässt, welche Vorschriften konkret von der anstehenden Änderung betroffen sein werden. Insofern zeichnet sich eine weitere Überarbeitung des Praxishandbuchs zum 1. Januar 2015 ab. Die erneut anstehende Anpassung wird für eine grundlegende inhaltliche Überarbeitung des pädagogischen Teils des Buches genutzt.

Unser Dank gebührt den Autoren der 1. und 2. Auflage, Frau Dr. Heike Jung und Herrn Simon Lehner, deren Einverständnis zur Überarbeitung bzw. Anpassung diese 3. Auflage ermöglichte.

Den Lesern und Nutzern danken wir für die bisher positive Aufnahme des Werks verbunden mit der Hoffnung, dass auch diese 3. Auflage Unterstützung bieten möge bei der Bewältigung der Herausforderungen, die die Umsetzung der rechtlichen Bestimmungen im BayKiBiG und der AVBayKiBiG in der täglichen Praxis in den Gemeindeverwaltungen, bei den Trägern und nicht zuletzt in den Kindertageseinrichtungen mit sich bringt.

München, im November 2013

Stefan Porsch
Magdalena Hellfritsch
Dr. Dagmar Berwanger

Inhaltsverzeichnis

**Verordnung zur Ausführung des Bayerischen
Kinderbildungs- und -betreuungsgesetzes (AVBayKiBiG)**

Abkürzungsverzeichnis

a. A.	anderer Ansicht
a. a. O.	am angegebenen Ort
Abs.	Absatz
a. E.	am Ende
a. F.	alte Fassung
AGSG	Ausführungsgesetz zu den Sozialgesetzen
AllMBl.	Allgemeines Ministerialblatt
AMS	Arbeitsministerielles Schreiben des Bayerischen Staatsministeriums für Arbeit und Sozialordnung, Familie und Frauen
ÄndG	Änderungsgesetz
Art.	Artikel
AVBayKiBiG	Verordnung zur Ausführung des Bayerischen Kinderbildungs- und -betreuungsgesetzes
Az.	Aktenzeichen
BayBL	Bayerische Leitlinien für die Bildung und Erziehung von Kindern bis zum Ende der Grundschulzeit
BayEUG	Bayerisches Gesetz über das Erziehungs- und Unterrichtswesen
BayKiBiG	Bayerisches Kinderbildungs- und -betreuungsgesetz
BayKiG	Bayerisches Kindergartengesetz
BayKJHG	Bayerisches Kinder- und Jugendhilfegesetz
Beschl.	Beschluss
Bek.	Bekanntmachung
BEP	Bildungs- und Erziehungsplan
BVerfG	Bundesverfassungsgericht
BVErfGE	Entscheidungssammlung des Bundesverfassungsgerichts
BVerwG	Bundesverwaltungsgericht
bzw.	beziehungsweise
ca.	cirka
d. h.	das heißt
DJI	Deutsches Jugendinstitut
DVBayKiG	Durchführungsverordnung zum Bayerischen Kindergartengesetz
Erl.	Erläuterung
FA-ZR	Richtlinien über Zuwendungen des Freistaates Bayern zu Baumaßnahmen im kommunalen Finanzausgleich
FAG	Finanzausgleichsgesetz
f.	folgende
ff.	fortfolgende
Gem. Bek.	Gemeinsame Bekanntmachung
GO	Gemeindeordnung
GG	Grundgesetz

ggf.	gegebenenfalls
GTP	Großtagespflege
GVBl.	Gesetz- und Verordnungsblatt
Halbs.	Halbsatz
Hrsg.	Herausgeber
i. d. F.	in der Fassung
i. d. R.	in der Regel
IFP	Staatsinstitut für Frühpädagogik
i. S. d.	im Sinne des
i. V. m.	in Verbindung mit
JA	Jugendamt
KiFöG	Gesetz zur Förderung von Kindern unter drei Jahren in Tageseinrichtungen und in Kindertagespflege (Kinderförderungsgesetz)
KommZG	Gesetz zur kommunalen Zusammenarbeit
Mio.	Millionen
m. w. N.	mit weiteren Nachweisen
NfK	Netz für Kinder
Nr.	Nummer
NJW	Neue Juristische Wochenzeitschrift
Rn.	Randnummer
Rspr.	Rechtsprechung
s.	siehe
S.	Seite
SGB	Sozialgesetzbuch
StAnz.	Staatsanzeiger
StMAS	Bayerisches Staatsministerium für Arbeit und Soziales, Familie und Integration
str.	strittig
SVE	Schulvorbereitende Einrichtung
TP	Tagespflegeperson
TRöffJH	Träger der öffentlichen Jugendhilfe
u. Ä.	und Ähnliches
Urt.	Urteil
usw.	und so weiter
VA	Verwaltungsakt
v. a.	vor allem
VGH	Verwaltungsgerichtshof
vgl.	vergleiche
z. B.	zum Beispiel

Literaturverzeichnis

Bauer/Hundmeyer/Groner/Mehler/Obermaier-van Deun, Kindertagesbetreuung in Bayern, Bayerisches Kinderbildungsgesetz, Kinder- und Jugendhilferecht und weitere Vorschriften, Kronach (Loseblattsammlung; Stand März 2006)

Bayerisches Staatsministerium für Arbeit und Sozialordnung, Familie und Frauen (Hrsg.), Das Bayerische Kinderbildungs- und -betreuungsgesetz (BayKiBiG) mit Ausführungsverordnung (AVBayKiBiG), München, 2005

Bayerisches Staatsministerium für Arbeit und Sozialordnung, Familie und Frauen/Staatsinstitut für Frühpädagogik (Hrsg.), Der Bayerische Bildungs- und Erziehungsplan für Kinder in Tageseinrichtungen bis zur Einschulung, Weinheim und Basel, 2006

Bayerisches Staatsministerium für Arbeit und Sozialordnung, Familie und Frauen/Staatsinstitut für Frühpädagogik (Hrsg.), Der Bayerische Bildungs- und Erziehungsplan für Kinder in Tageseinrichtungen bis zur Einschulung, 5. erweiterte Auflage, Berlin 2012

Bayerisches Staatsministerium für Arbeit und Sozialordnung, Familie und Frauen/Staatsinstitut für Frühpädagogik München (Hrsg.), Bildung, Erziehung und Betreuung von Kindern in den ersten Lebensjahren. Handreichung zum Bayerischen Bildungs- und Erziehungsplan für Kinder in Tageseinrichtungen bis zur Einschulung, Berlin, 2010

Bayerisches Staatsministerium für Arbeit und Sozialordnung, Familie und Frauen/Bayerisches Staatsministerium für Unterricht und Kultus (Hrsg.), Gemeinsam Verantwortung tragen. Bayerische Leitlinien für die Bildung und Erziehung von Kindern bis zum Ende der Grundschulzeit, München, 2012

Brandenburg, Christoph/Schwemer, Arne, Das neue Bayerische Kinderbildungs- und -betreuungsgesetz, Bedarfsplanung und Förderung – Leitfaden für die Praxis, Heidelberg, 2005

Brezinka, Wolfgang, Glaube, Moral und Erziehung, Gesammelte Schriften Band 8, Basel, 1992

Dunkl, Hans-Jürgen/Eirich, Hans, Bayerisches Kinderbildungs- und -betreuungsgesetz (BayKiBiG) mit Ausführungsverordnung (AVBayKiBiG), München, 2. Aufl., 2009

Elschenbroich, Donata, Weltwissen der Siebenjährigen, München, 2001

Fthenakis, Wassilios E./Textor, Martin R. (Hrsg.), Knaurs Handbuch Familie. Alles was Eltern wissen müssen, München, 2004

Flitner, Andreas, Konrad, sprach die Frau Mama... Über Erziehung und Nicht-Erziehung, 2004

Flitner, Andreas, Spielen – Lernen. Praxis und Deutung des Kinderspiels, 2002

Kluge, Jürgen, Schluss mit der Bildungsmisere. Ein Sanierungskonzept, Frankfurt, New York, 2003

Krüger, Astrid/Hartl-Grötsch, Eleonore/Dunkl, Hans-Jürgen, Ratgeber Kindertageseinrichtungen, 1. Aufl., Kronach, 2005

Mayr, Toni, Beobachtungsbogen für Erzieherinnen zur Erfassung von Entwicklungsauffälligkeiten und -störungen bei Kindergartenkindern (BEK), in: Rieder-Aigner, H. (Hrsg.), Handbuch Kindertageseinrichtungen XI B 1–6, Berlin, Bonn, Regensburg, 16. Aktualisierung, 1999

Mayr, Toni, Probleme bei der Früherkennung von Entwicklungsauffälligkeiten – welchen Beitrag können Kindertagesstätten leisten?, in: IFP-Infodienst, 2000

Maywald, Jörg, Kinderschutz in der Kita; Ein praktischer Leitfaden für Erzieherinnen und Erzieher, Freiburg, 2013

Newsletter des Bayerischen Staatsministeriums für Arbeit und Sozialordnung, Familie und Frauen, www.stmas.bayern.de/kinderbetreuung/newsletter/index.htm

Reidelhuber, Almut, Umweltbildung. Ein Projektbuch für die sozialpädagogische Praxis mit Kindern von 3–10 Jahren, Freiburg, 2000

Reidelhuber, Almut, Umweltbildung in Tageseinrichtungen für Kinder, in: IFP-Infodienst, 2000

Speck, Josef/Wehle, Gerhard, Handbuch pädagogischer Grundbegriffe, München, 1970

Straßberger, Gudrun/Schalke, Erich H., Bayerisches Kindergartengesetz, Köln, 7. Aufl., 2004

Textor, Ingeborg, Kindergarten 2010, Traum – Vision – Realität, Freiburg, 3. Aufl., 1995

Textor, Martin R., Bildung im Kindergarten. Zur Förderung der kognitiven Entwicklung, Münster, 2006

Wiesner, Reinhard/Feger, Jörg M./Mörsberger, Thomas/Oberloskamp, Helga/Struck, Jutta, SGB VIII, Kinder- und Jugendhilfe, München, 3. Aufl., 2006

Einführung

A. Ziele des BayKiBiG

Das Bayerische Kinderbildungs- und -betreuungsgesetz (BayKiBiG) hat nach dreijähriger Erprobungsphase zum 1.9.2005 das Bayerische Kindergartengesetz vom 25.7.1972 abgelöst, das über 30 Jahre lang die Rahmenbedingungen für die Kindergärten gesetzt hat.

Mit dem Bayerischen Kindergartengesetz gelang es, die Kindergartenbesuchsquote von 46 % (1973) auf 99 % (2004) mehr als zu verdoppeln und die Kindergärten – unabhängig von den vielen Bildungsansätzen, die mit der Zeit kamen und gingen – als in der Bevölkerung allgemein anerkannte, primäre Bildungseinrichtungen für Kinder ab drei Jahren zu etablieren – ganz ohne Zwang oder Verpflichtung, sondern allein aufgrund der Überzeugungskraft des pädagogischen Angebots.

Diese positive Entwicklung galt und gilt es, mit dem BayKiBiG weiterzuführen.

Seit dem Inkrafttreten des BayKiBiG wurde die Kindertagesbetreuung in erheblichem Maße quantitativ wie qualitativ ausgebaut:

	1.1.2006	1.1.2013
Krippenplätze	9.248	33.983
Hortplätze	40.036	52.011
Kindergartenplätze	385.038	371.347
Häuser für Kinder	1.990	75.163
Tagespflege	5.613	10.866
Integrative Einrichtungen (2007)	512	935

Die Einführung des BayKiBiG wurde inhaltlich von der Einführung des Bayerischen Bildungs- und Erziehungsplans für Kinder in Tageseinrichtungen bis zur Einschulung (BayBEP), der als erster seiner Art nicht nur bayernweit, sondern bundesweit in der pädagogischen Arbeit in den Kindertageseinrichtungen Maßstäbe setzte. Der BayBEP definiert Visionen, die alle Bildungsorte und Fachkräfte von Kindern in den ersten sechs Lebensjahren verbindet und schafft so die fachliche Voraussetzung für bestmögliche Bildung von Anfang an. Zu den Veränderungen, die in den letzten Jahrzehnten stattgefunden haben, gehört des Weiteren die **zunehmende Erwerbstätigkeit von Frauen** mit minderjährigen Kindern. Die Gründe hierfür sind mannigfaltig: Sei es, dass Frauen heutzutage auch nach der Familiengründung aktiv im Beruf bleiben möchten, teils weil sie es in der sich rasch verändernden Berufswelt müssen, um nicht den Anschluss zu verlieren, oder auch weil sie auf die Erwerbstätigkeit zum Lebensunterhalt schlicht angewiesen sind, wie dies insbesondere bei Alleinerziehenden der Fall ist. Diese gesellschaftliche Realität kann nicht ignoriert werden. Sie führt zu einem wachsenden Bedarf an qualitativ hochwertigen und verlässlichen Betreuungsplätzen auch für Kinder unter drei Jahren und für Schulkinder. Das BayKiBiG war wesentliche Grundlage und Voraussetzung für den Ausbau des Betreuungsangebots.

Auch der Bund hat sich dieser gesellschaftlich wichtigen Aufgabe angenommen und durch das Kinderförderungsgesetz (KiFöG) vom 10.12.2008 rückwirkend zum 1.1.2008 ein Bundessondervermögen aufgelegt, mit dem er die Länder und über diese auch die Gemeinden in den Jahren 2008–2013 mit insgesamt bis zu 2,15 Milliarden Euro bei Investitionen in Kindertageseinrichtungen und Tagespflege für Kinder unter drei Jahren unterstützt. Auf Bayern entfallen dabei 340 Mio. Euro. Für den bedarfsgerechten Ausbau wird der Freistaat im Rahmen des Programms „Zukunft Bayern 2020" rund eine Milliarde Euro an Landesmitteln zusätzlich investieren.

Auch gilt es den Bildungs- und Erziehungsauftrag der Kindertageseinrichtungen verstärkt hervorzuheben. Das bedeutet **keine Verschulung** des Kindergartens. **Das Spiel als pädagogisches Prinzip bleibt vielmehr unverändert gültig** (vgl. § 14 Abs. 1 Satz 2 AVBayKiBiG). Die pädagogischen Kräfte initiieren, begleiten und strukturieren die Lernprozesse. Das BayKiBiG und die AVBayKiBiG stärken den Bildungs- und Erziehungsauftrag der Kindertageseinrichtungen. Die Umsetzung der Bildungs- und Erziehungsziele des BayBEP ist durch die Verankerung im BayKiBiG gesetzlich verpflichtend. Die Bildungs- und Erziehungsziele werden ausführlich und explizit in 13 Paragrafen der AVBayKiBiG aufgezählt und erläutert. Das Konzept basiert auf den Prinzipien der Inklusion und Teilhabe (Partizipation), das eine Ausgrenzung von Menschen anhand bestimmter Merkmale ablehnt, sich an den individuellen Bildungs- und Entwicklungsbiografien der Kinder orientiert und geeignete Beteiligungsverfahren sicherstellt. Als Leitziel von Bildung gilt durchgängig die Stärkung von Kompetenzen (Art. 10 Abs. 1 und 2, Art. 11 Abs 1, Art. 13 Abs. 1 BayKiBiG, §§ 1 Abs. 3, 2 AVBayKiBiG).

Der BayBEP wurde dahingehend weiterentwickelt, als speziell für die Altersgruppe von 0 bis 3 Jahren die Handreichung „Bildung, Erziehung und Betreuung von Kindern in den ersten drei Lebensjahren" veröffentlicht wurde. Dies trägt zum einen der erhöhten Nachfrage nach Plätzen für unter dreijährige Kinder und zum anderen der Einführung eines Rechtsanspruchs auf einen Betreuungsplatz für Kinder ab dem vollendeten ersten Lebensjahr ab dem 1.8.2013 Rechnung.

Um über die Einschulung hinaus die Kontinuität im Bildungsverlauf zu wahren, wurden in gemeinsamer Verantwortung von StMAS und StMUK Bildungsleitlinien für die pädagogische Arbeit in Kindertageseinrichtungen und Grundschulen entwickelt. Die Umsetzung der Bildungs- und Erziehungsziele des BayBEP ist durch die Verankerung im BayKiBiG gesetzlich verpflichtend und unterliegt einer mittelbaren Steuerung, indem die Förderung an konkrete Maßnahmen der Qualitätssicherung geknüpft ist, wie

– Fortschreibung und Veröffentlichung der pädagogischen Konzeption
– Jährliche Durchführung einer Maßnahme zur Qualitätssicherung (Elternbefragung)
– Verbindlicher Einsatz von Beobachtungsbögen (SISMIK, SELDAK, PERIK).

Die Sprachliche Bildung ist in § 5 AVBayKiBiG geregelt und damit Fördervoraussetzung. Sie nimmt im BayKiBiG einen zentralen Stellenwert ein, der durch das Bildungsfinanzierungsgesetz sowohl inhaltlich wie auch finanziell nochmals eine zusätzliche Bedeutung gewonnen hat.

Es besteht die Verpflichtung für die Träger von Kindertageseinrichtungen zur Sicherstellung einer besonderen Sprachförderung für alle Kinder, die unzureichende Sprachkenntnisse der deutschen Sprache haben. Hierfür leistet der Freistaat über den Migrationsfaktor sowie einer Beteiligung an den Kosten für die Vorkurse Deutsch 240 eine höhere Förderung. Grundlage der Teilnahme eines Kindes am Vorkurs Deutsch 240, bei denen inhaltlich und organisatorisch eine Kooperation mit der Grundschule besteht, sind die Ergebnisse einer verbindlichen Sprachstandserhebung.

Mit dem BayKiBiG haben alle Kindertageseinrichtungen einen Integrationsauftrag gegenüber Kindern mit (drohender) Behinderung wie auch gegenüber Kindern mit Migrationshintergrund erhalten. Die Träger erhalten für Kinder mit Migrationshintergrund eine um 30 % höhere kindbezogene Förderung. Der besondere Betreuungs-, Erziehungs- und Bildungsbedarf bei der Aufnahme von Kindern mit (drohender) Behinderung wird durch einen Gewichtungsfaktor 4,5 für diese Kinder förderrechtlich berücksichtigt. In integrativen Einrichtungen mit mindestens drei Kindern mit Behinderung kann der Faktor 4,5 um einen Faktor +X erhöht werden, um zusätzliche Personalstunden zu finanzieren. Mit den Faktoren wurde ein Anreiz für die Träger von Kindertageseinrichtungen zur Aufnahme von Kindern mit Behinderung geschaffen. Die Zahl der integrativen Einrichtungen hat sich in der Zeit von 2007 bis 2013 nahezu verdoppelt.

Auf der Grundlage einer inklusiven Pädagogik sind Kindertageseinrichtungen als Orte definiert, an denen eine Vielfalt von Persönlichkeiten zusammentrifft. Vielfalt wird ausdrücklich bejaht und gezielt genutzt, um den Kindern vielfältige Lernerfahrungen zu ermöglichen. Deshalb sollen Kinder mit **(drohender) Behinderung** und Kinder ohne Behinderung in Kindertageseinrichtungen gemeinsam betreut und gefördert werden (vgl. Art. 12 Abs. 1 BayKiBiG).

Der Begriff der Integration findet im BayKiBiG nach wie vor Verwendung. Integration erreicht dann das Ziel der Inklusion, wenn es in allen Lebensbereichen selbstverständlich ist, dass insbesondere Kinder mit Behinderung, aber auch Kinder mit Migrationshintergrund wie auch alle anderen Kinder mit besonderen Bedürfnissen von Beginn an beteiligt sind und auf ihre speziellen Bedürfnisse angemessen eingegangen werden kann. Insofern ist es durchaus sachgerecht, von integrativen Einrichtungen bzw. Plätzen zu sprechen, wenn Integration als Prozess zur Erreichung der Inklusion betrachtet wird.

Die Förderung wird an konkrete Maßnahmen zur Qualitätssicherung geknüpft, wie
– Fortschreibung und Veröffentlichung der pädagogischen Konzeption
– Regelmäßige Durchführung von Qualitätssicherungsmaßnahmen, in der Regel Elternbefragung
– Verbindlicher Einsatz von Beobachtungsbögen (SISMIK, SELDAK, PERIK).

Die Praxisbeispiele im BayBEP sollen inspirierende Wirkung haben und Impulse für die Bildungsarbeit geben. Sie sind nicht verbindlich im Sinne einer Umsetzung 1 : 1.

Trotz der wachsenden Bedeutung der Kindertageseinrichtungen für die Entwicklung der Kinder zu ganzheitlichen Persönlichkeiten bleiben die Krippen, Kindergärten und Horte **familienergänzende und -unterstützende Einrichtungen.** Dem entspricht es, dass im BayKiBiG die Bildungs- und Erziehungspartnerschaft der Eltern und des pädagogischen Personals gestärkt wird.

Der bedarfsgerechte Ausbau der Angebote in Kindertageseinrichtungen und Tagespflege stellt die pädagogischen Fachkräfte vor eine große Herausforderung. Mit dem Bildungsfinanzierungsgesetz werden zur kindbezogenen Förderung und den Bundesmitteln zur Betriebskostenförderung, die vom Freistaat Bayern ungekürzt an die Gemeinden weitergereicht werden, nochmals 30 Mio. Euro zusätzlich für die Betriebskostenförderung von Plätzen für Kinder unter drei Jahren bereitgestellt, um damit vor allem die erforderlichen Rahmenbedingungen zu gewährleisten. Diese zusätzliche Förderung wurde in § 25 AVBayKiBiG als Rechtsanspruch ausgestaltet. Durch das BayKiBiG wurden die Gemeinden verpflichtet, eine kommunale Bedarfsplanung durchzuführen und das Angebot vor Ort auf die Bedürfnisse der Familien auszurichten. Mit der Novellierung des BayKiBiG wurde das Verfahren der kommunalen Bedarfsplanung an die herrschende Rechtsprechung angepasst und vereinfacht.

Die Einrichtungen orientieren sich zunehmend an den Wünschen der Eltern und haben mehrheitlich die Öffnungszeiten ausgedehnt. Mit verantwortlich hierfür war aber auch die kindbezogene Förderung mit den sog. Buchungszeitfaktoren, über die die Träger und Gemeinden infolge von längeren Buchungszeiten der Kinder mehr Fördermittel erhalten. Neben den Öffnungszeiten sind aber auch die Buchungszeiten der Kinder in erheblichem Umfang gestiegen. Um den Wünschen der Eltern und der sich stetig verändernden und flexibilisierenden Berufswelt noch besser nachkommen zu können, wird durch die AVBayKiBiG zum einen der Personaleinsatz in Randzeiten durch den Einsatz von Tagespflegepersonen in Kindertageseinrichtungen flexibilisiert und zum anderen erhalten Kindertageseinrichtungen mit längeren Öffnungszeiten (siehe Bildungsfinanzierungsgesetz) über einen einrichtungsbezogenen Faktor zusätzliche finanzielle Mittel.

B. BayKiBiG – Ausführungsgesetz zum SGB VIII oder eigenständiges Bildungsgesetz?

Das Bayerische Kindergartengesetz hat der bayerische Gesetzgeber als Bildungsgesetz erlassen, gestützt auf seine Gesetzgebungskompetenz im Bereich des Bildungswesens nach Art. 70 GG. Hieran knüpft § 26 Satz 2 SGB VIII an. Dieser schließt die Anwendung der Vorschriften des betreffenden Abschnitts des SGB VIII – einschließlich des dort normierten Anspruchs auf einen Kindergartenplatz – aus, wenn landesrechtliche Regelungen das Kindergartenwesen dem Bildungsbereich zuordnen. Die übrigen Vorschriften des SGB VIII, insbesondere die §§ 45 ff., 90 SGB VIII fanden hingegen auch in Bayern unstreitig Anwendung.

Das Bundesverfassungsgericht (Beschluss vom 10.3.1998 – 1 BvR 178/97 – NJW 1998, 2128) hat hingegen den Schwerpunkt der Regelungen der Kindergärten in der Betreuung und damit in der öffentlichen Fürsorge gesehen, für die der Bund die konkurrierende Gesetzgebungskompetenz nach Art. 74 Abs. 1 Nr. 7 GG innehat. Von diesem Ausgangspunkt aus wäre § 26 Satz 2 SGB VIII verfassungswidrig. Da das Verfahren nicht die Verfassungsgemäßheit von § 26 Satz 2 SGB VIII zum Gegenstand hatte, konnte das BVerfG nicht die Verfassungswidrigkeit und damit auch nicht nach Art. 31 GG die Nichtigkeit des § 26 Satz 2 SGB VIII feststellen.

Es wird nun für das BayKiBiG gleichfalls die Frage thematisiert, ob es ein Ausführungsgesetz zum SGB VIII oder ein eigenständiges Bildungsgesetz darstellt (für die Einordnung auch des BayKiBiG als Bildungsgesetz ausdrücklich *Bauer/Hundmeyer/Groner/Mehler/Obermaier-van Deun* Nr. 10.10). Auch das Bayerische Staatsministerium für Arbeit und Soziales, Familie und Integration hat, wenn auch nicht ausdrücklich, so doch mittelbar durch die Anwendung des § 64 SGB X zu erkennen gegeben, dass es das BayKiBiG als Ausführungsgesetz zum SGB VIII erachtet.

Auch wenn durch das BayKiBiG ohne Zweifel der Bildungsauftrag aller Kindertageseinrichtungen und der Tagespflege deutlich gestärkt wurde, ist zu berücksichtigen, dass durch das BayKiBiG ein einheitlicher Rechtsrahmen für alle Kindertageseinrichtungen und die Tagespflege geschaffen wurde, der die zuvor scharfen Trennlinien zwischen Kindergarten einerseits und Krippen, Horten und Häusern für Kinder andererseits fließend macht. Damit lässt sich das BayKiBiG aber nicht mehr als landesrechtliche Regelung zum „Kindergartenwesen" auffassen und damit auch nicht auf die Bereichsausnahme des § 26 Satz 2 SGB VIII stützen (anders noch 1. Auflage).

Die Auswirkungen des Streits um die Einordnung des BayKiBiG – Bildungsgesetz oder Ausführungsgesetz – beschränken sich allerdings im Wesentlichen auf die Frage des Rechtsanspruchs auf einen Kindergartenplatz und die Frage nach der Kostenpflichtigkeit des Verwaltungsverfahrens. Die Verfassungsmäßigkeit des BayKiBiG hängt hingegen nicht von dieser Einordnung ab. Sie kann überhaupt nur für die Punkte thematisiert werden, in denen das BayKiBiG vom SGB VIII abweichende Regelungen trifft. Wenn das BayKiBiG ein eigenständiges Bildungsgesetz ist, so ist der bayerische Landesgesetzgeber auch frei von den Vorgaben des SGB VIII. Wenn das BayKiBiG hingegen ein Ausführungsgesetz zum SGB VIII ist, so kann es nur dann vom SGB VIII abweichen, wenn das Bundesrecht ausdrücklich Öffnungsklauseln zugunsten der Länder vorsieht. Vergleicht man das BayKiBiG nun mit dem SGB VIII, so ist Folgendes zu konstatieren:

– Das BayKiBiG enthält einzelne Regelungen, die die Regelungsmaterien des SGB VIII konkretisieren, also gerade Bereiche betreffen, in denen der Bund keine Regelung getroffen hat. Dies betrifft vor allem die Ausformulierung konkreter Bildungs- und Erziehungsziele. Auch wenn das BayKiBiG eine objektiv-rechtliche Verpflichtung der Gemeinden zur Schaffung von Betreuungsangeboten normiert, trifft es damit eine ergänzende und keine abweichende Regelung, da die durch das SGB VIII geregelte

Frage nach einem Anspruch auf einen Kindergartenplatz hiervon gerade nicht berührt wird (s. Erl. zu Art. 5 Rn. 21).

- Das BayKiBiG verweist zum Teil auf das SGB VIII, so vor allem in Bezug auf die Gesamtverantwortung des örtlichen Trägers der öffentlichen Jugendhilfe für die Jugendhilfeplanung und auf die Regelungen zum Betriebs- und Erlaubnisverfahren. Auch insoweit kann kein Widerspruch zwischen SGB VIII und BayKiBiG bestehen.
- Das BayKiBiG weicht vom SGB VIII ab, wenn dieses es gestattet, so
  - in Bezug auf die Bedarfsplanung, die nach dem BayKiBiG ergänzend zur Jugendhilfeplanung auch durch die Gemeinden erfolgt, weil die Jugendhilfeplanung hiervon unberührt bleibt einschließlich der Gesamtverantwortung seitens des örtlichen Trägers der öffentlichen Jugendhilfe und seiner Möglichkeit, auch seine eigene planerische Entscheidung durchsetzen zu können (vgl. Art. 5 Abs. 3, 6 Abs. 1, 7 Abs. 3, 18 Abs. 1 Satz 2 BayKiBiG),
  - in Bezug auf die Delegation der sachlichen Zuständigkeit für die Aufsicht über Kindertageseinrichtungen an die Kreisverwaltungsbehörden (vgl. § 85 Abs. 4 SGB VIII und Erl. zu Art. 28).
- Schwieriger ist inzwischen die Sachlage in Bezug auf die Zuordnung der Aufgabe an die Gemeinden, ausreichend und rechtzeitig Plätze in Kindertageseinrichtungen und in Tagespflege zur Verfügung zu stellen und daraus resultierend freie Träger zu fördern. Dies war zunächst nach § 69 Abs. 5 SGB VIII zulässig, da dieser einen Landesrechtsvorbehalt zur Heranziehung von kreisangehörigen Gemeinden, die nicht örtliche Träger der öffentlichen Jugendhilfe sind, zur Aufgabenwahrnehmung bei der Förderung in Kindertageseinrichtungen und in Tagespflege vorsah. Mit dem KiFöG ist jedoch zum 16.12.2008 § 69 Abs. 5 SGB VIII aufgehoben und stattdessen den Ländern völlig freie Hand in der Bestimmung der Träger der Jugendhilfe gegeben worden. Zwar ist danach Bayern frei, auch kreisangehörige Gemeinden zu örtlichen Trägern der öffentlichen Jugendhilfe zu bestimmen. Diesen Weg ist nach Art. 12 Abs. 2, 15 Abs. 1 AGSG Bayern bislang nicht gegangen. Fraglich ist, ob man die vom bayerischen Gesetzgeber zweifellos gewollte Aufgabenverteilung in Bezug auf den Sicherstellungsauftrag und die Förderverpflichtung (primäre Zuständigkeit der kreisangehörigen und kreisfreien Gemeinden, subsidiäre Verpflichtung der Landkreise) im Wege der Gesetzesauslegung bereits jetzt begründen kann, oder ob es hierzu einer Gesetzesänderung bedarf. Der Rechtsklarheit dienlicher wäre es sicherlich, wenn Art. 15 AGSG in Anlehnung an Art. 30 AGSG geändert würde; a. A. *Dunkl/Eirich,*

Art. 5 Nr. 1.1, die keine Änderung der Rechtslage durch die Aufhebung des § 69 Abs. 5 SGB VIII erblicken.

Auch wenn man das BayKiBiG somit als Ausführungsgesetz zum SGB VIII ansieht, ist es nicht verfassungswidrig, weil das BayKiBiG u. U. nach Anpassung von Art. 15 Abs. 1 AGSG mit dem SGB VIII kompatibel ist.

C. Das BayKiBiG im Überblick

Das BayKiBiG in seiner Fassung vom 1.8.2005 hat sich bewährt. Zusammenfassend sei nochmals festzuhalten, dass die kindbezogene Förderung mit den Gewichtungs- und Zeitfaktoren die richtigen finanziellen Anreize setzte für die Betreuung von Kindern in allen erdenklichen Lebenslagen und für die bedarfsgerechte Ausgestaltung der Öffnungszeiten. Es bestand daher keine Veranlassung für grundsätzliche Anpassungen am Fördersystem. In der Gesetzesänderung wurden Anpassungen hinsichtlich zwischenzeitlich eingetretener Änderungen eingearbeitet. Die Änderungen konzentrieren sich auf folgende Eckpunkte:

– Optimierung der Verwaltungsabläufe
– Stärkung der Teilhabe von Kindern mit Behinderung
– Steigerung der Attraktivität der Tagespflege
– Stärkung des ländlichen Raums
– Verbesserung der Verzahnung von Angeboten der Schule mit Bildungs- und Betreuungsangeboten der Kindertageseinrichtungen
– Einstieg in die Beitragsfreiheit für Kinder im letzten Kindergartenjahr
– Qualitätsverbesserung durch Absenkung des förderrelevanten Anstellungsschlüssels und Einführung eines Qualitätsbonus
– Veränderungen durch das Bildungsfinanzierungsgesetz.

Das BayKiBiG gliedert sich in **sechs Teile:**

Im 1. Teil finden sich einführend allgemeine Bestimmungen insbesondere über die Festlegung des Geltungsbereichs des Gesetzes, das Erziehungsprimat der Eltern und das Subsidiaritätsprinzip zugunsten freigemeinnütziger Träger. Es findet sich auch die Legaldefinition einer Bildungseinrichtung, wobei Art. 2 mit dem Abs. 5 eine Ergänzung erfahren hat, mit dem Ziel schulische Angebote mit Angeboten der Kinder- und Jugendhilfe besser zu vereinbaren.

Im 2. Teil wird die gemeindliche Bedarfsplanung geregelt, die neben die Bedarfsplanung der örtlichen Träger der öffentlichen Jugendhilfe nach § 80 SGB VIII tritt.

In konsequenter Fortführung der Rechtsprechung des BayVGH wird die kommunale Bedarfsplanung wesentlich vereinfacht, indem das Erfordernis der Anerkennung der Bedarfsnotwendigkeit bestimmter konkreter Plätze ersatzlos entfällt. Damit erübrigt sich der Erlass unzähliger Verwaltungsakte der Gemeinden gegenüber den Einrichtungsträgern. Damit entfällt auch die unmittelbare Verknüpfung von Bedarfsplanung und Anspruch auf die kindbezogene Förderung. Die Rechte der Kinder mit Behinderung werden dahingehend gestärkt, als in der Bedarfsplanung explizit die Bedürfnisse der Familien mit Kindern mit Behinderung dargestellt werden müssen.

Der 3. Teil enthält die §§ 45 ff. SGB VIII ergänzende Vorschriften zur Erlaubnispflicht von Kindertageseinrichtungen und zur Pflegerlaubnis der Tagespflegepersonen.

Seit dem Inkrafttreten des BayKiBiG hat sich die neue Betreuungsform der Großtagespflege etabliert. Das novellierte BayKiBiG enthält nunmehr Regelungen zur Abgrenzung von Angeboten der Großtagespflege und von Einrichtungen.

Mit Einfügung des neuen Art. 9a wurde die Bedeutung des Kinderschutzes im Zuge des Inkrafttretens des Bundeskinderschutzgesetzes herausgestellt.

Im 4. Teil wird der Bildungs- und Erziehungsauftrag für Kindertageseinrichtungen allgemein sowie – mit erhöhten Anforderungen – für förderfähige Kindertageseinrichtungen bestimmt. Besondere Bedeutung erhält die Inklusion insbesondere von Kindern mit Behinderung sowie von Kindern mit Migrationshintergrund. Angestrebt werden eine Erziehungspartnerschaft zwischen Eltern und pädagogischem Personal sowie eine enge Kooperation und Vernetzung mit Grundschulen und sonstigen Diensten und Anbietern im Umfeld des Tätigkeitsfeldes der Kindertageseinrichtungen. Der Bildungs- und Erziehungsauftrag der Tagespflege wird ausdrücklich festgestellt.

Im 5. Teil sind Voraussetzung und Umfang insbesondere der Förderansprüche der Träger von Kindertageseinrichtungen gegenüber den Gemeinden und der Gemeinde gegenüber dem Freistaat Bayern geregelt.

Mit der Novellierung sind im Wesentlichen folgende Änderungen erfolgt:
– Allgemeiner Anspruch für alle Träger von Kindertageseinrichtungen
– Zusätzliche Fördervoraussetzungen
    – Einführung eines Elternbeitragszuschusses und Änderung bei der Gestaltung des Elternbeitrags
    – Informationspflicht bei Aufnahme von Gastkindern
    – Verbindliche Einführung von KiBiG.web und Verpflichtung zur Aktualisierung der Daten

- Aushängung eines Schildes mit dem Hinweis der Förderung durch den Freistaat Bayern
- Änderungen im Bereich der Tagespflege mit dem Ziel, deren Attraktivität zu steigern
- Einführung der einrichtungsähnlichen Tagespflege
- Vereinfachung des Verfahrens für die kindbezogene Förderung durch Umstellung des Bewilligungszeitraums vom Kindergartenjahr auf das Kalenderjahr (2015)
- Wegfall der Gastkinderregelung und gleichzeitig Einführung zusätzlicher staatlicher Leistungen wie
  - Qualitätsbonus als Ausgleich der Mehrkosten für die Verbesserung des förderrelevanten Anstellungsschlüssels von 1 : 11,5 auf 1 : 11
  - Elternbeitragszuschuss aufgrund der beschlossenen Entlastung für Eltern von Vorschulkindern
- Änderung der Landkindergartenregelung im Sinne einer Stärkung kleiner Einrichtungen auf dem Lande
- Modifizierung der Regelung zur Investitionskostenförderung aufgrund des Wegfalls des Art. 7 Abs. 2
- Einführung von Mitteilungspflichten der Eltern und die Folgen bei Nichteinhaltung
- Einfügung einer allgemeinen Bestimmung zum Datenschutz.

Im 6. Teil eröffnet eine Experimentierklausel die Möglichkeit, innovative Konzepte zu erproben.

Das Bildungsfinanzierungsgesetz (BiFiG)

Der Bayerische Landtag hat am 24.4.2013 den Entwurf des BiFiG beschlossen. Mit den darin enthaltenen Maßnahmen investiert der Freistaat Bayern in den Jahren 2013 und 2014 zusätzlich 150 Mio. Euro in die frühkindliche Bildung.

Die Bildungsleitlinien sind die gemeinsame Basis, auf der die Kindertageseinrichtungen und die Schulen ihren Bildungsauftrag erfüllen. Diese Basis wird mit dem BiFiG gestärkt. Mit dem BiFiG werden bestimmte Maßnahmen im Rahmen einer Qualitätsoffensive gefördert. Schwerpunkte der Qualitätsoffensive sind

- Sprachförderung,
- die bessere finanzielle Unterstützung
  - bei der Betreuung der Kinder unter drei Jahren,
  - von Kindertageseinrichtungen mit überlangen Öffnungszeiten,
  - für die Betreuung von Kindern mit Behinderung in der Tagespflege,
- weitere Entlastung der Eltern bei den Elternbeiträgen.

Die im BiFiG beschlossenen Maßnahmen haben teilweise wesentliche Änderungen im Förderrecht zur Folge, die in der AVBayKiBiG, sofern eine Ermächtigung im BayKiBiG gegeben war, berücksichtigt werden mussten.

Beitragszuschuss im zweiten Kindergartenjahr

Ab dem 1.9.2014 zahlt der Freistaat auch für Kinder im zweiten Kindergartenjahr vor der Einschulung einen Beitragszuschuss in Höhe von 50 Euro pro Monat.

Sprachförderung

Die Sprachförderung von frühester Kindheit an ist oberstes Ziel in der Kindertagesbetreuung. Die Angebote der Sprachförderung, die gemeinsam von Kindergarten und Grundschule angeboten werden, werden erweitert.

Sprachförderung für Kinder mit deutschsprachiger Herkunft, die einen besonderen Sprachförderbedarf haben

Der Vorkurs Deutsch 240 wird bisher nur für Kinder mit Migrationshintergrund angeboten. Der Vorkurs Deutsch 240 wird deshalb künftig auch für deutsche Kinder mit Sprachförderbedarf angeboten. Das Kultus- und das Familienministerium teilen sich die Durchführung wie bisher bei den Vorkursen entsprechend auf.

In Anlehnung an Art. 23 Abs. 2 in Verbindung mit § 25 AVBayKiBiG werden bei Kindern, die einen Vorkurs besuchen, die Zeitfaktoren angehoben. Bei Kindern mit Migrationshintergrund wie bisher um 0,1, bei den deutschen Kindern um 0,4.

Sprachförderung in der Grundschule mit Schwerpunkt in den Jahrgangsstufen 1 und 2

Aufbauend auf die Vorkurse werden in den Jahrgangsstufen 1 und 2 an den Grund- und Förderschulen unterrichtsbegleitende Deutschförderkurse eingerichtet. Ziel ist die bessere Anpassung des Sprachniveaus der Kinder, um die Voraussetzung für einen erfolgreichen Unterrichtsbesuch zu schaffen.

Inhouse-Teamfortbildung im Kindergarten

Um die Sprachförderung als Bildungsschwerpunkt nachhaltig zu verankern und möglichst alle Einrichtungen und deren Fachpersonal entsprechend zu unterstützen, ist die Anstellung von Qualitätsbegleitern vorgesehen. Der Freistaat Bayern übernimmt 90 % der Personalkosten für ca. 200 Qualitätsbegleiter. Neben den Trägern der öffentlichen Jugendhilfe können die Qualitätsbegleiter auch bei Trägern der freien Wohlfahrtspflege angestellt werden.

Die Bezuschussung erfolgt nicht auf der Basis des BayKiBiG, sondern über eine Förderrichtlinie.

Trainee-Programm für Grundschullehrer und Grundschullehrerinnen in der Kinderbetreuung

Grundschullehrkräfte sollen zur Fachkraft im Erziehungsdienst als pädagogische Fachkräfte in Kindertageseinrichtungen fortgebildet werden. Zielgruppe sind arbeitssuchende Grundschullehrkräfte, die auf der Warteliste des Kultusministeriums stehen.

Neben dem Einsatz von Lehrkräften in Kindertageseinrichtungen wird die allgemeine Schulvorbereitung intensiviert und damit der Übergang von der Kindertageseinrichtung zur Grundschule optimiert. Daneben wird die Grundlage für eine engere konzeptionelle Zusammenarbeit in Kooperationsmodellen zwischen Schule und Hort geschaffen.

Das Familienministerium übernimmt die Fortbildungskosten sowie die Personalkosten der Grundschullehrkräfte in den Einrichtungen während der Fortbildungsmaßnahme im Wege einer Förderrichtlinie.

Maßnahmen zur Intensivierung der Kooperation von Kindertageseinrichtungen und Grundschule

Es werden weitere Projekte zur Intensivierung der Kooperation von Fachkräften in Kindertageseinrichtungen und Grundschullehrkräften finanziert, um den Übergang zwischen den beiden Bildungsinstitutionen Grundschule – Kindertageseinrichtung zu verbessern. Zur Ausreichung der Fördermittel wird eine Förderrichtlinie erarbeitet.

Qualitätsentwicklung in der gebundenen Ganztagsschule in den Jahrgangsstufen 1 und 2

Für eine Steigerung der Betreuungsqualität erhalten Ganztagsgrundschulen für die Jahrgangsstufen 1 und 2 zusätzliche Haushaltsmittel, um hiermit externe Kräfte anstellen zu können.

Struktur

Flexible Öffnungszeiten

Ausgehend davon, dass die Familien vermehrt längere, bedarfsgerechte Öffnungszeiten einfordern, erhalten Einrichtungen mit Öffnungszeiten ab 45 Stunden pro Woche zusätzliche Fördermittel. Zudem besteht seit dem 1.9.2013 für Träger die Möglichkeit, in Zeiten bis 9:00 Uhr morgens und nachmittags ab 16:00 Uhr Tagespflegepersonen einzusetzen (vgl. § 16 Abs. 5 AVBayKiBiG).

Die Fördermittel sollen als einrichtungsbezogener Faktor als Zuschlag auf den staatlichen Anteil der kindbezogenen Förderung auf der Grundlage einer Förderrichtlinie ausgereicht werden.

Inklusion in der Tagespflege

Mit dem Gewichtungsfaktor besteht bereits ein Anreiz für die wohnortnahe Betreuung von Kindern mit Behinderung in Kindertageseinrichtungen. Rund 34 % aller Einrichtungen arbeiten inklusiv. Mit der Ausdehnung des Faktors 4,5 auf die Tagespflege soll auch hier die Betreuung von Kindern mit Behinderung erleichtert werden, indem der Freistaat Bayern seinen Finanzierungsanteil erhöht. Damit sollen die Träger der öffentlichen Jugendhilfe besser in die Lage versetzt werden, finanzielle Einbußen der Tagespflegepersonen, die Kinder mit Behinderung betreuen, über ein erhöhtes Tagespflegeentgelt auszugleichen.

In einem ersten Schritt wird der Freistaat Bayern eine Förderrichtlinie ausarbeiten. In einem zweiten Schritt soll der Gewichtungsfaktor 4,5 gesetzlich im BayKiBiG verankert werden.

Betreuung von Kindern unter drei Jahren

Zur finanziellen Entlastung von Trägern von Kindertageseinrichtungen, die Kinder unter drei Jahren betreuen, werden zusätzlich 30 Mio. Euro in die Betriebskostenförderung investiert. Hierfür wird der Zeitfaktor bei den Kindern mit Gewichtungsfaktor 2,0 um 0,15 erhöht (vgl. § 25 AVBayKiBiG). Damit erfolgt keine Berücksichtigung auf den Anstellungsschlüssel, so dass die Mittel voraussetzungslos an die Träger ausgereicht werden.

Ausbau U3-Plätze

Aufgrund der immer noch steigenden Nachfrage nach Plätzen für Kinder unter drei Jahren und der unverändert hohen Ausbaudynamik seitens der Gemeinden wurde das Sonderinvestitionsprogramm bis zum 31. Dezember 2014 verlängert und damit weitere 274 Mio. Euro zur Verfügung gestellt. Die Förderrichtlinie wurde entsprechend angepasst (siehe Anhang).

Berufliche Bildung

Ab dem 1.9.2013 zahlt der Freistaat Bayern einen freiwilligen staatlichen Zuschuss an die Träger privater Berufsfachschulen für Kinderpflege und Fachakademien für Sozialpädagogik, die im Gegenzug auf eine Erhebung von Schulgeld verzichten.

Bayerisches Gesetz zur Bildung, Erziehung und Betreuung von Kindern in Kindergärten, anderen Kindertageseinrichtungen und in Tagespflege (Bayerisches Kinderbildungs- und -betreuungsgesetz – BayKiBiG)[1]

Gesetzestext mit Erläuterungen

1. Teil
Allgemeine Bestimmungen

Art. 1
Geltungsbereich

[1]Dieses Gesetz gilt für die Bildung, Erziehung und Betreuung von Kindern in Kindertageseinrichtungen und in Tagespflege. [2]Es findet keine Anwendung auf heilpädagogische Tagesstätten.

Anmerkungen

Art. 1 legt den **sachlichen Anwendungsbereich** des BayKiBiG fest. Regelungsgegenstand sind danach Kindertageseinrichtungen und die Tagespflege. Beide Formen der Fremdbetreuung werden in Art. 2 näher definiert. Die in Satz 1 erstmals und damit an frühestmöglicher Stelle angeführte Aufgabentrias der Bildung, Erziehung und Betreuung stellt keine Einschränkung des Regelungsbereichs des BayKiBiG dar. Im BayKiBiG werden vielmehr neben der pädagogischen Arbeit auch weitere, einer landesrechtlichen Regelung bedürftigen, spezifisch die Kindertageseinrichtungen und die Tagespflege betreffende Aspekte geregelt.

1

---

1 Dieses Gesetz ist § 1 des Bayerischen Gesetzes zur Bildung, Erziehung und Betreuung von Kindern in Kindergärten, anderen Kindertageseinrichtungen und in Tagespflege und zur Änderung anderer Gesetze – Bayerisches Kinderbildungs- und -betreuungsgesetz und Änderungsgesetz (BayKiBiG und ÄndG) vom 8.7.2005 (BayGVBl. S. 236). **Artikelzitate in den Erläuterungen ohne Bezeichnung des Gesetzes sind solche des BayKiBiG.**

2 Anders als sein Rechtsvorgänger – das Bayerische Kindergartengesetz – gilt das BayKiBiG für **alle Formen der Kindertageseinrichtungen**; siehe hierzu im Einzelnen die Erl. zu Art. 2. **Nicht** unter den Anwendungsbereich des BayKiBiG fallen **heilpädagogische Tagesstätten**, Satz 2. Diese werden durch das BayKiBiG nicht näher definiert. Die Zusammenschau mit Art. 2 Abs. 3 ergibt jedoch, dass das BayKiBiG auch Kindertageseinrichtungen mit integrativem pädagogischen Ansatz erfasst, die Zahl der Kinder mit (drohender) Behinderung aber auf maximal ein Drittel nach oben limitiert. Wird diese Grenze überschritten, so mag es sich um eine heilpädagogische Tagesstätte handeln; eine Kindertageseinrichtung jedenfalls liegt nicht vor.

Das BayKiBiG erfasst ferner **nicht** die **Erziehung in einer Tagesgruppe nach § 32 SGB VIII** und wegen spezialgesetzlicher Regelungen beispielsweise auch **nicht Schulvorbereitende Einrichtungen** nach Art. 22 Bayerisches Gesetz über das Erziehungs- und Unterrichtswesen (BayEUG), Heimschulen (Art. 106 BayEUG), Schülerheime oder die **Mittagsbetreuung** (Art. 107 BayEUG).

Art. 2
Begriffsbestimmungen

(1) [1]Kindertageseinrichtungen sind außerschulische Tageseinrichtungen zur regelmäßigen Bildung, Erziehung und Betreuung von Kindern. [2]Dies sind Kinderkrippen, Kindergärten, Horte und Häuser für Kinder:
1. Kinderkrippen sind Kindertageseinrichtungen, deren Angebot sich überwiegend an Kinder unter drei Jahren richtet,
2. Kindergärten sind Kindertageseinrichtungen, deren Angebot sich überwiegend an Kinder im Alter von drei Jahren bis zur Einschulung richtet,
3. Horte sind Kindertageseinrichtungen, deren Angebot sich überwiegend an Schulkinder richtet und
4. Häuser für Kinder sind Kindertageseinrichtungen, deren Angebot sich an Kinder verschiedener Altersgruppen richtet.
[3]Kindertageseinrichtungen müssen nicht zwingend gebäudebezogen sein.

(2) Eine regelmäßige Bildung, Erziehung und Betreuung im Sinn des Abs. 1 Satz 1 setzt voraus, dass die überwiegende Zahl der Kinder über einen Zeitraum von mindestens einem Monat die Kindertageseinrichtung durchschnittlich mindestens 20 Stunden pro Woche besucht.

(3) Integrative Kindertageseinrichtungen sind alle unter Abs. 1 genannten Einrichtungen, die von bis zu einem Drittel, mindestens aber von drei behinderten oder von Behinderung bedrohten Kindern besucht werden.

(4) Tagespflege ist die Bildung, Erziehung und Betreuung von Kindern durch eine Tagespflegeperson im Umfang von durchschnittlich mindestens 10 Stunden wöchentlich pro Kind in geeigneten Räumlichkeiten.

(5) [1]Bei der Feststellung von Mindestbesuchszeiten und der Mindestbuchungzeit nach Art. 21 Abs. 4 Satz 4 werden Zeiten in Kindertageseinrichtungen oder in Tagespflege jeweils mit Zeiten in schulischen Einrichtungen zusammengerechnet. [2]Die Berechnung der kindbezogenen Förderung (Art. 21) erfolgt nur bezogen auf die jeweiligen Buchungszeiten in der Kindertageseinrichtung oder bei der Tagespflegeperson. [3]Eine Zusammenrechnung nach Satz 1 erfolgt nur, wenn die Kindertageseinrichtung ununterbrochen für mindestens zwei volle Kalenderjahre die Voraussetzungen für eine kindbezogene Förderung nach diesem Gesetz ohne Anwendung des Satzes 1 erfüllt hat.

Anmerkungen

1. Regelungsinhalt

3 Art. 2 enthält Legaldefinitionen, also vom Gesetzgeber für das BayKiBiG vorgegebene Worterklärungen für die einzelnen Fremdbetreuungsangebote, die nach Art. 1 den Regelungsgegenstand des BayKiBiG bilden. Trägern bleibt es natürlich unbenommen, ihre Kindertageseinrichtung abweichend von den gesetzlichen Begriffen zu benennen. Sie können etwa einen Hort als Tagesheim bezeichnen oder einen sich zu einem Haus für Kinder wandelnden Kindergarten weiterhin als Kindergarten.

2. Begriff der Kindertageseinrichtung

4 Abs. 1 Satz 1 gibt für Kindertageseinrichtungen fünf Begriffsmerkmale an:
– Tageseinrichtung für Kinder
– Formen der Kindertageseinrichtungen
– Bildung, Erziehung und Betreuung
– Regelmäßigkeit
– außerschulisch.

a) Tageseinrichtung für Kinder

5 Mit „Tageseinrichtung" greift das BayKiBiG einen Begriff des Achten Buches Sozialgesetzbuch (SGB VIII), des Kinder- und Jugendhilfegesetzes des Bundes, auf. Insofern kann auf die zur „Tage**seinrichtung**" i.S.d. § 45 SGB VIII ergangene Rechtsprechung zurückgegriffen werden – mit einer Ausnahme: Nach Art. 2 Abs. 1 Satz 3 setzt eine Tageseinrichtung im Sinne des BayKiBiG anders als nach der Rechtsprechung zu § 45 SGB VIII ausdrücklich **keinen Gebäudebezug** voraus. Eine Einrichtung im Sinne des BayKiBiG ist demnach durch zweierlei gekennzeichnet: einen **Verbund sächlicher und personeller Ressourcen von einer gewissen Dauerhaftigkeit** mit einer festen Organisationsstruktur sowie eine zeitlich und sachlich beschränkte Übertragung der Erziehungsverantwortung von den Eltern auf das pädagogische Personal. Die sachliche Beschränkung ist im Erziehungsprimat der Eltern begründet. Das pädagogische Personal hat bei seiner Bildungs- und Erziehungsarbeit die Vorgaben der Eltern zu berücksichtigen. Selbst wenn Eltern sich in die Arbeit der Kindertageseinrichtung einbringen, ändert dies nichts daran, dass während des Besuchs einer Kindertageseinrichtung die tatsächliche Ausübung des Erziehungsrechts in den Händen des pädagogischen Personals liegt.

Das BayKiBiG erfasst nicht alle Einrichtungen, sondern nur *Tages*einrichtungen. Ausgeschlossen vom Anwendungsbereich des BayKiBiG sind daher Angebote, die Kinder über Nacht betreuen.

Unter das BayKiBiG fallen des Weiteren nur Tageseinrichtungen **für Kinder**. Die Grenze vom Kind zum Jugendlichen liegt bei 14 Jahren – ab dem 14. Geburtstag ist man Jugendlicher. Dies hat insbesondere Bedeutung für die Horte: Zwar gibt Art. 2 Abs. 1 Satz 2 Nr. 3 nur die Untergrenze „ab Einschulung" an und keine Obergrenze für das Alter. Damit es sich aber noch um eine Kindertageseinrichtung handelt, muss ein Hort auf die **Altersgruppe der Kinder bis 14 Jahren** ausgerichtet sein. Betreut ein Hort einzelne Jugendliche, so verliert er dadurch nicht seinen Charakter als Hort. Die Betreuung von Jugendlichen von der Vollendung des 14. bis zum 16. Lebensjahr darf ihn aber nicht prägen. Der Sicherstellungsauftrag nach Art. 5 BayKiBiG und damit auch die Förderverpflichtung der Gemeinden erstreckt sich nicht auf Jugendliche. Leistet die Gemeinde für die Bildung, Erziehung und Betreuung eines Jugendlichen in einer Kindertageseinrichtung freiwillig den kommunalen Förderanteil der kindbezogenen Förderung im Sinne der Art. 18 ff. so erhält die Gemeinde auch den staatlichen Finanzierungsanteil des Freistaats Bayern.

b) Gebäudebezug von Kindertageseinrichtungen

Wegen des nach Satz 3 nicht notwendigen Gebäudebezugs werden auch **6** Einrichtungen ohne Räumlichkeiten wie z. B. Waldkindergärten erfasst. Dadurch unterscheidet sich der Einrichtungsbegriff von dem der §§ 22 und 45 SGB VIII.

c) Formen der Kindertageseinrichtungen

Art. 2 Abs. 1 Satz 2 zählt **abschließend die möglichen Formen der Kinder- 7 tageseinrichtungen** auf: **Kinderkrippen, Kindergärten, Horte und Häuser für Kinder**. Die Abgrenzung zwischen diesen Formen erfolgt danach, an welche Altersgruppe sich die Kindertageseinrichtung nach ihrer pädagogischen Konzeption überwiegend richtet. Maßgeblich ist also die **pädagogische Konzeption**, nicht in erster Linie das Alter der tatsächlich die Kindertageseinrichtung besuchenden Kinder. Zwar muss eine Kindertageseinrichtung ihre pädagogische Konzeption anpassen, wenn tatsächliche und konzipierte Altersstruktur auseinanderklaffen. Vorübergehende Abweichungen führen aber nicht dazu, dass die Form der Kindertageseinrichtung wechselt.

> Beispiel:
> Eine Kinderkrippe mit 36 Plätzen ist für Kinder im Alter von 1 $^1/_2$ bis unter drei Jahren konzipiert; wenn die Kinder drei Jahre alt werden, gehen sie in einen Kindergarten. Es kann im Laufe eines Jahres vorkommen, dass mehr als 18 Kinder das dritte Lebensjahr vollenden, sie aber vor Beginn des nächsten Kindergartenjahres nicht in den Kindergarten wechseln können, weil vorher kein Platz dort frei wird. Gleichwohl bleibt auch in diesem Zeitraum die Kindertageseinrichtung eine Krippe – insbesondere auch im Hinblick auf Art. 21 Abs. 5 Satz 5; zum finanziellen Vorteil eine Krippe zu sein s. Erl. zu Art. 21 Rn. 155.

3. Bildung, Erziehung und Betreuung

a) Bildungseinrichtung

8 Die Aufgabentrias „Bildung, Erziehung und Betreuung" ist das maßgebliche Abgrenzungskriterium zu Angeboten der Fremdbetreuung, deren Sinn sich allein in der Betreuung der Kinder erschöpft. Dass das BayKiBiG in der Reihung die Bildung an die erste Stelle rückt – anders als etwa § 22 Abs. 2 SGB VIII – verdeutlicht das Gewicht, das es der frühen Bildung zumisst. Die Anforderungen an eine Bildungs- und Erziehungsarbeit im Sinne des Art. 2 dürfen allerdings nicht überspannt werden. Bei Art. 2 geht es lediglich um die Frage, ob überhaupt eine Kindertageseinrichtung vorliegt, ob also das BayKiBiG Anwendung findet. Wenn aber für die Kindertageseinrichtung staatliche Fördergelder fließen sollen, ist die Messlatte höher zu legen: Dann sind die Bildungs- und Erziehungsziele des Art. 13 Abs. 3 zu erfüllen. Um überhaupt eine Kindertageseinrichtung sein zu können, reicht ein pädagogisches Angebot, das entwicklungsangemessen Anregungen für Körper, Geist und Seele der Kinder bietet.

Die erforderliche Regelmäßigkeit der Bildungs- und Erziehungsarbeit wird durch Abs. 2 näher definiert, s. hierzu Erläuterungen zu Art. 2 Abs. 2 Rn. 10.

9 **Überwiegende Zahl der Kinder** bedeutet, dass die entsprechende Altersgruppe mehr als 50 % der Kinder stellen muss; jede Krippe, jeder Kindergarten und jeder Hort kann daher bis unter die 50 %-Grenze altersgeöffnet werden. Überwiegt *nach der pädagogischen Konzeption* keine Altersgruppe (beispielsweise, wenn eine Kindertageseinrichtung für Kinder unter drei Jahren und für Kinder von drei Jahren bis zur

Einschulung je zur Hälfte konzipiert ist) oder ist nach der pädagogischen Konzeption gerade keine bestimmte Alterszusammensetzung vorgesehen, sondern eine, sich am jeweiligen Bedarf orientierende, variierende, so liegt ein Haus für Kinder vor. Neben dem schon erwähnten Art. 21 Abs. 5 Satz 5 hat die Einordnung der Kindertageseinrichtungen in die einzelnen Formen keine förderrechtliche Relevanz.

b) Regelmäßigkeit

Bildungs- und Erziehungsarbeit setzt eine systematische pädagogische Arbeit mit den Kindern voraus. Dies wiederum erfordert eine Regelmäßigkeit der pädagogischen Arbeit, die nach Art. 2 Abs. 2 näher definiert wird. Danach muss die überwiegende Zahl der Kinder über einen Zeitraum von mindestens einem Monat die Kindertageseinrichtung durchschnittlich mindestens 20 Stunden pro Woche besuchen. Die **überwiegende Zahl der Kinder** ist erreicht, wenn mehr als 50 % der Kinder die Kindertageseinrichtung im erforderlichen Umfang besuchen, z. B. also mindestens 26 von insgesamt 50 Kindern in einer Kindertageseinrichtung. **10**

> Beispiel:
> So kann man etwa **Schulkindern eine Mittagsbetreuung im Kindergarten** anbieten **oder** eine **Spielgruppe** für Kinder unter drei Jahren integrieren, die freie Räumlichkeiten des Kindergartens am Nachmittag nutzt. Für diese Kinder gibt es dann staatliche Zuschüsse, wenn sie zumindest die Buchungszeitkategorie „über eine bis zwei Stunden" gebucht haben, vgl. Art. 21 Abs. 4, § 19 Abs. 1 Nr. 1 AVBayKiBiG. Angenommen, ein Kindergarten wird von 40 Kindern 20 Stunden oder länger besucht. Hier können bis zu 29 weitere Kinder aufgenommen werden, die nur kurze Zeit die Einrichtung nutzen, ohne dass die 50 %-Grenze überschritten wird, wenn die Räumlichkeiten hierfür ausreichend groß sind und genügend Personal zur Verfügung steht.

Die **Mindestzeit von 20 Stunden pro Woche** stellt auf den Besuch, also die tatsächliche Anwesenheit ab. Kinder mit einer täglichen Buchungszeit der **Kategorie „über drei bis vier Stunden"** erfüllen grundsätzlich diese Grenze, da die Eltern den Rahmen dieser Buchung voll ausschöpfen können; etwas anderes ist nur dann anzunehmen, wenn das Kind aufgrund der **Öffnungszeit** der Kindertageseinrichtung oder örtlich festgelegter sog. Gruppenöffnungszeiten (etwa täglich von 9 bis 12.30 Uhr) trotz einer Buchung von täglich „über drei bis vier Stunden" keine 20 Stunden pro Woche Besuchszeit aufweisen kann. **11**

Durchschnittlich 20 Stunden pro Woche bezieht sich auf monatlich schwankende Buchungszeiten. In diesen Fällen ist ein Jahresdurchschnitt zu bilden. Vom Charakter einer Bildungseinrichtung ist in den einzelnen Kalendermonaten auszugehen, in denen mehr als die Hälfte der Kinder mindestens die Zeitkategorie > 3 h bis einschließlich 4 h gebucht haben.

c)   Mindestbesuchszeit

12 Auslegungsbedürftig ist das zusätzliche Erfordernis „über einen Zeitraum von **mindestens einem Monat**". Dies könnte so gelesen werden, als wenn die übrigen Voraussetzungen „überwiegende Zahl der Kinder besucht Kindertageseinrichtung durchschnittlich mindestens 20 Stunden pro Woche" nur in einem einzigen Monat vorliegen müssten. Ausweislich der Gesetzesbegründung ist aber etwas anderes gemeint. Dort heißt es zu Art. 2 Abs. 2: „Bildung und Erziehung brauchen ein Mindestmaß an zeitlicher Konstanz und zeitlicher Intensität. Dieses Definitionsmerkmal dient daher der Abgrenzung von Kindertageseinrichtungen als Bildungseinrichtungen gegenüber reinen Betreuungsangeboten. Hierunter zählen z. B. Einrichtungen, bei denen mehr als die Hälfte der Plätze mit ständig wechselnden Kindern von Feriengästen belegt werden oder Spielgruppen, die nur an zwei Vormittagen Kinder betreuen." Das „Monats-Erfordernis" des Art. 2 Abs. 2 ist daher keine Einschränkung, sondern eine zusätzliche Anforderung an die Kindertageseinrichtung: Es reicht nicht, wenn ständig wechselnde Kinder (überwiegend) 20 Stunden pro Woche betreut werden. Um ein Mindestmaß an zeitlicher Konstanz der Bildungsarbeit zu garantieren, muss die **überwiegende Zahl der Kinder auch mindestens einen Monat lang die Einrichtung besuchen,** bevor ein Wechsel eintritt. Art. 2 Abs. 2 2. Halbsatz eröffnete bisher ein Abweichen von der 20-Stunden-Grenze für Kinder unter drei Jahren in der Eingewöhnungsphase, als hierfür eine Grenze von zehn Stunden ausreichend war. Mit dem Begriff der Eingewöhnungsphase wurde der Zeitraum für die Abweichung auf maximal drei Monate nach der Aufnahme eines Kindes unter drei Jahren begrenzt. Mit dem Änderungsgesetz wurde aus Gründen der Rechtsvereinfachung dieser Halbsatz gestrichen. Hiermit soll allerdings keine Änderung der bestehenden Praxis verbunden sein.

Hinweis:

In KiBiG.web wird für jeden Kalendermonat eine Kürzung der Förderung angezeigt, in dem der Anteil der Kinder mit einer Buchungszeit von mindestens > 3 h bis 4 h nicht mehr als 50 % beträgt. Ob für den Kalendermonat tatsächlich eine Förderkürzung eintritt, hängt aber von der Gesamtschau des Kindergartenjahres ab. Hierbei sind zum Beispiel zeitweise längere Buchungszeiten etwa in den Schulferien zu berücksichtigen.

> Beispiel:
> Eltern melden ihr Kind zum 1.9. in einer Krippe an. Sie beabsichtigen eine Besuchszeit von durchschnittlich bis zu sechs Stunden täglich. Dies ergibt eine Buchungszeit in der Kategorie > 5 h bis 6 h. Während der Eingewöhnungsphase holen die Eltern das Kind aber bereits früher ab. In den ersten drei Wochen nach ca. 3 Stunden. In den nächsten drei bis vier Wochen wird die tägliche Besuchszeit auf bis zu sechs Stunden ausgedehnt. Der Träger kann für dieses Kind auch während der Eingewöhnungsphase die Förderung mit der Buchungszeit von > 5 h bis 6 h abrechnen.

Falls sich herausstellen sollte, dass die von den Eltern anvisierte Besuchszeit für das Kind nicht realisierbar ist, muss die Buchungszeit nach der Eingewöhnungsphase spätestens mit Beginn des vierten Monats nach der Aufnahme angepasst werden.

Diese Vorgehensweise ist zudem gerechtfertigt, als die Anforderungen an das pädagogische Personal gerade während der Eingewöhnungsphase von Kindern unter drei Jahren wesentlich höher sind, und der Träger trotz der kürzeren Verweildauer der Kinder in der Einrichtung während dieser Zeit mehr Personalstunden vorhalten muss.

d) Ferienbetreuung

Betreuungsangebote, die ausschließlich den Betreuungsbedarf während der   **13**
Ferienzeiten abdecken, sind wegen der fehlenden Regelmäßigkeit nicht in der Lage, die Bildungs- und Erziehungsziele des BayKiBiG umzusetzen und daher keine Bildungseinrichtung im Sinne des Art. 2 Abs. 2.

> Beispiel:
> Der Träger eines Kindergartens möchte sein Angebot erweitern und eine Ferienbetreuung für Grundschüler anbieten. In den Sommerferien soll dies in den Räumen der Ganztagsbetreuung der Grundschule stattfinden für den Zeitraum von 4 Wochen, montags bis freitags von 8 Uhr bis 14 Uhr. Zudem sind Ausflüge geplant.
> Nach den Bestimmungen des § 45 SGB VIII ist davon auszugehen, dass es sich bei einer reinen Ferienbetreuung isoliert betrachtet um eine Einrichtung handelt, die einer Betriebserlaubnis bedarf. Sie stellt jedoch keine Einrichtung im Sinne des Art. 2 Abs. 2 BayKiBiG dar und ist daher auch nicht förderfähig nach dem BayKiBiG.

Eine Förderung der Ferienbetreuungsplätze käme jedoch dann in Betracht, wenn die Plätze für die Schulkindbetreuung in den Ferien in den Kindergarten integriert würden, d. h. der Kindergarten ggf. um diese Plätze erweitert würde. Zu beachten ist dabei Art. 2 Abs. 1 Nr. 1. Für eine Förderung müssen selbstverständlich die Voraussetzungen des Art. 19 BayKiBiG vorliegen.

e) Außerschulische Bildung, Erziehung und Betreuung

14 Art. 2 Abs. 1 Satz 1 scheidet aus dem Bereich der Kindertageseinrichtungen schulische Angebotsformen aus. Diese liegen vor, wenn sich die Schulaufsicht auch auf das Betreuungsangebot erstreckt.

Auf Richtlinienbasis werden sowohl sog. Ganztagsangebote an Schulen als auch reine Angebote der Mittagsbetreuung im Sinne des Art. 107 BayEUG gefördert. Ob diese Angebote so organisiert werden, dass sie Kindertageseinrichtungen darstellen (mit der Folge, dass sie unter den weiteren Voraussetzungen statt der Richtlinienförderung einen Förderanspruch nach dem BayKiBiG erlangen könnten), ist nach den Vorgaben des Art. 2 zu prüfen. Entscheidende Bedeutung wird dabei den Kriterien einer ganzheitlichen Bildungs- und Erziehungsarbeit und der 20-Stunden-Regel des Art. 2 Abs. 2 zukommen. Klassische durch die Schule angebotene Mittagsbetreuungen und Ganztagsangebote an Schulen haben in den Ferien geschlossen, Kindertageseinrichtungen – wie insbesondere Horte – bis auf wenige Schließtage (in der Regel maximal 30 Tage pro Jahr) hingegen geöffnet.

4. Integrative Kindertageseinrichtungen

a) Begriffsbestimmung

15 Ziel des BayKiBiG ist es, die Integration von **Kindern mit (drohender) Behinderung** zu fördern. **Jede Kindertageseinrichtung** – Kinderkrippe, Kindergarten und Hort – kann und soll daher integrativ arbeiten, Art. 11.

Eine integrative Kindertageseinrichtung liegt allerdings nicht schon dann vor, wenn sie integrativ arbeitet, also nicht schon bei Aufnahme des ersten Kindes mit (drohender) Behinderung, sondern nach Art. 2 Abs. 3 erst **ab drei Kindern.** Das BayKiBiG knüpft hier an die frühere Unterscheidung zwischen Einzel- und Gruppenintegration nach dem Bayerischen Kindergartengesetz an, stellt nunmehr aber auf die gesamte Einrichtung ab.

> Beispiel:
> Ein Kindergarten mit 75 Plätzen ist in drei Gruppen organisiert. In jeder Gruppe wird ein Kind mit Behinderung betreut. Nach Art. 2 Abs. 3 BayKiBiG handelt es sich um eine integrative Einrichtung, da in der Gesamteinrichtung drei Kinder mit Behinderung sind.

b)   Drittelregelung

Bei integrativen Einrichtungen ist die Zahl der behinderten Kinder oder der   **16**
von Behinderung bedrohten Kinder auf ein Drittel begrenzt. Damit erfolgt
eine Abgrenzung zu den heilpädagogischen Tagesstätten. Diese Obergrenze
wurde in das BayKiBiG aufgenommen, um eine Unterforderung und eine
Überförderung zu vermeiden, ausgehend von der Überlegung, dass eine integrative pädagogische Arbeit nur dann gelingen kann, wenn die Zahl der
Kinder mit Behinderung begrenzt ist. Auch im Hinblick auf die mögliche
Anreizfunktion der erhöhten Förderung für Kinder mit Behinderung nach
Art. 21 Abs. 5 erschien eine Obergrenze notwendig.

Im Zuge der Inklusion wurde über die Notwendigkeit der Streichung der
Drittelregelung in Art. 2 Abs. 3 diskutiert.

Befürworter einer Streichung der Drittelgrenze verweisen darauf, dass
im Zuge der Inklusion Parallelstrukturen von integrativ arbeitenden Kindertageseinrichtungen und behindertenspezifischen Einrichtungen aufgelöst werden müssten. Die Drittelgrenze stelle zudem eine zu starre Vorgabe
dar, die dem Inklusionsgedanken nicht gerecht würde. Es müssten zumindest Ausnahmeregelungen zugelassen bzw. gefunden werden, um unterschiedlichen Bedarfen im Hinblick auf die regionalen Unterschiede und
fachlichen Erfordernissen gerecht zu werden.

Der Gesetzgeber erachtet die Drittelregelung gerade im Hinblick auf die
Inklusion auch künftig für sinnvoll. Er hat sich deshalb für eine Beibehal-
tung der Regelung entschieden. Ausschlaggebend hierfür waren fachlich-
pädagogische Überlegungen, um den besonderen Anforderungen für den
individuellen Unterstützungs- und Förderbedarf der gemeinsamen Bildung, Erziehung und Betreuung von Kindern mit und ohne Behinderung
gerecht zu werden und damit wirkliche Inklusion zu gewährleisten.

Die bisherige Praxis zeigt zudem, dass sich auch behindertenspezifische
Einrichtungen vermehrt für Kinder ohne Behinderung öffnen. Die Drittelgrenze stellt hierfür kein wesentliches Hindernis dar.

Um den erhöhten pädagogischen Aufwand für die Betreuung von Kindern mit (drohender) Behinderung auch **finanziell** abzusichern, wird für jedes Kind mit Behinderung oder von Behinderung bedrohtes Kind eine erhöhte kindbezogene Förderung gewährt. Die Einordnung als integrative
Kindertageseinrichtung hat insofern Bedeutung, als im Einvernehmen mit
der finanzierenden Gemeinde diese Förderung vom Gewichtungsfaktor 4,5
aus nochmals erhöht werden kann, um zusätzliches Personal einstellen zu
können; näher s. Erl. zu Art. 21 Rn. 217.

Die Förderleistungen nach dem BayKiBiG für die Aufnahme von Kindern mit (drohender) Behinderung decken nicht alle Kosten ab. Auch der Bezirk als überörtlicher Träger der Sozialhilfe, der nach dem SGB XII zuständig ist für Leistungen in teilstationären Einrichtungen im Rahmen der Eingliederungshilfe, erbringt daher Leistungen an den Träger von Kindertageseinrichtungen. Der **Bezirk** schließt hierzu mit den Trägern sowohl bei Einzelintegration als auch bei integrativen Kindertageseinrichtungen Verträge (sog. Leistungs- und Entgeltvereinbarungen) ab, in denen sowohl geregelt ist, welche Leistungen der Träger vom Bezirk erhält, als auch welche Rahmenbedingungen der Träger erfüllen muss, um integrativ arbeiten zu können; näher hierzu Erl. zu Art. 21 Rn. 217 ff.

5. Tagespflege

a) Begriffsbestimmung

17 Die Tagespflege im Sinne des BayKiBiG wird durch Art. 2 Abs. 4 definiert. Danach leistet auch die Tagespflege **Bildungs- und Erziehungsarbeit**; alle Betreuungsformen, bei denen es nur um eine ordnungsgemäße Beaufsichtigung der Kinder geht, scheiden daher aus. Da die Tagespflege allerdings von Laienkräften ausgeführt wird, sind die Anforderungen hier geringer als bei Kindertageseinrichtungen.

b) 10-Stunden-Grenze

18 Um geringfügige Betreuungsverhältnisse vom Anwendungsbereich des BayKiBiG auszuschließen, ist eine Untergrenze von **wöchentlich zehn Stunden pro Kind** vorgesehen.

Bei der Tagespflege genügt eine durchschnittliche Betreuung von zehn Stunden wöchentlich pro Kind für die Voraussetzung des Art. 2 Abs. 4. Dabei ist die Feststellung der durchschnittlichen Betreuungszeit im Bewilligungszeitraum zu treffen. Abweichungen in einzelnen Monaten stellen die grundsätzliche Förderfähigkeit nicht in Frage.

Ausnahme:
Dem Erfordernis nach mindestens 10-stündiger Betreuung pro Kind und Woche wird auch Genüge getan, wenn das Kind bei der TP zwar die Grenze von 10 Stunden unterschreitet, aber zusätzlich noch in anderen Einrichtungen betreut wird:

> **Beispiel:**
> Ein Kind besucht einen Kindergarten bis täglich 16 Uhr. Danach wird das Kind bis 17.30 Uhr bei einer Tagespflegeperson betreut. Hier können Buchungszeit im Kindergarten und bei der TP zusammengezählt werden, so dass auch die Betreuungszeit bei der TP förderfähig wird. Wegen Art. 21 Abs. 3 in Verbindung mit § 19 AVBayKiBiG ist für eine kindbezogene Förderung ein zeitlicher Betreuungsumfang in der Tagespflege von täglich mehr als einer Stunde erforderlich.

Aufgrund des seit dem 1.1.2013 gültigen Art. 2 Abs. 5 BayKiBiG ist die Betreuungszeit in der Tagespflege auch mit den Zeiten an der Schule kombinierbar.

> **Beispiel:**
> Ein Kind besucht eine Ganztagsschule von Montag bis Donnerstag bis 16 Uhr und am Freitag bis 13 Uhr. Anschließend wird das Kind täglich bis 17 Uhr bei einer TP betreut. Durch den neuen Abs. 5 ist die Förderfähigkeit gewährleistet, da die Zeiten in der Schule auf die 10-Stunden-Grenze angerechnet werden können.

c) Räumlichkeiten

Der Zusatz „in geeigneten Räumlichkeiten" verdeutlicht, dass die Tagespflege nicht nur in der Wohnung der Tagespflegeperson oder der Wohnung des Kindes, sondern in allen geeigneten Räumlichkeiten stattfinden kann. Bayern hat damit von dem Landesrechtsvorbehalt des § 22 Abs. 1 Satz 4 SGB VIII Gebrauch gemacht.

19

Hinweis:
Auch § 43 Abs. 1 SGB VIII enthält eine Legaldefinition. Danach ist Tagespflegeperson, wer gegen Entgelt Kinder außerhalb ihrer Wohnung während des Tages mehr als 15 Stunden wöchentlich länger als drei Monate betreuen will. Dieser scheinbare Widerspruch zu Art. 2 Abs. 4, bei dem Tagespflege bereits bei einer zehnstündigen Betreuung pro Woche und zudem auch bei kürzeren Zeiträumen als drei Monaten und auch bei Betreuung im Haushalt des Kindes vorliegt, ist dahingehend aufzulösen, dass **§ 43 Abs. 1 SGB VIII die Tagespflegeperson nur für die Frage der Erlaubnispflicht definiert**. Dies folgt auch aus § 22 SGB VIII, nach dem Tagespflege auch im Haushalt der Kinder erfolgen kann. Demzufolge wird auch im SGB VIII eine Betreuungsform als Tagespflege bezeichnet, die nicht die Legaldefinition des § 43 SGB VIII erfüllt. Art. 2 Abs. 4 erfasst damit erlaubnispflichtige und nicht erlaubnispflichtige Formen der Tagespflege.

Nachdem Art. 20 insofern geändert wurde, dass für eine Förderung nach dem BayKiBiG die Voraussetzungen der §§ 23 und 43 SGB VIII vorliegen müssen, sind ab dem 1.1.2013 nur noch erlaubnispflichtige Formen der Tagespflege förderfähig.

d) 15-Stunden-Grenze des § 43 SGB VIII

20 Sofern die Betreuung von Kindern in Tagespflege regelmäßig und dauerhaft angelegt ist, kann diese im Wege des § 23 SGB VIII öffentlich gefördert werden, auch wenn die 15-Stunden-Grenze unterschritten ist. Das System der Tagespflege als Bildungsangebot grenzt sich allerdings von anderen klassischen Betreuungsformen, wie Babysitting und spontaner Nachbarschaftshilfe, ab.

> Beispiel:
> Eine Tagespflegeperson betreut über einen Zeitraum von über drei Monaten vier Kinder mit jeweils einer Betreuungszeit von zwölf Stunden. Nach § 43 Abs. 1 SGB VIII bedarf die TP einer Pflegeerlaubnis, weil sie mehrere Kinder länger als 15 Stunden pro Woche betreut, nämlich insgesamt 48 Stunden. Für alle Tagespflegeverhältnisse sind die Voraussetzungen des Art. 2 Abs. 4 erfüllt, da die Kinder mindestens zehn Stunden pro Woche betreut werden. Liegt bei einem der Kinder die Betreuungszeit bei mehr als fünf, aber unter zehn Stunden wöchentlich, ist eine kindbezogene Förderung wegen Art. 2 Abs. 4 nicht möglich.

e) Örtliche Zuständigkeit

21 Die örtliche Zuständigkeit für die Erbringung der Leistung nach § 23 SGB VIII richtet sich nach §§ 86 ff. SGB VIII. Nach § 86 Abs. 1 SGB VIII ist der örtliche Träger zuständig, in dessen Bereich die Eltern ihren gewöhnlichen Aufenthalt haben. Bei einem Wechsel des Aufenthaltsorts außerhalb des bisherigen Jugendamtsbezirks gilt § 86c SGB VIII. Der bisher zuständige Leistungsträger leistet das Tagespflegegeld solange, bis das neue zuständige Jugendamt die Leistung nach § 23 SGB VIII erbringt.

> Beispiel:
> Weil das zuständige Jugendamt eine gewünschte Tagespflege mangels geeigneter Tagespflegepersonen nicht vermitteln kann, wenden sich die Eltern an das Jugendamt der benachbarten kreisfreien Stadt, in der die Eltern ihrer Berufstätigkeit nachgehen. Das Jugendamt könnte eine TP bzw. einen Platz in der Großtagespflege vermitteln. Hierfür bieten sich zwei Möglichkeiten an:
> 1. Das unzuständige Jugendamt der kreisfreien Stadt vermittelt im Wege der Amtshilfe die TP bzw. den Platz in der GTP und erbringt die Leistungen gemäß § 23 Abs. 2 SGB VIII und Art. 20 BayKiBiG an die TP.

2. Das unzuständige Jugendamt der kreisfreien Stadt vermittelt im Wege der Amtshilfe die TP bzw. den Platz in der GTP. Die Leistungen an die TP gemäß § 23 Abs. 2 SGB VIII und Art. 20 BayKiBiG werden vom zuständigen Jugendamt (Aufenthaltsjugendamt) erbracht.

Die kindbezogene Förderung ist in jedem Fall durch das zuständige Jugendamt zu beantragen. Wegen der Kostenerstattung gilt § 89c SGB VIII.

Beispiel:
Während eines Bewilligungsjahres verziehen die Eltern von der kreisfreien Stadt in eine kreisangehörige Gemeinde im benachbarten Landkreis. Das Kind wird weiterhin von derselben TP betreut. Um den bürokratischen Aufwand durch den Zuständigkeitswechsel so gering wie möglich zu halten, wird empfohlen, dass der Zuständigkeitswechsel erst zum Beginn des nächsten Bewilligungsjahres vollzogen wird. Die beiden betroffenen Jugendämter regeln die Kostenfrage unter sich. Der kommunale Anteil der kindbezogenen Förderung ist ab dem Kalendermonat des Wohnortwechsels entweder von der neuen Gemeinde oder dem neuen Landkreis zu erstatten. Die Abrechnung der kindbezogenen Förderung sollte der Einfachheit halber ebenfalls zwischen den Jugendämtern im Rahmen der Kostenerstattung abgewickelt werden.

6. Vereinbarung von Angeboten der Kinder- und Jugendhilfe mit Betreuungsangeboten an der Schule

Mit Art. 2 Abs. 5 wird die Flexibilität der Einrichtungen für die Aufnahme **22** von Schülern und Schülerinnen mit kürzeren Betreuungszeiten im Hinblick auf die erforderliche Mindestbuchungszeit des Art. 2 Abs. 2 erhöht und damit für die Eltern die Möglichkeiten zur passgenauen Kombination (z. B. Betreuung in Randzeiten im Anschluss an die Ganztagsschule oder die Mittagsbetreuung an der Schule) verbessert. Die Vorschrift trägt dem rasant gestiegenen Bedarf der Ganztagsbetreuung von Schulkindern Rechnung, insbesondere für die Familien, für die das zeitliche Betreuungsangebot der Angebote an der Schule nicht ausreicht. Dies betrifft zum einen das Ende der Öffnungszeit während der Schulzeit und zum anderen die Ferienzeiten generell.

Art. 2 Abs. 5 eröffnet die Möglichkeit, bei der Feststellung der **23** Mindestbuchungszeit im Sinne des Art. 2 Abs. 2 insbesondere im Hinblick auf die Frage, ob die Mehrheit der Kinder die Einrichtung mehr als 20 Stunden pro Woche besucht, die Zeiten von Bildungseinrichtungen, sowohl der des BayKiBiG als auch von schulischen Betreuungsangeboten, zusammenzurechnen. Die Regelung umfasst insbesondere Zeiten der

Grundschule und der Schulvorbereitenden Einrichtung. Die Angebote der einfachen und verlängerten Mittagsbetreuung an der Schule werden von Art. 2 Abs. 5 nicht umfasst. Möglich ist ferner die Kombination von Betreuungszeiten in der Tagespflege und der Schule oder in Tagespflege und Kindertageseinrichtung. Hierdurch werden die Rahmenbedingungen für die Ganztagsbildung von Schulkindern weiter verbessert und das Zusammenspiel aus Schule und Kindertageseinrichtung bzw. Tagespflege optimiert.

Die bereits im Wege der Gesetzesauslegung eröffnete Praxis, auch für Kinder zwischen drei Jahren und Schuleintritt eine kindbezogene Förderung zu gewähren, wenn die Eltern im Anschluss an eine Betreuung ihres Kindes in einer Schulvorbereitenden Einrichtung in der Kindertageseinrichtung weniger als die Buchungszeit von > 3 h bis 4 h buchen, wird nun ausdrücklich durch den Gesetzestext umfasst.

24 Ergänzend stellt Art. 2 Abs. 5 klar, dass für die Berechnung der konkreten Fördersumme im Rahmen der kindbezogenen Förderung im Sinne des Art. 21 Abs. 4 in Verbindung mit § 19 AVBayKiBiG nur die Zeiten herangezogen werden können, die tatsächlich in der jeweiligen Kindertageseinrichtung oder bei der Tagespflegeperson gebucht und besucht wurden. Damit wird eine Doppelförderung ausgeschlossen.

> Beispiel:
>
> Ein Kind besucht eine Halbtagsgrundschule und im Anschluss daran die Mittagsbetreuung an der Schule bis 15.30 Uhr. Die Eltern benötigen eine tägliche Betreuung bis 17 Uhr. Deshalb besucht das Kind im Anschluss an die verlängerte Mittagsbetreuung eine Kindertageseinrichtung.
>
> Für die Bemessung der kindbezogenen Förderung gilt die Buchungszeit von > 1 h bis 2 h, für die Mindestbuchungszeit des Art. 2 Abs 2 werden die Zeiten der Grundschule sowie in der Einrichtung zusammengezählt. Die Mindestbuchungszeit des Art. 2 Abs. 2 von 20 Stunden pro Woche ist damit überschritten, da der zeitliche Umfang über der Zeitkategorie von > 3 h bis 4 h liegt.
>
> Analog gilt dies, wenn die Betreuung im Anschluss an die Schule durch eine Tagespflegeperson durchgeführt wird im Hinblick auf die 10-Stunden-Grenze des Art. 2 Abs. 4. Für die Förderung nach BayKiBiG genügt demnach eine tägliche Betreuung von mehr als einer Stunde.

25 Durch die Beschränkung des Anwendungsbereichs auf Einrichtungen, die bereits zwei Jahre ohne Inanspruchnahme der Flexibilisierungsmöglichkeit gefördert wurden, soll verhindert werden, dass Einrichtungen entstehen, die konzeptionell von vornherein nur auf Kurzzeitbetreuung ausgerichtet sind. Aus fachlichen Gründen soll der Wechsel der Betreuungseinrichtung die Ausnahme bilden. Vielmehr sollen nach dem BayKiBiG geförderte Einrichtungen auf Dauer einen umfassenden, eigenständigen Bildungsauftrag erfüllen, das pädagogische Personal die Kinder ganzheitlich bilden und erziehen. Davon ist bei Einrichtungen auszugehen, welche bereits seit mindestens zwei Jahren die kindbezogene Förderung nach dem BayKiBiG erhalten.

Art. 3
Träger von Kindertageseinrichtungen

(1) Träger von Kindertageseinrichtungen können kommunale, freigemeinnützige und sonstige Träger sein.

(2) [1]Kommunale Träger sind Gemeinden, Gemeindeverbände, Verwaltungsgemeinschaften und kommunale Zweckverbände. [2]Als kommunale Träger im Sinn dieses Gesetzes gelten auch selbstständige Kommunalunternehmen des öffentlichen Rechts (Art. 89 GO), juristische Personen des Privatrechts sowie rechtsfähige Personenvereinigungen, an denen kommunale Gebietskörperschaften mehrheitlich beteiligt sind beziehungsweise in denen sie einen beherrschenden Einfluss ausüben.

(3) Freigemeinnützige Träger sind sonstige juristische Personen des öffentlichen und solche des privaten Rechts, deren Tätigkeit nicht auf Gewinnerzielung gerichtet ist.

(4) Sonstige Träger sind insbesondere Elterninitiativen, privatwirtschaftliche Initiativen, nichtrechtsfähige Vereine und natürliche Personen.

Anmerkungen

Nach Art. 3 können Kindertageseinrichtungen **in jeder Rechtsform** betrieben werden. Als mögliche Träger werden kommunale, freigemeinnützige und sonstige Träger aufgezählt. Nach dem BayKiBiG können unter den übrigen Voraussetzungen **alle Träger einen Förderanspruch** nach Art. 18 erwerben.   26

Die Unterscheidung zwischen kommunalen und sonstigen sowie freigemeinnützigen Trägern hat Bedeutung im Hinblick auf den Vorrang freigemeinnütziger Träger nach Art. 4 Abs. 3 (Subsidiaritätsgrundsatz). **Freigemeinnützige Träger** sind v. a. die Mitglieder der Arbeiterwohlfahrt, der Caritas, der Diakonie, des Paritätischen Wohlfahrtsverbands, des Bayerischen Roten Kreuzes sowie die einzelnen katholischen Kirchenstiftungen, aber auch eigenständige, eingetragene Vereine, die als gemeinnützig anerkannt sind.

Unter die **sonstigen Träger** fallen insbesondere betriebliche, gewerbliche und private Träger, demnach auch Privatpersonen und solche ohne Rechtsfähigkeit. In letzteren Fällen muss gegenüber der Aufsichts- und der Bewilligungsbehörde geklärt werden, wer von den Beteiligten vertretungsbefugt ist und wer für den Betrieb der Einrichtung sowie für etwaige Rückforderungsansprüche im Falle der Förderung haftet.

Art. 4
Allgemeine Grundsätze

(1) **¹Die Bildung, Erziehung und Betreuung von Kindern liegt in der vorrangigen Verantwortung der Eltern; Eltern im Sinn dieses Gesetzes sind die jeweiligen Personensorgeberechtigten. ²Die Kindertageseinrichtungen und die Tagespflege ergänzen und unterstützen die Eltern hierbei. ³Das pädagogische Personal hat die erzieherischen Entscheidungen der Eltern zu achten.**

(2) **¹Die örtlichen Träger der öffentlichen Jugendhilfe (Landkreise und kreisfreie Städte) und die Gemeinden sollen mit der freien Jugendhilfe unter Achtung ihrer Selbstständigkeit partnerschaftlich zusammenarbeiten. ²Gleiches gilt für die Zusammenarbeit mit den überörtlichen Sozialhilfeträgern bei integrativen Kindertageseinrichtungen.**

(3) **Soweit Kindertageseinrichtungen in gleichermaßen geeigneter Weise wie von einem kommunalen Träger auch von freigemeinnützigen Trägern betrieben werden oder rechtzeitig geschaffen werden können, sollen die Gemeinden und die Träger der öffentlichen Jugendhilfe von eigenen Maßnahmen absehen.**

Anmerkungen

27   Art. 4 regelt grundsätzlich das Zusammenwirken von Eltern mit Kindertageseinrichtungen (Abs. 1) sowie das Verhältnis der öffentlichen zur freien Jugendhilfe (Abs. 2 und 3).

1. Vorrang der elterlichen Erziehungsverantwortung

Art. 4 Abs. 1 Satz 1 legt fest, dass **Bildung, Erziehung und Betreuung vor-** **28**
rangig in der Verantwortung der Eltern bzw. Elternteile (vgl. Abs. 1 Satz 1
Halbs. 2) liegen. „Vorrangig" bedeutet in diesem Zusammenhang, dass die
primäre Verantwortung den Eltern zukommt, die Kindertagesstätte ihren
Bildungs- und Erziehungsauftrag hingegen von den Eltern ableitet, indem
die Eltern freiwillig ihr Kind der Kindertageseinrichtung mit ihrer spezifischen pädagogischen Konzeption anvertrauen.

Obwohl Eltern für die Bildung, Erziehung und Betreuung ihrer Kinder
grundsätzlich selbst verantwortlich sind, können sie nur **in begrenztem**
Maße Einfluss auf das pädagogische Geschehen in der Kindertageseinrichtung nehmen. So wird beispielsweise bei der Sexualerziehung die Kindertageseinrichtung Vorgaben der Eltern zu berücksichtigen haben. Umgekehrt
wird der Einfluss der Eltern dort an seine Grenzen stoßen, wenn zum Beispiel das Kreuz an der Wand die christlich geprägte Grundeinstellung einer
Kindertageseinrichtung zum Ausdruck bringt; s. näher Erl. zu Art. 14.

Kindertageseinrichtungen und Tagespflege haben einen je eigenständigen Bildungs- und Erziehungsauftrag (Art. 10, 16), der die elterliche Bildung und Erziehung zwar ergänzt und unterstützt, *aber nicht ersetzt*, Art. 4
Abs. 1 Satz 2. Dies bedeutet, dass die Kindertageseinrichtung die **Eltern**
helfend begleitet. Diese ergänzende Hilfestellung wird sich darauf beziehen, dass das pädagogische Personal Zeiten überbrückt, wenn Eltern sich
außerstande sehen, ihr Kind zu betreuen, dass die fachliche Erfahrung der
pädagogischen Kräfte benötigt wird oder dass Kinder in der Kindertageseinrichtung durch den Umgang mit anderen Kindern soziale Kompetenz erwerben. Die Unterstützung kann sich auch auf die Beratung der Eltern in
Erziehungsfragen erstrecken, näher s. Erl. zu Art. 14.

2. Partnerschaftliche Zusammenarbeit mit der freien Jugendhilfe

Abs. 2 enthält neben der Legaldefinition für die örtlichen Träger der öffent-   **29**
lichen Jugendhilfe das Gebot der partnerschaftlichen Zusammenarbeit mit
der freien Jugendhilfe und mit den überörtlichen Trägern der Sozialhilfe,
den Bezirken. **Bedeutung** entfaltet dieses Gebot **vor allem bei der Bedarfs-**
planung. Weil das BayKiBiG zusätzlich zu der nach § 80 SGB VIII vorgesehenen Jugendhilfebedarfsplanung durch die örtlichen Träger der öffentlichen Jugendhilfe auch eine kommunale Bedarfsplanung durch die
Gemeinden vorsieht, richtet sich die Verpflichtung an beide. Bei den örtlichen Trägern der öffentlichen Jugendhilfe ist der Jugendhilfeausschuss das

geeignete Gremium zur Zusammenarbeit, bei den Gemeinden dasjenige Gremium, das die Gemeinde mit der Bedarfsplanung beauftragt (in der Regel ein beschließender Ausschuss nach Art. 32 Abs. 2 GO). Abs. 2 ist als „Soll-Vorschrift" ausgestaltet. Damit wird die regelmäßige Verpflichtung zur Zusammenarbeit begründet, von der nur in begründeten Ausnahmefällen abgesehen werden kann (sog. intendierte Ermessensentscheidung). Ein Ausnahmefall liegt zum Beispiel dann vor, wenn ein Träger der freien Jugendhilfe personell oder fachlich nicht zur Zusammenarbeit in der Lage ist. Anerkannte Träger der freien Jugendhilfe sind zur Zusammenarbeit fähig; dies wird vor ihrer Anerkennung nach § 75 SGB VIII überprüft (vgl. Grundsätze für die Anerkennung von Trägern der freien Jugendhilfe nach § 75 SGB VIII der Arbeitsgemeinschaft der Obersten Landesjugendbehörden vom 14.4.1994 Ziff. 2.3).

3. Subsidiaritätsgrundsatz

30 Der Subsidiaritätsgrundsatz nach Abs. 3 hat eine **doppelte Zielrichtung:** Zum einen bezweckt er einen **Schutz für die freien Träger der Jugendhilfe,** die freiwillig eine kommunale Aufgabe der Gemeinden und subsidiär der örtlichen Träger der öffentlichen Jugendhilfe wahrnehmen und diese so durch die Bereitstellung von Plätzen in Kindertageseinrichtungen entlasten. Zum anderen dient der Vorrang freigemeinnütziger Träger vor den Gemeinden und den örtlichen Trägern der öffentlichen Jugendhilfe auch der **Wahlfreiheit der Eltern:** Den Eltern soll ein plurales, vielfältiges Angebot an Kindertageseinrichtungen verschiedener Träger zur Verfügung stehen.

Hinweis:
Durch Abs. 3 werden die Gemeinden in gleicher Weise wie nach § 4 Abs. 2 SGB VIII die örtlichen Träger der öffentlichen Jugendhilfe an den Subsidiaritätsgrundsatz gebunden. Die Einbeziehung der örtlichen Träger der öffentlichen Jugendhilfe in den Regelungsbereich des Abs. 3 dient der Klarstellung. Abs. 3 ergänzt daher § 4 Abs. 2 SGB VIII, so dass in dieser Normierung eine Stärkung der freigemeinnützigen Träger zu sehen ist und „keine Entfremdung eines Kerngedankens der Jugendhilfe" (so aber *Bauer/Hundmeyer/Groner/Mehler/Obermaier-van Deun* Nr. 11.04 Rn. 4).

Der Subsidiaritätsgrundsatz gilt nicht nur **bei Schaffung neuer Plätze,** sondern, wie aus der Formulierung „oder betrieben werden" hervorgeht, auch im Falle eines **Platzabbaus:** Bestehen ein kommunaler und ein freigemeinnütziger Kindergarten, so sind über den Bedarf hinaus vorhandene Plätze zunächst beim kommunalen Kindergarten abzubauen. Eine Gemeinde muss jedoch ein bestehendes kommunales Angebot nicht schließen, um Platz für ein *neu zu errichtendes Angebot* in freigemeinnütziger Trägerschaft zu machen, vgl. *BVerfG*, Urteil vom 18.7.1967 – BVerfGE 22, 180, 201.

Voraussetzung ist stets, dass der freigemeinnützige Träger **gleich geeignet** ist. Für die gleiche Eignung des freigemeinnützigen Trägers ist Voraussetzung, dass er das gewünschte Angebot bereitstellen kann und will. Zu seiner Eignung gehört ferner, dass er nicht gegen die freiheitlich-demokratische Grundordnung Deutschlands verstößt. Die größte Praxisrelevanz haben jedoch finanzielle Vergleichsbetrachtungen. Ein freigemeinnütziger Träger ist nur dann gleich geeignet, wenn er keine unverhältnismäßig hohen Kosten im Vergleich zu einer von der Gemeinde getragenen Einrichtung verursacht. Zu vergleichen sind

– auf Seiten des freigemeinnützigen Trägers alle Kosten, die er der Gemeinde in Rechnung stellt – also im Falle des Bestehens eines Kooperations- oder Defizitvertrags auch alle darauf basierenden, über die gesetzliche Förderverpflichtung hinausgehenden gemeindlichen Leistungen,

– auch auf Seiten der Gemeinde alle Kosten, die ihr bei Betrieb der Kindertageseinrichtung in gemeindlicher Trägerschaft zur Last fielen, insbesondere müssen auch sämtliche Verwaltungskosten einbezogen werden.

Zu der umstrittenen Frage, ob der freigemeinnützige Träger einen Anspruch auf eine über den Anspruch auf kindbezogene Förderung hinausgehende Förderung und den Abschluss eines entsprechenden Kooperations- bzw. Defizitvertrags hat, s. Erl. vor Art. 5 bis 8 Rn. 31.

Der Vorrang gilt **nicht zugunsten sonstiger Träger**; im Verhältnis zu ihnen kann eine Gemeinde daher frei entscheiden, ob sie lieber selbst die Trägerschaft übernehmen möchte.

2. Teil
Sicherstellung und Planung

Vorbemerkung vor Art. 5 bis 8

Eines der zentralen Ziele des BayKiBiG ist es, dass für jedes Kind – gleich **31** welchen Alters – ein Platz in einer Kindertageseinrichtung oder in Tagespflege zur Verfügung steht, wenn die Eltern dies wünschen. Aus welchen Gründen die Eltern eine Fremdbetreuung in Anspruch nehmen möchten, ist allein ihrer persönlichen Lebensentscheidung überlassen. Wahlfreiheit für die Eltern bedeutet gerade, **keine** staatliche oder kommunale **Bewertung eines Wunsches nach einem Betreuungsplatz** vorzunehmen.

Die Art. 5 ff. richten sich in erster Linie an die Gemeinden und die örtlichen Träger der öffentlichen Jugendhilfe als die beiden Planenden. Für Träger sind die Art. 5 ff. insoweit von Interesse, als das Endergebnis der Planung die Grundlage für die künftige Ausgestaltung des Angebots der Kindertagesbetreuung darstellt und ggf. Anpassungs- und Änderungsbedarfe für die Träger und deren Einrichtungen frühzeitig aufzeigt. Mittelbar sind damit von den Art. 5 ff. auch die Eltern und ihre Kinder betroffen, da durch die Bedarfsplanung das Angebot an Kindertageseinrichtungen gestaltet wird, aus dem sie ihre Wahl treffen können.

Art. 5 begründet die objektive Pflicht der kreisangehörigen wie auch der kreisfreien Gemeinden, ausreichend und rechtzeitig Plätze zur Verfügung zu stellen. Welche Plätze nun „ausreichend" im Sinne des Art. 5, d. h. notwendig sind, ergibt sich aus der kommunalen Bedarfsplanung nach **Art. 7**. Stellt sich danach heraus, dass weitere Plätze geschaffen werden müssen, so regelt **Art. 8** als Ausfluss der Gesamtverantwortung der örtlichen Träger der öffentlichen Jugendhilfe (**Art. 6**) deren gestaltenden Einfluss auf die konkrete Maßnahmenplanung.

Die **Bedeutung der Art. 5 ff.** erschließt sich erst vollständig **in der Gesamtschau mit den Regelungen über die finanzielle Förderung** der Kindertageseinrichtungen und der Tagespflege (Art. 18 ff.). Die Verpflichtung der Gemeinden zur Mitfinanzierung der Kindertageseinrichtungen folgt aus ihrer Sicherstellungsverpflichtung (Art. 5) in der Zusammenschau mit dem Subsidiaritätsprinzip (Art. 4 Abs. 3): Wenn die Gemeinde ihrer Verpflichtung, ausreichend Plätze zur Verfügung zu stellen, durch Kindertageseinrichtungen in kommunaler Trägerschaft nachkommt, hat sie (abgesehen von der staatlichen Förderung) alle Kosten der Kindertageseinrichtung zu tragen. Wenn es einen geeigneten freigemeinnützigen Träger gibt, hat die Gemeinde diesem die Kindertageseinrichtung zu überlassen. Es ist dann aber nur folgerichtig, dass dieser vorrangige Weg die Gemeinden nicht von allen Kosten entbindet, sondern sie den freigemeinnützigen Träger mit Zuschüssen zu unterstützen hat. Über das Instrument der kommunalen Bedarfsplanung erhält die Gemeinde einen Überblick über die bedarfsnotwendigen Plätze. Die Bedarfsplanung nach Art. 7 ist somit Grundlage für die Entscheidung über auf den Ausbau des Betreuungsangebots insbesondere im Hinblick auf die Investitionskostenförderung.

Hinweis:

Art. 18 Abs. 1 Satz 1 gibt dem Träger einen Anspruch auf kindbezogene Förderung, die je nach Einrichtungsform und dem Alter der betreuten Kinder in der Regel zwischen 50 % und 70 % der Betriebskosten abdeckt. Fraglich ist daher, ob sich (im Falle der Bedarfsnotwendigkeit) aus der Sicherstellungsverpflichtung der Gemeinde in Verbindung mit dem Subsidiaritätsgrundsatz zugunsten der freigemeinnützigen Träger ein Anspruch des Trägers auf eine über die kindbezogene Förderung hinausgehende finanzielle Unterstützung ergibt. Ein etwaiger Förderanspruch nach § 74 SGB VIII ist gemäß § 74a SGB VIII ausgeschlossen, da danach die Finanzierung von Kindertageseinrichtungen durch das Landesrecht geregelt wird; a. A. *Dunkl/Eirich* (Art. 5 Nr. 1.6.1 und Art. 7 Nr. 1.4.1, 2. Auflage), die das BayKiBiG für keine abschließende Regelung der Finanzierung von Kindertageseinrichtungen ansehen und daher aus § 74 Abs. 3 SGB VIII einen Anspruch des einen angemessenen Eigenanteil leistenden, freigemeinnützigen Trägers auf eine die kindbezogene Förderung ergänzende Leistung sehen, zumindest für den Fall, dass durch die Art und Weise, wie die Gemeinde ihren eigenen kommunalen Kindergarten fördert, der weitere Betrieb der Kindertageseinrichtung gefährdet wäre, *Dunkl/Eirich*, Art. 4 Nr. 3 a. E., 2. Auflage Wenn jedoch die Gemeinde einem Träger über einen Kooperationsbzw. Defizitvertrag zusätzliche Leistungen gewährt, muss sie alle gleichermaßen geeigneten Träger gleich behandeln, so auch *Dunkl/Eirich*, Art. 4 Nr. 3.

Art. 5
Sicherstellung eines ausreichenden Betreuungsangebots

(1) Die Gemeinden sollen im eigenen Wirkungskreis und in den Grenzen ihrer Leistungsfähigkeit gewährleisten, dass die nach der Bedarfsfeststellung notwendigen Plätze in Kindertageseinrichtungen und in Tagespflege rechtzeitig zur Verfügung stehen.

(2) Soweit Plätze in einer Kindertageseinrichtung notwendig sind, um den Bedarf aus mehreren Gemeinden zu decken, sollen die betreffenden Gemeinden diese Aufgabe im Weg kommunaler Zusammenarbeit erfüllen.

(3) Die Aufgaben des örtlichen Trägers der öffentlichen Jugendhilfe bleiben unberührt.

Inhaltsübersicht   Rn.

Anmerkungen

1. Objektiv-rechtliche Verpflichtung – Rechtsanspruch

32 Art. 5 regelt, wer für die Sicherstellung eines ausreichenden Angebots an Plätzen in Kindertageseinrichtungen und in Tagespflege verantwortlich ist. Primär wird diese Aufgabe nach Abs. 1 und 2 den kreisangehörigen und kreisfreien Gemeinden zugewiesen; zur Zulässigkeit einer solchen Regelung s. Einführung B.

Art. 5 begründet keinen einklagbaren Individualanspruch; **Eltern**, die für ihr Kind einen Platz in einer Kindertageseinrichtung benötigen, aber nicht bekommen, können aus Art. 5 **keinen Rechtsanspruch** herleiten.

Die Kommunen haben aufgrund des Sicherstellungsgebots in Art. 5 für jedes Kind einen Betreuungsplatz zur Verfügung zu stellen. Die Erfüllung des Sicherstellungsgebots ist Gegenstand der kommunalen Bedarfsplanung. Art. 5 hat durch das Änderungsgesetz zum 1.1.2013 mit der Streichung der Absätze 2 und 3 in Art. 7 nur eine deklaratorische Änderung erfahren.

33 Für **Kinder ab Vollendung des dritten Lebensjahres** bis zur Einschulung besteht ein Rechtsanspruch auf einen Platz in einer Kindertageseinrichtung nach § 24 Abs. 2 SGB VIII (so auch *BayVGH*, Urteil vom 5.5.2008 – 12 BV 07.2908).

34 Für **Schulkinder** besteht derzeit unstreitig kein Rechtsanspruch auf einen Platz in einer Kindertageseinrichtung. § 24 SGB VIII normiert für diese Altersgruppe nur eine objektive Verpflichtung; Mit Wirkung **ab dem 1.8.2013** wird durch das Kinderförderungsgesetz (KiFöG), das am 10.12.2008 erlassen wurde, für **Kinder ab vollendetem ersten Lebensjahr** ein Rechtsanspruch auf einen Platz in einer Kindertageseinrichtung *oder* in Tagespflege begründet.

2. Pflichtaufgabe der Gemeinden in den Grenzen ihrer Leistungsfähigkeit

35 Der Verpflichtungsgrad für die Gemeinden ist einheitlich als „Soll"-Vorschrift ausgestaltet. Dies bedeutet, dass die Gemeinden **im eigenen Wirkungskreis verpflichtet** sind, für alle Kinder gleich welchen Alters (d. h. bis zur Vollendung des 14. Lebensjahres, denn dann sind sie Jugendliche) ausreichend Plätze in Kindertageseinrichtungen oder in Tagespflege zur Verfügung zu stellen (so auch *BayVGH*, Urteil vom 5.5.2008 – 12 BV 07.2908). Nur in begründeten Ausnahmefällen sind sie von dieser Verpflichtung frei (sog. intendiertes Ermessen). Diese Pflicht ist rechtsaufsichtlich durchsetzbar.

Fehlende **Leistungsfähigkeit** befreit die Gemeinde von ihrer Verpflichtung; solange eine Gemeinde über ihre Pflichtaufgaben hinaus freiwillige Leistungen erbringt, ist sie in Bezug auf die Pflichtaufgabe „Kinderbetreuung" als leistungsfähig anzusehen (vgl. hierzu Urteil des *VG Bayreuth* vom 1.3.2010 – B 3 E 10.21). Sollte wirklich einmal eine kreisangehörige Gemeinde leistungsunfähig sein, ist der Landkreis der subsidiär Verpflichtete (Art. 5 Abs. 3 BayKiBiG i. V. m. §§ 69 Abs. 1, 85 Abs. 2 Nr. 3 [Gegenschluss] SGB VIII, Art. 15 Abs. 1 AGSG).

3. Bedarfsnotwendige Plätze

Die Gemeinden sollen gewährleisten, dass die nach der Bedarfsplanung **36** notwendigen Plätze rechtzeitig zur Verfügung stehen. Wie viele und welche Plätze eine Gemeinde bereitstellen muss, ergibt sich somit aus ihrer Bedarfsplanung nach Art. 7.

a) Zeitpunkt der zu gewährleistenden Bedarfsdeckung

Die bedarfsnotwendigen Plätze zur Verfügung zu stellen, bedeutet eigent- **37** lich eine vollumfängliche Bedarfsdeckung. Nachdem der Sicherstellungsauftrag der Gemeinden eine Aufgabenwahrnehmung nach dem SGB VIII auf dem Gebiet der Kindertageseinrichtungen und der Tagespflege ist, kommt den Gemeinden auch die Beschränkung dieser Aufgabe nach § 24a SGB VIII zugute. Danach ist zu differenzieren:
– Für **Kinder im Alter von drei Jahren bis zur Einschulung** waren bereits vor dem 1.8.2013 ausreichend Plätze vorzuhalten. Ergab sich beispielsweise nach der gemeindlichen Bedarfsplanung ein Bedarf nach 100 Plätzen in Kindertageseinrichtungen für Kinder im Alter von drei Jahren bis zur Einschulung, so musste die Gemeinde gewährleisten, dass 100 Plätze zur Verfügung standen.
– Für **Kinder unter drei Jahren** konnte die Gemeinde hingegen mit Hilfe einer sog. **Ausbaustufenplanung** ihre Verpflichtung, eine vollständige Bedarfsdeckung zu gewährleisten, bis zum **1.8.2013** hinausschieben, wenn und soweit noch keine Vollversorgung bestand – der Endzeitpunkt ergibt sich daraus, dass am 1.8.2013 mit dem Rechtsanspruch § 24a SGB VIII außer Kraft tritt. In den Jahren bis zum Eintritt des Rechtsanspruchs waren die aktuellen Bedarfe jährlich zu ermitteln, der erreichte

Ausbaustand festzustellen und die weiteren Ausbaustufen bis zur Bedarfsdeckung zum 1.8.2013 festzulegen.

– Für **Schulkinder** muss nach § 24 Abs. 2 SGB VIII ein bedarfsgerechtes Angebot in Tageseinrichtungen vorgehalten werden.

38 Vor dem 1.8.2013 musste die Gemeinde die vorrangige Berücksichtigung der gemäß § 24 Abs. 3 SGB VIII privilegierten Kinder unter drei Jahren sicherstellen. Wegen dieses Vorrangs bei der Platzvergabe wird bei den privilegierten Kindern unter drei Jahren von einem konditionierten Rechtsanspruch gesprochen. Der Sicherstellungsauftrag der Gemeinden beschränkt sich aber nicht auf die nach § 24 Abs. 3 SGB VIII privilegierten Kinder. Der Wunsch der Eltern auf eine Fremdbetreuung ihrer Kinder ist in jedem Fall zu akzeptieren. Der Grund hierfür spielt keine Rolle.

Bei Kindern ab dem vollendeten ersten Lebensjahr wandelt sich der Vorrang bei der Platzvergabe ab dem 1.8.2013 in einen echten Rechtsanspruch. Bei Kindern unter einem Jahr verbleibt es bei der dargestellten Rechtslage.

b)   Sicherstellungsauftrag auch in Bezug auf die Tagespflege?

39 Nach § 24 Abs. 2 SGB VIII ist für Kinder im Alter unter drei Jahren und im schulpflichtigen Alter ein bedarfsgerechtes Angebot an Plätzen in Tageseinrichtungen und in Tagespflege vorzuhalten. Gemäß § 85 Abs. 1 SGB VIII in Verbindung mit Art. 15 AGSG stellt diese Regelung primär auf die Zuständigkeit der Träger der öffentlichen Jugendhilfe ab. Ergänzend bestimmt Art. 5 Abs. 1 und 3, dass die Gemeinden ein ausreichendes Angebot an Plätzen in Kindertageseinrichtungen *und* in Tagespflege gewährleisten sollen. Im Rahmen ihres Planungsermessens nach Art. 7 kann die Gemeinde entscheiden, ob und welche Bedarfe sie durch Angebote der Tagespflege decken möchte. Die Tagespflege ist also eine **Handlungsalternative für die Gemeinden**; gäbe es diese nicht, so müssten die Gemeinden die gesamten Bedarfe über Plätze in Kindertageseinrichtungen abdecken. Ziel ist die Wahlfreiheit der Eltern auf die Inanspruchnahme einer außerfamiliären Kinderbetreuung. Die Motivlage seitens der Eltern hat keine Rolle zu spielen.

Demnach ist Tagespflege grundsätzlich für alle Bedarfslagen zu planen, eine Einschränkung durch § 24 Abs. 3 SGB VIII ist nicht gegeben, da diese Regelung nicht konkretisiert, was unter einem bedarfgerechten Angebot im Sinne des § 24 Abs. 2 SGB VIII zu verstehen ist. Mit „bedarfsgerechtem Angebot" wird lediglich ein Mindestumfang an Angeboten beschrieben.

Jedoch ist die Gemeinde nicht völlig frei in ihrer Entscheidung, ob sie anstelle von Plätzen in Kindertageseinrichtungen den Eltern lieber Tagespflegeplätze anbieten möchte. Bei der Erfüllung des Anspruchs muss das Wunsch- und Wahlrecht gemäß § 5 SGB VIII berücksichtigt werden. Die Eltern haben die Möglichkeit zwischen einem Platz in einer Einrichtung und in Tagespflege zu wählen. Für Kinder unter drei Jahren ist die Tagespflege als gleichwertig zu einem Angebot in einer Tageseinrichtung anzusehen, da der Bundesgesetzgeber mit dem Tagesbetreuungsgesetz die Kindertagespflege zu einer gleichrangigen Alternative aufgewertet hat. Wenn sich die planerische Entscheidung der Gemeinde pro Tagespflege nicht mit den Wünschen aller betroffenen Eltern deckt, so ist zu beachten, dass

– für **Kinder im Alter von drei Jahren bis zur Einschulung** der Kindergarten vorrangig ist, der Tagespflege daher **nur ergänzende Bedeutung** zukommt – z.B. für Betreuungsbedarfe in Randzeiten, die durch den örtlichen Kindergarten nicht abgedeckt werden können, so auch *Dunkl/ Eirich*, 2. Auflage, Art. 5 Nr. 1.3.2. Dies ergibt sich aus § 24 Abs. 1 SGB VIII (bzw. Abs. 3 in der ab dem 1.8.2013 geltenden Fassung), ist aber auch sachlich gerechtfertigt: Das Recht der Kinder auf Bildung und Erziehung kann durch gut ausgebildete pädagogische Fachkräfte in einem institutionellen Rahmen in ganz anderer Weise erfüllt werden als durch Tagespflegepersonen).

– Für **Kinder unter drei Jahren** ist die Tagespflege hingegen **grundsätzlich ein gleichwertiges Angebot**, vgl. z.B. § 24 Abs. 3 SGB VIII und auch § 24 Abs. 1 und 2 SGB VIII in der ab dem 1.8.2013 geltenden Fassung, auch wenn nicht zu verkennen ist, dass aus pädagogisch-fachlicher Sicht die Tagespflege mit ihrem familiennahen Charakter etwas anderes darstellt als eine Kindertageseinrichtung. Die Entscheidung einer Gemeinde pro Tagespflege kann dann eine ermessensfehlerhafte Abwägung darstellen, wenn das Hinwegsetzen über den elterlichen Wunsch unter keinem Gesichtspunkt als vertretbar erscheint.

– Für **Schulkinder** ist bis zum 31.7.2013 die Tagespflege als **grundsätzlich gleichrangiges Angebot** anzusehen; vgl. § 24 Abs. 2 SGB VIII in derzeitiger Fassung. Ab dem 1.8.2013 sieht die durch das KiFöG ab diesem Zeitpunkt geltende Fassung des § 24 Abs. 4 SGB VIII hingegen vor, dass der Bedarf durch Kindertageseinrichtungen abzudecken ist.

c) Qualitative Dimension des Sicherstellungsauftrages

Nach Auffassung des StMAS kommt eine Beschränkung der wirtschaftlichen Jugendhilfe nach § 90 SGB VIII auf die Fälle des § 24 Abs. 3 SGB VIII **40** nicht in Betracht. Dem Wortlaut des § 90 SGB VIII ist eine Einschränkung auf Fälle des § 24 Abs. 3 SGB VIII nicht zu entnehmen (vgl. AMS vom 28.2.2011, Az: VI 4/AMS 3-2011). Der Bedarf und damit auch der Sicherstellungsauftrag erschöpft sich nicht darin, dass für jedes Kind, dessen Eltern dies wünschen, ein Platz in einer Kindertageseinrichtung oder in Tagespflege angeboten werden kann (**quantitative Dimension des Sicherstellungsauftrags**).

Der Sicherstellungsauftrag ist vielmehr nur dann erfüllt, wenn die Plätze zur Verfügung stehen, die hinsichtlich

- der Altersgruppe der Kinder (Kinder unter drei Jahren, Kinder im Alter von drei Jahren bis zur Einschulung, Schulkinder),
- der Art der Betreuungsform (Kindertageseinrichtung oder Tagespflege, Plätze für Kinder mit [drohender] Behinderung) sowie
- der Länge und Lage der angebotenen Betreuungszeit

bedarfsnotwendig sind (**qualitative Dimension des Sicherstellungsauftrags**). Eltern bzw. Kinder mit Partikularinteressen (z. B. Wunsch nach einer Betreuung in einer Waldorfeinrichtung oder einer anderen Einrichtung mit besonderer pädagogischer Ausrichtung) können auf ein reguläres Angebot verwiesen werden. Bei der Nachfrage nach überlangen oder ungewöhnlichen Betreuungszeiten ist grundsätzlich die Betreuungsform anzubieten, die dem Umfang bzw. der Lage der Betreuungszeiten gerecht werden kann. In Randzeiten kann in Kombination mit einer Einrichtung auf Tagespflege verwiesen werden. Die Kombination maximal zweier Betreuungsformen ist nur in begründeten Ausnahmefällen möglich. Dies gilt grundsätzlich für Randzeiten und am Wochenende. Hier wird allerdings in der Regel die Eingrenzung auf das Machbare und Finanzierbare dem Sicherstellungsauftrag der Gemeinde Grenzen setzen (vgl. § 5 Abs. 2 SGB VIII).

Beispiele:

Es ist nicht erst eine Frage des Wunsch- und Wahlrechts der Eltern, ob sie einen 4- oder einen 8-Stunden-Platz bekommen können. Gibt es zu wenige 8-Stunden-Plätze, ist der Sicherstellungsauftrag nicht erfüllt. Dies ergibt sich daraus, dass ein vierstündiger Platz nicht gleichwertig zu einem achtstündigen Platz ist.

Plätze in Tagespflege sind für Kinder im Alter von drei Jahren bis zur Einschulung nicht gleichwertig mit einem Platz in einer Kindertageseinrichtung (vgl. Rn. 26). Wird ihnen daher anstelle eines (gewünschten) Platzes in einem Kindergarten nur ein Platz in Tagespflege angeboten, so ist der Sicherstellungsauftrag nicht erfüllt. Anders sieht dies bei Kindern unter drei Jahren aus: Hier ist eine Gleichwertigkeit der Plätze in Kindertageseinrichtungen und in Tagespflege anzunehmen. Aus Gründen des elterlichen Wunsch- und Wahlrechts kann die Gemeinde jedoch bei einer ermessensfehlerfreien Bedarfsplanung nicht ausschließlich auf Plätze in

Tagespflege setzen, sondern sie muss auch Plätze in Kindertageseinrichtungen anbieten (s. näher Rn. 39).

Ob die Eltern hingegen eine sechsstündige Betreuung in einem Waldorf- oder in einem Kindergarten mit anderer Trägerschaft und pädagogischer Ausrichtung erhalten, betrifft nicht die Frage, ob die Gemeinde ausreichend Plätze zur Verfügung stellt, sondern nur die Frage, ob die Gemeinde im Rahmen ihres ausreichenden Angebots eine dem Wunsch- und Wahlrecht der Eltern entsprechende Auswahl an verschiedenen Trägern ermöglicht. Die **Trägerschaft/ pädagogische Ausrichtung betrifft daher nur die qualitative Dimension des Bedarfs, nicht die des Sicherstellungsauftrags.** Dies resultiert daraus, dass nach dem Gesetz die einzelnen Trägerschaften und pädagogischen Ausrichtungen gleichwertig sind. Die persönlichen Präferenzen der Eltern haben jedoch – wenn auch eine im Vergleich zum Sicherstellungsauftrag abgemilderte – gesetzliche Anerkennung im elterlichen Wunsch- und Wahlrecht gefunden (§ 5 SGB VIII).

Art. 5 verpflichtet die Gemeinden die bedarfsnotwendigen Plätze ohne eine zeitlich starre Grenze zur Verfügung zu stellen. Dies gilt **auch** für einen **Bedarf** nach einer **mehr als sechsstündigen Betreuung.**

4. Kommunale Zusammenarbeit

Die frühkindliche Förderung soll, sofern die Eltern keine anderen Wünsche äußern, möglichst wohnortnah erfolgen. Der Verpflichtung zur Bereitstellung ausreichender Plätze kann allerdings auch im Wege kommunaler Zusammenarbeit nachgekommen werden. Dies ist vor allem bei Kindertageseinrichtungen mit überörtlichem Einzugsbereich, wie dies bei Kindertageseinrichtungen mit besonderem pädagogischem Angebot häufig der Fall ist, empfehlenswert. Als Form der kommunalen Zusammenarbeit eignet sich insbesondere der Abschluss einer Zweckvereinbarung nach Art. 7 ff. KommZG. Dabei haben die Gemeinden die Wahl, ob sie einer (größeren) Gemeinde die Aufgabe übertragen und einen finanziellen Ausgleich zwischen den Gemeinden vorsehen (Art. 7 Abs. 2 KommZG) oder ob sie die Aufgabe gemeinsam wahrnehmen und z. B. gemeinsam eine Kindertageseinrichtung errichten (Art. 7 Abs. 3 KommZG). **41**

5. Aufgabe des örtlichen Trägers der öffentlichen Jugendhilfe

Art. 5 Abs. 3 stellt klar, dass die Landkreise als örtliche Träger der öffentlichen Jugendhilfe nicht von ihrer Aufgabe nach § 74 SGB VIII entbunden werden. Sie dürfen nur solange von einer selbstaktiven Aufgabenwahrneh- **42** mung absehen, als diese *nach dem Maßstab ihrer eigenen Bedarfsplanung* ausreichend durch die Gemeinden bereits erfüllt wird; durch Art. 5 wandelt sich daher die Verpflichtung der Landkreise in eine subsidiäre Verpflichtung. Stellt eine Gemeinde aus Sicht der Landkreisplanung zu wenige oder die falschen Plätze zur Verfügung, so ergeben sich für das Landratsamt zwei Möglichkeiten:

– Die Abweichung beruht auf einer **fehlerhaften Bedarfsplanung** der Gemeinde oder die Gemeinde hat ihr eigenes Ziel nach der Bedarfsplanung nicht umgesetzt: Dann hat das Landratsamt die Einleitung **rechtsaufsichtlicher Schritte** beginnend mit umfänglicher Beratung zu prüfen.

– Die Abweichung beruht auf der unterschiedlichen Ausnutzung des **Ermessensspielraums** durch die beiden eigenverantwortlich Planenden – Gemeinde und Landkreis. Der Landkreis hat dann die Pflicht, auf die Umsetzung seiner **selbst für richtig gehaltenen Planung ggf. rechtsaufsichtlich hinzuwirken.**

Der Landkreis hat trotz des Wegfalls des Art. 7 Abs. 3 weiterhin die Möglichkeit, anstelle einer Gemeinde selbst Plätze zu finanzieren. Dies muss sich nicht auf die Fälle beschränken, in denen eine Gemeinde ihrer Sicherstellungsverpflichtung wegen mangelnder finanzieller Leistungsfähigkeit nicht nachkommen kann.

Art. 6
Planungsverantwortung

(1) [1]Die örtlichen Träger der öffentlichen Jugendhilfe tragen für die Versorgung mit Plätzen in Kindertageseinrichtungen und in Tagespflege die Gesamtverantwortung für die Planung. [2]Dies gilt mit Blick auf das Gesetz zu dem Übereinkommen der Vereinten Nationen über die Rechte von Menschen mit Behinderungen sowie zu dem Fakultativprotokoll vom 13. Dezember 2006 zum Übereinkommen der Vereinten Nationen über die Rechte von Menschen mit Behinderungen vom 21. Dezember 2008 (BGBl II S. 1419) in Verbindung mit Art. 4 Abs. 2, Art. 7 und 24 des genannten Übereinkommens auch für die Versorgung mit Plätzen für Kinder mit bestehender oder drohender Behinderung.

(2) [1]Die Gemeinden und die Träger der freien Jugendhilfe sowie die überörtlichen Sozialhilfeträger sind in alle Phasen der Bedarfsplanung und des Planungsverfahrens nach § 80 SGB VIII einzubeziehen. [2]Die Planung der Plätze für Schulkinder ist zusätzlich mit der Schulaufsicht abzustimmen.

Anmerkungen

Das BayKiBiG regelt in Art. 7 die Bedarfsplanung der kreisangehörigen und   **43**
kreisfreien Gemeinden. §§ 80, 85 Abs. 1 SGB VIII weisen den örtlichen Trägern der öffentlichen Jugendhilfe und damit den kreisfreien Städten und Landkreisen (§ 69 Abs. 1 SGB VIII, Art. 15 Abs. 1 AGSG) die Jugendhilfeplanung zu; die Bedarfsplanung in Bezug auf Kindertageseinrichtungen und Tagespflege ist ein Teil dieser Jugendhilfeplanung. Art. 6 stellt klar, dass die Planung der Gemeinden nach dem BayKiBiG nicht die Jugendhilfeplanung verdrängt, sondern dass **beide Planungen nebeneinander, aber nicht isoliert voneinander**, bestehen. Bedeutung gewinnt Art. 6 vor allem im Verhältnis von Landkreisen als örtlichem Träger der öffentlichen Jugendhilfe zu den kreisangehörigen Gemeinden; bei kreisfreien Städten fallen gemeindliche Planung und Planung der kreisfreien Stadt als örtlicher Träger der öffentlichen Jugendhilfe faktisch zusammen.

1. Gesamtverantwortung des örtlichen Trägers der öffentlichen Jugendhilfe

Abs. 1 bestimmt in Übereinstimmung mit § 79 Abs. 1 SGB VIII die Gesamt-   **44**
verantwortung der örtlichen Träger der öffentlichen Jugendhilfe für die Planung. Gesamtverantwortung bedeutet, dass die örtlichen Träger der öffentlichen Jugendhilfe (also insbesondere die Landkreise gegenüber den kreisangehörigen Gemeinden) dafür **Sorge tragen, dass für den gesamten Zuständigkeitsbereich Planungen rechtzeitig und ordnungsgemäß erfolgen**, dass sie die Gemeinden in ihrer eigenen Bedarfsplanung beraten und unterstützen und die einzelnen gemeindlichen Bedarfsplanungen aufeinander abstimmen. Es bedeutet auch, selbst die planerische Entscheidung über den Bedarf von Plätzen in Kindertageseinrichtungen und in Tagespflege zu treffen und im Falle fehlender, unzureichender oder fehlerhafter gemeindlicher Planung die eigenen Planungsergebnisse rechtsaufsichtlich durchzusetzen oder die Fehler durch eigenes Handeln (z. B. Errichtung und finanzielle Förderung der notwendigen Einrichtungen) selbst auszugleichen. Das BayKiBiG nimmt dem örtlichen Träger der öffentlichen Jugendhilfe keine seiner Handlungsoptionen nach dem SGB VIII.

Art. 6 Abs. 1 Satz 2 wurde im Zuge der UN-Behindertenrechtskonvention über die Rechte von Menschen mit Behinderung neu formuliert. Die Vorgabe im Hinblick auf die Planung von Plätzen für Kinder mit (drohender) Behinderung stellt eine Konkretisierung der Vorgaben dar und bezieht sich auf die Beschlüsse der UN-Behindertenrechtkommission zur Inklusion. Durch die explizite Bezugnahme in Art. 6 Abs. 1 Satz 2 sollen die aus der UN-Behindertenrechtskommission resultierenden Vorgaben deklaratorisch für den Bereich der Kindertagesbetreuung herausgestellt werden. Die Planungsverantwortung des örtlichen Trägers der öffentlichen Jugendhilfe wird diesbezüglich verdeutlicht. Die Planungsverantwortung des Trägers der öffentlichen Jugendhilfe für integrative Plätze wird durch die Planung von Plätzen für Menschen mit Behinderung ersetzt.

In seiner Gesamtheit folgt das BayKiBiG jedoch bereits seit seiner Einführung im Jahr 2005 einem inklusiven Bildungsansatz und hat die Kindertageseinrichtungen in Bayern für die gemeinsame Bildung, Erziehung und Betreuung von Kindern mit und ohne Behinderung geöffnet. 8 443 Kinder mit bestehender oder drohender Behinderung wurden zum 1.1.2013 in BayKiBiG-Einrichtungen gebildet, erzogen und betreut. Zur Stärkung der Teilhabe von Kindern mit Behinderung und Gewährleistung einer wohnortnahen Betreuung in Kindertageseinrichtungen wird nun gesetzlich explizit klargestellt, dass im Rahmen der örtlichen Bedarfsplanung die gemeinsame Bildung, Erziehung und Betreuung von Kindern unterschiedlicher Herkunft mit den unterschiedlichsten Bedürfnissen als Chance zu verstehen ist, um die individuelle und gesellschaftliche Entwicklung zu unterstützen und zu verstärken.

2. Einbeziehung in das Planungsverfahren

45 Abs. 2 normiert für beide Planungsebenen das Gebot der Einbeziehung:

Für die Planung nach § 80 SGB VIII (Jugendhilfeplanung) haben die örtlichen Träger der öffentlichen Jugendhilfe die Gemeinden, die freien Träger der Jugendhilfe und die überörtlichen Träger der Sozialhilfe einzubeziehen. Für die Bedarfsplanung nach Art. 7 haben die Gemeinden dieselbe Verpflichtung gegenüber den freien Trägern der Jugendhilfe, dem örtlichen Träger der öffentlichen Jugendhilfe und dem überörtlichen Träger der Sozialhilfe. In der Gesetzesbegründung wird darauf verwiesen, dass die Aufzählung in Art. 6 Abs. 2 Satz 1 nicht abschließend ist. In die Planung sind immer sämtliche Betroffene, z.B. auch die Schulämter, Elternvereinigungen, die Agentur für Arbeit und weitere Beteiligte, einzubeziehen.

Die Einbeziehung soll verfahrensmäßig sicherstellen, dass beide Planungsebenen – gemeindliche und landkreisweite – aufeinander abgestimmt werden. Damit geht jedoch nicht die Verpflichtung einher, zu denselben Ergebnissen zu kommen. Die Planungen enthalten Wertungen mit Beurteilungs-, Ermessens- und Prognosespielräumen, die unterschiedliche Ergebnisse zulassen. Im Rahmen des Vertretbaren wären allerdings identische Planungsergebnisse bzgl. des Bedarfs in den einzelnen Gemeinden – nicht rechtlich zwingend – aber doch erstrebenswert.

In der Praxis bieten sich **zur Abstimmung** der gemeindlichen Planung und der Planung des örtlichen Trägers der öffentlichen Jugendhilfe **zwei Wege** an:

– Die Gründung einer **Arbeitsgruppe Bedarfsplanung**, in die der örtliche Träger der öffentlichen Jugendhilfe Vertreter durch Beschluss des Jugendhilfeausschusses entsendet und die Gemeinden Vertreter durch Beschluss der Bürgermeisterverbandsversammlung.

– Abschluss eines **Kooperationsvertrags** zwischen Gemeinden und Landkreis, in dem sich die Gemeinden bereit erklären, die ihnen vorliegenden Daten an den Landkreis zu übermitteln, den Landkreis im Übrigen mit der Wahrnehmung der örtlichen Bedarfsplanung betrauen und über das Planungsergebnis dann im Gemeinderat Beschluss fassen.

In die Bedarfsplanung sind **alle Akteure der Kindertagesbetreuung** in jeder **46** Phase einzubeziehen. Dies erfolgt im Bereich der Jugendhilfeplanung dadurch, dass in den Jugendhilfeausschuss auch anerkannte Träger der freien Jugendhilfe aufgenommen werden. Bei der gemeindlichen Planung ist die Einbeziehung am besten dadurch sicherzustellen, dass in die mit der gemeindlichen Bedarfsplanung betrauten Arbeitsgruppe auch örtlich aktive Träger von Kindertageseinrichtungen beteiligt werden.

Die Neuregelung des Art. 6 Abs. 2 Satz 2 trägt dem in den letzten Jahren rasanten Ausbau der schulischen Betreuungsangebote Rechnung und stellt eine korrespondierende Bestimmung zu Art. 6 Abs. 5 Satz 3 BayEUG dar. Danach erfolgt die Planung der (schulischen) Ganztagsangebote im Benehmen mit dem örtlichen Träger der öffentlichen Jugendhilfe. Art. 6 Abs. 2 Satz 1 BayKiBiG sieht bereits bisher die Einbeziehung aller Planungsbeteiligten im Rahmen der Gesamtplanung vor. Die Regelung zur Kooperation zwischen staatlichen Schulämtern und Jugendämtern in Art. 6 Abs. 2 Satz 2 ist deklaratorischer Natur.

Zur Erstellung einer umfassenden Planung für Schulkinder ist eine entsprechende Zusammenarbeit zwischen den Akteuren der Kinder- und Jugendhilfe mit dem staatlichen Schulamt und den kommunalen Sachaufwandsträgern unerlässlich. Die Träger der öffentlichen Jugendhilfe sollen sich demnach regelmäßig mit der Schulaufsicht, d. h. insbesondere den staatlichen Schulämtern und den weiteren Beteiligten über die Planung von Angeboten für Schulkinder austauschen und diese aufeinander abstimmen. Im Rahmen der Abstimmungen soll vermieden werden, dass überflüssige Doppelstrukturen aufgebaut oder bestehende Einrichtungen in ihrem Bestand gefährdet werden. Im Detail geht es darum, die schulischen Angebote zur Ganztagsbetreuung von Schulkindern wie den Ausbau der Ganztagsschule und der (verlängerten) Mittagsbetreuung an der Schule mit dem Angebot der Kindertagesbetreuung insbesondere der Plätze in Horten abzustimmen. Dabei sind auch überörtliche Bedarfslagen und die Nachfrage nach einer Betreuung in Rand- und Ferienzeiten angemessen zu berücksichtigen.

Art. 7
Örtliche Bedarfsplanung

[1]Die Gemeinden entscheiden, welchen örtlichen Bedarf sie unter Berücksichtigung der Bedürfnisse der Eltern und ihrer Kinder für eine kindgerechte Bildung, Erziehung und Betreuung sowie sonstiger bestehender schulischer Angebote anerkennen. [2]Hierbei sind auch die Bedürfnisse von Kindern mit bestehender oder drohender Behinderung an einer wohnortnahen Betreuung in einer Kindertageseinrichtung im Sinn dieses Gesetzes zu berücksichtigen. [3]Die Bedarfsplanung nach § 80 SGB VIII bleibt unberührt. [4]Die Gemeinden haben die Entscheidung nach Satz 1 entsprechend den örtlichen Gegebenheiten regelmäßig zu aktualisieren. [5]Unberührt bleibt die Regelung in § 24a SGB VIII.

Anmerkungen

1. Überblick

Art. 7 bleibt auch nach der Novellierung zum 1.1.2013 als zentrale Norm für   **47**
die kommunale Bedarfsplanung nach dem BayKiBiG bestehen.
Bereits vor dem 1.1.2013 mussten die Gemeinden den Bedarf an Plätzen
nach besonderen Förderbedarfen differenziert erfassen. Nach Feststellung
eines entsprechenden Bedarfs resultierte die Verpflichtung, die Plätze zur
Verfügung zu stellen. Nunmehr erfolgt vor dem Hintergrund der UN-Kon-
vention über die Rechte von Menschen mit Behinderung die gesetzliche
Klarstellung, dass im Rahmen der örtlichen Bedarfsplanung auch die Bedürfnisse von Kindern mit bestehender oder drohender Behinderung an einer wohnortnahen Betreuung in einer Kindertageseinrichtung zu berücksichtigen sind. Dies wird nun im Gesetzestext explizit erwähnt. In
Verbindung mit Art. 6 Abs. 1 Satz 2 wird dieser Verpflichtung damit eine
größere Bedeutung verliehen. Sofern freigemeinnützige oder sonstige Träger den örtlichen Bedarf decken, sind diese durch die Gemeinden anzuhalten, die Anforderungen der UN-Behindertenrechtskonvention umzusetzen.

Die zweite Änderung zielt auf die geänderte Rechtsprechung des
BayVGH ab. In konsequenter Fortführung der Rechtsprechung des BayVGH
ist eine Unterscheidung von bedarfsnotwendigen und nicht bedarfsnotwendigen Plätzen für die Frage der kindbezogenen Förderung nicht mehr erforderlich. Die Vorgaben des Art. 7 Abs. 2 und 3 zum förmlichen Verfahren der
Anerkennung von Plätzen als bedarfsnotwendig werden daher aufgehoben.
**Somit ist künftig auch gesetzlich klargestellt, dass für Kinder, die Plätze in
BayKiBiG-Einrichtungen belegen, immer die kindbezogene Förderung
durch die Aufenthaltsgemeinde zu leisten ist.** Das Wunsch- und Wahlrecht
der Eltern wird hierdurch umfassend gestärkt. Die Pflicht zur Ermittlung
der Bedürfnisse der Eltern und der Kinder bleiben ebenso bestehen, wie die
Pflicht zur Anerkennung des bestehenden Bedarfs. Daraus resultiert die
Pflicht zur Bedarfsplanung.

Durch den Verzicht auf die bisherige „vierte Stufe der Bedarfsplanung",
nämlich der Feststellung der Bedarfsnotwendigkeit jedes einzelnen bedarfsnotwendigen, bestehenden Platzes wird der Verwaltungsaufwand der
zuständigen Kommunen deutlich reduziert, da die Notwendigkeit zum Erlass von Verwaltungsakten gegenüber den freigemeinnützigen und sonsti-

gen Trägern von Kindertageseinrichtungen zur Anerkennung einer bestimmten Zahl von Plätzen entfällt. Bestehende Verwaltungsakte bzw. Bescheide über die Platzanerkennung müssen nicht formal zurückgenommen werden.

Die Bestimmungen in Art. 27 zur Investitionskostenförderung mussten im Zuge des Wegfalls des Erfordernisses der Anerkennung der Bedarfsnotwendigkeit ebenfalls überarbeitet werden. Die Entscheidungshoheit der Gemeinden, ob und in welchem Umfang eine Investitionskostenförderung zu leisten ist, wird gestärkt. Die Gemeinden haben bei ihrer Entscheidung die Sicherstellungsverpflichtung nach Art. 5 ff. und das Subsidiaritätsprinzip nach Art. 4 Abs. 3 zu beachten.

2. Die Planungsschritte

48 Die gemeindliche Bedarfsplanung erfolgt in drei Schritten:
1. Bestandsfeststellung
2. Ermittlung der Bedürfnisse der Eltern und ihrer Kinder
3. Bestimmung/Anerkennung des örtlichen Bedarfs

49 Die **Bedarfsplanung muss so differenziert erfolgen**, dass sie ihrer Aufgabe, zu ermitteln, welche Plätze für die Erfüllung des Sicherstellungsauftrags (Art. 5 Abs. 1) und der Verwirklichung des Wunsch- und Wahlrechts (§ 5 SGB VIII und Art. 7) erforderlich sind, gerecht werden kann. Deswegen muss die Bedarfsplanung folgende Differenzierungen zwingend vornehmen – ansonsten blendet die Bedarfsplanung von vornherein bestimmte Bedarfslagen aus und ist daher ermessensfehlerhaft:
– **Art der Plätze** (Plätze in Kindertageseinrichtungen und Plätze in Tagespflege; Plätze für Kinder mit Behinderung)
– Plätze für die einzelnen **Altersgruppen** von Kindern
– **Lage und Länge der Betreuungszeit**
– **Trägerschaft und pädagogische Ausrichtung**
– nach dem *BayVGH* zudem sonstige Qualitätsmerkmale (etwa Gruppengrößen, Ausstattung usw.; vgl. Urteil vom 5.5.2008 – BV 07.2908; s. auch Rn. 51).

Das bedeutet, dass der Bestand z. B. nach den einzelnen ermöglichten Betreuungszeiten aufgeschlüsselt sein muss. Ferner muss die Bedürfnisabfrage z. B. nach den gewünschten Trägern und der pädagogischen Ausrichtung fragen und schlussendlich auch die Anerkennung des Bedarfs nach Art. 7 entsprechend differenziert festgestellt werden. Diese starke Differenzierung

bezeichnet der *BayVGH* als **individuelle kindbezogene Planung**, Urteil vom 5.5.2008 – 12 BV 07.2908.
Für den Ausbau der Plätze für Kinder ab Vollendung des 1. Lebensjahres stand bis zur Einführung des Rechtsanspruchs auf einen Betreuungsplatz zum 1.8.2013 zunächst der quantitative Ausbau in Vordergrund. Für die Gemeinden galt es primär den zahlenmäßigen Bedarf an Plätzen für Kinder der entsprechenden Plätze zu erfassen und ein entsprechendes Platzangebot zu schaffen. Das Kriterium der Trägerschaft sowie der pädagogischen Ausrichtung spielt in dieser Phase nur eine untergeordnete Rolle.

3. Bestandsfeststellung

Die Ermittlung des Bestandes als erster Planungsschritt ist **nicht direkt im BayKiBiG geregelt**. Die Notwendigkeit dieses Planungsschrittes ergibt sich jedoch daraus, dass ansonsten kein Abgleich mit dem Bedarf möglich ist.　　**50**

Zum Bestand einer Gemeinde gehören **alle auf dem jeweiligen Gemeindegebiet gelegenen, bestehenden Plätze in Kindertageseinrichtungen**. Zur Erfassung im Bestand ist weder die Bedarfsnotwendigkeit noch die Förderfähigkeit dieser Plätze Voraussetzung.　　**51**

Hinweis:
Auswärtige Plätze können zur Bedarfsdeckung einer Gemeinde herangezogen werden. In das Bestandsverzeichnis einer Gemeinde gehören sie dennoch grundsätzlich nicht. Eine Ausnahme bietet sich für den Fall an, dass zwei oder mehrere Gemeinden gemeinsam eine Kindertageseinrichtung errichtet und eine feste Platzaufteilung vereinbart haben. Im Einvernehmen der beteiligten Gemeinden kann dann jede Gemeinde ihr Platzkontingent in ihrem Bestand auflisten; die Zuordnung der gleichen Plätze zum Bestand mehrerer Gemeinden ist nicht möglich.
Plätze in anderen Betreuungsformen als Kindertageseinrichtungen, z. B. Ganztagsangebote an Schulen, Mittagsbetreuung, Schulvorbereitende Einrichtungen (SVE) und heilpädagogische Tagesstätten, decken auch bestimmte Bedarfe ab. Sie gehören aber natürlich nicht zum Bestand an Plätzen in Kindertageseinrichtungen. Damit diese Angebotsformen gleichwohl bei der Bedarfsplanung nicht aus dem Auge verloren werden, empfiehlt es sich, sie **nachrichtlich** in das Bestandsverzeichnis aufzunehmen.

Eingetragen wird die **Platzzahl, die in der Betriebserlaubnis** festgelegt ist. Sie gibt an, wie viele Kinder maximal gleichzeitig anwesend sein dürfen. Einen Kindergarten mit 50 Plätzen können z. B. 50 Kinder am Vormittag und 50 andere Kinder am Nachmittag besuchen. Dass der Kindergarten 100 angemeldete Kinder aufweist, ist im Hinblick auf die festgelegte Platzzahl unschädlich, da sie nicht gleichzeitig anwesend sind. Kommt es – etwa in der Mittagszeit – zeitlich begrenzt zu einer Überschreitung der Platzzahl und reichen die Räumlichkeiten für die erhöhte Zahl von Kindern aufgrund des besonderen Betriebsablaufs in dieser Zeit aus (Kinder sitzen zu Tisch), so kann die Aufsichtsbehörde für diese begrenzte Zeit (z. B. 11.30 bis 13.30 Uhr) die Platzzahl hochsetzen; dies hat auf die in das Bestandsverzeichnis einzutragende Platzzahl keine Auswirkung – es führt aber dazu, dass die Kinder entsprechend aufgenommen und die gebuchten Zeiten auch bei der Förderung abgerechnet werden können.

Hinweis für altersgeöffnete Kindertageseinrichtungen:
Zu beachten ist, dass bei Kindergärten – nicht bei Häusern für Kinder – zwei Plätze für ein Kind unter drei Jahren erforderlich sind; die zuständige Aufsichtsbehörde kann diese Schwelle für die Doppeltanrechnung im Betriebserlaubnisbescheid auf 2½ Jahre heruntersetzen. Als Kehrseite der Medaille können zwei Kinder ab drei Jahren (2½ Jahren) gleichzeitig einen Platz in einer Krippe belegen. Dem liegen folgende Überlegungen zugrunde: Kinder unter drei Jahren (oder zumindest unter 2½ Jahren) benötigen mehr Platz (z. B. wegen einer erforderlichen Ruhemöglichkeit) – der erhöhte Personalbedarf wird schon durch den Anstellungsschlüssel, § 17 AVBayKiBiG, und den Gewichtungsfaktor 2,0 berücksichtigt. Da bei jeder Kindertageseinrichtung sich die angegebene Platzzahl auf die Hauptaltersgruppe bezieht, reicht ein Platz in einem Kindergarten für ein Kind im Kindergartenalter, ein Platz in einer Krippe für ein Kind unter drei Jahren (2½ Jahren). Kinder mit Migrationshintergrund, behinderte Kinder und Schulkinder haben zwar einen erhöhten Personalbedarf (und erhalten daher einen Gewichtungsfaktor nach Art. 21 Abs. 5), haben aber nicht notwendigerweise einen erhöhten Raumbedarf; sie belegen daher einen Kindergartenplatz und einen halben Krippenplatz. Diese Zählweise des Bestandes wirkt sich für die Frage aus, inwieweit die bestehenden Plätze den Bedarf abdecken können (vgl. Rn. 89 ff.).

52 Die Aufsichtsbehörden können (in der Betriebserlaubnis) den Trägern
– **befristet eine Überschreitung der Platzzahl** erlauben (z. B. befristet für ein Jahr, sog. Notplätze) oder
– **während des Kindergartenjahres eine limitierte Überbelegung** gestatten.

Für die Bestandsfeststellung ist jeweils von der regulär festgelegten Platzzahl auszugehen.

Die in der Betriebserlaubnis festgelegte Höchstplatzzahl ist in KiBiG.web im Bereich Stammdaten der Einrichtung zu erfassen. Enthält die Betriebserlaubnis eine Aufteilung der Plätze nach Altergruppen (U3, 3 Jahre bis zur

Einschulung, Schulkinder) ist dies unter „erweiterte Platzstruktur" in Ki-BiG.web ebenfalls zu erfassen.

Zudem sind auch die Plätze in **Tagespflege** im Bestandsverzeichnis **53** aufzunehmen. Eine Zuordnung von Plätzen in Tagespflege zu einer konkreten Gemeinde ist regelmäßig schwierig. Tagespflegepersonen sind in der Regel bereit, Kinder aus mehreren Gemeinden aus einem bestimmten Umkreis anzunehmen. Auch haben Tagespflegepersonen eine Pflegeerlaubnis für fünf gleichzeitig anwesende (fremde) Kinder; wie viele Kinder die Tagespflegeperson tatsächlich aber bereit und in der Lage ist, aufzunehmen, ist oft nicht bekannt.

Da auch die **örtlichen Träger der öffentlichen Jugendhilfe** nach § 80 Abs. 1 **54** Nr. 1 SGB VIII zur Ermittlung des Bestandes verpflichtet sind, empfiehlt sich hier eine **Zusammenarbeit**, um Doppelarbeit zu vermeiden. In der Regel ist dabei der örtliche Träger der öffentlichen Jugendhilfe auf die Mithilfe der Gemeinden angewiesen. Zu den einzelnen Kooperationsformen s. Erl. zu Art. 6 Rn. 45 und 46.

4. Bedürfnisermittlung

Nach Art. 7 Satz 1 ist der Bedarf unter Berücksichtigung der Bedürfnisse **55** der Eltern und ihrer Kinder festzustellen. Mit „Bedürfnisse" sind die subjektiven Vorstellungen der Eltern und Kinder gemeint, s. *BayVGH*, Urteil vom 5.5.2008 – 12 BV 07.2908. Dieses Bedürfnis, entscheiden zu können, ob und welche Einrichtung das Kind besucht, ist Teil des von Art. 6 Abs. 2 GG geschützten Personensorgerechts der Eltern, *BayVGH*, Urteil vom 28.1.2009 – 12 BV 07.2297 m. w. N. Damit ist die Ermittlung der Bedürfnisse der Eltern und ihrer Kinder als eigener Planungsschritt **mittelbar durch Abs. 1 geregelt.** Anders als beim Bestand, in dem nur die im Gemeindegebiet gelegenen Plätze erfasst werden, geht es bei der Bedürfnisermittlung um die Plätze, die **für die Kinder mit gewöhnlichem Aufenthalt in der Gemeinde** gewünscht werden, seien diese Plätze nun im oder auch außerhalb des Gemeindegebiets gelegen. Auch die Bedürfnisermittlung muss differenziert nach den unter Rn. 48 dargestellten Kriterien erfolgen (vgl. *BayVGH*, a. a. O.). Finanzielle Belastungen der Gemeinde, die die Erfüllung des Wunsches der Eltern mit sich bringen würde, sind kein Grund, ein bestimmtes Bedürfnis erst gar nicht festzustellen – solche Erwägungen haben erst auf der Stufe der Bedarfsanerkennung eine gewisse Relevanz (*BayVGH*, a. a. O.; s. auch Rn. 53).

Nicht gesetzlich festgelegt ist allerdings die Art und Weise der Ermittlung. In Betracht kommen drei Verfahren:

- eine Auswertung der gegenwärtig belegten Plätze (auch die außerhalb des Gemeindegebiets belegten Plätze), der Wartelisten sowie der in Tagespflege betreuten und der für die Vermittlung an eine Tagespflegeperson gemeldeten Kinder,
- eine Elternbefragung oder
- ein zentrales Anmeldeverfahren.

Anhand der **Auswertung der gegenwärtigen Inanspruchnahme** erhält man für die Schätzung der *derzeitigen* Bedürfnislage **untere Grenzwerte** – es ist ausgeschlossen, dass für weniger Kinder ein Bedürfnis nach Fremdbetreuung besteht, als Kinder diese derzeit schon in Anspruch nehmen. Eine **Elternbefragung** hingegen liefert **lediglich Anhaltspunkte** für die gegenwärtige Bedürfnislage. Die Erkenntnisse aus der Elternbefragung bedürfen einer Auswertung, wobei einerseits die Rücklaufquote von Fragebögen eine wichtige Bedeutung spielt und andererseits die getroffene Vorauswahl des befragten Personenkreises durch die Gemeinde. Es empfiehlt sich daher ein **Methodenmix**, um so den Korridor der Bedürfnisse besser einschätzen zu können. Dies gilt insbesondere im Hinblick auf die Bedürfnisse für die Kinder unter drei Jahren, da in diesem Bereich weder die Inanspruchnahme von Plätzen in der Vergangenheit noch eine Elternbefragung ein ausreichendes Indiz für die Bedürfnisse geben dürften. Eine Bedürfniserhebung, die sich allein auf die tatsächliche Inanspruchnahme stützt, weist zudem den Nachteil auf, dass dann auch keine differenzierte Bedarfsfeststellung erfolgen kann. Nach dem *BayVGH* (a. a. O.) ist die Konsequenz eines solchen Vorgehens, dass die Gemeinde alle tatsächlich geltend gemachten Bedürfnisse auch als Bedarf anerkennen muss, s. näher Rn. 61 ff.

a)   Auswertung der tatsächlichen Inanspruchnahme

56   Bei der Auswertung der tatsächlichen Inanspruchnahme ist zu beachten, dass einerseits zwar über die konkret belegten Plätze hinaus die **Wartelisten berücksichtigt** werden müssen, dass Doppelanmeldungen und „Karteileichen" aber das so gewonnene Bild verzerren können. Dies ist vor allem im Bereich der Kinder unter drei Jahren in den Gemeinden zu beobachten, wo der Bedarf an Plätzen noch nicht gedeckt ist.

Beispiel:
Die Eltern E melden ihr Kind vorsichtshalber nicht nur bei dem sehr begehrten Kindergarten A, sondern auch bei dem Kindergarten B an. Als E nur bei B einen

Platz bekommen können, vergessen sie A mitzuteilen, dass sie nun nicht mehr an einem Platz in A interessiert sind, da sie ihrem Kind keinen Kindergartenwechsel zumuten wollen.

Die Daten aus der Warteliste sollten daher nicht unkritisch übernommen werden; ein **Datenabgleich** zwischen den Kindern, die derzeit eine Kindertageseinrichtung besuchen und denen, die auf Wartelisten stehen, kann das Problem deutlich verkleinern, setzt aber voraus, dass entweder auch die freigemeinnützigen Träger den Gemeinden einen solchen Abgleich ermöglichen oder ein zentrales Anmeldeverfahren durchgeführt wird.

Die Betrachtung der belegten Plätze und der Wartelisten lässt nur eine Einschätzung derjenigen Bedürfnisse zu, für die es auch ein konkretes Angebot gibt. Haben etwa die Kindergärten einer Gemeinde alle längstens bis 15 Uhr geöffnet, so können Eltern ihr Kind nicht für einen längeren Kindergartenplatz anmelden. Wie viele Eltern sich ein solches Angebot wünschen würden, lässt sich daher nicht ablesen. In den Fällen, in denen es für **bestimmte Bedürfnisse noch kein Angebot gibt**, ist daher eine **repräsentative Elternbefragung erforderlich**. Auch eine Aussage darüber, zu welchem Anteil sich Eltern eine bestimmte Trägerschaft oder besondere pädagogische Ausrichtung wünschen, lässt sich nur treffen, wenn diese Wünsche über eine Elternbefragung erhoben wurden.

b)   Elternbefragung

Das StMAS hat in Zusammenarbeit mit den Kommunalen Spitzenverbänden ein Muster für eine repräsentative Elternbefragung herausgegeben (vgl. Anhang 1). **57**

Wenn die Gemeinden nicht auf das Muster zurückgreifen möchten, ist eigenverantwortlich darauf zu achten, dass die Elternbefragung die folgenden Voraussetzungen erfüllt:

– Die Elternbefragung muss aus Gründen des Datenschutzes **anonym** durchgeführt werden. Dies schließt sowohl aus, dass die Elternbefragung im Rahmen eines persönlichen Gesprächs bei der Gemeindeverwaltung als auch dass Namen, Adresse oder auch nur das vollständige Geburtsdatum des Kindes erhoben werden – Sofern Elternfragebögen in Kindertageseinrichtungen an Eltern verteilt werden, ist darauf zu achten, dass keine eindeutigen Rückschlüsse auf die Identität des Antwortenden möglich sind.

– Die Elternbefragung sollte einen Hinweis auf die **Freiwilligkeit** der Teilnahme an der Elternbefragung enthalten.

- **Abfrage aller Bedürfnislagen** (vgl. Differenzierungskriterien in Rn. 49); insbesondere muss die Möglichkeit gegeben werden, eine Präferenz für eine auswärtige Betreuung, für eine bestimmte Trägerschaft oder eine besondere pädagogische Ausrichtung anzugeben (s. auch § 22a SGB VIII). Dies bedeutet nicht, dass jeder Elternwunsch zu erfüllen wäre, entsprechende Bedürfnisse müssen als Ausgangspunkt für die Bedarfsermittlung aber festgestellt werden. Ansonsten ist die Elternbefragung in diesem Punkt unvollständig; zu den Rechtsfolgen s. Rn. 70.

- Wichtig für die Aussagekraft einer Elternbefragung ist, dass bei den einzeln abgefragten Angeboten möglichst **realistische Elternbeiträge** angegeben sind, weil bei keinen oder zu niedrigen Angaben Eltern oft vorschnell ein Bedürfnis bejahen und bei zu hoch angesetzten Elternbeiträgen die Eltern in unzulässiger Weise von der Artikulation ihrer Bedürfnisse abgehalten werden.

c) Zentrales Anmeldeverfahren

58 Da die Elternbefragung einen relativ hohen Aufwand verursacht, bevorzugen manche Gemeinden ein sog. **zentrales Anmeldeverfahren** zur Bedürfniserhebung bei den Eltern – zumal dies den von manchen Gemeinden nicht gerade unerwünschten Nebeneffekt hat, dass diese Form der Ermittlung nicht anonymisiert durchgeführt werden muss. Beim zentralen Anmeldeverfahren melden sich die Eltern nicht bei dem jeweiligen Träger der Kindertageseinrichtung direkt an, sondern bei einer zentralen Anmeldestelle – in der Regel bei der Gemeindeverwaltung. Voraussetzung dafür, dass ein solches zentrales Anmeldeverfahren überhaupt durchgeführt werden kann, ist das **Einverständnis aller betroffenen Träger** – kein Träger kann gezwungen werden, den Eltern ein direktes Anmelden bei ihm zu versagen. Auch müssen den Eltern – anders als bei einer Elternbefragung – **verbindliche Elternbeiträge** für die einzelnen Angebote angegeben werden, damit sich die Eltern verbindlich anmelden können.

Damit das zentrale Anmeldeverfahren eine vollständige Bedürfniserhebung darstellen kann, müssen folgende Voraussetzungen erfüllt sein:

- Die Eltern müssen sich für jedes bestehende Angebot anmelden können.
- Die Eltern müssen ihr Kind ganz gezielt für bestimmte Angebote anmelden können – insbesondere den Träger frei auswählen können. Jegliche Beeinflussung der Eltern ist auszuschließen.
- Die Eltern müssen ihr Kind auch für auswärtige Angebote anmelden können.

– Die Eltern müssen ihr Interesse auch an nicht bestehenden Angeboten bekunden können.

Zu beachten ist, dass ein zentrales Anmeldeverfahren für die Gemeinden eine erhöhte Verbindlichkeit nach sich zieht. Ein Anmeldeverfahren, das für die Eltern verbindlich sein soll, ist dadurch gekennzeichnet, dass der Träger die Aufnahme nur noch im Falle mangelnder Platzkapazität ablehnen kann.

d) Kooperation mit örtlichen Trägern der öffentlichen Jugendhilfe

Gerade in ländlichen Bereichen mit vielen kleinen Gemeinden wird es sich   **59**
oft anbieten, dass das Landratsamt die Bedürfnisermittlung für die Gemeinden mit übernimmt (vgl. Erl. zu Art. 6); ob das Landratsamt dies den Gemeinden anbieten kann, hängt von seinen Personalkapazitäten ab.

5. Bedarfsanerkennung Art. 7

Sind die Bedürfnisse der Eltern und ihrer Kinder ermittelt, so muss nach   **60**
Art. 7 die Gemeinde eine Entscheidung über die Anerkennung des Bedarfs treffen; auch wenn das Landratsamt absprachegemäß weitestgehend die Bedarfsplanung für die Gemeinde übernehmen sollte, muss die Gemeinde über die Bedarfsfeststellung Beschluss fassen, und zwar wegen der Bedeutung dieser Entscheidung grundsätzlich **durch den Gemeinderat** oder einen damit beauftragten Ausschuss und **nicht durch die Gemeindeverwaltung**. Eine Bekanntmachung ist nicht vorgesehen – die Bedarfsanerkennung bleibt ein Internum (*BayVGH*, Urteil vom 5.5.2008 – 12 BV 07.2908).

Auch die Anerkennung des Bedarfs nach Art. 7 muss entsprechend differenziert erfolgen (vgl. Rn. 48).

a) Entscheidungsspielräume der Gemeinde bei der Bedarfsanerkennung

Bei der Bedarfsanerkennung darf die Gemeinde sich nicht über die geäu-   **61**
ßerten Bedürfnisse der Eltern hinwegsetzen, muss diese aber auch nicht Eins-zu-Eins umsetzen: Bedürfnisse können nicht einfach mit dem örtlichen Bedarf gleichgesetzt werden (*BayVGH*, Urteil vom 5.5.2008 – 12 BV 07.2908). Dies wird durch die Formulierung „Entscheidung, welchen Bedarf sie anerkennt" anstelle der sonst üblicheren Wortwahl „die Gemeinde stellt den Bedarf fest" deutlich herausgestellt. Der Freiraum der Gemeinde

wird durch zweierlei begründet: „Bedürfnisse" und „Bedarf" sind unbestimmte Rechtsbegriffe, denen beiden ein prognostisches Element innewohnt. Unabhängig von der umstrittenen Lehre vom Beurteilungsspielraum kommt den Gemeinden bei der Einschätzung solcher Begriffe ein gewisser Spielraum zu. Dies wird noch dadurch verstärkt, dass jeder Planung ein Planungsermessen immanent ist: Den Gemeinden sind mit der Zielvorgabe Bedarfsdeckung und den in Art. 7 genannten Abwägungskriterien

– Berücksichtigung der Bedürfnisse der Eltern und ihrer Kinder,
– Berücksichtigung der Bedürfnisse der Kinder mit bestehender oder drohender Behinderung an einer wohnortnahen Betreuung

zwar durch den Gesetzgeber Vorgaben gemacht worden, dies beachtend treffen die Gemeinden allerdings eigenständige Entscheidungen, die sich einer vollständigen gerichtlichen Überprüfung entziehen, vgl. *BayVGH*, Beschluss vom 23.8.2006 – 12 CE 06.1468, und Urteil vom 5.5.2008 – 12 BV 07.2908.

Eine ermessensfehlerfreie Anerkennung des Bedarfs (Beurteilung der Bedürfnisse) setzt voraus, dass
– die Entscheidung auf einer soliden Datengrundlage erfolgt ist,
– die Gemeinde sich nicht ohne sachlichen Grund über die Bedürfnisse der Eltern und Kinder hinweggesetzt hat,
– bei der Entscheidung die einzelnen Kriterien für die Abwägung in nachvollziehbarer Weise zueinander gewichtet worden sind.

Wie groß der Entscheidungsspielraum jeweils ist, hängt davon ab, auf welcher Datengrundlage die Bedürfnisse ermittelt wurden und ob das betreffende Bedürfnis dem Sicherstellungsauftrag oder dem Wunsch- und Wahlrecht zuzuordnen ist.

aa)   Einschätzungsspielraum bei einer durchgeführten Elternbefragung

62   Wurden die Bedürfnisse anhand einer **Elternbefragung** ermittelt, so darf die Gemeinde einschätzen, wie viele Eltern, die einen Wunsch geäußert haben, ein entsprechendes Angebot auch wirklich annehmen würden. Bis sich die Einschätzung der Gemeinde objektiv als falsch herausstellt, darf die Entscheidung der Gemeinde weder durch die Aufsichtsbehörde noch durch ein Gericht korrigiert werden (sog. Einschätzungsprärogative).

bb) Einschätzungsspielraum in Bezug auf die unterschiedlichen Bedürfnisse

Betreffen die geäußerten Bedürfnisse die **Erfüllung des Sicherstellungsauf-   63
trags, so muss die Gemeinde diese Bedürfnisse auch als Bedarf anerkennen** – ihr Entscheidungsspielraum beschränkt sich in diesen Fällen darauf,
statt der eigentlich gewollten Angebote einen Bedarf für andere, gleichwer-
tige Angebote festzustellen (wenn es für eine solche Abweichung nachvoll-
ziehbare Gründe gibt). Durch die ausdrückliche Erwähnung der Berücksichtigung der Bedürfnisse von Kindern mit (drohender) Behinderung in
Art. 6 und 7 wird die Aufgabe der Gemeinden im Hinblick auf die Bedarfsfeststellung konkretisiert. Sofern die Gemeinde Bedürfnisse der Familien
mit Kindern mit besonderem Förderbedarf infolge einer festgestellten (drohenden) Behinderung feststellt, muss auch der daraus resultieren Bedarf
festgestellt werden.

Hinweis:
Ein Bedürfnis betrifft den Sicherstellungsauftrag, wenn die Erfüllung des Sicherstellungsauftrags verneint werden muss, falls diesem Bedürfnis nicht entspro-
chen wird. Die Gleichung „**Bedürfnis = Bedarf** nach Art. 7" (ohne Entscheidungsspielraum der Gemeinde) betrifft daher folgende Aspekte:
– die **Zahl der Plätze** (100 Eltern wünschen Fremdbetreuung, Gemeinde muss
  Bedarf für 100 Plätze feststellen);
– die **Art der Plätze** (100 Eltern wünschen für ihr Kind im Kindergartenalter einen Platz in einer Kindertageseinrichtung [und nicht in Tagespflege], Gemeinde muss Bedarf für 100 Plätze in Kindertageseinrichtungen feststellen
  [anders bei Kindern unter drei Jahren]; 100 Eltern wünschen **integrative Betreuung** [Einzelintegration oder integrative Kindertageseinrichtung], Gemeinde muss Bedarf für 100 integrative Plätze feststellen und kann nicht auf
  Heilpädagogische Tagesstätten verweisen);
– die **Länge und zeitliche Lage der Betreuungszeit der Plätze** (100 Eltern wünschen Vormittagsplatz, Gemeinde muss 100 Vormittagsplätze als Bedarf
  feststellen [kann also nicht stattdessen 50 Vor- und 50 Nachmittagsplätze als
  Bedarf feststellen]; 100 Eltern wünschen 8-Stunden-Platz, Gemeinde muss
  Bedarf für 100 8-Stunden-Plätze feststellen).
In diesen Fällen muss man den Bedürfnissen der Eltern vollständig nachkommen, weil man ihnen ansonsten Äpfel statt Birnen gäbe, eine Abweichung bei
der Bedarfsfeststellung also dazu führt, dass den Eltern **nicht gleichartige Plätze**
zur Verfügung gestellt werden würden, vgl. Erl. zu Art. 5 Rn. 39 ff.

Dieser enge Entscheidungsspielraum ergibt sich daraus, dass der Sicherstellungsauftrag nach Art. 5 Abs. 1 eine objektive Pflicht der Gemeinde ist, die

nur durch ihre Leistungsfähigkeit eingeschränkt wird, die Bedarfsplanung sich somit nicht in Widerspruch zu dieser Pflichtaufgabe setzen darf.

64 Betreffen die geäußerten Bedürfnisse hingegen ausschließlich das **Wunsch- und Wahlrecht**, also nur die Möglichkeit, ein bestimmtes gleichartiges Angebot nicht bei Träger A, sondern bei Träger B in Anspruch nehmen zu können, so tangiert dies nicht den Sicherstellungsauftrag. Generell gilt allerdings die Einschränkung, dass durch Verweis von Träger A zu Träger B noch von einer wohnortnahen Betreuung ausgegangen werden kann. Gemeinden dürfen nicht generell bei Kindern mit Behinderung auf eine integrative Einrichtung mit überörtlichem Einzugsgebiet beispielsweise in der nächsten Stadt verweisen, wenn Eltern eine Betreuung für ihr Kind mit Behinderung am Wohnort wünschen.

Hinweis:
Diese Fälle sind also dadurch gekennzeichnet, dass die von den Eltern gewünschten Plätze sich von denjenigen, die die Gemeinde stattdessen zur Verfügung stellen möchte, zwar aus Sicht der Eltern unterscheiden, nach den gesetzlichen Bestimmungen hingegen gleichwertig sind. Die von den Eltern ins Feld geführten Unterscheidungsmerkmale müssen daher von der Gemeinde im Rahmen der Bedarfsplanung gewürdigt werden. Die Erfüllung dieser Bedürfnisse kann aber bei Vorliegen eines sachlichen Grundes verweigert werden (Entscheidungsspielraum); vgl. *BayVGH*, Beschluss vom 5.11.2008 – 12 ZB 08.505. Dies trifft auf folgende Fälle zu: Die Angebote bei Träger A und B unterscheiden sich durch
- den **unterschiedlichen Sitz** der Kindertageseinrichtungen (insbesondere: Einrichtung des Trägers A ist am Arbeitsort, Einrichtung des Trägers B am Wohnort der Eltern): für die planerische Entscheidung **relevant,**
- die **unterschiedliche Trägerart/unterschiedliche pädagogische Konzeption**: für die planerische Entscheidung **relevant,**
- die unterschiedliche Zugehörigkeit zu einem **Kirchensprengel** oder **Schulsprengel**: für die planerische Entscheidung **relevant,**
- aus **Sicht der Eltern unterschiedliche Güte der Bildungs- und Erziehungsarbeit** oder der Ausstattung (Träger A ist ihres Erachtens „besser"): wenn Träger B nicht nach dem Bildungs- und Erziehungsplan/Empfehlungen für die pädagogische Arbeit in bayerischen Horten arbeitet: für die planerische Entscheidung relevant; wenn beide danach arbeiten **irrelevant**; unter den förderfähigen Kindertageseinrichtungen sind unterschiedliche Bewertungen seitens der Eltern zu subjektiv, um Würdigung zu finden, und daher irrelevant; a. A. ist wohl der *BayVGH* **(Urteil vom 5.5.2008 – 12 BV 07.2908)**, da sich anderenfalls nicht erklären ließe, warum er Qualitätsmerkmale wie etwa

die Gruppengrößen oder die Ausstattung als Differenzierungskriterium für die Bedürfnisermittlung ansehen möchte.

Relevanz bedeutet in diesem Zusammenhang, dass sich die Gemeinde bei ihrer Bedarfsanerkennung nach Art. 7 über diese Gesichtspunkte Gedanken machen muss, nicht dass die Gemeinde in jedem Fall selbst ein solches Angebot vor Ort bereithalten muss. Dies entscheidet sich vielmehr anhand der konkreten Situation vor Ort.

Der Wunsch der Eltern, aus den vorgenannten, als relevant charakterisierten Gründen das Angebot eines bestimmten Trägers wählen zu können, ist ein Bedürfnis der Eltern und ihrer Kinder, das als ein besonders wichtiges **Abwägungskriterium für die gemeindliche Bedarfsplanung** nach Art. 7 in die Überlegung mit einbezogen werden muss (*BayVGH*, Beschluss vom 23.8.2006 – 12 CE 06.1468). Die elterliche Entscheidung, welche Einrichtung ihr Kind besucht, ist von dem nach Art. 6 Abs. 2 GG geschützten Personensorgerecht mit umfasst; der Grund für die Entscheidung ist unerheblich und von der Gemeinde nicht zu hinterfragen, *BayVGH*, Urteil vom 28.1.2009 – 12 BV 07.2297. Das Wunsch- und Wahlrecht findet so in Bayern bereits bei der Bedarfsplanung Berücksichtigung.

Hinweis:

Nach § 5 SGB VIII sollen die Eltern zwischen den Angeboten verschiedener Träger wählen können; dies führt aber auch in der Zusammenschau mit § 24 SGB VIII nicht dazu, dass die Eltern ein Recht auf einen bestimmten Betreuungsplatz in der Einrichtung ihrer Wahl eingeräumt bekämen. Vielmehr folgt aus § 5 SGB VIII, dass ein plurales Angebot zu unterstützen ist, das den Eltern eine angemessene Auswahl ermöglicht.

Art. 7 (und auch § 5 SGB VIII) geben nicht vor, wie viele Angebote die Gemeinde den Eltern anbieten muss, auch nicht, wie viele Plätze ihnen von einem bestimmten Träger jeweils zur Auswahl zur Verfügung stehen sollen. **Art und Ausmaß der Pluralität** bleiben daher grundsätzlich der planerischen **Entscheidung der Gemeinden** überlassen. **65**

– **Trägervielfalt:** § 5 SGB VIII fordert eine Wahlmöglichkeit zwischen den Angeboten verschiedener Träger. Dabei bezieht sie sich nur auf bestehende Angebote. Die Gemeinde muss daher **nicht aktiv Trägervielfalt schaffen.**

Hinweis:

Wie viel Pluralität die Auswahl bestimmter Trägerarten bietet, ist unterschiedlich: Die Gemeinde A und die Gemeinde B sind ebenso zwei verschiedene Träger wie die Kirchenstiftung A und die Kirchenstiftung B. Gleichwohl würde es dem Wunsch- und Wahlrecht nicht genügen, wenn eine Gemeinde entweder nur kommunale oder nur kirchliche Träger in ihre Bedarfsanerkennung einbeziehen würde. Für die Frage, ob eine Gemeinde den Eltern eine angemessene Wahlfreiheit bietet, ist daher darauf zu achten, wie viele verschiedenartige Träger, also **wie viele Trägerarten** sie in ihre Bedarfsanerkennung einbezieht. **Trägerarten sind:** katholische Träger, evangelische Träger, kommunale Träger, freigemeinnützige Träger, die Mitglied des Bayerischen Roten Kreuzes, der Arbeiterwohlfahrt oder des Paritätischen Wohlfahrtverbandes oder der israelitischen Kultusgemeinde sind, aber auch eigenständige Vereine (z. B. ein Montessori-Verein oder ein Waldorf-Verein) oder betriebliche Einrichtungen.

66 – **Pädagogische Vielfalt:** § 5 SGB VIII fordert von seinem Wortlaut her nicht, dass den Eltern eine Auswahl zwischen verschiedenen **pädagogischen Ausrichtungen** zur Verfügung gestellt wird. Gleichwohl führt das Wunsch- und Wahlrecht der Eltern in der Regel dazu, dass die Gemeinde nicht nur verschiedene Träger, sondern Träger mit verschiedenen pädagogischen Ausrichtungen einbeziehen muss. Dies liegt daran, dass sich die unterschiedliche pädagogische Ausrichtung regelmäßig in einer Zuordnung zu verschiedenen Trägergruppen auswirkt: Ein Montessori-Verein gehört zu einer anderen Trägerart als ein kommunaler Kindergarten. Zudem können abweichende pädagogische Ausrichtungen nicht willkürlich von der Bedarfsanerkennung ausgeschlossen werden (s. nachfolgend). Wenn möglich, muss die Gemeinde also bei der Anerkennung des Bedarfs nach Abs. 1 verschiedene Trägerarten unter Einbeziehung von Kindertageseinrichtungen mit besonderer pädagogischer Ausrichtung berücksichtigen.

– **Ausmaß der Pluralität:** Welches Ausmaß an Pluralität eine Gemeinde bieten muss, lässt sich nicht generell bestimmen. Wie viel Pluralität eine konkrete Gemeinde bieten muss, lässt sich schwer in einem fixen Zahlenwert ausdrücken. Einfacher lässt sich umgekehrt sagen, dass die Gemeinde nur dann einen Bedarf nach Art. 7 für bestimmte Trägerarten **verneinen** kann, wenn für die Ablehnung, ein festgestelltes Bedürfnis der Eltern als Bedarf anzuerkennen, ein **sachlicher Grund** besteht.

Nach oben begrenzt gemäß **§ 5 Abs. 2 SGB VIII** die **Unverhältnismäßigkeit der Mehrkosten** das Wunsch- und Wahlrecht. Dass die Gemeinde auswärtige Plätze nach der kindbezogenen Förderung bezuschussen muss, obwohl sie gleichzeitig die Kosten für freie Plätze in Einrichtungen auf dem Gemeindegebiet tragen muss, begründet für sich allein genommen aber nicht die Unverhältnismäßigkeit der Mehrkosten (ebenso *BayVGH*, Urteil vom 5.5.2008 – 12 BV 07.2908). Über § 5 Abs. 2 SGB VIII wird daher in aller Regel keine Eingrenzung der Pluralität zu erreichen sein.

Die Gemeinde ist verpflichtet, ihre **Haushaltsmittel sparsam und wirtschaftlich** einzusetzen. Unter diesem Gesichtspunkt ist es gerechtfertigt, wenn die Gemeinde eine Beschränkung der in den Bedarf aufgenommenen Trägerarten vornimmt, um so eine zu starke Aufsplitterung zu verhindern, die alle Kindergärten in Finanzierungsnöte bringen würde (**Zulässigkeit der Eingrenzung der Pluralität auf eine bestimmte Anzahl von Trägerarten**), ebenso *VG München*, Urteil vom 14.2.2008 – M 7 K 07.2524. An dieser Stelle ist von der Gemeinde, die ihr entsprechendes Planungsermessen ausüben und nicht jede konkrete Nachfrage als Bedarf anerkennen möchte, die Entscheidung zu treffen, ob es sich um vernachlässigbare Einzelinteressen handelt. Wo die Gemeinde diese Grenze ziehen darf, wird sicherlich von ihrer Größe und Finanzkraft sowie der Mächtigkeit der Wünsche der Eltern abhängen.

Die Frage nach dem notwendigen Ausmaß der Pluralität ist höchstrichterlich noch nicht geklärt: Auch aus *BayVGH* (a. a. O.) lässt sich nicht ableiten, dass grundsätzlich jede Trägerart von einer Gemeinde anzuerkennen sei.

Nach dem **Gleichbehandlungsgrundsatz (Art. 3 Abs. 1, 19 Abs. 3 GG)** erfolgt die Entscheidung, welche Träger innerhalb des von der Gemeinde bestimmten Ausmaßes an Pluralität zu berücksichtigen sind. Danach darf die Gemeinde **nicht willkürlich bestimmte Trägerarten** von der Bedarfsfeststellung nach Art. 7 **ausschließen**. **67**

Sonstige Bedürfnisse der Eltern und ihrer Kinder: Auch relevante Bedürfnisse, die nicht auf eine bestimmte Trägerart oder eine bestimmte pädagogische Ausrichtung abstellen, müssen bei der Entscheidung über die Bedarfsanerkennung mit einbezogen werden. Solche Fälle treten vor allem dann auf, wenn die Eltern ein auswärtiges Angebot infolge **gewachsener Strukturen** oder aufgrund von **Pendlerströmen** bevorzugen. **68**

> Beispiele:
> Die Eltern aus dem Ortsteil O der Gemeinde G möchten ihre Kinder lieber in den Kindergarten der Nachbargemeinde N geben, da der Ortsteil O zum **Schulsprengel** der Nachbargemeinde gehört. Es gibt in G freie Kindergartenplätze, die von den Öffnungszeiten und von der Trägerschaft her den Bedürfnissen der Eltern entsprechen würden. Hier ist der abweichende Schulsprengel als Bedürfnis der Eltern und ihrer Kinder zu berücksichtigen, das nur bei Vorliegen konträrer, aber überwiegender Abwägungsgesichtspunkte bei der planerischen Entscheidung der Gemeinde über die Bedarfsanerkennung zurückzutreten hat.
> Vergleichbare Fälle gibt es bei von den politischen Gemeindegrenzen **abweichenden Kirchensprengeln**.
> Auch wenn aus einer Gemeinde viele Eltern in eine Nachbarstadt **berufsbedingt pendeln** und deswegen dort eine Kindertagesbetreuung für ihr Kind bevorzugen würden, sollte die Gemeinde überlegen, ob es nicht vernünftiger wäre, Plätze im Gemeindegebiet abzubauen und dafür eine auswärtige Betreuung mitzufinanzieren.

69 Bei unverhältnismäßigen Mehrkosten muss in den Fällen, in denen der Sicherstellungsauftrag erfüllt ist, das Bedürfnis der Eltern nicht mit anderen Kriterien abgewogen werden, das heißt, es muss im Ergebnis kein entsprechender Bedarf anerkannt werden: Die Unverhältnismäßigkeit ist ein Ausschlussgrund, § 5 Abs. 2 SGB VIII.

Sind die Mehrkosten für eine Berücksichtigung der Bedürfnisse der Eltern nicht unverhältnismäßig, so fragt sich, welche **anderen Kriterien** mit den Bedürfnissen der Eltern abgewogen werden dürfen:

– **Wirtschaftlichkeit:** Vier von insgesamt 27 Eltern wünschen für die Zeit von 7 Uhr bis 18 Uhr auch noch eine Betreuung ihrer Kinder im Kindergartenalter in einer Kindertageseinrichtung. Alle anderen Eltern wünschen nur eine Betreuung bis 16 Uhr. Hier kann die Gemeinde in Bezug auf die völlig unwirtschaftliche Verlängerung der Öffnungszeiten sich zwar nicht verweigern, einen Bedarf in Höhe von 4 Plätzen für eine Betreuung über 14 Uhr hinaus bis 18 Uhr festzustellen, hat aber die Wahl, ob sie den Bedarf für die Zeit von 16 Uhr bis 18 Uhr für Plätze in Kindertageseinrichtungen feststellt (also dem Wunsch der Eltern entspricht; mangels Angebot vor Ort könnten sich Eltern dann Kindergärten mit Öffnungszeit bis 18 Uhr auswärts suchen) oder diese Zeiten als Bedarf für Plätze in Tagespflege feststellt (sog. **ergänzende Tagespflege:** Für Randzeiten kann eine Gemeinde statt auf Kindergärten auf Tagespflege setzen, da der Bildungs- und Erziehungsauftrag in der übrigen Zeit durch den Kindergarten erfüllt wird; eine vollständige Verweisung auf Tagespflege wäre hingegen bei Kindern dieses Alters unzulässig, s. Erl. zu Art. 5 Rn. 39).

– Ein ortsnahes Angebot an Kindertageseinrichtungen ist Ziel des BayKiBiG, damit gerade kleine Kinder nicht aus ihrem gewohnten Lebensumfeld herausgerissen werden, Eltern nicht unzumutbar weite Strecken auf sich nehmen müssen, um ihrem Kind den Besuch eines Kindergartens zu ermöglichen, und schließlich damit gerade auch kleinere Gemeinden gestärkt werden, so dass sie Lebensmittelpunkt ihrer Bürger bleiben und nicht zu reinen Wohnstätten mutieren.

b)   Rechtsfolgen bei sich nachträglich als fehlerhaft herausstellender Prognose

70 Die Bedarfsfeststellung stellt eine Prognoseentscheidung der Gemeinden dar. Trotz aller Sorgfalt kann es daher vorkommen, dass die tatsächliche Entwicklung von der prognostizierten abweicht. Erkennt die Gemeinde dies, so **muss sie ihre Bedarfsfeststellung entsprechend korrigieren,** wenn sie bei Kenntnis dieser Sachlage die Bedarfsfeststellung anders hätte treffen müssen.

> Beispiel:
> Im Frühjahr 2010 besuchen fünf unter dreijährige Kinder aus der Gemeinde G einen altersgeöffneten Kindergarten und fünf weitere eine Krippe in der Nachbargemeinde. Auf der Warteliste des Kindergartens in G sind zudem weitere fünf unter dreijährige Kinder aufgelistet. Bei der Elternbefragung kreuzen 25 Eltern an, dass sie für ihr Kind unter drei Jahren einen Platz in einer Kindertageseinrichtung wünschen. Die Gemeinde G hat bei ihrer Bedarfsfeststellung einen Entscheidungsspielraum zwischen 15 und 25 Plätzen für Kinder unter drei Jahren.
> Wenn sich die Gemeinde G nun entschieden hat, für das Kindergartenjahr 2010/2011 einen Bedarf an 15 Plätzen festzustellen und dann aber 18 Kinder unter drei Jahren konkret angemeldet werden (ohne dass eine Platzteilung möglich ist), so steht damit fest, dass die Bedarfsfeststellung der Gemeinde G fehlerhaft war. Die Gemeinde G muss ihre Bedarfsfeststellung auf mindestens 18 Plätze anheben.
> Wenn sich die Gemeinde G hingegen entschieden hat, für das Kindergartenjahr 2010/2011 einen Bedarf an 25 Plätzen festzustellen und dann aber wiederum nur 18 Kinder unter drei Jahren konkret angemeldet werden, so muss sie nicht korrigieren. Die Gemeinde G hat hiervon auch keinen Nachteil, da sie bei der kindbezogenen Förderung nur für belegte Plätze bezahlt. Eine zu hohe Bedarfsfeststellung hat somit keinen Nachteil für die Gemeinde.
> **Empfehlung:** Über die konkret belegten oder nachgefragten Plätze sollte bei der Bedarfsfeststellung ein **Puffer in Höhe von ca. 10 %** vorgesehen werden. Zudem hat sich im Zuge des Ausbaus der Plätze für unter dreijährige Kinder herausgestellt, dass die Bereitstellung eines neuen Betreuungsangebots häufig zu einem Anstieg der Nachfrage an Plätzen führt und damit zu einem höheren Bedarf an Plätzen.

c)   Regelmäßige Aktualisierung – Prognose für die nächsten drei Jahre

Sowohl der Grad der Inanspruchnahme der bestehenden Plätze als auch Elternbefragungen stellen Momentaufnahmen dar. Da die Erhebung und Auswertung Zeit benötigen, bilden diese Daten schon im Augenblick der Bedarfsfeststellung einen vergangenen Zeitpunkt ab. Hinzukommen muss daher noch eine Prognoseentscheidung, wie sich der Bedarf in den nächsten Jahren entwickeln wird. Hierzu sind die **Entwicklung der Geburtenzahlen**, der **Zu- und Wegzug** sowie die **Entwicklung der Frauenerwerbstätigenquote** heranzuziehen.   71

79

72 Je weiter die Prognose in die Zukunft reicht, umso fehleranfälliger ist sie. Daher sieht Art. 7 Satz 4 vor, die Bedarfsplanung **regelmäßig zu aktualisieren**. Hierfür empfiehlt sich ein landkreisweit möglichst einheitlicher Planungsrhythmus, damit die Daten für die interkommunale Zusammenarbeit auch vergleichbar sind. In aller Regel ist ein **3-Jahres-Planungsrhythmus** sinnvoll, d. h. alle drei Jahre sollten die Bedürfnisse neu erhoben und auf dieser Grundlage die Bedarfsfeststellung neu getroffen werden. Die Empfehlung eines 3-Jahres-Planungsrhythmusses beruht darauf, dass die große Mehrheit der betreuten Kinder die Altersgruppe von 3 Jahren bis zur Einschulung (3 Jahre Betreuungsdauer) betrifft. Binnen drei Jahren erfolgt daher ein vollständiger Austausch der betreuten Kinder. Ein wesentlich längerer Planungszyklus führt zu veralteten, unbrauchbaren Daten und daher zu einer ermessensfehlerhaften Planung.

> Beispiel:
> Die Gemeinden des Landkreises L führen im Januar 2012 eine Elternbefragung durch und werten diese bis Mai 2013 aus. Im Juni 2013 erfolgen die Abstimmungsgespräche mit dem örtlichen Träger der Jugendhilfe, zwischen den Gemeinden und mit den betroffenen freien Trägern. Im Juli erfolgen die Beschlussfassungen über die Bedarfsfeststellung in den Gemeinderäten und im Jugendhilfeausschuss – und zwar als Prognosen für die Kindergartenjahre 2012/2013, 2013/2014 und 2014/2015. Rechtzeitig im Januar 2015 starten die Gemeinden wieder eine Erhebung.

Die Aktualisierung ist **entsprechend den örtlichen Gegebenheiten** regelmäßig vorzunehmen. Erfolgen **gravierende Änderungen vor Ort**, so muss die gesamte **Bedarfsplanung vorzeitig aktualisiert** werden, also vor Ablauf des normalen 3-Jahres-Zeitraums – etwa wenn ein ins Gewicht fallendes Neubaugebiet ausgewiesen wird, so dass mit einem verstärkten Zuzug von Familien zu rechnen ist oder wenn durch Werkschließung zahlreiche Arbeitsplätze wegfallen. Zwischen den regelmäßigen Aktualisierungen – also der erneuten Durchführung einer vollständigen Bedarfsplanung – sind bei Bedarf einzelne Bedarfsfeststellungen zu korrigieren (s. zuvor Rn. 61).

d) Kommunale Bedarfsplanung als objektive Pflicht der Gemeinden

73 Art. 7 berechtigt die Gemeinden nicht nur, eine Bedarfsplanung durchzuführen, sondern verpflichtet sie hierzu auch. Diese objektive Pflicht ist auch im Wege der **kommunalen Rechtsaufsicht** durchsetzbar. Zu beanstanden ist es, wenn eine Gemeinde eine gemeindliche Bedarfsplanung überhaupt nicht, unvollständig oder in ermessensfehlerhafter Weise durchführt. Da sich die Kontrolle auf die Rechtsaufsicht beschränkt, ist die Kommunalaufsicht allerdings daran gehindert, eigene Ermessensentscheidungen an die Stelle derjenigen der Gemeinde zu setzen, solange diese ihren Entscheidungsspielraum lediglich in rechtlich nicht zu beanstandender Weise genutzt hat.

Bei Einführung des BayKiBiG bildete die Entscheidung über die Anerkennung der Bedarfsnotwendigkeit nach der Konzeption des Gesetzes einen maßgeblichen Anknüpfungspunkt für die Frage der kindbezogenen Förderung. Mit dem Urteil des BayVGH vom 5.5.2008 verlor sie für den Bereich der Betriebskostenförderung jedoch ihre praktische Relevanz. Sie blieb bezüglich der im BayKiBiG geregelten Förderansprüche lediglich bei der Frage der Investitionskostenförderung von Bedeutung. Im Zuge der Deregulierung und mit dem expliziten Ziel der Verschlankung der Verwaltungsvorgänge wurden Art. 7 Abs. 2 und 3 daher aufgehoben (vgl. Rn. 47). Gleichzeitig wird der Gestaltungsspielraum der Gemeinden im Hinblick auf die Investitionskostenförderung im Rahmen des Art. 27 gestärkt. So obliegt es der Gemeinde im Rahmen pflichtgemäßen Ermessens über die Förderung von Investitionen bei Kindertageseinrichtungen zu entscheiden. Sie hat hierbei ihre Sicherstellungsverpflichtung aus Art. 5 i.V.m. Art. 7 ebenso zu beachten wie das Subsidiaritätsprinzip des Art. 4 Abs. 3.

6. Verhältnis zum SGB VIII

Nach Abs. 1 Satz 2 und 4 bleiben die §§ 80 und 24a SGB VIII unberührt. **74**

Der Verweis auf § 80 SGB VIII bedeutet, dass die gemeindliche Bedarfsplanung die örtlichen Träger der öffentlichen Jugendhilfe nicht von ihrer Aufgabe entbindet, die Bedarfsplanung für Kindertageseinrichtungen und die Tagespflege als Teil der Jugendhilfebedarfsplanung (auch heruntergebrochen auf die einzelnen Gemeinden) durchzuführen. Zur Jugendhilfebedarfsplanung gehören gleichfalls die Schritte Bestandsfeststellung, Bedürfnisermittlung und Bedarfsfeststellung (näher s. Erl. zu Art. 5 Rn. 37 und Erl. zu Art. 6 Rn. 45).

Nach Art. 5 ist die Aufgabe, ausreichend und rechtzeitig die bedarfsnotwendigen Plätze zur Verfügung zu stellen, den Gemeinden übertragen worden.

7. Konsequenzen aus der Bedarfsfeststellung

75 Die Bedarfsplanung der Gemeinden ist die wesentliche Grundlage für die Entscheidung über die Notwendigkeit von Ausbaumaßnahmen. In der Ausbauphase für die bedarfsnotwendigen Plätze der Kinder unter drei Jahren in den Jahren 2009 bis 2013 eröffnete sie den Zugang zu Investitionskostenfördermitteln nach dem Sonderprogramm Kinderbetreuungsfinanzierung 2008–2013. Nachdem der Ausbau auch mit Eintritt des Rechtsanspruchs zum 1.8.2013 noch nicht als abgeschlossen angesehen werden kann, wurde das Sonderprogramm Kinderbetreuungsfinanzierung um ein Jahr bis zum 31.12.2014 verlängert.

76 Die Gemeinden sollen auf solider Datengrundlage entscheiden können, ob und inwieweit noch Einrichtungen/Plätze geschaffen werden müssen, um dem Sicherstellungsauftrag Genüge zu leisten. Die Gemeinde stellt deswegen fest, **welcher Bedarf noch ungedeckt** ist. Stellt die Gemeinde bei der Bedarfsermittlung fest, dass sie einen ungedeckten Bedarf hat, so führt diese Feststellung in Kombination mit dem Sicherstellungsauftrag aus Art. 5 Abs. 1 grundsätzlich dazu, dass sie **Ausbaumaßnahmen treffen muss.** Über Art und Umfang der konkreten Maßnahme entscheidet die Gemeinde.

Ob die Gemeinde auf den ungedeckten Bedarf mit konkreten Baumaßnahmen reagieren muss, ist davon abhängig, ob die Bedarfslage einen entsprechenden Ausbau trägt.

Beispiele:
Die Gemeinde G hat im Gemeindegebiet 150 Kindergartenplätze. Bei der Bedarfsplanung stellt sie fest, dass sie eigentlich 155 Plätze bräuchte. Es ist in aller Regel bei vorhandenen Räumlichkeiten nicht möglich, die Kapazitäten um fünf Plätze zu erweitern. Wegen fünf Plätzen die bisherigen Räumlichkeiten aufzugeben und dafür größere zu suchen, ist auch nicht wirtschaftlich darstellbar. Vorrangig wäre hier zu prüfen, ob evtl. zudem eine Krippe erforderlich ist, bei der man altersgeöffnet auch noch fünf Plätze für Kinder im Alter von drei Jahren vorsehen könnte. Wenn nicht, wird bei einer so geringfügigen Überschreitung der Platzkapazitäten mit der gebotenen Umsicht zu prüfen sein, ob eine zeitlich befristete Überbelegung der vorhandenen Kindergärten ohne Gefährdung des Kindeswohls akzeptabel ist. Scheidet dies auch aus, so hilft nur eine Kooperation mit Nachbargemeinden.
Auch die Gemeinde H hat im Gemeindegebiet 150 Kindergartenplätze. Bei der Bedarfsplanung stellt sie fest, dass sie derzeit 170 Plätze bräuchte, dass der Bedarf aber in den nächsten drei Jahren aufgrund der Geburtenentwicklung und des zu erwartenden negativen Zu- und Wegzug-Saldos (also mehr Weg- als Zuzüge) auf 140 Plätze sinken wird. Hier ist ein Platzausbau möglich, zumutbar und daher auch durchzuführen, wenn geeignete Räumlichkeiten bestehen, die für den

Betrieb des Kindergartens angemietet werden können. Wenn nicht, ist aufgrund der kurzfristig erhöhten Bedarfslage kein Bau sinnvoll, so dass hier wohl nur in Betracht kommt, freie Platzkapazitäten bei Nachbargemeinden in Abstimmung mit ihnen zu nutzen.

Die Gemeinde kommt ihrem Sicherstellungsauftrag nach Art. 5 Abs. 1 nicht bzw. in nicht genügender Weise nach, wenn sie einen ungedeckten Bedarf feststellt, aber keine neuen Plätze schafft, obwohl dies möglich und aufgrund der Bedarfslage auch wirtschaftlich darstellbar wäre und obwohl sie weiß, dass auch in anderen Gemeinden keine freien Plätze vorhanden sind, auf die die Eltern ausweichen könnten. Dieser objektive Pflichtverstoß ist durch die Kommunalaufsicht zu beanstanden.

Entscheidung über die Bedarfnotwendigkeit von Plätzen

In Bezug auf die bestehenden Plätze stellt sich die Frage, inwieweit sie **77** bedarfsnotwendig sind. Die kindbezogene Förderung führt im Ergebnis dazu, dass jeder freie Platz auch keine Förderpflicht seitens der Gemeinde auslöst. Die Eltern treffen mit ihrer Wahl die Entscheidung, welche Einrichtung wie viele Fördergelder erhält. Dies dient dem Qualitätswettbewerb und ist daher sinnvoll. Anders sieht die Sachlage aus, wenn ein sehr hohes Überangebot an Plätzen besteht, die freien Plätze sich aber so auf verschiedene Träger verteilen, dass keiner Plätze abbauen möchte. Dann hat die Gemeinde ein Interesse daran, dass bei einem Träger konzentriert Plätze abgebaut werden, um so zu verhindern, dass alle Träger in finanzielle Schwierigkeiten kommen. Dieses Interesse der Gemeinde wird dann besonders evident, wenn die Gemeinde mit den Trägern Kooperationsverträge abgeschlossen hat.

Art. 8
Überörtliches Planungsverfahren

(1) Die örtlichen Träger der öffentlichen Jugendhilfe haben im Einvernehmen mit der Gemeinde die Schaffung der notwendigen Plätze zu planen.

(2) Soweit Plätze in einer Kindertageseinrichtung notwendig sind, um den Bedarf aus mehreren Gemeinden zu decken, wirken die örtlichen Träger der öffentlichen Jugendhilfe darauf hin, dass die betroffenen Gemeinden bei der Planung, der Finanzierung und dem Betrieb überörtlicher Kindertageseinrichtungen zusammenarbeiten.

Anmerkungen

78 In Art. 8 wird die **Umsetzung der örtlichen Bedarfsplanung geregelt**. Diese ist durch die Schaffung der noch notwendigen Plätze in die Tat umzusetzen.

79 Abs. 1 verdeutlicht, dass auch die **Schaffung von Plätzen** im Wege der Planung erfolgen muss: Hierzu gehören vor allem die Suche nach einem geeigneten Träger und nach einem geeigneten Grundstück bzw. geeigneten Räumlichkeiten. Auch die Festlegung von Ausbaustufen gehört zu dieser Planung. Trotz der gesetzlichen Festlegung, dass diese Planung durch den örtlichen Träger der öffentlichen Jugendhilfe im Einvernehmen mit der Gemeinde zu erfolgen hat, wird in der Praxis wohl die Planung durch die Gemeinde in Abstimmung mit dem Landkreis erfolgen.

80 Abs. 2 **erstreckt die kommunale Zusammenarbeit** im Falle von Einrichtungen mit überörtlichem Einzugsbereich auf die **planende Schaffung von Plätzen**. Art. 6 Abs. 2 korrespondiert mit Art. 5 Abs. 2. Bei Einrichtungen mit überörtlichem Einzugsbereich, das heißt Einrichtungen, die zur Deckung des Betreuungsbedarfs in mehreren Gemeinden notwendig sind, soll durch den örtlichen Träger der öffentlichen Jugendhilfe nicht nur auf ein Zusammenwirken der betroffenen Gemeinden in der Planung, sondern auch bei der **Finanzierung und bei dem Betrieb** der Einrichtung hingewirkt werden. Dabei soll zum Beispiel die Frage der Übernahme der Einrichtungsträgerschaft durch eine Verwaltungsgemeinschaft oder einen Zweckverband mit den betroffenen Gemeinden erörtert werden. Der örtliche Träger der öffentlichen Jugendhilfe soll seinen Einfluss bei Einrichtungen in freier Trägerschaft dahingehend geltend machen, dass sich auch die über die kindbezogene Förderung hinausgehenden finanziellen Leistungen angemessen auf die betroffenen Gemeinden verteilen. Anzuraten ist insbesondere der Abschluss eines Kooperationsvertrags zwischen dem Einrichtungsträger und den betroffenen Gemeinden, der unter anderem die Sicherung der erforderlichen Finanzierung der Einrichtung zum Gegenstand hat.

Der Plural „die örtlichen Träger der öffentlichen Jugendhilfe" macht darauf aufmerksam, dass die kommunale Zusammenarbeit auch über die Grenzen von Landkreisen hinweg bzw. zwischen Landkreisen und kreisfreien Städten zu suchen ist.

3. Teil
Sicherung des Kindeswohls

Art. 9
Betriebs- und Pflegeerlaubnis

(1) [1]Soweit Kindertageseinrichtungen im Sinn dieses Gesetzes nicht von den Vorschriften des Achten Buches Sozialgesetzbuch erfasst sind, bedürfen ihre Träger einer Betriebserlaubnis. [2]Die §§ 45 bis 48a sowie § 90 Abs. 3 SGB VIII gelten entsprechend. [3]Art. 42 des Gesetzes zur Ausführung der Sozialgesetze bleibt unberührt.

(2) [1]Eine Tagespflegeperson darf im Rahmen der Pflegeerlaubnis nach § 43 Abs. 3 Satz 1 SGB VIII insgesamt höchstens acht Pflegeverhältnisse eingehen. [2]Schließen sich mehrere Tagespflegepersonen zusammen (Großtagespflege) und betreuen diese mehr als acht gleichzeitig anwesende Kinder, muss mindestens eine Tagespflegeperson eine pädagogische Fachkraft sein. [3]Wenn

1. gleichzeitig mehr als zehn Kinder oder insgesamt mehr als 16 Kinder von mehreren Tagespflegepersonen in Zusammenarbeit betreut werden oder

2. dauerhaft mehr als drei Tagespflegepersonen in der Betreuung derselben Kinder eingesetzt werden sollen

findet § 45 SGB VIII Anwendung.

(3) Die Erlaubnis kann mit Nebenbestimmungen versehen werden.

Anmerkungen

81 Die Voraussetzungen für eine Betriebserlaubnis ergeben sich aus § 45 SGB VIII. Art. 9 ergänzt und konkretisiert die Vorschriften des SGB VIII zur Sicherung des Kindeswohls in Kindertageseinrichtungen und der Tagespflege gem. §§ 43 Abs. 4, 49 SGB VIII. Die Änderung in Art. 9 Abs. 1 Satz 3 trägt der Überführung des BayKJHG in das AGSG Rechnung und ist von daher nur formaler Natur.

1. Die Sicherung des Kindeswohls

82 Zur Sicherung des Kindeswohls bedarf es folgender Vorgaben:
– Ausreichend und ausreichend qualifiziertes Personal
– Geeignete Räumlichkeiten
– Entwicklungsangemessene Bildungs- und Erziehungsangebote.

83 **Ausreichend und ausreichend qualifiziertes Personal** (vgl. § 45 Abs. 2 Satz 1 Nr. 1 SGB VIII):

Ohne eine genügende Personalausstattung ist bereits die Aufsicht über die Kinder nicht sichergestellt. Aus fachlichen Gesichtspunkten ist ein Anstellungsschlüssel von 1 : 12,5 die absolute personelle Mindestausstattung (zu Begriff und Berechnung des Anstellungsschlüssels s. Erl. zu § 17 AV-BayKiBiG); Nachdem bis zum 31.8.2008 Kindertageseinrichtungen mit einem Anstellungsschlüssel von 1 : 12,5 gefördert wurden, kann aus fachlichen Erwägungen als Grenze für die absolute personelle Mindestausstattung grundsätzlich ein Anstellungsschlüssel von 1 : 12,5 herangezogen werden. Allerdings ist bei der Bewertung der für die Sicherung des Kindeswohls erforderlichen personellen Rahmenbedingungen immer auf die Verhältnisse des Einzelfalles abzustellen, die unter Umständen einen höheren Personaleinsatz erfordern. Maßgeblich hierfür sind primär die räumlichen Verhältnisse in einer Einrichtung sowie das Alter der zu betreuenden Kinder. Bei der Betreuung von Kindern unter drei Jahren kann als absolute Untergrenze für die personellen Rahmenbedingungen aufgrund des erforderlichen Betreuungsaufwands der nach § 17 Abs. 1 AVBayKiBiG empfohlene Anstellungsschlüssel als Orientierung herangezogen werden.

In jeder bayerischen Kindertageseinrichtung, für die eine Betriebserlaubnis erteilt wurde, muss grundsätzlich mindestens eine Fachkraft tätig werden. Je nach Größe der Einrichtung sind weitere Fachkräfte vorzuschreiben. Bei Einrichtungen, die nach BayKiBiG gefördert werden, ist die Fachkraftquote des § 17 Abs. 2 AVBayKiBiG einzuhalten (hierzu s. § 16 Abs. 2 AVBayKiBiG), sog. Fachkräftegebot (näher Erl. zu § 15 AVBayKiBiG).

Ausreichend Räumlichkeiten: 84

Die Bedeutung ausreichender Räumlichkeiten für die Entwicklung von Kindern kann nicht hoch genug eingeschätzt werden. Treffend werden Räumlichkeiten als „dritte" Erzieher (ergänzend zur pädagogischen Fach- und Ergänzungskraft) beschrieben. Gleichwohl fehlen konkrete Raumvorgaben, weil sich die Vielgestaltigkeit von Raumzuschnitten kaum verallgemeinernd erfassen lässt. Es empfiehlt sich jedoch eine Orientierung an den Raumprogrammen, die auch bei der Investitionskostenförderung Anwendung finden – verbindliche Mindestvorgaben stellen diese allerdings nicht dar.

Entwicklungsangemessene Bildungs- und Erziehungsangebote: 85

Die Umsetzung der Bildungs- und Erziehungsziele, die in der AVBayKiBiG verankert sind, ist keine Voraussetzung für die Erteilung einer Betriebserlaubnis, sondern nur Fördervoraussetzung. Eine bloße Verwahrung von Kindern, eine bloße Betreuung gefährdet die seelische, geistige und körperliche Entwicklung der Kinder. Der Bildungs- und Erziehungsauftrag, der sich an alle Kindertageseinrichtungen richtet (Art. 10), zielt deswegen auch auf eine entwicklungsangemessene Bildungs- und Erziehungsarbeit. Dieses Mindestmaß an pädagogischer Arbeit ist daher bereits Betriebserlaubnis- und nicht erst Fördervoraussetzung.

Eine Kindeswohlgefährdung ist auch anzunehmen, wenn ein Verstoß gegen die verfassungsmäßige Ordnung vorliegt.

2.   Die Betriebserlaubnispflicht für Kindertageseinrichtungen

Abs. 1 ergänzt die §§ 45 ff. SGB VIII. Art. 9 Abs. 1 erweitert die   86
Erlaubnispflicht für den Betrieb einer Einrichtung nach § 45 SGB VIII auf alle Einrichtungen im Sinne des BayKiBiG. Erfasst werden auch Einrichtungen, die keine Räumlichkeiten aufweisen (siehe Art. 2 Abs. 1 Satz 3).

Nach § 45 SGB VIII benötigt jeder Träger für den Betrieb einer Kindertageseinrichtung eine Erlaubnis. Auf ein bestimmtes zeitliches Mindestmaß kommt es hingegen nicht an; auch Kurzzeitbetreuungen sind demnach grundsätzlich erlaubnispflichtig. Nach dem StMAS kann jedoch eine Ausnahme vom Erlaubnisvorbehalt gemacht werden, wenn die Einrichtung nicht mehr als 10 Stunden pro Woche geöffnet hat oder wenn das einzelne Kind die Einrichtung nicht mehr als fünf Stunden pro Woche besucht, weil dann die Zeit, in der das jeweilige Kind der Obhut seiner Eltern entzogen ist, so gering sei, dass das öffentliche Schutzbedürfnis zurücktrete, AMS VI 4/3/2008 – VI 4/7360/120/08/HO vom 26.3.2008.

a) Betriebserlaubnispflicht für Kindertageseinrichtungen ohne Räumlichkeiten

87 Nach dem SGB VIII ist eine Kindertageseinrichtung nur gegeben, wenn sie orts- und gebäudebezogen ist (vgl. *Wiesner/Mörsberger*, SGB VIII, § 45 Rn. 16), d. h. über Räumlichkeiten verfügt. Die Betriebserlaubnispflicht nach § 45 SGB VIII erfasst daher keine reinen Waldkindergärten. Um auch hier präventiv prüfen zu können, ob das Wohl der Kinder durch die Bildung, Erziehung und Betreuung im konkreten Waldkindergarten nicht gefährdet wird, musste der Landesgesetzgeber auch für diese Fälle eine Betriebserlaubnispflicht vorsehen; alle übrigen Kindertageseinrichtungen unterliegen direkt dem § 45 SGB VIII. Egal, ob die Betriebserlaubnispflicht aus § 45 SGB VIII herrührt oder aus Art. 9 Abs. 1 Satz 1, gelten jedoch **der gleiche Prüfungsmaßstab** und auch die gleichen Rechtsfolgen. Dies bewirkt die Verweisung in Satz 2. Prüfungsmaßstab ist daher stets das **Wohl der Kinder**: Die Betriebserlaubnis ist zu erteilen, wenn das Wohl der Kinder gewährleistet ist, § 45 Abs. 2 SGB VIII. Eine gesetzliche Konkretisierung, wann eine Kindeswohlgefährdung vorliegt, erfolgt in Art. 9 Abs. 1 nicht und auch in § 45 SGB VIII nur rudimentär.

88 Betriebserlaubnis bei Waldkindergärten

– Soweit Waldkindergärten ohne Gebäudebezug keine regelmäßige Bildung, Erziehung und Betreuung im Sinne des Art. 2 anbieten, besteht keine Erlaubnispflicht.

– Zum Ausschluss einer Kindeswohlgefährdung muss insbesondere ein hinreichender Schutz der Kinder und des Personals im Falle eines Unwetters gegeben sein. Hierfür ist ein Bauwagen nicht zwingend erforderlich. Je nach den Umständen des Einzelfalls kann ausreichend sein, wenn ein Gebäude/Kfz in wenigen Minuten erreichbar ist. Ausreichend wäre z. B. auch ein Pavillon/Unterstand ohne Wände.

b) Inhalt der Betriebserlaubnis

Die Betriebserlaubnis enthält eine Angabe über die maximal zulässige **89** Platzzahl.
Die Platzzahl gibt an, wie viele Kinder sich höchstens zeitgleich in einer Einrichtung aufhalten dürfen. Es ist durchaus üblich, dass für die verschiedenen Altersgruppen unterschiedliche Höchstgrenzen ausgewiesen werden. Maßstab für die Festlegung sind die räumlichen Verhältnisse der Einrichtung im Einzelfall. Aufgrund des erhöhten Raumbedarfs von Kindern unter drei Jahren im Vergleich zur Altersgruppe der Kinder ab drei Jahren bis zur Einschulung hat das StMAS mit AMS vom 15.2.2011 (AZ: VI 4/AMS 1-2011 VI 4/6512.01-1/65) festgelegt, dass Kinder unter drei Jahren in Kindergärten jeweils zwei Plätze belegen. Der Kindergarten als Betreuungsform, der sich vorrangig an Kinder von drei bis sechs Jahren richtet, ist vom Raumprogramm her auf diese Altersgruppe ausgerichtet. Von daher scheint diese Festlegung sachgerecht. Eine Änderung des Kindergartens in eine Einrichtung mit breiter Altersmischung (Haus für Kinder) setzt ein geändertes Raumkonzept sowie eine Fortschreibung der pädagogischen Konzeption mit Schwerpunkt auf die breite Altersmischung voraus. In einer Einrichtung, die eine Betriebserlaubnis für ein Haus für Kinder hat, belegen Kinder unter drei Jahren demzufolge einen Platz.

c) Platzsharing

Die zeitversetzte Inanspruchnahme eines Platzes durch mehrere Kinder ist **90** für alle Altersgruppen möglich. Eine Überbelegung kann seitens der Aufsichtsbehörden für kurze Zeiträume (maximal 1,5 Stunden) toleriert werden.

> Beispiel:
> Schulkinder haben Plätze in einem Haus für Kinder für die Zeit nach Schulschluss gebucht. Während der Zeit der Mittagsverpflegung kommt es zu einer Überbelegung der genehmigten Plätze, da auch die Mehrzahl der Kindergartenkinder die Einrichtung noch nicht verlassen hat.

d) Aufnahme von Kindern mit Behinderung – integrative Einrichtung

Die Aufnahme von Kindern mit Behinderung obliegt der Einrichtung. Die **91** Verantwortlichen der Einrichtung (Träger und pädagogisches Personal) entscheiden im Einzelfall im Rahmen des Schutzauftrags nach Art. 9a sowie ihrer Verpflichtung, eine individuelle und angemessene Bildung, Betreuung und Erziehung für alle Kinder zu gewährleisten, über die Aufnahme von Kindern mit (drohender) Behinderung. Einer speziellen Erlaubnis im Sinne des § 45 SGB VIII bedarf es hierfür nicht (vgl. Art. 2 Abs. 3).

e) Antragsprinzip

92 Es steht dem Träger frei, auf welche Weise er die Einrichtung organisiert. Dementsprechend entscheidet der Träger, ob er für den gesamten Betrieb eine Betriebserlaubnis beantragt oder getrennt für einzelne Teile.

Das BayKiBiG kennt kein Gruppenprinzip, es wird immer die gesamte Einrichtung als Ganzes betrachtet (Gesamtbetrachtungsweise). Die Gesamtbetrachtungsweise erleichtert die Erteilung der Betriebserlaubnis, insbesondere im Hinblick auf das Urteil des *OVG Münster* vom 12.11.2007 (12 A 4697/06), wonach die Erteilung konkret bezogen auf bestimmte, geeignete Personen erlassen werden muss. Je größer die Einheit, umso weniger muss auf eine personelle Änderung mit einer Neubeantragung der Betriebserlaubnis reagiert werden. Große Einrichtungen stellen jedoch auch höhere Anforderungen an die Träger hinsichtlich der Organisation der Einrichtung. Eine Zusammenfassung mehrerer Einrichtungsteile in einer Betriebserlaubnis kann dann sinnvoll sein, wenn andernfalls die Förderfähigkeit nach dem BayKiBiG in Frage steht. Wenn beispielsweise die überwiegende Zahl der Kinder in einem Teil einer Einrichtung diese weniger als 20 Stunden besucht, könnte durch einen Zusammenschluss und einer einheitlichen Betriebserlaubnis die Förderfähigkeit im Sinne des Art. 2 Abs. 2 hergestellt werden.

f) Betriebserlaubnis bei räumlich getrennten Einrichtungen

93 Grundsätzlich ist es möglich, dass ein Träger formal mehrere Einrichtungen unter eine Leitung stellt, diese aus einer Hand organisiert und ein gemeinsames pädagogisches Konzept verfolgt. Insoweit besteht auch die Möglichkeit einer einheitlichen Betriebserlaubnis.

Um eine Kindeswohlgefährdung auszuschließen, muss eine Kindeswohlgefährdung jedoch nicht nur in der Gesamtschau aller Standorte, sondern jeweils getrennt auch für die einzelnen Standorte geprüft werden. So ist die Einhaltung baurechtlicher, feuerpolizeilicher und unfallversicherungsrechtlicher Vorgaben für jeden Standort zu prüfen. Soll die Einrichtung nach dem BayKiBiG gefördert werden, müssen die Fördervoraussetzungen an jedem Standort vorliegen. Auch wenn der Antrag stellende

Träger eine einheitliche Betriebserlaubnis vorzieht, müssen somit in diesem Rahmen Einzelentscheidungen getroffen und begründet werden. In diesem Falle werden zwei Einrichtungsnummern erteilt, die beiden Standorte werden in KiBiG.web getrennt angelegt und abgerechnet. Der Unterschied im Vergleich Gesamtbetriebserlaubnis zu Einzelbetriebserlaubnissen liegt im Wesentlichen darin, dass es bei einer einheitlichen Betriebserlaubnis einer Leitung bedarf und für jede Filiale einer stellvertretenden Leitung, bei selbstständigen Einrichtungen müssen jeweils Leitungen bestellt werden. Bei der tariflichen Eingruppierung der Gesamtleitung wären die Plätze aller Einrichtungen maßgebend, andernfalls nur die Plätze des konkreten Standortes. Welchen Weg der Träger bei seiner Antragstellung nach § 45 SGB VIII beschreitet, bleibt letztlich ihm überlassen.

g) Betriebserlaubnispflicht bei Angeboten der Ferienbetreuung

Angebote der Ferienbetreuung unterliegen der Betriebserlaubnispflicht **94** nach § 45 SGB VIII. Ausnahmen hat das StMAS unter den in den AMS vom 26.3.2008 (AMS VI 4/3/2008) und vom 8.7.2008 (VI 4/9/2008) genannten Fallgestaltungen zugelassen. Ergänzend hierzu hat das StMAS ein AMS vom 22.5.2013 (Az: VI 4/6512-1/188) erlassen.

Da Ferienangebote per se zeitlich begrenzt sind und der Bildungsauftrag im Vergleich zu regulären Einrichtungen, die nach dem BayKiBiG gefördert werden, zurücktritt, kann nach Ansicht des StMAS von den üblichen Qualifikationserfordernissen für eine pädagogische Fachkraft unter folgenden Voraussetzungen abgewichen werden:

– Das Betreuungsangebot ist begrenzt auf die Schulferien.
– Als Betreuungspersonal kommen sozialpädagogisches Fachpersonal sowie andere geeignete Personen in Betracht, die über entsprechende pädagogische Qualifikation oder ausreichende Erfahrungen in der Erziehungs- und Jugendarbeit verfügen.

Für die Betreuungsformen an der Schule (Mittagsbetreuung, Ganztagsschule) gilt für die Ferienbetreuung Folgendes:
„Die Betreuungsformen an der Schule fallen unter § 45 Abs. 1 Satz 2 Nr. 1 SGB VIII und sind erlaubnisfrei. Dies gilt auch für eine Ferienbetreuung von Schulkindern unter dem Dach der Mittagsbetreuung (Bekanntmachung des Bayerischen Staatsministeriums für Unterricht und Kultus vom 7.5.2012, Az: III.5-5 S 7369. 1-4b.13 566). Voraussetzung ist, dass der Kreis der Betreuer und der betreuten Kinder sowie die Räumlichkeiten, in denen der Betrieb stattfindet, im Wesentlichen unverändert bleiben. Unschädlich

ist, dass eine Ferienbetreuung naturgemäß inhaltlich anders auszugestalten ist als eine Mittagsbetreuung, insbesondere was das konkrete Betreuungskonzept sowie den täglichen Betreuungsumfang angeht."

h) Abgrenzung zu schulischen Betreuungsformen

95 Bei der Mittagsbetreuung werden Schulkinder bis maximal 16 Uhr betreut. Problematisch hinsichtlich der Betriebserlaubnispflicht gestaltet sich die Frage, wenn Angebote für die Ferienbetreuung durch die Mittagsbetreuung an der Schule wahrgenommen werden sollen. Das Kultusministerium vertrat lange die Auffassung, dass Betreuungsangebote während der unterrichtsfreien Zeit (Ferien) nicht über schulische Angebote bzw. die Mittagsbetreuung an der Schule durchgeführt werden können. Damit war für die Ferienbetreuung in jedem Fall eine Betriebserlaubnis nach § 45 SGB VIII erforderlich. Dies bedeutet z. B., dass eine pädagogische Fachkraft erforderlich ist, aber nicht alle Mittagsbetreuungen für die Ferienbetreuung eine Fachkraft vorweisen können. Kultusministerium und Familienministerium haben sich deshalb auf folgenden Kompromiss geeinigt.

Mit Schreiben vom 22.5.2013 führt das StMAS Folgendes aus:
„Die Betreuungsformen im Rahmen der Schule (Mittagsbetreuung, Offene/ Gebundene Ganztagsschule) fallen unter § 45 Abs. 1 Satz 2 Nr. 1 SGB VIII und sind erlaubnisfrei. Dies gilt auch für eine Ferienbetreuung von Schulkindern unter dem Dach der Mittagsbetreuung (Bekanntmachung des Bayerischen Staatsministeriums für Unterricht und Kultus vom 7.5.2012, Az.: III.5-5 S 7369.1-4b.13 566). Voraussetzung ist, dass der Kreis der Betreuer und der betreuten Kinder sowie die Räumlichkeiten, in denen die Betreuung stattfindet, im Wesentlichen unverändert bleiben. Unschädlich ist, dass eine Ferienbetreuung naturgemäß inhaltlich anders auszugestalten ist als eine Mittagsbetreuung, insbesondere was das konkrete Betreuungskonzept sowie den täglichen Betreuungsumfang angeht.

Bei Ferienangeboten, die der Betriebserlaubnispflicht nach § 45 SGB VIII unterliegen, kann der Träger der öffentlichen Jugendhilfe unter Berücksichtigung des Einzelfalles von den üblicherweise erforderlichen Qualifikationskriterien für eine pädagogische Fachkraft unter folgenden Voraussetzungen abweichen:
– Das Betreuungsangebot ist begrenzt auf die Zeit der gesetzlichen Schulferien.
– Als Betreuungspersonal kommen sozialpädagogisches Fachpersonal sowie andere geeignete Personen in Betracht, die über entsprechende pä-

dagogische Qualifikation oder ausreichende Erfahrung in Erziehungs-
oder Jugendarbeit verfügen."

i) Sonstige Rechtsfolgen

Von den sonstigen Rechtsfolgen, auf die Art. 9 Abs. 1 Satz 2 verweist, sind **96**
besonders hervorzuheben die Möglichkeit der **unangemeldeten Begehung**
nach § 46 SGB VIII, die **Meldepflichten** nach § 47 SGB VIII und die **wirtschaftliche Jugendhilfe** nach § 90 Abs. 3 SGB VIII (Ermäßigung, Erlass oder
ganz oder teilweise Erstattung der Elternbeiträge durch den Landkreis oder
die kreisfreie Stadt bei nicht ausreichender finanzieller Leistungsfähigkeit
der Eltern).

3. Pflegeerlaubnis für Tagespflegepersonen (§ 43 SGB VIII)

a) Pflegeerlaubnispflicht

Eine Pflegeperson bedarf dann zur Betreuung fremder Kinder einer Pflege- **97**
erlaubnis, falls bei einem oder mehreren Kindern Folgendes gleichzeitig zu-
trifft:
– Die Betreuung erfolgt außerhalb des Haushalts des Erziehungsberechtigten,
– die Betreuung erfolgt gegen Entgelt,
– das Kind wird mehr als 15 Stunden pro Woche betreut *und*
– die Betreuung erfolgt länger als drei Monate.

Treffen bei keinem Kind alle diese Bedingungen gleichzeitig zu, so kann die
Pflegeperson so viele Kinder betreuen, wie sie mag. Es liegt dann keine Ta-
gespflege im Sinne des § 43 SGB VIII vor. Die Aufsichtsbehörde wird in
Ausübung ihres staatlichen Wächteramts nur bei konkreten Anzeichen für
eine Kindeswohlgefährdung einschreiten.
Genau genommen stellt § 43 SGB VIII nicht auf das tatsächliche Vorliegen der vier Kriterien bei der Betreuung bei mindestens einem fremden
Kind ab, sondern auf den darauf gerichteten **Willen** der Tagespflegeperson.
Damit bezweckt der Gesetzgeber wohl vor allem, dass die Tagespflegeperson sich die Pflegeerlaubnis schon vor Aufnahme der entsprechenden Betreuung besorgen muss; im Übrigen wird aber regelmäßig sowohl zugunsten wie zulasten der Tagespflegeperson von den tatsächlichen Umständen
auf den entsprechenden Willen zu schließen sein.

98 Betreut eine Tagespflegeperson Kinder ohne erforderliche Pflegeerlaubnis, droht ihr gemäß § 104 Abs. 1 Nr. 1 SGB VIII ein Bußgeld und bei beharrlicher Wiederholung sogar Freiheitsstrafe von bis zu einem Jahr (§ 105 Nr. 2 SGB VIII).

b) Voraussetzungen für die Pflegeerlaubnis

99 Ist die Betreuung erlaubnispflichtig, so muss die Tagespflegeperson eine Pflegeerlaubnis beantragen, bevor sie die Betreuung aufnimmt. Die Aufsichtsbehörde wird die Tagespflegeperson dann auf ihre persönliche Eignung und die für die Betreuung vorgesehenen Räumlichkeiten auf ihre kindgerechte Geeignetheit überprüfen. Zur persönlichen Eignung der Tagespflegeperson gehört nach § 43 Abs. 2 Satz 3 SGB VIII auch, dass sie eine gewisse **Qualifizierung** zur Tagespflege hat oder ihre Eignung in anderer Weise nachgewiesen hat.

c) Inhalt der Pflegeerlaubnis

100 Hat die Tagespflegeperson die Pflegeerlaubnis erhalten, so kann sie danach **maximal fünf fremde Kinder gleichzeitig** betreuen. Eigene Kinder der Tagespflegeperson zählen nicht dazu, können also zusätzlich zu den fünf fremden Kindern betreut werden. Nimmt eine Tagespflegeperson während der gesamten Woche mehr als fünf verschiedene Kinder auf, so ist dies unproblematisch, sofern zu keinem Zeitpunkt mehr als fünf Kinder anwesend sind; nachdem auch § 43 Abs. 3 SGB VIII seit seiner Novellierung zum 16.12.2008 durch das KiFöG das Kriterium der gleichzeitigen Anwesenheit aufgenommen hat, ist dies nun unstrittig. Dabei zählen alle Kinder, also auch solche, deren Betreuung nach § 43 SGB VIII ohne Pflegeerlaubnis zulässig ist, insbesondere, weil sie nur maximal 15 Stunden pro Woche betreut werden.

§ 43 Abs. 3 SGB VIII
[1]Die Erlaubnis befugt zur Betreuung von bis zu fünf gleichzeitig anwesenden, fremden Kindern. [2]Im Einzelfall kann die Erlaubnis für eine geringere Zahl von Kindern erteilt werden. [3]Landesrecht kann bestimmen, dass die Erlaubnis zur Betreuung von mehr als fünf gleichzeitig anwesenden, fremden Kindern erteilt werden kann, wenn die Person über eine pädagogische Ausbildung verfügt; in der Pflegestelle dürfen nicht mehr Kinder betreut werden als in einer vergleichbaren Gruppe einer Tageseinrichtung. [4]Die Erlaubnis ist auf fünf Jahre befristet. [5]Sie kann mit einer Nebenbestimmung versehen werden. [6]Die Tagespflegeperson hat den Träger der öffentlichen

Jugendhilfe über wichtige Ereignisse zu unterrichten, die für die Betreuung des oder der Kinder bedeutsam sind.

§ 43 Abs. 5 SGB VIII
Das Nähere regelt das Landesrecht.

Art. 9 Abs. 2 konkretisiert § 43 SGB VIII. Zur Sicherung des Kindeswohls **101** wurde mit Wirkung ab dem 1.1.2013 ergänzend zu den bisherigen Festlegungen eine Höchstgrenze an Tagespflegeverhältnissen für die einzelne Tagespflegeperson eingeführt. Der Landesgesetzgeber macht hierbei von der Möglichkeit des § 43 Abs. 5 SGB VIII Gebrauch. Durch Art. 9 Abs. 2 Satz 1 wird klargestellt, dass eine Tagespflegeperson bis zu fünf gleichzeitig anwesende, fremde Kinder betreuen und hierzu maximal acht Betreuungsverhältnisse gleichzeitig abschließen kann. Der Landesgesetzgeber lehnte sich bisher eng an die Bestimmung des § 43 Abs. 3 Satz 1 SGB VIII an. Von der Möglichkeit, die in dieser Regelung festgelegte Grenze in bestimmten Fällen zu erhöhen, wurde in der Praxis ohnehin kein Gebrauch gemacht. Die bisherige landesgesetzliche Vorgabe wird nun durch den Verweis auf § 43 Abs. 3 Satz 1 SGB VIII ersetzt.

d) Zusammenwirken von § 43 SGB VIII und Art. 9

Beschränkung auf acht Betreuungsverhältnisse **102**

Die gesetzliche Begrenzung der Anzahl der Pflegeverhältnisse ist deckungsgleich mit den fachlichen Empfehlungen des Bayerischen Landesjugendamts. Der Abschluss von beliebig vielen Betreuungsverträgen nach eigenem Ermessen der jeweiligen Tagesmutter hätte in der Fachberatung auch vor dem 1.1.2013 bereits deutlich untersagt werden müssen. Nach Auffassung der Fachexperten ist mit acht Betreuungsverhältnissen die Grenze erreicht, um noch individuelle Bildungs- und Erziehungsarbeit im Profil der öffentlich geförderten, *familienähnlichen* Tagespflege leisten zu können.

Die Qualität in der Tagespflege beinhaltet wie alle anderen Formen der Kindertagesbetreuung einen **Bildungsauftrag**. Gerade für Kinder unter 3 Jahren ist **Bindung** eine wichtige Voraussetzung für Bildung. Kinder müssen behutsam **eingewöhnt** werden in die Kindertagespflege selbst wie auch bei der gesetzlich vorgeschriebenen Ersatzbetreuung, unabhängig vom Betreuungsumfang. Regelmäßiger Kontakt muss die Vertrautheit zwischen Kind und Ersatzbetreuerin sicherstellen.

Weiter sollen Tagespflegepersonen **mit den Eltern partnerschaftlich zusammenarbeiten**. Hierfür sind Gespräche zwischen den Eltern und der Tagespflegeperson zu führen, in denen die Eltern von der Tagespflegeperson über die Entwicklung des Kindes informiert werden.

Aufgrund dieser hohen Anforderungen ist es stark zu bezweifeln, ob diese verantwortungsvolle und sehr zeitintensive Tätigkeit bei einer höheren Zahl an Betreuungsverhältnissen noch entsprechend geleistet werden kann.

Zu den Pflegeverhältnissen im Sinne des Art. 9 Abs. 2 Satz 1 zählen alle aktiven Betreuungsverhältnisse, auch Ersatzbetreuung, Ferienbetreuung etc. Betreuungsverhältnisse, die unterbrochen sind oder ruhen, werden nicht angerechnet, sofern

– für die Kinder kein Tagespflegeentgelt nach § 23 SGB VIII bezahlt wird und

– die Eltern keine Elternbeiträge leisten bzw. von den Eltern kein Beitrag eingezogen wird und

– die Eltern schriftlich auf die Inanspruchnahme eines Platzes (z. B. für die Dauer eines Urlaubsaufenthalts) verzichten, d. h. keine Wiederinanspruchnahme eines Platzes bei vorheriger Rückkehr.

103 Hinsichtlich der Konsequenzen bei Nichtbeachtung der maximalen Zahl von acht gleichzeitigen Betreuungsverhältnissen gilt es, zwischen zwei unterschiedlichen Fallgestaltungen zu unterscheiden:

– Solange eine bereits erteilte Pflegeerlaubnis nicht geändert wird, bleibt es zunächst bei den bisherigen Verhältnissen. Die zuständigen Träger der öffentlichen Jugendhilfe sind jedoch aufgefordert, die Pflegeerlaubnisse zeitnah nach Maßgabe der ab dem 1.1.2013 geltenden Regelungen anzupassen.

– Bei Pflegeerlaubnissen, die neu erteilt oder verlängert werden, ist die seit dem 1.1.2013 geltende Rechtslage von Anfang an zu beachten.

Leistungen nach dem BayKiBiG sind ab dem 1.1.2013 bei Überschreitung der zulässigen Betreuungsverhältnisse nicht mehr möglich. Nur übergangsweise besteht für die Träger der öffentlichen Jugendhilfe die Möglichkeit, bis zur Anpassung der Anzahl der Betreuungsverträge die Tagespflegepersonen nach § 22 SGB VIII zu fördern.

Zu den Pflegeerlaubnissen (8 bzw. 16) zählen alle bei der Tagespflegeperson regelmäßig betreuten, fremden Kinder. Für die Bewertung ist es unerheblich, ob die Tagespflege nach dem BayKiBiG oder dem SGB VIII gefördert oder von den Eltern privat finanziert wird.

104 Die regelmäßige zeitlich geringfügige Betreuung von Kindern (bis zu 10 Stunden wöchentlich) z. B. in Randzeiten ist ein Betreuungsverhältnis im Sinne des Art. 9 Abs. 2.

Gelegentliche Betreuungen, wie z.B. Babysitting, stellen kein pflegeerlaubnispflichtiges Betreuungsangebot dar und sind im Hinblick auf Art. 9 Abs. 2 unschädlich.

e) Großtagespflege

Art. 9 Abs. 2 Satz 2 bezieht sich auf die sog. Großtagespflege. Dabei **arbeiten** **105** **mehrere Tagespflegepersonen in den gleichen Räumlichkeiten zusammen** und betreuen die Kinder gemeinsam. Die Großtagespflege hat sich seit dem Inkrafttreten des BayKiBiG am 1.8.2005 als neue Betreuungsform etabliert. Neben gesonderten Regelungen zur Sicherung des Kindeswohls in der Großtagespflege dient die Bestimmung auch der Abgrenzung zwischen Angeboten der Großtagespflege und institutionellen Betreuungsformen. Der Landesgesetzgeber nutzt hierbei den Handlungsspielraum, den ihm der Bundesgesetzgeber in § 22 Abs. 1 Satz 3 SGB VIII eröffnet hat, um die Tagespflege und die institutionellen Angebote abzugrenzen. Die Abgrenzung war insbesondere erforderlich, um bei den Angeboten der Großtagespflege den Charakter als Angebot der Tagespflege mit engem familiären Bezug und enger Bindung zu einer Betreuungsperson zu gewährleisten. Der Gesetzgeber setzt hierfür an zwei Stellen an, und zwar bei
– der Zahl der zu betreuenden Kinder und
– der Zahl der in der Großtagespflege tätigen Tagespflegepersonen.

Rechtliche Grundlage der Großtagespflege ist die Erlaubnis zur Tagespflege nach § 43 SGB VIII für jede in der Großtagespflege tätige Tagespflegeperson. Das Fachkräftegebot greift bei mehr als acht gleichzeitig anwesenden Kindern. Zur Sicherung des Kindeswohls muss in der Großtagespflegestelle ab **dem neunten, gleichzeitig anwesenden Kind** eine Tagespflegeperson eine **pädagogische Fachkraft** sein.

Abgrenzung zwischen Einrichtung und Großtagespflege

Die Entwicklung der Großtagespflege hat deutlich gezeigt, dass die **106** diesbezüglich bis zum 31.12.2012 geringe gesetzliche Reglementierung in einigen Fällen zu pädagogisch bedenklichen Fehlentwicklungen geführt hat und eine Abgrenzung zu einer betriebserlaubnispflichtigen Kinderbetreuungs*einrichtung* in vielen Fällen kaum mehr erkennbar war. Ein Angebot der Großtagespflege setzt deshalb seit dem 1.9.2013 voraus, dass nicht mehr als zehn gleichzeitig anwesende Kinder oder insgesamt nicht mehr als 16 Kinder betreut werden. Mit der Begrenzung der Gesamtzahl der Kinder auf 16 unter Verzicht auf das Wort „fremd" wird auch bei der

Betreuung eigener Kinder ein ausgewogenes Verhältnis zwischen den Betreuungspersonen und den Kindern gewährleistet.

Gleichzeitig gilt als weitere Abgrenzung der Großtagespflegestellen zur institutionellen Kindertagesbetreuung, dass in einer Großtagespflege dauerhaft nicht mehr als drei Tagespflegepersonen tätig sein dürfen. Bei einem Überschreiten der Kinderzahlen bzw. der Zahl der Tagespflegepersonen liegt zwingend eine Betriebserlaubnispflicht gemäß § 45 SGB VIII vor.

Tagespflegepersonen, die in einer Großtagespflegestelle ausschließlich zur Sicherstellung der Ersatzbetreuung bei Ausfall einer oder mehrerer regulärer Tagespflegepersonen zum Einsatz kommen, werden auf das Kontingent der drei Tagespflegepersonen nicht angerechnet.

Für bereits bestehende Großtagespflegestellen mit mehr als drei Tagespflegepersonen bzw. mehr als 16 Betreuungsverhältnissen galt es, ab dem 1.9.2013 rechtmäßige Zustände herzustellen, d. h. die Zahl der tätigen Tagespflegepersonen zu begrenzen bzw. die Zahl der Kinder auf bis zu 16 zu reduzieren. Alternativ kann die Großtagespflegestelle eine Betriebserlaubnis nach § 45 SGB VIII beantragen.

Als dauerhaft in der Großtagespflegestelle tätige Tagespflegepersonen zählen nicht

– Personen als Ersatz während einer krankheits- oder urlaubsbedingten Abwesenheit einer Tagespflegeperson,
– in der Einarbeitungszeit befindliche neue Tagespflegepersonen,
– Tagespflegepersonen die zu Hospitationszwecken in der Großtagespflegestelle tätig sind.

Auch bei erteilter Betriebserlaubnis steht es den Tagespflegepersonen frei, weiterhin die Betreuungsform der Großtagespflegestelle fortzuführen.

> Beispiel:
> In einer Großtagespflegestelle werden bis zu 16 Kinder von einer pädagogischen Fachkraft, zwei Kinderpflegerinnen und zwei qualifizierten Tagespflegepersonen betreut. Die Erteilung einer Betriebserlaubnis ist aufgrund der personellen Rahmenbedingungen möglich. Sofern die räumlichen Verhältnisse für den Betrieb einer Kindertageseinrichtung gegeben sind, ist die Betriebserlaubnis zu erteilen. Die Einrichtung kann weiterhin als Großtagespflegestelle geführt werden.

107 Erfüllt die Großtagespflege das Fachkräftegebot und zeichnen sich die weiteren dort tätigen Tagespflegepersonen durch besondere Qualifikation aus, besteht künftig nach Art. 18 Abs. 2 in Verbindung mit dem neuen Art. 20a die Möglichkeit der einrichtungsähnlichen Förderung.

Art. 9a
Kinderschutz

(1) [1]Die Träger der nach diesem Gesetz geförderten Einrichtungen haben sicherzustellen, dass

1. deren Fachkräfte bei Bekanntwerden gewichtiger Anhaltspunkte für die Gefährdung eines von ihnen betreuten Kindes oder Jugendlichen eine Gefährdungseinschätzung vornehmen,
2. bei der Gefährdungseinschätzung eine insoweit erfahrene Fachkraft beratend hinzugezogen wird,
3. die Eltern sowie das Kind oder der Jugendliche in die Gefährdungseinschätzung einbezogen werden, soweit hierdurch der wirksame Schutz des Kindes oder Jugendlichen nicht in Frage gestellt wird.

[2]Insbesondere haben die Träger dafür Sorge zu tragen, dass die Fachkräfte bei den Eltern auf die Inanspruchnahme von Hilfen hinwirken, wenn sie diese für erforderlich halten, und das Jugendamt informieren, falls die Gefährdung nicht anders abgewendet werden kann.

(2) [1]Bei der Anmeldung zum Besuch einer Kindertageseinrichtung oder bei der Aufnahme eines Kindes in die Tagespflege haben die Eltern eine Bestätigung der Teilnahme des Kindes an der letzten fälligen altersentsprechenden Früherkennungsuntersuchung vorzulegen. [2]Die Nichtvorlage einer Bestätigung ist für die Förderung nach diesem Gesetz unschädlich. [3]Der Träger ist verpflichtet, schriftlich festzuhalten, ob vonseiten der Eltern ein derartiger Nachweis vorgelegt wurde.

Exkurs

Das Bundeskinderschutzgesetz (BKiSchG)

Das Bundeskinderschutzgesetz trat am 1.1.2012 nach mehrjähriger Beratung und Vorbereitung in Kraft. Ausgangspunkt für das Gesetz waren krasse Fälle von Kindesmissbrauch und Gewalttaten gegen Kinder.

Beim Bundeskinderschutzgesetz handelt es sich um ein sog. Artikelgesetz, mit dem neue Gesetze geschaffen und bestehende geändert wurden. Kernstück ist das in Artikel 1 enthaltene neue Gesetz zur Kooperation und Information im Kinderschutz (KKG). Die weiteren fünf Artikel enthalten Regelungen zur Änderung und Neufassung bestehender Gesetze. Mit dem BKiSchG soll sowohl die Erziehungsverantwortung der Eltern als auch der erforderliche Schutz der Kinder im Einzelfall gestärkt werden.

Die Neuregelungen umfassen im Wesentlichen folgende Punkte:
- Frühe Hilfen
  Gesetzliche Verankerung der Vorhaltung eines möglichst frühzeitigen, koordinierten und multi-professionellen Angebots im Hinblick auf die Entwicklung von Kindern in den ersten Lebensjahren (Gesetz zur Kooperation und Information im Kinderschutz – KKG).
- Netzwerke rund um die Geburt
  Die wichtigsten Akteure im Kinderschutz, wie Jugendämter, Kindertageseinrichtungen, Schulen, Beratungs- und Frühförderstellen, Ärzte, Gesundheitsämter und Polizei, werden in einem Kooperationsnetzwerk zusammengeführt. Ziel ist ein präventiver und intervenierender Kinderschutz.
- Regelung zum Hausbesuch
- Ausschluss einschlägig Vorbestrafter aus der Kinder- und Jugendhilfe
  Hauptamtliche Mitarbeiter und Mitarbeiterinnen in der Kinder- und Jugendhilfe benötigen ein erweitertes Führungszeugnis (§ 72a SGB VIII). Bei Ehrenamtlichen ist mit dem Träger zu vereinbaren, ob und wann ein erweitertes Führungszeugnis erforderlich ist.
- Befugnisnorm für Berufsgeheimnisträger
  Geheimnisträger sind befugt, nach Information der Eltern, das Jugendamt einzuschalten, wenn eine Gefährdung eines Kindes durch Einbeziehung der Betroffenen, Hilfsangebote und nach kollegialer Beratung nicht auszuschließen ist.
- Veränderung des Schutzauftrags bei Kindeswohlgefährdung
  Begründung eines Beratungsanspruchs für Minderjährige ohne Kenntnis der Personensorgeberechtigten (§ 8 Abs. 3 SGB VIII). In § 8a SGB VIII wird der Schutzauftrag neu strukturiert. Eingeführt wird die Verpflichtung zu einem Hausbesuch nach fachlicher Einschätzung.
- Änderungen, die einen Bezug zu Kindertageseinrichtungen haben
  Für die freien Träger wird ein eigener Schutzauftrag zur Abwendung einer Kindeswohlgefährdung eingeführt, der über entsprechende Vereinbarungen begründet wird. Im Einzelnen ist sicherzustellen, dass Fachkräfte von freien Trägern bei Bekanntwerden gewichtiger Anhaltspunkte einer Kindeswohlgefährdung eine Gefährdungseinschätzung vornehmen. Hierbei ist eine insoweit erfahrene Fachkraft hinzuziehen. Die Erziehungsberechtigten sowie das betroffene Kind oder der Jugendliche sollen einbezogen werden, sofern der Schutz des Kindes hierdurch nicht in Frage gestellt wird. In die Vereinbarung sind die Qualifikationskriterien der insoweit erfahrenen Fachkraft, die bei der Gefährdungseinschätzung hinzuziehen ist, festzulegen. Die Kraft soll bei den Eltern auf

die Inanspruchnahme von Hilfen hinwirken und das Jugendamt informieren. Die hinsichtlich des Kinderschutzes tätigen bzw. hinzuzuziehenden Fachkräfte bedürfen einer gesonderten Qualifikation. Nach der Systematik des Gesetzes darf die insoweit erfahrene Fachkraft nicht Mitarbeiter oder Mitarbeiterin des ASD sein, da dann mit der Beratung eine vorzeitige Information des Jugendamts verbunden wäre. Durch § 8b SGB VIII wird der Schutzauftrag dahingehend ergänzt, als das Jugendamt zur Beratung der Kindertageseinrichtungen verpflichtet wird. Die Träger haben demnach einen Anspruch auf Beratung bei der Sicherung des Kindeswohls sowie zu Verfahren der Beteiligung von Kindern und Jugendlichen an strukturellen Entscheidungen in der Einrichtung (Partizipation) sowie zu Beschwerdeverfahren in persönlichen Angelegenheiten.

Gemäß § 79a SGB VIII werden die Träger von Kindertageseinrichtungen zur kontinuierlichen Qualitätsentwicklung und Qualitätssicherung verpflichtet.

§ 45 SGB VIII ergänzt § 8b SGB VIII insoweit, als Träger von Kindertageseinrichtungen bei Vorliegen der Voraussetzungen einen Rechtsanspruch auf Erteilung einer Betriebserlaubnis erhalten (vgl. JAmt Heft 12/2011 S. 621 – Prof. Dr. em. *Hans-Jürgen Schimke*; Kindergarten heute 4/2012 – *Jörg Maywald*, Das neue Bundeskinderschutzgesetz).

Anmerkungen zu Art. 9a

Schutzauftrag

Die Regelung des Art. 9a entspricht im Wesentlichen der Vorschrift des § 3 **108** Abs. 1 und 2 AVBayKiBiG und steht in engem Zusammenhang mit dem Bundeskinderschutzgesetz. Mit der Aufnahme ins Gesetz soll die Bedeutung des Kinderschutzes herausgestellt werden. Ziel des Bundeskinderschutzgesetzes ist die Verbesserung des präventiven und aktiven Kinderschutzes und umfasst sowohl vorbeugende wie auch intervenierende Maßnahmen, wobei Art. 9a Abs. 1 eine präventive Ausrichtung hat. Mit der Regelung des Art. 9a Abs. 1 wird die Sicherstellung des Schutzauftrags für die Kindertageseinrichtungen, welche eine Förderung nach dem BayKiBiG erhalten wollen, unmittelbare Fördervoraussetzung und somit auch **ohne** entsprechende Vereinbarung mit dem örtlichen Träger der öffentlichen Jugendhilfe nach § 8a SGB VIII zwingend.

Die bundesgesetzliche Vorschrift des § 8a Abs. 2 SGB VIII verpflichtet die Träger der öffentlichen Jugendhilfe, Vereinbarungen mit den Trägern und

Einrichtungen zu schließen, um den Schutzauftrag bei Kindeswohlgefährdung sicherzustellen. Nach § 8a SGB VIII gehört es zu den Pflichtaufgaben von Kindertageseinrichtungen, dass deren Fachkräfte bei Bekanntwerden gewichtiger Anhaltspunkte für eine Kindeswohlgefährdung eine Einschätzung der Gefährdung vornehmen und hierfür eine insoweit erfahrene Fachkraft hinzuziehen. Hierbei sind die Erziehungsberechtigten sowie das Kind einzubeziehen, soweit dadurch der wirksame Schutz des Kindes nicht in Frage gestellt wird. Zudem besteht die Verpflichtung, dass die Fachkräfte auf die Inanspruchnahme der für erforderlich zu erachtenden Maßnahmen hinwirken.

Die getroffenen Maßnahmen sind als Fördervoraussetzung künftig auf Aufforderung durch die Aufsichtsbehörde seitens des Trägers im Rahmen des Bewilligungsprozesses für die kindbezogene Förderung gemäß Art. 19 Nr. 6 nachzuweisen.

109   Abs. 1 stellt auf den Umgang bei konkreten Anzeichen für Kindeswohlgefährdungen ab, etwa Anzeichen für Verwahrlosung, körperliche Misshandlungen oder auch sexuellen Missbrauch.

Solche Fälle erfordern ein besonders sensibles Vorgehen seitens der pädagogischen Kräfte. Das in Abs. 1 skizzierte Verfahren soll sicherstellen, dass weder vorschnell vom pädagogischen Personal Vorverurteilungen vorgenommen werden, noch zögerlich trotz dringendem Hilfebedarf keine Maßnahmen eingeleitet werden. Deswegen sieht die Verordnung ein gestuftes Verfahren vor:

Verfahrensschritte im Einzelnen

1. Schritt

110   Das pädagogische Personal überprüft und bespricht ggf. im Team, ob bestimmte **Beobachtungen** bei einem Kind als konkrete Anzeichen für eine Kindeswohlgefährdung gewertet werden müssen.

> Beispiele:
> Extreme Unsauberkeit eines Kindes und seiner Kleidung, hygienebedingte Hautekzeme, Anzeichen für eine Mangelernährung deuten auf Verwahrlosung hin; häufige Verletzungen, blaue Flecken in auch für Kinder ungewöhnlichem Ausmaß kombiniert mit Verhaltensauffälligkeiten wie übertriebener Ängstlichkeit oder gesteigerter Aggression können auf körperliche Misshandlungen hindeuten.

Um Anzeichen einer konkreten Kindeswohlgefährdung feststellen zu können, reichen eindimensionale Beobachtungen nicht aus. Erforderlich ist vielmehr sowohl ein **genaues Beobachten** des körperlichen, wie auch des psychischen Zustandes des Kindes. Häufig werden sich die pädagogischen Kräfte unsicher sein, ob die Schwelle zu einer konkreten Kindeswohlgefährdung schon erreicht ist. In diesen Fällen empfiehlt es sich, dass sich die Leitung des pädagogischen Teams ggf. unter Hinzuziehung der pädagogischen Fachkraft mit dem Jugendamt in Verbindung setzt und ihre Beobachtung – ohne Namensnennung des Kindes – mitteilt und nach der Einschätzung des Jugendamtes befragt.

2. Schritt
Wenn das pädagogische Team zu der Einschätzung gelangt, dass konkrete Anzeichen für eine Kindeswohlgefährdung vorliegen, sind in einem **zweiten Schritt die Eltern zu informieren**, über bestehende Hilfsdienste zu beraten und – wenn möglich – davon zu überzeugen, diese baldmöglichst in Anspruch zu nehmen. Eine Beratung über mögliche Hilfen setzt voraus, dass die pädagogischen Fachkräfte wissen, welche Dienste bei ihnen vor Ort vorhanden sind. Zumindest müssen sie sich anlässlich des konkreten Falles vom Jugendamt entsprechend informieren lassen. Die pädagogischen Kräfte können grundsätzlich *nicht von sich aus selbst* Hilfsdienste, wie z. B. den Allgemeinen Sozialen Dienst oder das Jugendamt – über die anonyme Fallbesprechung hinaus – einschalten. Den Eltern obliegt die Personenfürsorge für ihr Kind. Es ist daher grundsätzlich auch ihre Entscheidung, ob und wann sie fremde Hilfe hinzuziehen. Nur wenn konkrete Anzeichen dafür sprechen, dass die Kindeswohlgefährdung gerade von den Eltern ausgeht und diese im Falle der Entdeckung durch die Kindertageseinrichtung das Kind weiteren Hilfsmaßnahmen entziehen würden, kann ausnahmsweise von einer vorherigen Befassung der Eltern abgesehen werden. Ein solches Vorgehen ist jedoch unbedingt vorher mit dem zuständigen Jugendamt abzusprechen, da dies ein Eingriff in das Elternrecht darstellt, der sachlich gerechtfertigt sein muss.

111

3. Schritt
Wenn trotz Information der Eltern die Anzeichen für die konkrete Kindeswohlgefährdung anhalten und davon ausgegangen werden muss, dass die Eltern trotz der Beratung keine geeigneten Hilfemaßnahmen angenommen haben, ist in einem **dritten Schritt** der örtliche Träger der öffentlichen Jugendhilfe – das **Jugendamt – über den konkreten Fall unter Offenlegung des Namens des betroffenen Kindes zu informieren**, damit das Jugendamt die notwendigen Schritte einleiten kann.

112

Früherkennungsuntersuchung

113 In der Gesetzesbegründung ist zum Abs. 2 Folgendes ausgeführt: „In Abs. 2 ist die Pflicht zur Vorlage einer Teilnahmebestätigung an der letzten altersentsprechenden U-Untersuchung verankert. Bisher war in § 3 Abs. 3 AVBayKiBiG lediglich eine Obliegenheit der Eltern enthalten, eine gesetzliche Verpflichtung bestand jedoch nicht. Vielmehr musste das Personal auf die Freiwilligkeit der Vorlage hinweisen, was die Wirksamkeit der Maßnahme einschränkte. Mit der Neuregelung des Art. 9a soll nun als weiterer Beitrag zum Kinderschutz, um Vernachlässigungen von Kindern frühzeitig entgegenzutreten, die Pflicht festgeschrieben werden, die Teilnahme an der letzten U-Untersuchung nachzuweisen. Die Weigerung der Personensorgeberechtigten soll jedoch weiterhin nicht zur Ablehnung des Abschlusses eines Betreuungsvertrags führen, sondern der Besuch der Kindertageseinrichtung soll dem Kind weiterhin ermöglicht werden. Mit der Pflicht zur Vorlage sollen die Eltern jedoch angehalten werden, die Untersuchung auch tatsächlich durchführen zu lassen."

114 Der von den Eltern bei der Anmeldung ihres Kindes in einer **Kindertagesstätte oder Tagespflegestelle** geforderte Nachweis der letzten fälligen Früherkennungsuntersuchung dient ausschließlich der gesundheitlichen Prävention. Gerade Früherkennungsuntersuchungen eröffnen im frühen Kindesalter die Möglichkeit, Defizite in der altersgemäßen gesundheitlichen Entwicklung zu erkennen und Gefährdungen zu identifizieren.

Seit dem 16.5.2008 sieht Art. 14 Abs. 1 Gesundheitsdienst- und Verbraucherschutzgesetz (GDVG) vor, dass die Personensorgeberechtigten verpflichtet sind, die Teilnahme ihrer Kinder an den von der gesetzlichen Krankenversicherung finanzierten Früherkennungsuntersuchungen im Sinn der Richtlinien des Gemeinsamen Bundesausschusses gem. § 26 SGB V sicherzustellen. Diese Teilnahmeverpflichtung betrifft die sog. U-Untersuchungen, bei denen das Kind in bestimmten Zeitkorridoren auf gesundheitliche Fehlfunktionen insbes. der Sinnesorgane, auf seinen allgemeinen Entwicklungstand und sein Sozialverhalten hin untersucht wird (s. näher Richtlinien des Bundesausschusses der Ärzte und Krankenkassen über die Früherkennung von Krankheiten bei Kindern bis zur Vollendung des 6. Lebensjahres in der ab dem 1.1.2009 gültigen Fassung):

Früherkennungsuntersuchung	Untersuchungsstufe	Toleranzgrenze
U 1	bei Geburt	
U 2	3. – 10. Tag	3. – 14. Tag
U 3	4. – 5. Woche	3. – 8. Woche

Früherkennungsuntersuchung	Untersuchungsstufe	Toleranzgrenze
U 4	3. – 4. Monat	2. – 4 ½. Monat
U 5	6. – 7. Monat	5. – 8. Monat
U 6	10. – 12. Monat	9. – 14. Monat
U 7	21. – 24. Monat	20. – 27. Monat
U 7a	34. – 36. Monat	33. – 38. Monat
U 8	46. – 48. Monat	43. – 50. Monat
U 9	60. – 64. Monat	58. – 66. Monat
J 1	13 – 14 Jahre	12 – 15 Jahre

Wie bisher über § 3 Abs. 3 AVBayKiBiG wird der Träger bzw. das von ihm beauftragte Personal verpflichtet, schriftlich festzuhalten, ob ein derartiger Nachweis seitens der Eltern erbracht wurde. Die Regelung umfasst nicht das Festhalten eines möglichen Untersuchungsergebnisses oder eine Kopie der Untersuchungsunterlagen bzw. des Untersuchungsheftes. Vermerkt werden soll vielmehr nur die Tatsache der Nachweiserbringung oder gegebenenfalls Nichterbringung. Aus datenschutzrechtlichen Gründen nicht gewollt ist selbstverständlich die Offenlegung der erhobenen Befunde oder Diagnose. Nach dem StMAS (AMS VI 4/1/2008 vom 11.3.2008) wird dieser Nachweis durch die Vorlage des ordnungsgemäß abgestempelten und unterschriebenen Kinder-Untersuchungshefts des Gemeinsamen Bundesausschusses oder eine Bestätigung des Kinderarztes über die Durchführung der maßgeblichen Früherkennungsuntersuchung geführt.

Wird die Teilnahmebestätigung – trotz expliziter Einforderung – nicht vorgelegt, so steht das dem Förderanspruch der Einrichtung nicht entgegen. Förderrelevant ist lediglich die Erfüllung der Pflicht des Art. 9a Satz 2 durch den Träger bzw. das von ihm beauftragte pädagogische Personal.

Anknüpfend an den Appell an die Eltern, einen Nachweis über die **115** Teilnahme an den Früherkennungsuntersuchungen vorzulegen, soll ausweislich der Ausführungen in der Gesetzesbegründung **das pädagogische Personal bzw. die Tagespflegeperson** die Eltern anhalten, ihre Kinder an der betreffenden Untersuchung teilnehmen zu lassen, wenn die Eltern keinen Nachweis vorlegen. Der Begriff „anzuhalten" ist dabei im Sinne eines dringlichen Hinwirkens zu verstehen, nämlich, dass das Kind an den Früherkennungsuntersuchungen teilzunehmen hat. Konkret bedeutet dies, dass die pädagogische (Fach-)Kraft bzw. Tagespflegeperson die Eltern an die Vorlage des Nachweises erinnern und bei Ausbleiben auf die Verpflichtung der Eltern aus Art. 14 Abs. 1 GDVG hinweisen, die Notwendigkeit der

Früherkennungsuntersuchung darlegen und die Teilnahme des Kindes anmahnen soll. Die pädagogische Kraft soll über dieses Gespräch einen kurzen Gesprächsvermerk anfertigen, der zu den übrigen Anmeldeunterlagen genommen wird (so auch StMAS in seinem AMS VI 4/10/2008 vom 29.7.2008 – Az. VI 4/7360/293/07/HO, Muster s. Anhang Nr. 10). Um zu dokumentieren, dass für eine gesonderte Hinwirkung kein Anlass bestand, sollte auch die Vorlage des Nachweises durch die Eltern dokumentiert werden. Aus datenschutzrechtlichen Gründen darf keine Kopie des Vorsorgeheftes oder einzelner Seiten daraus gefertigt werden.

Wenn Eltern keinen Nachweis über die Teilnahme an den vorgeschriebenen Früherkennungsuntersuchungen vorlegen, sollte dies für das pädagogische Personal ein Grund sein, noch genauer auf eine mögliche Gefährdung des Kindeswohles zu achten. Sollten sich tatsächlich Anhaltspunkte für eine konkrete Gefährdung ergeben, ist gem. Abs. 2 Satz 2 zunächst auf die Inanspruchnahme geeigneter Hilfen seitens der Eltern/Personensorgeberechtigten hinzuwirken. Sollte auch diese Maßnahme nicht fruchten, ist an die Hinzuziehung des örtlichen Trägers der öffentlichen Jugendhilfe – des Jugendamts – zu denken.

4. Teil
Bildungs- und Erziehungsarbeit

Art. 10
Auftrag zur Bildung, Erziehung und Betreuung in Kindertageseinrichtungen

(1) [1]Kindertageseinrichtungen bieten jedem einzelnen Kind vielfältige und entwicklungsangemessene Bildungs- und Erfahrungsmöglichkeiten, um beste Bildungs- und Entwicklungschancen zu gewährleisten, Entwicklungsrisiken frühzeitig entgegenzuwirken sowie zur Integration zu befähigen. [2]Eine angemessene Bildung, Erziehung und Betreuung ist durch den Einsatz ausreichenden und qualifizierten Personals sicherzustellen.

(2) Die Kinder sollen entwicklungsangemessen an Entscheidungen zum Einrichtungsalltag und zur Gestaltung der Einrichtung beteiligt werden.

Anmerkungen

Der 4. Teil des BayKiBiG bildet gleichsam das Herzstück des Gesetzeswer-   **116**
kes insofern, als in seinen acht Artikeln die zentralen Aspekte der pädagogischen Arbeit einer Kindertagesstätte normiert werden. Nunmehr tritt das
Subjekt des Bildungsgeschehens, das unverwechselbare, einzigartige, individuelle Kind in seiner Bildungs- und Erziehungsfähigkeit ins Zentrum der
Bestimmungen.

1. Bildungs- und Erziehungsauftrag (Abs. 1 Satz 1)

Art. 10 Abs. 1 umschreibt den Generalauftrag, das Grundgebot der Bil-   **117**
dungs- und Erziehungsinstitution „Kindertagesstätte": *jedem* einzelnen
Kind „vielfältige und entwicklungsangemessene Bildungs- und Erfahrungsmöglichkeiten" zu bieten, um **beste Bildungs- und Erfahrungsmöglichkeiten auch zu gewährleisten.** Dieser Generalauftrag verpflichtet die Kindertagesstätten – deren Träger und deren pädagogisches Personal –, **bei jedem
einzelnen Kind** – vorhandene Neugier und Entdeckerfreude weiter zu entwickeln, gleichsam sein Lern- und Entwicklungspotenzial zu nutzen, um
die lebenslangen Bildungsprozesse zu initiieren.

a) Angebot vielfältiger Bildungs- und Erfahrungsmöglichkeiten

Der Ausdruck „vielfältige (...) Bildungs- und Erfahrungsmöglichkeiten"   **118**
zielt dabei auf ein möglichst umfassendes, abwechslungsreiches, **alle Sinne
ergreifendes**, an den Lebensbedingungen des Kindes ausgerichtetes **spielerisches Lernen und Erfahren.** „Vielfältig" meint aber auch die **Berücksichtigung der Pluralisierung und Individualisierung der Lebensformen,** die
zu einer differenzierten, an den „vielfältigen" Erwartungen der Kinder und
Eltern orientierten, pädagogischen Arbeit in den Kindertagesstätten führen.
In diesem Zusammenhang ist auch der in Art. 10 Abs. 1 niedergelegte, Entwicklungsrisiken mindernde, pädagogische Auftrag zu sehen. Das Gebot,
„Entwicklungsrisiken frühzeitig entgegenzuwirken", erfordert vom pädago-

gischen Personal die Entwicklung eines fundierten und differenzierten pädagogischen Konzeptes, um auf die vielfachen physischen und psychischen Belastungen und Gefährdungen von zunehmend mehr Kindern
angemessen reagieren zu können und die Arbeit danach auszurichten (näher s. Rn. 121).

b) Entwicklungsangemessenheit

119 Der Artikel führt nicht aus, was „entwicklungsangemessen" bedeutet. „Angemessen" ist ein vager, vieldeutiger und unterschiedlich interpretierbarer
Begriff. Die pädagogische Arbeit in einer Kindertagesstätte soll damit bewusst **offen** bleiben **für unterschiedliche pädagogische Ansätze und Methoden.** Das Gesetz lässt jeder Kindertagesstätte die Freiheit, ihre eigene pädagogische Konzeption – möglichst unter Einbeziehung der Eltern – zu
entwerfen, durchzuführen und weiterzuentwickeln (familienergänzende
und -unterstützende Funktion der Kindertageseinrichtung). Kindertagesstätten müssen sich zeitlich, organisatorisch und inhaltlich-pädagogisch
auf die Lebenswelt, in der die Kinder aufwachsen, einstellen.

Angemessenheit im pädagogischen Handeln verlangt den unbedingten
Blick auf das individuelle Kind. Seine Ausdrucks- und Gefühlswelt, seine
intellektuellen Fähigkeiten und sein emotionaler Entwicklungsstand, sein
Temperament, seine Neigungen, sein soziales Verhalten erfordern vom pädagogischen Personal **pädagogisches Sehen** und dementsprechend hohes
Differenzierungsvermögen. Indikator dafür, welche pädagogische Maßnahme angemessen ist, ist der Entwicklungsstand des Kindes. Der Entwicklungsstand und die auf ihm aufbauende pädagogische Maßnahme gleichen
einer Aufwärtsspirale. Den richtigen pädagogischen „Bezug", das richtige
Maß in seinem Bemühen um Bildungs- und Erziehungserfolg ist für das pädagogische Personal sicher leichter aus dem Gegensatz zu „angemessen"
herzuleiten. Was *nicht* angemessen ist, wird intuitiv besser erkannt als das
„Angemessene". So werden alle, die Entwicklungschancen des Kindes un-
terstützenden, pädagogischen Aktivitäten auf ihre Angemessenheit hin geprüft und durchgeführt – also die Förderung der Neugierde, Sprache, Bewegung, des Geschmacks, der Unterscheidungsfähigkeit, etc.

c) Gewährleistung bester Bildungs- und Entwicklungschancen

120 Das Gesetz geht davon aus, dass bereits im vorschulischen Bereich die Voraussetzungen für optimale Bildungs- und Entwicklungschancen gelegt
werden. „Beste Bildungs- und Entwicklungschancen zu gewährleisten", ist

eine abstrakte Zielbestimmung, die beliebig viele Antworten zulässt. Sie verweist auf die prägende **Bedeutung früher Lern- und Entwicklungsprozesse für die Fähigkeit lebenslangen Lernens**. „Beste Bildungs- und Entwicklungschancen zu gewährleisten", heißt für das pädagogische Personal, die **Neugier und Lernbegierde**, den Forscherdrang und die Entdeckerfreude eines jeden einzelnen Kindes **einfühlsam-moderierend zu unterstützen**. „Chancen" zu geben bedeutet, Möglichkeiten zu eröffnen. Damit werden zunächst völlig wertneutral die Offenheit und der Prozesscharakter des pädagogischen Geschehens unterstrichen. Damit dieser offene, wertneutrale Prozess eine Richtung erhält, muss ein Bildungs- und Erziehungsziel festgelegt werden. Dies erfolgt im BayKiBiG durch Art. 13 Abs. 1: **Ziel ist der eigenverantwortliche und gemeinschaftsfähige Mensch**. Jede Kindertagesstätte, jede Mutter, jeder Vater wird die Frage, was mit dieser Vorgabe gemeint ist, anders beantworten. Gleichwohl muss jede Kindertagesstätte für sich im Blick auf das einzelne Kind und gemeinsam in Bildungspartnerschaft mit den Eltern entscheiden, wie sie das Begriffspaar „beste Bildungs- und Entwicklungschancen" interpretiert, konkretisiert und in welcher Weise sie ihre pädagogische Arbeit konzipiert. Grundsätzlich ist bei der Gestaltung der pädagogischen Arbeit für die Kindertagesstätte die primäre **Verantwortung der Eltern für Bildung und Erziehung ihrer Kinder** zu berücksichtigen und einzubinden. Daher wird es notwendig sein, in einem ständigen und vertrauensvollen Austauschprozess zwischen pädagogischem Personal und Eltern sich gemeinsam über die **Bildungs- und Erziehungsziele** zu verständigen, die der Arbeit der Kindertagesstätte zugrunde liegen sollten. Hierin liegt die *unterstützende*, das Elternhaus *ergänzende* Funktion des pädagogischen Personals. Wenn Eltern und pädagogisches Personal in partnerschaftlichem Austausch stehen, können Kinder Sicherheit und Stabilität in der häuslichen und außerhäuslichen Bildung und Erziehung erfahren. Wo diese partnerschaftliche Gemeinsamkeit von Familie und Kindertagesstätte nicht gefunden wird, muss das pädagogische Personal in seiner pädagogischen Arbeit Toleranz und Zurückhaltung üben. Allerdings kann und wird jede Kindertageseinrichtung an ihrer pädagogischen Konzeption festhalten, die die Eltern mit der Aufnahme ihres Kindes in die Kindertageseinrichtung akzeptiert haben. Dies macht deutlich, wie wichtig ein Vorgespräch über die konzeptionelle Ausrichtung der Einrichtung vor Aufnahme des Kindes in die Kindertageseinrichtung ist. Auch wird das pädagogische Personal keinesfalls von der Verpflichtung entbunden, das einzelne Kind in seiner geistigen und seelischen, seiner sozialen und körperlichen Entwicklung sorgfältig zu beobachten, um Entwicklungsrisiken entgegenzuwirken und seine soziale Integration zu unterstützen und zu ermöglichen.

d) Entwicklungsrisiken entgegenwirken

121 „Entwicklungsrisiken entgegenwirken" heißt für das pädagogische Personal Grenzen zu ziehen, wenn Gefahren für die soziale, emotionale und körperliche Entwicklung des Kindes drohen. Die Erzieherin[2] muss das **Kind darin stärken, Widerstand** gegen Einflüsse **zu leisten (Resilienz)**, die ihrem Urteil nach die Bildungs- und Entwicklungschancen eines Kindes behindern. Diese Gefährdungen des Kindeswohls können außerhalb und innerhalb einer Kindertagesstätte auftreten. Sie können auch die Inanspruchnahme externer Fach- und Hilfsdienste notwendig machen, Art. 15 Abs. 1.

e) Befähigung zur Integration

122 Befähigung zu **sozialer Integration** bedeutet hier die Unterstützung der Kinder beim **Aufbau gelingender Beziehungen zu Erwachsenen und Kindern.** Hierfür ist es notwendig, insbesondere Vertrauen zu anderen und in sich selbst zu wecken, sowie die Fähigkeit zur Empathie und Kommunikationsfähigkeit zu entwickeln.

f) Notwendigkeit von Beobachtung und Dokumentation

123 Aus der Verpflichtung zur Gewährleistung „beste(r) Bildungs- und Entwicklungschancen" sowie aus der Verpflichtung, Entwicklungsrisiken entgegenzuwirken, folgt für das pädagogische Personal die Verpflichtung zur **Beobachtung und deren Dokumentation. Allein die dokumentierte Beobachtung** der Entwicklung eines Kindes **ermöglicht** es dem pädagogischen Personal, **Folgerungen für die weitere pädagogische Arbeit** im Hinblick auf das Ziel eines „verantwortlichen und gemeinschaftsfähigen Menschen" zu ziehen (ebenso *Bauer/Hundmeyer/Groner/Mehler/Obermaier-van Deun* Nr. 11.10 Rn. 3).

---

2 Auch wenn in diesem Buch – aus Gründen der besseren Lesbarkeit – die *weibliche* Form verwendet wird, so sind selbstverständlich Erzieherinnen *und* Erzieher, Kinderpflegerinnen *und* Kinderpfleger etc. gemeint.

2. Angemessene Personalausstattung (Abs. 1 Satz 2)

Abs. 1 Satz 2 normiert wiederum eine „angemessene" Erziehung, Bildung **124**
und Betreuung des einzelnen Kindes in Kindertagesstätten durch ausreichend und pädagogisch qualifiziertes Personal. Dies ist unabdingbare Voraussetzung für qualitativ gute Arbeit in Kindertageseinrichtungen.
Art. 10 Abs. 1 Satz 2 fordert von den Trägern der Kindertagesstätten **ausreichendes und qualifiziertes Personal.** Dies bedeutet, dass jeder Kindertagesstätte quantitativ ausreichendes und qualitativ entsprechend ausgebil-
detes Personal zur Verfügung steht und die Zahl des pädagogischen
Personals keinesfalls hinter dem erforderlichen Umfang zurückstehen darf.
Erforderlich ist eine angemessene Personalausstattung, **um eine „angemessene Bildungs- und Erziehungsarbeit" leisten zu können.** Ein Mehr an Personal ist aber nicht nur zulässig, eine optimale Personalausstattung wäre
geradezu wünschenswert, kann aber nicht gefordert werden. Vgl. zur angemessenen Personalausstattung näher die Erl. zu § 17 AVBayKiBiG.

3. Partizipation (Abs. 2)

Abs. 2 legt die Förderung der „entwicklungsangemessenen" Partizipation **125**
der Kinder an Entscheidungen, die ihre Lebenswelt und -gestaltung beein-
flussen, fest. Partizipation bedeutet **angemessene Mitwirkung an Entschei-
dungsprozessen und am Leben einer Kindertagesstätte.** Auch hier begegnet
wiederum der Begriff „entwicklungsangemessen", der das pädagogische
Personal auffordert, das **Kind entsprechend seiner Voraussetzungen und
Bedürfnisse an Entscheidungen zu beteiligen.** Angemessenheit kann am
Gelingen der pädagogischen Arbeit abgelesen werden.
Abs. 2 legt eine **doppelte Beteiligung** (Partizipation) der Kinder in einer
Tagesstätte fest: einmal ihre **Beteiligung an „Entscheidungen zum Einrichtungsalltag",** zum anderen ihre Beteiligung zur äußeren Gestaltung der Einrichtung, d.h. die Mitarbeit am **Erscheinungsbild einer Kindertagesstätte.**
Pädagogisches Ziel beider „Beteiligungen" ist die Entwicklung von Selbstvertrauen, Selbstverantwortung und Entscheidungsfreude des Kindes in gemeinsam mit dem pädagogischen Personal beschlossenen Aktionen und
Unternehmungen. Beteiligung betrifft nicht die Wahlmöglichkeit des einzelnen Kindes („Möchtest Du lieber dies oder jenes?"), sondern die **Kooperation der einzelnen Kinder mit der Gruppe** zur Erreichung eines festen
Zieles. Insofern müssen Beteiligungsprozesse Teil der pädagogischen Konzeption einer Kindertagesstätte sein, da sie für die sozialintegrative Entwicklung des Kindes, aber auch für seinen Lernprozess von großer Bedeu-

tung sind. Partizipative Bildungs- und Erziehungsprozesse werden naturgemäß aktuelle Bezüge haben, also sich z. B. auf Raumgestaltungsideen oder die Übernahme von verantwortungsvollen Tätigkeiten beziehen. So kann Partizipation z. b. in Form einer Kinderkonferenz erfolgen; zu dieser und weiteren Formen der Partizipation **s. Bayerischer Bildungs- und Erziehungsplan 2012, S. 402 ff.**

Art. 11
Bildungs- und Erziehungsarbeit in Kindertageseinrichtungen; Erziehungspartnerschaft

(1) [1]Das pädagogische Personal in Kindertageseinrichtungen soll alle Kinder entsprechend der Vielfalt des menschlichen Lebens unterschiedslos in die Bildungs- und Erziehungsprozesse einbinden und jedes Kind entsprechend seinen Bedürfnissen individuell fördern. [2]Das pädagogische Personal soll die Kompetenzen der Kinder für die Teilhabe am gesellschaftlichen Leben im Sinne eines sozialen Miteinanders fördern.

(2) Eltern und pädagogisches Personal arbeiten partnerschaftlich bei der Bildung, Erziehung und Betreuung der Kinder zusammen.

(3) [1]Die pädagogischen Fachkräfte informieren die Eltern regelmäßig über den Stand der Lern- und Entwicklungsprozesse ihres Kindes in der Tageseinrichtung. [2]Sie erörtern und beraten mit ihnen wichtige Fragen der Bildung, Erziehung und Betreuung des Kindes.

Inhaltsübersicht   Rn.

Anmerkungen

1.   Berücksichtigung der besonderen Bedürfnisse (Abs. 1 Satz 1)

126   Art. 11 Abs. 1 Satz 1 verpflichtet Kindertageseinrichtungen zu einer Pädagogik der Vielfalt. Kinder unterscheiden sich im Hinblick auf Alter und Geschlecht, Temperament, Stärken, Begabungen und Interessen, Lern- und Entwicklungstempo, spezifische Lern- und besondere Unterstützungsbedürfnisse, den kulturellen oder sozioökonomischen Hintergrund. Jedes Kind bringt seinen eigenen Hintergrund und seine individuelle Geschichte mit in die Gemeinschaft von Lernenden (Bayerische Leitlinien für Bildung und Erziehung für Kinder bis zum Ende der Grundschulzeit, S. 32). Diese Vielfalt zu berücksichtigen und mit besonderer Sensibilität auf Unterschiede zwischen Kindern einzugehen ist Aufgabe des pädagogischen Personals in Kindertageseinrichtungen. Diese Bildungsphilosophie stellt das Kind in den Mittelpunkt. Danach werden Bildungsprozesse stets vor dem Hintergrund des individuellen Lern- und Entwicklungsverlaufs des Kindes sowie seiner persönlichen Stärken und Schwächen gestaltet.

2. Kompetenzen zur Teilhabe am gesellschaftlichen Leben (Abs. 1 Satz 2)

In Art 11 Abs. 1 Satz 2 wird als besondere Aufgabe der Bildungs- und Er-**127** ziehungsarbeit die Stärkung von Kompetenzen zur Teilhabe am gesellschaftlichen Leben hervorgehoben. Damit wird betont, dass als Leitziel von Bildung nicht nur die Aneignung von Faktenwissen, sondern vielmehr die Weiterentwicklung von Kompetenzen definiert wird. In besonderer Weise wird hier auf Kompetenzen zum Handeln im sozialen Kontext als eine zentrale Basiskompetenz hingewiesen. Damit sind Kompetenzen gemeint, die befähigen, am gesellschaftlichen Leben teilzunehmen, wie beispielsweise Sensibilität für und Achtung von Andersartigkeit, die Aneignung von Werten, Kommunikations- und Kooperationsfähigkeit, Fähigkeit zur Bereitschaft von Verantwortungsübernahme oder die Fähigkeit und Bereitschaft zur demokratischen Teilhabe. Auf die Bedeutung der Stärkung von Basiskompetenzen geht zudem Art. 13 Abs. 1 ein.

3. Partnerschaftliche Zusammenarbeit (Abs. 2)

Art. 11 Abs. 2 legt die partnerschaftliche Zusammenarbeit von Eltern und **128** pädagogischem Personal fest. Diese Partnerschaft ist – soll sie funktionieren – an bestimmte *Voraussetzungen* im Verhältnis der beiden Erziehungsträger gebunden.

Die Pflicht zur **Bildung und Erziehung der Kinder** liegt **primär bei den Eltern**. Ihnen obliegt das Recht und die Pflicht, ihren Kindern die Eigenschaften und Fähigkeiten zu vermitteln – in der Sprache des Gesetzes „Basiskompetenzen" (Art. 13) –, die die Kinder – wieder in der Sprache des Gesetzes – eigenverantwortlich und gemeinschaftsfähig im Sinne des Art. 13 machen sollen.

Insofern die Eltern in ihrer Bildungs- und Erziehungsarbeit immer auch durch andere Personen und Institutionen und andere überfamiliäre Einrichtungen ergänzt werden, sind Bildung, Erziehung und Betreuung eine gesamtgesellschaftliche Aufgabe. Sofern Eltern für ihre Kinder freiwillig Kindertageseinrichtungen in Anspruch nehmen, „teilen" Eltern ihren primären Erziehungsauftrag mit diesen, **vertrauen sie ihre Kinder dem pädagogischen Personal der Kindertagesstätte an.** Dies wird als „abgeleitetes Erziehungsrecht" der Kindertagesstätte bezeichnet. Die Erziehungsverantwortung ist damit nicht auf die rein häuslich-private Erziehung und Bildung beschränkt, sondern die Eltern nehmen eine Kindertagesstätte ihrer Wahl ergänzend in Anspruch. Die Liebe der Eltern zu ihren Kindern kann durch keine öffentliche Einrichtung ersetzt werden. Sie sind für das Aufwachsen der Kinder unersetzlich. Niemand kennt das Kind besser als die Eltern. Die Kindertageseinrichtung ergänzt dies durch ihren fachlichen Rat, ihre pädagogische Erfahrung und im vertrauensvollen Zusammenwirken mit den Eltern.

4. Regelmäßiger Austausch (Abs. 3)

129 Auf dieses Zusammenwirken geht Art. 11 Abs. 3 ein, indem er das pädagogische Personal verpflichtet, „regelmäßig" über den Stand des Lern- und Entwicklungsprozesses der Kinder Auskunft zu geben. „Regelmäßig" bedeutet in diesem Zusammenhang eine mindestens **zweimalige Zusammenkunft** pro Kindergartenjahr (Elternabende) und daneben immer dann, wenn die geistig-seelische Entwicklung eines Kindes es den pädagogischen Fachkräften aufgrund ihrer Beobachtungen im positiven wie im negativen Sinne angeraten erscheinen lässt, darüber mit den Eltern ein Gespräch zu führen. Diese Gespräche sind auch dann zu führen, wenn das pädagogische Personal eine Interessenlosigkeit der Eltern in Bildungs- und Erziehungsfragen ihrer Kinder feststellt und dadurch möglicherweise eine Gefährdung des Kindeswohls zu befürchten ist.

Art. 12
Bildungs- und Erziehungsarbeit in Kindertageseinrichtungen für Kinder bei besonderen Bedarfslagen

(1) Kinder mit Behinderung und solche, die von einer Behinderung bedroht sind, sollen in einer Kindertageseinrichtung gemeinsam mit Kindern ohne Behinderung betreut und gefördert werden, um ihnen eine gleichberechtigte Teilhabe am gesellschaftlichen Leben zu ermöglichen.

(2) ¹Kindertageseinrichtungen sollen dazu beitragen, die Integrationsbereitschaft von Familien mit Migrationshintergrund zu fördern. ²Für Kinder aus Familien mit Migrationshintergrund, die über keine oder unzureichende Deutschkenntnisse verfügen, sowie für Kinder mit sonstigem Sprachförderbedarf ist eine besondere Sprachförderung sicherzustellen.

Anmerkungen

1. Integration in Kindertagesstätten als Regelfall (Abs. 1)

Art. 12 setzt die **gemeinsame Bildung und Erziehung** behinderter oder von   **130**
Behinderung bedrohter Kinder und nichtbehinderter Kinder (integrative
Bildungs- und Erziehungsarbeit) fest. Dahinter steht die wissenschaftlich
belegte These, dass die in Satz 1 niedergelegte Forderung einer „**gleichberechtigten Teilhabe**" behinderter oder von Behinderung bedrohter Kinder
„am gesellschaftlichen Leben" bereits im frühen Kindesalter umgesetzt
werden muss. Nach Art. 11 Satz 1 ist integrative Bildung, Erziehung und
Betreuung bewusst die Regel, nicht die Ausnahme, um die elementare **sozialintegrative Bedeutung und Funktion der Kindertagesstätten** hervorzuheben. Satz 1 impliziert zugleich, dass die pädagogische Leitung einer Kindertagesstätte im Zusammenwirken mit Eltern und Träger – gegebenenfalls
auch mit den Kindern – sowie mit Fachdiensten – ggf. mit den Trägern der
Sozialhilfe – über die Aufnahme betroffener Kinder entscheidet. Die Haltung der Eltern nichtbehinderter Kinder hat großen Einfluss auf den Integrationserfolg. Die Relativierung „**nach Möglichkeit**" ist nicht zaudernd-abwägend, sondern auffordernd-zupackend gemeint. **Zumutbare Maßnahmen, um die Integration zu ermöglichen**, sind seitens des Trägers
durchzuführen. Allerdings gibt es sowohl auf Seiten des Kindes und seiner
konkreten Behinderung als auch auf Seiten der Kindertageseinrichtung **objektive Hinderungsgründe**, die einer Integration in die betreffende Kindertageseinrichtung entgegenstehen können. Das pädagogische Personal ist
aufgefordert, gemeinsam mit den Eltern darüber zu entscheiden, wie die
bestmöglichste Betreuung des Kindes gestaltet wird. Es wird für sich die
Konsequenz ziehen müssen, dass Unzumutbares unterlassen wird.

2. Förderung von Integrationsbereitschaft (Abs. 2 Satz 1)

131 Der Schwerpunkt in der Bildungs- und Erziehungsarbeit bei Art. 12 liegt nicht nur auf der Integration behinderter Kinder, sondern auch in der **kulturellen Integration**. Ausdrücklich will der Gesetzgeber, dass der **Wille und die Fähigkeit** zur Integration gestärkt und gefördert werden. Dies heißt konkret, dass über eine einfühlsame **interkulturelle Pädagogik** bei Kindern mit Migrationshintergrund das pädagogische Personal darauf hinwirkt, dass die Kinder mit ihren Familien interkulturelle Kompetenz als Lebenschance begreifen und in diesem Bewusstsein den **Willen zur kulturellen Integration ohne Aufgabe der eigenen Identität entwickeln**. Die Fähigkeit zur kulturellen Integration wird vom pädagogischen Personal gestärkt, indem das Kind befähigt wird, sich in deutscher Sprache angemessen verständigen zu können und wesentliche Kulturelemente seines sozialen Umfeldes zu verstehen. Dies kann nur gelingen, wenn das pädagogische Personal offen ist für die Kultur des Migrantenkindes („**vorurteilsfreie Pädagogik**").

3. Besondere Sprachförderung (Abs. 2 Satz 2)

132 Der Bezug zu Art. 10 Abs. 1 Satz 1 a.E. ist offensichtlich und stellt nochmals heraus, wie wichtig dem Gesetzgeber die **kulturelle Integration** aller Kinder ist. Dabei wird die **Sprachfähigkeit** insbesondere von Kindern mit Migrationshintergrund angesprochen. Der Gesetzgeber folgt hier den Ergebnissen wissenschaftlicher Studien, die die **Beherrschung der Landessprache als die entscheidende Voraussetzung** kultureller Integration für Kinder mit Migrationshintergrund festgestellt haben. Integration durch Förderung der Sprache muss dementsprechend zum frühestmöglichen Zeitpunkt bereits im vorschulischen Bereich erfolgen. Sprachliche Bildung ist ein durchgängiges Prinzip in Kindertageseinrichtungen und besteht nicht nur in der Durchführung von gezielten Programmen und Maßnahmen. Satz 2 benennt als Adressaten der Sprachförderung sowohl **Kinder zugezogener Familien**, die nur unzureichende oder keine Deutschkenntnisse besitzen, **als auch Kinder mit sonstigem Sprachförderbedarf**. Da die Zahl sprachentwicklungsverzögerter Kinder zunimmt, muss die Pädagogik in den Kindertagesstätten hierauf reagieren. Dem pädagogischen Personal in Kindertagesstätten stehen für die systematische Beobachtung der Sprachentwicklung sowohl für Migrantenkinder als auch von allen übrigen Kindern evaluierte Sprachbögen zur Verfügung. Das Staatsinstitut für Frühpädagogik hat für Migrantenkinder den Beobachtungsbogen **SISMIK** (*S*prachentwicklung und das *I*nteresse an *S*prache bei *Mi*grantenkindern in *K*indertagesstätten) entwickelt. Ein ähnlich strukturierter Bogen für deutschsprachige Kinder (**SELDAK** – Sprachentwicklung und Literacy für deutsch aufwachsende Kinder) ist Mitte 2006 erschienen. Bei der Feststellung des Sprachförderbedarfs müssen grundsätzlich **Sprechfreude, Sprechfähigkeit und Wortschatz** des Kindes mit einbezogen werden. Die Grundlagen des miteinander Kommunizierens bei Kindern müssen vom pädagogischen Personal in Kindertagesstätten fortgesetzt werden. Beobachten, Dokumentieren und Antworten stellen hier an die pädagogische Arbeit des Kindertagesstättenpersonals besondere Anforderungen, auch an die Zusammenarbeit mit den Eltern, damit die Sprachkompetenz außerhalb der Kindertagesstätte gleichfalls geübt und gesteigert wird. Die hohen Sprachförderkompetenzen, die zur Durchführung entsprechender Fördermaßnahmen notwendig sind, können – ggf. nach Einschaltung auch des Elternbeirats – **im Ausnahmefall externes pädagogisches Personal** erfordern. Grundsätzlich ist das **pädagogische Personal aufgrund seiner Ausbildung selbst fähig, Sprachfördermaßnahmen**, beispielsweise die Vorkurse, durchzuführen. Dies betrifft insbesondere die besonderen Bedürfnisse von Kindern mit Sprachförderbedarf, wo die Prinzipien der inneren Differenzierung bei der Sprachfördermaßnahme angewandt werden müssen. **Externes Personal kann zu speziellen Sprachförderprogrammen, wie dem HIPPY- oder dem „Opstapje"-Programm**, herangezogen werden. Während HIPPY (*H*ome *I*nstruction *P*rogram for *P*reschool *Y*oungsters) als frühkindliches Lernprogramm konzipiert ist, das die kognitiven Fähigkeiten und die Sprachkompetenzen von Kindern fördert, ist „Opstapje" ein Spiel- und Lernprogramm für Kinder ab 18 Monaten und deren Eltern. Das präventive Förderprogramm richtet sich sowohl an sozial benachteiligte deutsche als auch an Familien mit Migrationshintergrund. Ein weiteres Instrument der Sprachförderung bilden die sog. **Vorkurse** für Kinder mit Migrationshintergrund und Kinder mit Sprachförderbedarf. Sie werden gemeinsam von pädagogischen Fachkräften der Kindertageseinrichtungen und von Grundschullehrern zu jeweils 120 Stunden durchgeführt und erstrecken sich über einen Zeitraum von 1 ½ Jahren bis zur Einschulung; vgl. näher Erl. zu § 5 AVBayKiBiG Rn. 290 ff. Das betrifft vor allem Kinder, die besondere Bedürfnisse hinsichtlich ihres Sprachförderbedarfs haben. **Sprachförderung** hat insofern einen **stark präventiven Charakter**, um mit Einschränkung der Kommunikationsfähigkeit einhergehende Gefährdungen in der Lebenswelt der Kinder zu mindern.

Art. 13

Grundsätze für die Bildungs- und Erziehungsarbeit in förderfähigen Kindertageseinrichtungen; Bildungs- und Erziehungsziele

(1) ¹Das pädagogische Personal in förderfähigen Kindertageseinrichtungen hat die Kinder in ihrer Entwicklung zu eigenverantwortlichen und gemeinschaftsfähigen Persönlichkeiten zu unterstützen, mit dem Ziel, zusammen mit den Eltern den Kindern die hierzu notwendigen Basiskompetenzen zu vermitteln. ²Dazu zählen beispielsweise positives Selbstwertgefühl, Problemlösefähigkeit, lernmethodische Kompetenz, Verantwortungsübernahme sowie Kooperations- und Kommunikationsfähigkeit.

(2) ¹Das pädagogische Personal in förderfähigen Kindertageseinrichtungen hat die Kinder ganzheitlich zu bilden und zu erziehen. ²Der Entwicklungsverlauf des Kindes ist zu beachten.

(3) Das Staatsministerium für Arbeit und Soziales, Familie und Integration legt Bildungs- und Erziehungsziele für förderfähige Kindertageseinrichtungen in der Ausführungsverordnung (Art. 30) fest.

Anmerkungen

1. Eigenverantwortliche und gemeinschaftsfähige Persönlichkeiten – Basiskompetenzen (Abs. 1)

133 Der zentrale Art. 13 bestimmt den elementaren Auftrag des pädagogischen Personals in der Bildungs- und Erziehungsarbeit **ausschließlich förderfähiger Kindertagesstätten**, nicht sonstiger Kindertagesstätten. Ziel der pädagogischen Bemühungen ist die eigenverantwortliche und gemeinschaftsfähige Persönlichkeit. Mit diesen Prädikaten beschreibt auch § 1 SGB VIII (Kinder- und Jugendhilfegesetz – in der Praxis oft noch nach seinem Vorgänger KJHG genannt) eine Persönlichkeit, die **aus Überzeugung und freiwillig bereit ist, für sich selbst und die Gemeinschaft Verantwortung zu übernehmen.** Sie stellen Kompetenzen dar, die für die Bewältigung der Anforderungen in der Gesellschaft hilfreich sind. Natürlich können Kindertagesstätten solche

Persönlichkeiten nicht „herausbilden", sie können aber mit ihrer pädagogischen Arbeit die **Entwicklung dahin unterstützen.** Die Voraussetzungen hierfür zu schaffen, ist Aufgabe des pädagogischen Personals. Zusammen mit den Eltern soll es dem Kind die Basiskompetenzen vermitteln, die ihm helfen, dem Ideal der eigenverantwortlichen und gemeinschaftsfähigen Persönlichkeit nahe zu kommen. Die in Art. 13 Satz 2 aufgeführten **Basiskompetenzen sind Teilziele,** Etappen auf dem Weg zu „Eigenverantwortlichkeit und Gemeinschaftsfähigkeit", so auch *Dunkl/Eirich,* Erl. zu Art. 13. Während Art. 13 Abs. 1 Satz 2 beispielhaft einzelne Kompetenzen aufzählt, systematisiert § 2 AVBayKiBiG die Basiskompetenzen.

Die Unterstützung dieser Entwicklung vollzieht sich in dem für alle **134** Erziehung und Bildung gültigen Verhältnis, nämlich in der Bindung zwischen Eltern und Kind als der grundlegenden und zwischen Erzieherin und Kind als der ergänzenden Beziehung.

Art. 13 knüpft an dieses pädagogische Verhältnis an. **Kindertagesstätte und Elternhaus ergänzen sich** in der Verantwortung für die Entwicklung des Kindes – beim Hort tritt die Institution **Schule** noch hinzu. Dabei stellt sich nicht die Frage, ob einem der beiden Erziehungspartner ein größeres Gewicht zukommt, allein die pädagogische Verantwortung und der Wille, das Kind in seiner Entwicklung zu unterstützen, bestimmen das Verhältnis des Miteinanders. Die **Kooperation** des pädagogischen Personals mit den Eltern wird als wesentlich für die Arbeit der Kindertagesstätten bestimmt, d.h., die Einbindung und Mitwirkung der Eltern ist geradezu ein Grundmerkmal staatlich geförderter Kindertagesstättenpädagogik.

2. Ganzheitliche Bildung und Erziehung (Abs. 2 Satz 1)

Normiert Art. 13 Abs. 1 die Vermittlung von Basiskompetenzen, verpflichtet **135** Art. 13 Abs. 2 das pädagogische Personal, die Kinder „**ganzheitlich**" zu bilden und zu erziehen. „Ganzheitlich" bedeutet hier das **ungeteilte, kontinuierliche In-den-Blick-Nehmen der körperlichen, emotionalen, geistigen, seelischen und sozialen Entwicklung des Kindes.** Verantwortung für das Kind kann nicht geteilt werden, sie ist umfassend.

3. Beachtung des Entwicklungsverlaufs (Abs. 2 Satz 2)

Etwas unvermittelt fordert Art. 13 Abs. 2 Satz 3 die Beachtung des Entwick- **136** lungsverlaufs des Kindes. Diese Forderung ist wieder in Zusammenhang

mit dem Gebot der ganzheitlichen Bildung und Erziehung des Kindes zu sehen, das die ungeteilte, konzentrierte und kontinuierliche Beobachtung seiner Persönlichkeitsentwicklung voraussetzt (ebenso *Dunkl/Eirich*, Erl. zu
Art. 13). Beachtung des Entwicklungsverlaufs heißt, auf den Entwicklungsstand einzugehen. Daraus folgt die kontinuierliche Beobachtung des Kindes
durch die Erzieherin, s. näher Erl. zu § 1 AVBayKiBiG.

4. Verbindliche Bildungs- und Erziehungsziele (Abs. 3)

137 **Abs. 3 setzt der Beliebigkeit pädagogischer Maßnahmen in Kindertagesstätten Grenzen.** Kindertagesstätten werden als pädagogische Orte eigener
Art bestimmt, denen der Gesetzgeber Aufgaben in einer **verbindlichen Ausführungsverordnung** vorgibt und die Erfüllung der pädagogischen Aufgaben und Zielsetzungen zur **Voraussetzung staatlicher Förderung** macht;
näher hierzu Erl. zu §§ 1 bis 13 AVBayKiBiG.

Art. 14
Elternbeirat

(1) ¹Zur Förderung der besseren Zusammenarbeit von Eltern, pädagogischem Personal und Träger ist in jeder Kindertageseinrichtung ein Elternbeirat einzurichten. ²Soweit die Kindertageseinrichtung Kinder ab Vollendung des dritten Lebensjahres betreut, soll der Elternbeirat zudem die
Zusammenarbeit mit der Grundschule unterstützen.

(2) ¹Der Elternbeirat wird von der Leitung der Kindertageseinrichtung
und dem Träger informiert und angehört, bevor wichtige Entscheidungen
getroffen werden. ²Der Elternbeirat berät insbesondere über die Jahresplanung, den Umfang der Personalausstattung, die Planung und Gestaltung
von regelmäßigen Informations- und Bildungsveranstaltungen für die Eltern, die Öffnungs- und Schließzeiten und die Festlegung der Höhe der Elternbeiträge.

(3) Die pädagogische Konzeption wird vom Träger in enger Abstimmung
mit dem pädagogischen Personal und dem Elternbeirat fortgeschrieben.

(4) Ohne Zweckbestimmung vom Elternbeirat eingesammelte Spenden
werden vom Träger der Kindertageseinrichtung im Einvernehmen mit
dem Elternbeirat verwendet.

(5) Der Elternbeirat hat einen jährlichen Rechenschaftsbericht gegenüber
den Eltern und dem Träger abzugeben.

Anmerkungen

Art. 14 bestimmt das Zusammenwirken von Eltern und Kindertageseinrich-   **138**
tungen über **Elternbeiräte.**

1.   Elternbeirat (Abs. 1 bis 5)

a)   Verpflichtende Errichtung eines Elternbeirats

In jeder Kindertagesstätte ist ein Elternbeirat einzurichten (Abs. 1). Er hat   **139**
all sein Wirken in den Dienst der Förderung der Zusammenarbeit zu stellen, die bis zum dritten Lebensjahr die Trias Kind, Eltern, Krippe umfasst,
während der Kindergarten schon die Grundschule mit einbezieht. Kommt
die Errichtung eines Elternbeirates aus Gründen, die auf Seiten der Eltern
liegen, nicht zustande, so hat dies weder Auswirkung auf die Förderung (so
ausdrücklich die amtliche Begründung zum Gesetzentwurf), noch auf die
Betriebserlaubnis. Versucht hingegen der Träger die Wahl eines Elternbeirates zu verhindern oder zu manipulieren, so wird sich die Aufsichtsbehörde beratend und – wenn nötig – auch mit der Androhung förderrechtlicher
Konsequenzen einschalten.

b)   Anhörungs- und Informationsrechte des Elternbeirats (Abs. 2)

Mit Art. 14 Abs. 2 bis 5 werden dem Elternbeirat Rechte eingeräumt und zu-   **140**
gleich sein Aufgabenbereich auf diese wichtigen Angelegenheiten begrenzt:
In Art. 14 Abs. 2 werden **Anhörungs- und Informationsrechte**, nicht aber
echte Mitbestimmungsrechte des Elternbeirats festgelegt.
Abs. 2 Satz 1 gibt dem Elternbeirat das Recht, über **grundlegende Angelegenheiten der Kindertageseinrichtung** vom Träger und der Leitung informiert und gehört zu werden. Diese Informationspflicht muss vom Träger so
frühzeitig wahrgenommen werden, dass dem Elternbeirat noch genügend
Zeit zur Beratung und ggf. für ein eigenes Votum vor der Beschlussfassung

des Trägers bleibt. Die „wichtigen Entscheidungen", die diese Verpflichtung des Trägers auslösen, sind in Abs. 2 Satz 2 schwerpunktmäßig aufgeführt. Das heißt, der Elternbeirat muss über die in Abs. 2 Satz 2 aufgezählten Angelegenheiten hinaus über wichtige, den Betrieb der Kindertageseinrichtung bedeutsame Angelegenheiten informiert werden.

Im Einzelnen führt Abs. 2 Satz 2 „die **Jahresplanung**" auf. Dies betrifft die Information des Elternbeirats über wichtige Termine und Ereignisse im Jahreslauf wie Ferienzeiten, Feste im kirchlichen Jahreskreis (v. a. St. Martin, Nikolaus, Weihnachten, Ostern), Ausflüge, Fortbildungstermine des pädagogischen Personals und bauliche Maßnahmen. Der weiter aufgeführte „**Umfang der Personalausstattung**" bezieht sich nicht auf Fragen zur Einstellung konkreter Personen, sondern auf den Umfang der Arbeitszeit und das Qualifikationsprofil. Er erstreckt sich auch auf Praktikanten oder auf externe Fachkräfte. Dieser Bereich der Anhörungsrechte ist eröffnet bei Neueinstellungen, bei Änderungs- und Beendigungskündigungen. Dabei sind die datenschutzrechtlichen Bestimmungen einzuhalten. So hat der Elternbeirat **kein Recht, die Personalakte der Bewerber einzusehen**. Es empfiehlt sich, die Information des Elternbeirats auf den allgemeinen Lebenslauf und die Ausbildungsdaten sowie auf die Einschätzung der Eignung zu beschränken.

Die **Festlegung der Öffnungszeiten** wird sich nach **den Bedürfnissen der Eltern** richten. Dies kann mit den vereinbarten Arbeitszeiten des pädagogischen Personals kollidieren. Konflikte, die aus den Buchungszeiten der Eltern und den Arbeitsverträgen des pädagogischen Personals herrühren, können nur vom Träger entschieden werden. Der Elternbeirat wird allerdings sein **Vorschlagsrecht** dazu nutzen, um die Öffnungszeiten mit den Bedürfnissen der Eltern entsprechend seinen Vorstellungen zu harmonisieren. Mit dem Begriff „**Schließzeiten**" sind hingegen nicht die alltäglichen Öffnungszeiten gemeint, sondern sie umfassen die „Ferienzeiten" einer Kindertageseinrichtung. Schließzeiten ergeben sich infolge Urlaubzeiten des pädagogischen Personals, Umbau- und Renovierungsarbeiten sowie Teamfortbildungen. Eine frühzeitige Festlegung der Schließzeiten ist notwendig, weil die Eltern ihre Urlaubsplanung zur rechten Zeit durchführen müssen. Wenn die Eltern auf eine Betreuung während der Schließzeiten angewiesen sind, sind die Träger gehalten, eine **Notgruppe** einzurichten oder ihre Schließzeiten untereinander abzustimmen.

Die Informationspflicht des Trägers bezüglich der Festlegung der **Höhe der Elternbeiträge** wird sich auf deren Kalkulation in groben Zügen beziehen. Dazu gehört auch die Einhaltung der Staffelung entsprechend den Buchungszeiten nach Art. 19 Abs. 1 Nr. 4 und eine etwaige soziale Staffelung der Elternbeiträge.

Insgesamt begründet Art. 14 Abs. 2 **kein Vetorecht des Elternbeirats**. Entscheidungen des Trägers der Kindertageseinrichtung besitzen auch im Falle eines gegenteiligen Votums des Elternbeirats Rechtsgültigkeit.

c) Mitwirkung an der Konzeptionsweiterentwicklung (Abs. 3)

Um eine punktuelle und zusammenhanglose pädagogische Konzeption zu **141** vermeiden, wird in Art. 14 Abs. 3 die **Fortschreibung** der pädagogischen Konzeption gefordert; hierbei – und nicht schon bei der erstmaligen Entwicklung der pädagogischen Konzeption – ist der Elternbeirat einzubinden.

Die **endgültige inhaltliche Festlegung der pädagogischen Konzeption** einer Kindertagesstätte bleibt **allein dem Träger vorbehalten**. So wenig wie die Kindertagesstätte in den Verantwortungsbereich der Eltern eingreifen kann, so wenig werden die Eltern die pädagogische Konzeption einer Kindertagesstätte gegen den Willen des Trägers bestimmen können, so auch *Bauer/Hundmeyer/Groner/Mehler/Obermaier-van Deun* Nr. 11.04 Rn. 2. Allein vom Träger vorgegeben wird die **pädagogische Grundausrichtung** einer Kindertagesstätte: So haben Eltern, die sich etwa für eine katholische Kindertageseinrichtung entschieden haben, kein Recht, über den Elternbeirat katholische Grundelemente der Pädagogik (wie z. B. Morgengebet, Namensfeste, Kirchenfeste) in Frage zu stellen. Im Rahmen dieser Grundausrichtung ist **hingegen die einzelne Ausformung** durch die pädagogische Konzeption dem **Mitwirkungsrecht des Elternbeirats** unterworfen. Es besteht das Verhältnis eines aufeinander bezogenen Zusammenwirkens.

d) Spendenverwendung (Abs. 4)

Werden Spenden zugunsten der Kindertageseinrichtung gesammelt, stellen **142** sich zwei Fragen: Erstens, wer über die Spendengelder verfügen darf, und zweitens, wofür die Gelder verwendet werden. Der Elternbeirat verfügt über **keine eigene Rechtspersönlichkeit**. Er kann daher nicht im Rechtssinne eigenes Geld haben oder über dieses verfügen. Für eine Kindertageseinrichtung eingesammelte Spenden stehen daher grundsätzlich dem Träger zu. Wofür Spenden verwendet werden, ergibt sich zunächst einmal aus ihrer **Zweckbestimmung**. Hat der Elternbeirat z. B. einen Basar veranstaltet mit dem Ziel, die erlösten Gelder für die Anschaffung von Bilderbüchern zu verwenden, so darf der Träger das eingenommene Geld auch nur dafür verwenden. Besteht **keine Zweckbestimmung** der Spenden, darf grundsätzlich der Empfänger (also der Träger) über deren Verwendung entscheiden. Nach Abs. 6 bedarf es hierzu allerdings des **Einvernehmens des Elternbeirats**, wenn dieser die Spenden eingesammelt hat. Das Einvernehmenserfordernis bedeutet praktisch ein Vetorecht des Elternbeirats gegenüber Vorschlägen des Trägers. Die konkrete Anschaffung nimmt der Träger vor. Er kann dies jedoch mit dessen Einverständnis auch „dem Elternbeirat" überlassen; rechtlich liegen dann ein Auftrag und die entsprechende Bevollmächtigung aller einzelnen Mitglieder des Elternbeirats vor.

Möchte der Elternbeirat selbst über die Verwendung der eingesammelten Gelder entscheiden, muss er einen anderen Weg wählen: Die Eltern können Spenden mit der Maßgabe entrichten, dass diese entsprechend der Beschlüsse des Elternbeirats zu verwenden sind.

e)   Rechenschaftsbericht des Elternbeirats (Abs. 5)

143 Der in Abs. 5 dem Elternbeirat aufgegebene jährliche Rechenschaftsbericht umfasst eine **Kurzzusammenfassung der wesentlichen Aktivitäten des Elternbeirats** im vergangenen Jahr. Hat der Elternbeirat Gelder tatsächlich vereinnahmt, also z.B. Spenden eingesammelt, so hat er auch über deren Verwendung Auskunft zu geben.

Der Rechenschaftsbericht ist jeweils für das **abgelaufene Kindergartenjahr** gegen dessen Ende oder zeitnah danach abzugeben. Hat sich aufgrund besonderer Umstände ein Elternbeirat nicht am Anfang eines Kindergartenjahres, sondern in dessen Verlauf konstituiert, so ist der Bericht gleichwohl zum Ende des Kindergartenjahres abzugeben und nicht etwa ein Jahr nach der Wahl des Elternbeirats. Denn aufgrund des regelmäßigen Wechsels eines erheblichen Teils der Elternschaft zum neuen Kindergartenjahr sollte der Elternbeirat jeweils **für ein Kindergartenjahr** gewählt werden. Entsprechend seiner Funktion als Bindeglied zwischen Träger und Eltern hat der Elternbeirat seinen **Bericht gegenüber den Eltern und dem Träger** abzugeben. Auch wenn dies nicht gesetzlich gefordert wird, empfiehlt es sich doch, einen schriftlichen Bericht zu fertigen, ein Exemplar dem Träger auszuhändigen und den Bericht auf dem letzten Elternabend des Kindergartenjahres mündlich vorzutragen.

Art. 15
Vernetzung von Kindertageseinrichtungen;
Zusammenarbeit mit der Grundschule

(1) [1]Kindertageseinrichtungen haben bei der Erfüllung ihrer Aufgaben mit jenen Einrichtungen, Diensten und Ämtern zusammenzuarbeiten, deren Tätigkeit in einem sachlichen Zusammenhang mit den Aufgaben der Tageseinrichtung steht. [2]Kindertageseinrichtungen kooperieren insbesondere mit Frühförderstellen, Erziehungs- und Familienberatungsstellen sowie schulvorbereitenden Einrichtungen und heilpädagogischen Tagesstätten.

(2) [1]Kindertageseinrichtungen mit Kindern ab Vollendung des dritten Lebensjahres haben im Rahmen ihres eigenständigen Bildungs- und Erziehungsauftrags mit der Grund- und Förderschule zusammenzuarbeiten. [2]Sie haben die Aufgabe, Kinder, deren Einschulung ansteht, auf diesen Übergang vorzubereiten und hierbei zu begleiten. [3]Die pädagogischen Fachkräfte in den Kindertageseinrichtungen und die Lehrkräfte an den Schulen sollen sich regelmäßig über ihre pädagogische Arbeit informieren und die pädagogischen Konzepte aufeinander abstimmen.

Anmerkungen

1. Allgemeines Vernetzungsgebot (Abs. 1)

Ein gemeinsamer Orientierungs- und Bezugsrahmen zur Zusammenarbeit von Kindertageseinrichtung und Grundschule stellen die Bayerischen Leitlinien für Bildung und Erziehung von Kindern bis zum Ende der Grundschulzeit dar (Bildungsleitlinien). Damit können pädagogische Ansätze von Kindertageseinrichtung und Grundschule noch stärker aufeinander abgestimmt werden.

Mit Art. 15 wird die Kindertagesstätte aus ihrer insularen Stellung im öffentlichen Erziehungs- und Bildungswesen genommen und mit ergänzenden Hilfeeinrichtungen verknüpft. Art. 15 Abs. 1 Satz 2 verpflichtet deshalb **144** jede einzelne Kindertagesstätte, falls bestimmte Beobachtungsergebnisse des pädagogischen Personals es erforderlich erscheinen lassen, mit den Ämtern, Einrichtungen und Diensten entsprechend Kontakt aufzunehmen. Wesensmerkmal dieser **Einrichtungen** muss sein, dass sie **das pädagogische Angebot der Tagesstätte** *ergänzen* und gleichzeitig die Entwicklung des Kindes zu einer eigenverantwortlichen und gemeinschaftsfähigen Persönlichkeit **unterstützen.** Dies setzt voraus, dass dem pädagogischen Personal diese Einrichtungen, Dienste und Ämter vor Ort mit ihrem spezifischen Angebot nicht nur bekannt sind, sondern es über deren Arbeit und Weiterentwicklung auch Bescheid weiß. Regelmäßige **persönliche Kontakte** sind daher zu empfehlen. Auch Kindertagesstätten im ländlichen Raum haben den Kontakt zu entsprechenden Hilfeeinrichtungen zu suchen. Dies kann bedeuten, dass der Blick ggf. auch über die Landkreisgrenzen hinaus zu richten ist. Die Kindertagesstätte muss sich bewusst sein, dass sie in der Entwicklung der Kinder – zumindest im Krippen- und Kindergartenbereich – die erste professionelle Stelle ist, die durch ihre Beobachtungen die Entwicklungsverzögerungen oder -störungen erkennt, die durch das Anfordern und Zurateziehen von Fachdiensten verhindert und denen entgegengewirkt werden kann. Es kann aber nicht Aufgabe der Kindertageseinrichtung sein, alle Defizite des Elternhauses der Kinder auszugleichen. Um zur *begründeten* Inanspruchnahme der Einrichtungen zu kommen, ist dementsprechend eine gründliche Beobachtung des Kindes notwendig. Die einzelnen Schritte **vor Aufnahme geeigneter Maßnahmen** sind **mit den Eltern zu besprechen,** abzustimmen und durchzuführen. Der Elternwille ist dabei stets zu beachten, da das primäre Erziehungsrecht bei ihnen liegt. Die dokumentierte Beobachtung der Erzieherin allein ist nicht **absprachebedürftig,** wohl aber deren **Weitergabe** an spezifische Hilfeeinrichtungen. Wenn die Erzieherin ein auffällig erscheinendes Verhalten bei einem Kind beobachtet, wird sie die nächsten Schritte im Team und mit den Eltern besprechen. Je nach Ergebnis der Beratung wird sie eigene pädagogische Maßnahmen ergreifen oder mit Einwilligung der Eltern fremde Hilfeeinrichtungen zu Rate ziehen. Das Beratungsergebnis des Gesprächs mit den Eltern sollte auch im Falle der Ablehnung fremder Hilfe mit den Eltern ein zweites Mal erörtert werden. Grundsätzlich ist **vor jeder vorschnellen Bewertung einzelner Beobachtungen zu warnen,** da der Entwicklungsverlauf eines jeden einzelnen Kindes ganz unterschiedlich ausgeprägt sein kann. Oft können scheinbare Auffälligkeiten ihre Ursache in einem organischen Befund (z. B. schlechtes Hörvermögen) haben.

Im Hinblick auf die Zusammenarbeit ist zu bedenken, dass Kinder viele **Miterzieher** haben, die an der Gesamtaufgabe der Bildung und Erziehung beteiligt sind. Hierzu sind neben den Eltern und dem pädagogischen Fachpersonal natürlich auch Betreuer aus dem kirchlichen Bereich oder aber Mitarbeiter aus dem Bereich der Jugendarbeit, z. B. Sportvereine zu nennen. Die **Art der Zusammenarbeit** kann dabei **vielfältig** sein. So kann der Kindergarten am Leben der kirchlichen Gemeinde teilnehmen oder aber der Sportverein Spiele im Kindergarten anbieten.

2. Zusammenarbeit mit der Schule (Abs. 2)

Der Gesetzgeber bestimmt in Art. 15 Abs. 2 den **Kindergarten** als Elementarbereich des Bildungswesens, als eine den **Schulbesuch vorbereitende Einrichtung mit einem eigenständigen Auftrag** zur entwicklungsangemessenen Bildung, auf die die Kinder in der Schule aufbauen können. Art. 15 Abs. 2 bestimmt die Zusammenarbeit von Kindergarten und Grundschule bzw. Förderschulen. Dies begründet insbesondere im letzten Kindergartenjahr für das pädagogische Personal der Kindertagesstätte ein ungemein wichtiges Aufgabenfeld. **145**

Die **Forderung zur Zusammenarbeit richtet sich in gleichem Maße auch an die Grundschule**, die ihrerseits die entsprechenden Vorbereitungen zu einer harmonischen Aufnahme der Kindergartenkinder in die Schule treffen muss. Dies setzt voraus, dass sich die Erzieherinnen und Grundschullehrkräfte „**auf gleicher Augenhöhe**" begegnen und sich in ihrem eigenständigen Bildungs- und Erziehungsauftrag einbringen und respektvoll ergänzen. Dem dienen die an allen Kindertagesstätten mit Kindern im Vorschulalter und an allen Grund- und Förderschulen eingerichteten Ansprechpartner für die Kooperation.

a) Begleitung des Übergangs

Insbesondere der **Übergang vom Kindergarten zur Grundschule** wird erwähnt als der Weg vom spielerischen zum systematischen Lernen. Diese **Übergänge zu harmonisieren und fließend zu gestalten**, ist Aufgabe des pädagogischen Personals, das dabei auf die **Zusammenarbeit mit der die Kinder aufnehmenden Grundschule** angewiesen ist. Die Bewältigung des Übergangs der Kinder vom Kindergarten in die Grundschule sollen die Erzieherinnen und Grundschullehrerinnen **helfend begleiten**, damit das Kind diesen Übergang auch als Chance begreifen kann. Der Bayerische Bildungs- **146** und Erziehungsplan bietet hierzu eine Fülle von Beispielen. So können die Erzieherinnen Eltern bei der Wahl der Schule beraten. Die Lehrkräfte können mit Eltern und Kindern über Erwartungen an die Schule sprechen oder Informationen über Bedingungen in der Schule bzw. den Ablauf des Unterrichts geben (Bayerischer Bildungs- und Erziehungsplan, 2012, S. 106 ff.).

b) Spezifika bei Horten

147 Eine weitaus **intensivere Zusammenarbeit** über pädagogische Maßnahmen muss zwischen pädagogischem Personal an Horten und den Grundschullehrkräften stattfinden. Dies bezieht sich sowohl auf die **Hausaufgabenbetreuung als auch auf das soziale Verhalten**, etwa wenn verhaltensauffällige Schüler durch den Hort in ihrer Gemeinschaftsfähigkeit gestärkt werden sollen.

c) Einbeziehung der Eltern

148 Dritte im Bunde sind die Eltern, die, in **Art. 15 nicht eigens benannt**, in das Übertrittsverfahren in geeigneter partnerschaftlicher Weise eingebunden werden müssen. Hierbei sind selbstverständlich auch sozialdatenschutzrechtliche Vorgaben zu beachten. Die allgemeine Kooperation mit der Grundschule ist Teil einer jeden Konzeption, die die Bildungs- und Erziehungsziele nach dem Bildungs- und Erziehungsplan abbildet. Zu ihr erteilen die Eltern daher eine Bevollmächtigung der Kindertageseinrichtung im Rahmen des Aufnahmeverfahrens ihres Kindes. Sobald es aber um den **Austausch der Erzieherin mit der Grundschullehrkraft** über den Bildungs- und Entwicklungsstand eines *konkreten* Kindes geht, bedarf es hierzu der **vorherigen Einwilligung der Eltern**, vgl. Anhang Nr. 8.

Beim Übergang sind vor allem auch die veränderten Erfahrungs- und Lernfelder des Kindes ins Kalkül zu ziehen, wobei den Eltern in ganz besonderem Maße eine einfühlende, begleitende Aufgabe zukommt, damit der Übergang glückt.

d) Regelmäßige Information und Abstimmung

149 Um der Gefahr vorzubeugen, dass sich die Zusammenarbeit von Kindergarten und Grundschule im Wesentlichen auf das Datum der Schuleinschreibung, d.h. auf die Stunden vor und nach diesem Verwaltungsakt beschränkt, schreibt der Gesetzgeber **regelmäßige Begegnungen zwischen**

Grundschule und Kindergarten vor, insbesondere um sich gegenseitig über die pädagogische Arbeit im Kindergarten bzw. in der Grundschule zu informieren und Verständnis für die jeweilige pädagogische Intention zu erhalten. Diese Besprechungen dienen auch der Selbstreflexion der Erzieherinnen und der Grundschullehrkräfte, wie zutreffend ihre Einschätzung und wie erfolgreich der Übergang von den Kindern bewältigt wurde. Ziel dieser Zusammenarbeit soll es sein, den Übergang für das einzelne Kind möglichst unbelastend und motivierend und mit freudiger Erwartung verbunden zu gestalten. Bei der Begleitung des Übergangs ist zu bedenken, dass das Kind in dieser Lebensphase einen besonderen Entwicklungsprozess durchläuft. Eltern, Erzieher und Grundschullehrer müssen sich dessen bewusst sein.

So können die Erzieherinnen Informationen über die Konzeption der Schule einholen. Umgekehrt sollen die Lehrkräfte die Grundaussagen des Bildungs- und Erziehungsplanes kennen. Erzieherinnen und Lehrkräfte der ersten Grundschulklasse sollen sich regelmäßig treffen (Bayerischer Bildungs- und Erziehungsplan 2012, S. 110 ff.).

Art. 16
Bildungs- und Erziehungsarbeit bei Betreuung in Tagespflege

[1]**Tagespflegepersonen haben die Aufgabe, die ihnen anvertrauten Kinder entwicklungsangemessen zu bilden, zu erziehen und zu betreuen.** [2]**Sie haben dabei die erzieherischen Entscheidungen der Eltern zu achten.**

Anmerkungen

1. Bildungs- und Erziehungsauftrag der Tagespflege

Art. 16 konkretisiert den Bildungs- und Erziehungsauftrag der Tagespflege. **150** Art. 16 Satz 1 bestimmt, dass Tagespflegepersonen, ähnlich wie das pädagogische Personal an Kindertagesstätten, die Kinder entwicklungsangemessen zu bilden, zu erziehen und zu betreuen haben.

Mit Rücksicht darauf, dass Tagespflegepersonen zwar eine pädagogische Qualifikation vorweisen *können*, in aller Regel aber über keine spezifische pädagogische Ausbildung verfügen, beschränken sich die Anforderungen an die zu leistende pädagogische Arbeit darauf, dass der **Entwicklungsstand des Kindes zu beachten** ist.

Auch von ihnen ist der **primäre Erziehungsauftrag der Eltern unbedingt zu beachten** (Satz 2).

2. Abschichtung der Tagespflege zu Kindertageseinrichtungen

151 Ein Vergleich des Art. 16 mit den Anforderungen an eine Kindertageseinrichtung nach den Art. 10 bis 12 und erst recht mit denen an förderfähige Kindertageseinrichtungen (Art. 13) zeigt, dass die Tagespflege eine Bereicherung für das Betreuungsangebot darstellt und gerade dann ihre Stärken entfaltet, wenn die Bedürfnisse weniger Familien oder Bedürfnisse nach sehr flexiblen Angeboten befriedigt werden müssen. In beiden Fällen stoßen Kindertageseinrichtungen an ihre Grenzen. **Tagespflege** ist aber im Hinblick auf die **Bildungs- und Erziehungsarbeit grundsätzlich nicht mit einer Kindertageseinrichtung vergleichbar.** Allein schon aufgrund der geringeren Kinderzahl ist eine Tagespflegestätte **familienähnlicher** als eine Kindertagesstätte. Dies ist auch bei der Entscheidung der Gemeinden darüber, ob Bedarfe für Plätze in einer Kindertageseinrichtung oder in Tagespflege gedeckt werden sollten (Art. 7 Abs. 2), zu berücksichtigen.

Über die direkte Normierung des Gesetzes hinaus gilt das **Vernetzungsgebot** für die Tagespflegepersonen mit den Einrichtungen, Diensten und sonstigen Hilfen vor Ort, weil auch diese das Wohl des Kindes zu wahren haben und sich insoweit fremder Hilfe bedienen können müssen, als sie selbst nicht über die erforderlichen Fähigkeiten und Kenntnisse verfügen (z. B. Hinzuziehen von ärztlicher Hilfe).

Art. 17
Wissenschaftliche Begleitung, Fortbildung

(1) Für die wissenschaftliche Weiterentwicklung der Inhalte und Methoden der außerschulischen Bildung und Erziehung hat der Staat durch geeignete Einrichtungen Sorge zu tragen.

(2) ¹Zur Qualifizierung des pädagogischen Personals sind geeignete Fortbildungsmaßnahmen sicherzustellen und zu fördern. ²Hierbei sind die Fortbildungsmaßnahmen der freigemeinnützigen Träger in angemessener Weise zu berücksichtigen. ³Grundschullehrkräfte sollen im Hinblick auf die Zusammenarbeit mit Kindertageseinrichtungen einbezogen werden.

Anmerkungen

1. Staatliche Gewährleistung wissenschaftlicher Weiterentwicklung der Frühpädagogik (Abs. 1)

Art. 17 hat zum Ziel, die Qualität des pädagogischen Personals an Kinder- **152**
tagesstätten hinsichtlich der Inhalte und Methoden zu gewährleisten und
zu steigern.

Dies erfordert als Rahmenbedingung Einrichtungen, die in der Lage sind,
Bildungskonzepte für Kindertagesstätten **wissenschaftlich weiterzuentwickeln** und deren entwicklungsangemessene Umsetzung durch das pädagogische Personal zu garantieren. Diese Aufgaben erfüllt das **Staatsinstitut für
Frühpädagogik (IFP)** in München.

Methoden der Kindergartenpädagogik unterscheiden sich elementar von
denen der Schulpädagogik, nähern sich aber in letzter Zeit teilweise auch
an, insbesondere seit der Bildungsauftrag des Kindergartens noch deutli-
cher hervorgehoben wird:

Kindergarten	Grundschule
Spielerisches, eigenaktives Lernen	Strukturiertes, angeleitetes Lernen
Entwicklungsangemessene Lern- und Bildungsziele	Jahrgangsstufenorientierte Lernziele
Bildungs- und Erziehungsplan (BEP) als Orientierungsrahmen, verbindliche Bildungs- und Erziehungsziele	Verbindlicher Lehrplan (Curriculum)
Elterngespräch über Entwicklungsfortschritt	Benotung/Wortgutachten
Pädagogische Fach- und Ergänzungskräfte in Kooperation mit Eltern	Kooperation der Lehrkräfte
Bildung und Lernen als sozialer Prozess; Lernanbahnung	Primär Wissensvermittlung
Pädagogische Kernzeiten	Stundenplan
Freiwilligkeit	Schulpflicht

Kompetenzorientierte Methodik

Qualitätsverantwortung

Der Begriff „geeignete Einrichtungen" umfasst dabei universitäre wie außeruniversitäre Einrichtungen, deren wissenschaftliches Personal zugleich in der Lage ist, insbesondere durch **Fortbildungsveranstaltungen** den pädagogischen Kräften die neuesten Erkenntnisse der Frühpädagogik zu vermitteln.

2. Qualifizierung des pädagogischen Personals (Abs. 2)

153 In Art. 17 Abs. 2 wird die Verpflichtung und **Garantie des Staates** zur Qualifizierung des pädagogischen Personals näher ausgeführt. Auch hierbei gilt das **Subsidiaritätsprinzip**, wonach der Staat das **Fortbildungsangebot der Träger angemessen zu unterstützen** hat. Der Gesetzgeber lässt dabei bewusst offen, wie die Fortbildungsmaßnahmen zu gestalten und durchzuführen sind; er überlässt es den jeweiligen Trägern, die Fortbildungscurricula zu entwickeln und durchzuführen. Allerdings hat das Angebot der freien Träger bestimmte inhaltliche und organisatorische Voraussetzungen des Staates zu beachten.

Abs. 2 Satz 3 stellt auch im Fortbildungsbereich die wichtige inhaltliche Verknüpfung zur Grundschule her. Wenngleich als Sollbestimmung formuliert, empfiehlt es sich hinsichtlich der intensivierten Zusammenarbeit von Kindergarten und Grundschule, den Kontakt mit Grundschullehrern zu vertiefen und diese in die Fortbildung einzubeziehen. Damit können die **Fortbildungsangebote für Erzieherinnen** im Hinblick auf die Zusammenarbeit mit der Schule auch **für Grundschullehrkräfte geöffnet** werden.

5. Teil
Förderung

Abschnitt 1
Betriebskostenförderung

154 Vor Art. 18

Die Art. 18 bis 26 regeln die kindbezogene Förderung, Art. 27 die Investitionskostenförderung, ergänzende Regelungen zur Investitionskostenförderung finden sich im Gesetz über den kommunalen Finanzausgleich (FAG) und den hierzu ergangenen Vorschriften.

Zur Systematik der Regelungen über die kindbezogene Förderung: Welche Norm regelt was?

Art. 18 regelt gesetzliche Förderansprüche

Ansprüche bei Kindertageseinrichtungen haben die

– Träger einer Kindertageseinrichtung gegen die Aufenthaltsgemeinde. Mit der Novellierung zum 1.1.2013 wurde der Kreis der anspruchsberechtigten Träger auf die kommunalen Träger erweitert.

– fördernden Gemeinden gegenüber dem Freistaat Bayern,

Ansprüche bei der Tagespflege

der Träger der öffentlichen Jugendhilfe (Landkreise und kreisfreie Städte), der die Tagespflege organisiert, gegenüber dem Freistaat Bayern (es gibt keinen gesetzlichen Förderanspruch der Tagespflegeperson).

Art. 19 regelt die Fördervoraussetzungen für Kindertageseinrichtungen, d.h. die Voraussetzungen, die eine Kindertageseinrichtung erfüllen muss, damit ihr Träger einen Förderanspruch gegenüber der Aufenthaltsgemeinde hat und damit eine Gemeinde für die Förderung dieser Kindertageseinrichtung einen Förderanspruch gegenüber dem Freistaat Bayern hat.

Art. 20 regelt parallel zu Art. 19 die **Fördervoraussetzungen für die Tagespflege,** d.h. die Voraussetzungen, die ein Angebot der Tagespflege erfüllen muss, damit der Träger der öffentlichen Jugendhilfe für deren Förderung einen Förderanspruch gegenüber dem Freistaat Bayern hat.

Art. 20a regelt die Fördervoraussetzungen von Großtagespflegestellen, für einen Anspruch auf kindbezogener Förderung gegenüber der Gemeinde (einrichtungsähnliche Großtagespflegestelle).

Art. 21, 22 und 25 bestimmen die **Höhe der Förderung.** Zentral ist dabei Art. 21: Die Höhe der Förderung richtet sich nach den Grundsätzen der kindbezogenen Förderung. Dabei gilt Art. 21 direkt für den Förderanspruch der Gemeinde gegen den Freistaat Bayern; über Art. 22 Abs. 2 wird sichergestellt, dass auch die Höhe des Förderanspruchs des Trägers einer Kindertageseinrichtung sich nach der kindbezogenen Förderung richtet – allerdings in doppelter Höhe wie der kommunale Förderanspruch. Nach Art. 25 erhält auch der Landkreis bzw. die kreisfreie Stadt für die Förderung der Tagespflegeangebote eine kindbezogene Förderung.

In **Art. 23** wurde die Gastkindregelung gestrichen. Nunmehr sind in Art. 23 Bestimmungen aufgenommen worden, mit denen ausschließlich der Freistaat Bayern die Qualitätsverbesserungen unterstützt und die Eltern bei den Beitragszahlungen entlastet.

Art. 24 enthält die **Sonderregelung** für die kindbezogene Förderung für die sog. „Landkindergärten".

Art. 26 schließlich regelt einige wichtige Grundsätze über das **Förderverfahren.**

Art. 18
Förderanspruch

(1) [1]Träger von Kindertageseinrichtungen haben unter den Voraussetzungen des Art. 19 und nach Maßgabe von Art. 22 einen kindbezogenen Förderanspruch gegenüber den Gemeinden, in denen die Kinder ihren gewöhnlichen Aufenthalt im Sinn des § 30 Abs. 3 Satz 2 SGB I haben (Aufenthaltsgemeinden). [2]Ist die Gemeinde nicht leistungsfähig, besteht der Anspruch gegenüber dem örtlichen Träger der öffentlichen Jugendhilfe in den Grenzen seiner Leistungsfähigkeit. [3]Ansprüche kommunaler Träger gegen die Aufenthaltsgemeinde oder im Fall des Satzes 2 gegen den örtlichen Träger der öffentlichen Jugendhilfe sind auf die kindbezogene Förderung nach diesem Gesetz beschränkt.

(2) [1]Die Gemeinde hat für Kindertageseinrichtungen, die die Fördervoraussetzungen nach Art. 19 erfüllen und für Großtagespflegen, die die Voraussetzungen des Art. 20a erfüllen, einen Förderanspruch gegenüber dem Staat nach Maßgabe von Art. 21, wenn sie den vollständigen Förderantrag bis zum 30. Juni des auf den Bewilligungszeitraum (Art. 26 Abs. 1 Satz 3) folgenden Jahres stellt. [2]Macht die Gemeinde den Anspruch nach Satz 1 Alternative 2 geltend, ist ein Förderanspruch des örtlichen Trägers der öffentlichen Jugendhilfe nach Abs. 3 Satz 1 ausgeschlossen.

(3) [1]Die örtlichen Träger der öffentlichen Jugendhilfe haben für Angebote der Tagespflege, die die Fördervoraussetzungen des Art. 20 erfüllen, sowie in den Fällen des Abs. 1 Satz 2 einen Förderanspruch gegenüber dem Staat nach Maßgabe von Art. 25. [2]Der Förderanspruch setzt voraus, dass der vollständige Förderantrag bis spätestens 30. Juni des auf den Bewilligungszeitraum (Art. 26 Abs. 1 Satz 3) folgenden Jahres gestellt wird.

Anmerkungen

Art. 18 regelt die gesetzlichen Förderansprüche. Dabei werden stets zwei **155**
Fragen beantwortet:
– Wer hat einen Förderanspruch?
– Gegen wen richtet sich der Förderanspruch?

1. Förderanspruch des Trägers einer Kindertageseinrichtung gegen die Aufenthaltsgemeinden

a) Anspruchsberechtigung

Abs. 1 Satz 1 regelt den Förderanspruch des Trägers einer Kindertagesein- **156**
richtung gegen die Aufenthaltsgemeinde. Der Kreis der anspruchsberechtigten Träger wurde zum 1.1.2013 über die freigemeinnützigen und sonstigen Träger hinaus auf die kommunalen Träger erweitert. **Aufenthaltsgemeinde** ist nach der Legaldefinition die Gemeinde, in der das Kind seinen
gewöhnlichen Aufenthalt im Sinne des § 30 Abs. 3 Satz 2 SGB I hat – also
nicht etwa die **Sitzgemeinde**, d.h. die Gemeinde, in der die Kindertageseinrichtung gelegen ist.

b) Der gewöhnliche Aufenthalt

Den gewöhnlichen Aufenthalt hat jemand dort, wo er sich unter Umstän- **157**
den aufhält, die erkennen lassen, dass er an diesem Ort oder in diesem Gebiet nicht nur vorübergehend verweilt. Maßgeblich ist demnach der Ort, an
dem sich der regelmäßige Schwerpunkt der persönlichen Lebensverhältnis-
se befindet. Der Aufenthaltsort wird im Gegensatz zum Begriff des Wohn-
sitzes durch das rein tatsächliche Verweilen eines Betroffenen bestimmt.
Typische Fälle, in denen ein Aufenthaltsort, aber kein Wohnsitz anzunehmen ist, sind der Studienaufenthalt, der Aufenthalt bei Großeltern zum
Zwecke der Betreuung anstelle der Eltern (z.B. wochentags).
Unter „nicht nur vorübergehend" ist ein länger dauerndes Verweilen zu
verstehen. Ob eine voraussichtliche Verweildauer als vorübergehender
oder gewöhnlicher Aufenthalt zu werten ist, hängt von der Art und dem
Zweck des Aufenthalts ab. Ob ein gewöhnlicher Aufenthalt vorliegt, ist ausgehend von den bekannten Umständen des Einzelfalles anhand einer Prognose zu beurteilen. Ist eine längere Verweildauer zu erwarten, so kann ein
gewöhnlicher Aufenthalt angenommen werden.

Ein Kind hat seinen gewöhnlichen Aufenthalt in aller Regel dort, wo die Eltern ihren regelmäßigen Aufenthalt haben. Irrelevant ist hingegen, wo der angemeldete Erst- oder Zweitwohnsitz ist. Für Umzüge gilt § 20 Abs. 1 AVBayKiBiG, d. h. im Monat des Umzugs wechselt die Aufenthaltsgemeinde.

Beispiel:

Kind ist wochentags bei den Großeltern. Am Wochenende holen die Eltern das Kind zu sich. Das Kind besucht eine Kita am Wohnort der Großeltern.

Lösung:

Ein Kind hat seinen gewöhnlichen Aufenthalt grundsätzlich bei dem Elternteil oder Elternteilen, der/die das Personensorgerecht ausüben.

Beispiele für Förderanspruch bei grenzüberschreitendem Besuch:
Kinder aus Baden-Württemberg besuchen einen Kindergarten in Bayern.

Verfahren:

Für die staatliche Förderung ist eine kommunale Mitfinanzierung erforderlich. Das BayKiBiG kann nur bayerische Gemeinden zur Mitfinanzierung verpflichten (Art. 18). Nur bayerische Gemeinden können sich auf Grundlage des Art. 21 beim Staat zur Hälfte refinanzieren. Das BayKiBiG gibt nicht zwingend vor, dass es sich unbedingt um Kinder aus Bayern handeln muss.

Lösung:

Die bayerische Sitzgemeinde erbringt die kindbezogene Förderung gegenüber dem freigemeinnützigen Träger und kann sich beim Staat refinanzieren. Intern hat die bayerische Gemeinde die Mitfinanzierung der Gemeinde in B-W abzuklären. Natürlich kann im Vollzug die B-W-Gemeinde ihren Anteil direkt an den Träger senden und es ist nicht der Umweg über die bayerische Sitzgemeinde notwendig. Alternative: Kind aus Bayern geht in Kindergarten in Baden-Württemberg:

Lösung:

Wenn die Aufenthaltsgemeinde sich an den Kosten der Betreuung in B-W beteiligt, ist eine Refinanzierung nach Art. 21 beim Freistaat möglich. Die Höhe der staatlichen Finanzierung berechnet sich nach BayKiBiG und beträgt aber maximal die Hälfte des von der Gemeinde tatsächlich entrichteten Beitrags. Die Einrichtung in B-W muss die sonstigen Kriterien für die Förderung nach für sie geltendem Landesrecht erfüllen.

Gewöhnlicher Aufenthalt von Asylbewerbern

Das SGB VIII ist über den vorrangigen § 6 Abs. 4 SGB VIII eröffnet. Nach dem Urteil des Bundesverwaltungsgerichts vom 24.6.1999 – 5 C 24/98 begründen minderjährige Asylbewerber jedenfalls nach Ablauf von 6 Monaten einen gewöhnlichen Aufenthalt im Sinne von Art. 1 des Haager Minderjährigenschutzabkommens (MSA). Das MSA modifiziert über § 6 Abs. 4 SGB VIII den für den Anspruch von Ausländern auf Jugendhilfe maßgeblichen Begriff des gewöhnlichen Aufenthalts. Gemäß Art. 2 Abs. 1

i. V. m. Art. 1 des MSA haben Behörden des Staates, in dem der Minderjährige seinen gewöhnlichen Aufenthalt hat, die nach ihrem innerstaatlichen Recht vorgesehenen Maßnahmen zum Schutz der Person des Minderjährigen zu treffen, dazu gehört auch die öffentliche Jugendhilfe. Als Minderjähriger im Sinne des MSA ist nach Art. 12 MSA anzusehen, wer sowohl nach dem innerstaatlichen Recht des Staates, dem er angehört, als auch nach dem innerstaatlichen Recht des Staates seines gewöhnlichen Aufenthalts minderjährig ist. Für den gewöhnlichen Aufenthalt im Sinne des Art. 1 MSA (der nicht identisch ist mit dem sozialrechtlichen Begriff des gewöhnlichen Aufenthalts nach § 30 Abs. 3 Satz 2 SGB I) kommt es auf den Daseinsmittelpunkt und Schwerpunkt der Bindungen der betreffenden Person an. Als „Faustregel" gilt, dass der gewöhnliche Aufenthalt eines Minderjährigen, wenn er nicht von Anfang an auf Dauer angelegt ist, jedenfalls nach sechs Monaten regelmäßig zum gewöhnlichen Aufenthalt erstarkt. Für unbegleitete Minderjährige wird vertreten, dass regelmäßig mit der Einreise ein gewöhnlicher Aufenthalt im Sinne des MSA begründet wird (vgl. § 6 Rn. 14 a.E., *Münder*, in: Frankfurter Kommentar zum SGB VIII, Kinder- und Jugendhilfe, 6. Auflage, 2009).

Nach § 6 Abs. 2 Satz 1 SGB VIII können Ausländer Leistungen nach dem SGB VIII nur beanspruchen, wenn sie rechtmäßig oder aufgrund einer ausländerrechtlichen Duldung ihren gewöhnlichen Aufenthalt im Land haben. Ein gewöhnlicher Aufenthalt liegt danach vor, wenn sich jemand an einem Ort unter solchen Umständen aufhält, die erkennen lassen, dass er an diesem Ort nicht nur vorübergehend verweilt. Strittig ist hier insbesondere, wann Asylbewerber ihren gewöhnlichen Aufenthalt im Sinne des § 30 Abs. 3 Satz 2 SGB I begründen. Nach einer Ansicht begründen Asylbewerber gar keinen gewöhnlichen Aufenthalt im Bundesgebiet, da ihr Aufenthalt per se unsicher sei. Nach anderer Ansicht sei ein gewöhnlicher Aufenthalt bei Asylbewerbern anzunehmen, solange ein Ende des Aufenthalts in Deutschland nicht abzusehen ist (vgl. § 6 Rn. 21, *Münder*, in: Frankfurter Kommentar zum SGB VIII, Kinder- und Jugendhilfe, 6. Auflage, 2009). Die Bundesregierung äußerte sich in der Antwort auf die kleine Anfrage der Grünen (Drs. 13/5876), dass ein Asylbewerber dann einen gewöhnlichen Aufenthalt begründe, wenn er nach der Wohnzeit in der Aufnahmeeinrichtung in die Gemeinschaftsunterkünfte verteilt wird.

Auch in Anbetracht des nach § 6 Abs. 4 SGB VIII i. V. m. dem MSA jedenfalls nach sechs Monaten eröffneten Anwendungsbereichs und der von der Bundesregierung geäußerten Meinung, vertritt das StMAS die Ansicht, dass mit der Verteilung in eine Gemeinschaftsunterkunft ein gewöhnlicher Aufenthalt begründet wird.

c)   Leistungsfähigkeit der Gemeinde

Abs. 1 Satz 2 musste in Konsequenz zur Streichung des Art. 7 Abs. 3 neu geregelt werden. Ein Anspruch des Trägers der öffentlichen Jugendhilfe besteht demnach nur noch, wenn dieser anstelle der eigentlich zur Förderung verpflichteten Gemeinde tritt, weil die Gemeinde nicht leistungsfähig ist.   **158**

Zur Leistungsfähigkeit einer Gemeinde führt das *Verwaltungsgericht Bayreuth* in seinem Urteil vom 1.3.2010 (B 3 E 10.21) Folgendes aus:

Eine Gemeinde verweigerte gegenüber einem kirchlichen Träger einer Kindertageseinrichtung die Zahlung der kindbezogenen Förderung und machte dabei mangelnde Leistungsfähigkeit geltend.

In seinem Urteil stellt das Gericht fest, dass der Begriff der mangelnden Leistungsfähigkeit als Ausnahme vom Regelfall eng auszulegen ist. Es existiert keine abstrakte, d. h. für alle Fallgestaltungen gültige Definition des Begriffs der Leistungsfähigkeit. Die Leistungsfähigkeit in Art. 18 Abs. 1 Satz 2 ist in gleicher Weise zu verstehen wie in Art. 57 GO. Mit dem Passus „in den Grenzen ihrer Leistungsfähigkeit" ist die verwaltungsmäßige und finanzielle Leistungskraft der Gemeinde gemeint. Der Begriff der Leistungsfähigkeit ist relativ und bezieht sich auf die Erfüllung bestimmter Aufgaben. So ist es möglich, dass eine Gemeinde ausreichend Mittel zur Verfügung hat, um ihre Pflichtaufgaben zu erfüllen, währenddessen die Mittel nicht ausreichen, freiwillige Aufgaben zu finanzieren und sie hierfür leistungsunfähig ist. Die Gemeinde hat dann zu beachten, dass die Erfüllung der in Art. 57 Abs. GO genannten Aufgaben Vorrang hat vor der Übernahme freiwilliger Leistungen.

Im Ergebnis lässt das Urteil den Schluss zu, dass sich eine Gemeinde kaum auf mangelnde Leistungsfähigkeit berufen kann, solange erforderliche Haushaltsmittel für die Förderung der Kindertagesbetreuung in ihren Haushalt eingestellt sind oder Haushaltsmittel zur Finanzierung freiwilliger Leistungen bereitgestellt wurden. Dies gilt auch dann, wenn sich nachträglich herausstellt, dass sich Einnahmen nicht in der geplanten Höhe realisieren lassen.

Zur Leistungsfähigkeit der Gemeinde (siehe hierzu auch Rn. 35 zu Art. 5).

d) Zusätzliche kommunale Leistungen

159   Abs. 1 Satz 3 stellt klar, dass die Ansprüche kommunaler Träger auf die kindbezogene Förderung begrenzt sind. Generell ist der gesetzliche Förderanspruch des BayKiBiG nicht als absolute Förderhöchstgrenze anzusehen. Es ist deshalb in der Mehrzahl der Gemeinden üblich, dass Träger von den Gemeinden über die gesetzliche Förderung hinaus zusätzliche Leistungen über den Abschluss von Kooperationsverträgen erhalten. Zu der umstrittenen Frage, ob die Träger **einen Anspruch** auf eine über die kindbezogene Förderung hinausgehende Finanzierungsbeteiligung durch die Gemeinde

und den Abschluss eines entsprechenden Defizitvertrages haben, s. Erl. Vor Art. 5 bis 8 Rn. 31.

Der Abschluss von Kooperationsvereinbarungen sollte mit der Zielsetzung verbunden werden, sowohl die Finanzierung der Einrichtungen als auch die Qualität abzusichern. Die Gemeinden sind gut beraten, konkrete Maßnahmen zur Qualitätsentwicklung von den Trägern einzufordern. Kooperationsvereinbarungen können wichtige Grundlage für die Umsetzung kommunaler Maßnahmen zur Planung und Steuerung der Kindertagesbetreuung vor Ort sein. Als Beispiel sei hier genannt:
– Festlegung einheitlicher Elternbeiträge im Gemeindegebiet und
– Steuerung der Belegung von Plätzen, insbesondere von Kindern unter drei Jahren.

e)   Antragsfrist

Die **Frist für die Antragstellung** nach Abs. 1 (30.4. des folgenden Jahres) ist **160** seit dem 1.1.2013 nicht mehr in Art 18 geregelt, sondern wurde in Art. 19 Nr. 6 verortet. Dadurch wird klargestellt, dass die fristgerechte Antragstellung Fördervoraussetzung ist und der Anspruch des Trägers bei Fristversäumnis erlischt.

f)   Zusammenfassung der Fördervoraussetzungen für einen Träger

In der Zusammenschau mit den Artikeln 19 und 22 ergeben sich als Voraussetzungen eines Förderanspruchs für den Träger von Kindertageseinrichtungen gegenüber einer bestimmten Gemeinde: **161**
– Die Einrichtung ist eine Kindertageseinrichtung, erfüllt also die Voraussetzungen von Art. 2.
– Ein Kind belegt einen Platz in seiner Kindertageseinrichtung; das bedeutet im Umkehrschluss: für einen **freien** Platz gibt es keine Förderung.
– Das Kind hat seinen gewöhnlichen Aufenthalt in der betreffenden Gemeinde.
– Die Kindertageseinrichtung erfüllt die Voraussetzungen des Art. 19.

2.   Förderanspruch der Gemeinden gegen den Freistaat (Abs. 2)

Abs. 2 regelt die Refinanzierung der Gemeinden beim Freistaat Bayern. Anspruchsberechtigt ist hier jeweils die den Träger **fördernde Gemeinde.** Dies **162** ist für den Regelfall die Aufenthaltsgemeinde, da diese (unter weiteren Voraussetzungen) zur Förderung verpflichtet ist. Zudem stellt Art. 21 Abs. 1 Satz 2 ausdrücklich klar, dass die staatliche Förderung für jedes Kind geleistet wird, dessen Bildung und Erziehung von der Gemeinde gefördert wird. Voraussetzung ist allerdings, dass die Kindertageseinrichtung die Anforderungen des Art. 19 erfüllt. Auch der Anspruch der Gemeinde gegen den Freistaat unterliegt einer **Ausschlussfrist** (30. Juni des folgenden Jahres).

Die jeweiligen Anspruchsberechtigten und -verpflichteten sind **für jedes einzelne betreute Kind gesondert zu klären**; es steht den Gemeinden aber frei, abweichende Vereinbarungen zu treffen.

Beispiele:

10 Kinder aus der Gemeinde A besuchen den Kindergarten X, 10 weitere Kinder den Kindergarten Y. Auch aus der Gemeinde B besuchen 10 Kinder den Kindergarten Y. Wenn alle Fördervoraussetzungen erfüllt sind, hat X einen Förderanspruch gegen A für 10 Kinder. Y hat einen Förderanspruch gegen A und B für jeweils 10 Kinder. A wiederum erhält für 10, B für 20 Kinder vom Freistaat Bayern staatliche Zuschüsse.

Aus der Gemeinde A gehen 37 Kinder in Kindergärten, die in der Gemeinde B gelegen sind. Aus der Gemeinde B gehen 32 Kinder in Kindergärten, die in der Gemeinde A gelegen sind. Um sich die Verwaltungsarbeit zu vereinfachen, vereinbaren die Gemeinden A und B vertraglich, dass jede von ihnen für die Kinder zahlt, die diejenigen Kindergärten besuchen, die auf dem eigenen Gemeindegebiet gelegen sind, wenn die Kinder aus A oder B kommen. Diese Vereinbarung geben sie den Trägern bekannt. A zahlt dann auch für die 32 Kinder aus B und kann diese auch gegenüber dem Freistaat abrechnen, B wiederum zahlt für die 37 Kinder aus A und erhält für diese die staatlichen Zuschüsse.

163 Mit Wirkung ab dem 1.1.2013 haben die Gemeinden auch einen direkten Förderanspruch gegenüber dem Freistaat für Großtagespflegestellen im Sinne des Art. 20a. Es handelt sich hierbei um die staatliche Finanzierungsbeteiligung für eine neue Angebotsform, für die in Art. 20a eigene Fördervoraussetzungen formuliert sind. Mit der Regelung sollten Anreize für die Errichtung und den Erhalt von Großtagespflegestellen geschaffen werden, die sich etabliert haben und die Betreuungslandschaft vor allem durch die hohe Flexibilität bereichern. Wählt eine Gemeinde den Weg der direkten „einrichtungsähnlichen Förderung" einer Großtagespflegestelle, geht der staatliche Förderanspruch vom Träger der öffentlichen Jugendhilfe (vgl. Art. 18 Abs. 3) auf die Gemeinde über. Bei „einrichtungsähnlichen" Großtagespflegestellen leistet der Träger der öffentlichen Jugendhilfe an die in der Großtagespflegestelle tätigen Tagespflegepersonen die Leistungen nach § 23 SGB VIII.

3. Förderanspruch des örtlichen Trägers der öffentlichen Jugendhilfe

Der Anspruch des Trägers der öffentlichen Jugendhilfe aufgrund der Be-   **164**
darfsanerkennung von Plätzen in einer Einrichtung war durch den Wegfall des Art. 7 Abs. 3 zu streichen. Es bleibt dem Landkreis jedoch unbenommen, sich an der Finanzierung insbesondere bei Einrichtungen mit überörtlichem Einzugsbereich zu beteiligen. Die Finanzierungsbeteiligung kann durch Übernahme der Kosten für die kindbezogene Förderung geschehen. Aus verwaltungsökonomischen Gründen wird empfohlen, dass die Sitzgemeinde der betreffenden Einrichtung das Förderverfahren abwickelt und der Landkreis den kommunalen Förderanteil für die betreffenden Plätze an die Sitzgemeinde erstattet. Die Modalitäten für die Erstattung sollten in einer Vereinbarung zwischen Landkreis und Sitzgemeinde festgelegt werden.
Der **Refinanzierungsanspruch für den örtlichen Träger der öffentlichen Jugendhilfe** in Abs. 3. knüpft deswegen an die **zwei Fälle** an, in denen der örtliche Träger der öffentlichen Jugendhilfe aufgrund des BayKiBiG eine Förderleistung erbringt:
– Art. 18 Abs. 3 i. V.m. Abs. 1 Satz 2 Alt. 2:
   Förderung von Trägern von Kindertageseinrichtungen, weil die **Gemeinde leistungsunfähig** ist
– Art. 18 Abs. 3:
   Förderung der Tagespflegeangebote

Die **Tagespflegepersonen haben** – anders als die Träger von Kindertageseinrichtungen – **keinen Förderanspruch nach dem BayKiBiG**. Ihre Rechte richten sich nach dem SGB VIII: Nach §§ 23 Abs. 1, 24 Abs. 5 SGB VIII haben geeignete Tagespflegepersonen gegen den örtlichen Träger der öffentlichen Jugendhilfe einen Anspruch auf die laufende Geldleistung nach § 23 Abs. 1 SGB VIII, wenn ihnen Kinder der nach § 24 Abs. 3 SGB VIII bevorzugten Personengruppe vermittelt werden (näher hierzu Erl. zu Art. 2 Rn. 17 ff.).

165 Die Förderbeziehungen lassen sich daher wie folgt skizzieren:

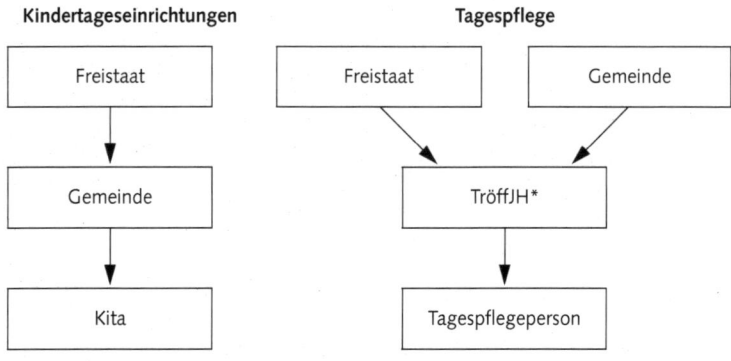

Kindertageseinrichtungen   Tagespflege

| Freistaat | Freistaat | Gemeinde |

| Gemeinde | TröffJH* |

| Kita | Tagespflegeperson |

* örtlicher Träger der öffentlichen Jugendhilfe

Auch für die Ansprüche der Träger der öffentlichen Jugendhilfe gilt entsprechend wie bei den Gemeinden eine materielle Ausschlussfrist für die Antragstellung der kindbezogenen Förderung (30.6. des folgenden Kalenderjahres).

Art. 19
Fördervoraussetzungen für Kindertageseinrichtungen

Der Förderanspruch in Bezug auf Kindertageseinrichtungen (Art. 18 Abs. 1 bis 3 Satz 1 Alternative 2) setzt voraus, dass der Träger

1. eine Betriebserlaubnis nachweisen kann,
2. geeignete Qualitätssicherungsmaßnahmen durchführt, d.h. die pädagogische Konzeption der Kindertageseinrichtung in geeigneter Weise veröffentlicht sowie eine Elternbefragung oder sonstige, gleichermaßen geeignete Maßnahme der Qualitätssicherung jährlich durchführt,
3. die Grundsätze der Bildungs- und Erziehungsarbeit und die Bildungs- und Erziehungsziele (Art. 13) seiner eigenen träger- und einrichtungsbezogenen pädagogischen Konzeption zugrunde legt,
4. die Einrichtung an mindestens vier Tagen und mindestens 20 Stunden die Woche öffnet,
5. die Elternbeiträge entsprechend den Buchungszeiten nach Art. 21 Abs. 4 Satz 6 staffelt, diese für Kinder ab dem vollendeten dritten Lebensjahr bis zur Einschulung nicht nach Alter oder Dauer der Einrichtungszugehörigkeit differenziert festsetzt und sie für Kinder im Kin-

dergartenjahr im Sinn des Art. 23 Abs. 3 Satz 1 in Höhe des staatlichen Zuschusses ermäßigt,

6. den vollständigen Förderantrag bis spätestens 30. April des auf den Bewilligungszeitraum (Art. 26 Abs. 1 Satz 3) folgenden Jahres stellt,

7. die Aufnahme eines Kindes mit gewöhnlichem Aufenthalt außerhalb der Sitzgemeinde der Einrichtung binnen drei Kalendermonaten der Aufenthaltsgemeinde oder in den Fällen des Art. 18 Abs. 1 Satz 2 dem örtlich zuständigen Träger der öffentlichen Jugendhilfe in Textform anzeigt,

8. die aktuellen Daten für die kindbezogene Förderung unter Verwendung des vom Freistaat kostenlos zur Verfügung gestellten Computerprogramms jeweils zum 15. Januar, 15. April, 15. Juli und 15. Oktober jeden Jahres an das zuständige Rechenzentrum meldet und

9. auf die Förderung nach diesem Gesetz durch Aushang an geeigneter Stelle hinweist und

10. die Vorschriften dieses Gesetzes und die aufgrund dieses Gesetzes erlassenen Rechtsvorschriften beachtet.

Inhaltsübersicht   Rn.

Anmerkungen

1. Anwendungsbereich

166 Art. 19 bestimmt jeweils die Voraussetzungen, die eine Kindertageseinrichtung erfüllen muss, damit in ihr belegte Plätze einen Förderanspruch auslösen können. Die Anforderungen gelten
- für den Förderanspruch des Trägers gegenüber der Gemeinde,
- für den (subsidiären) Förderanspruch des Trägers gegenüber dem örtlichen Träger der öffentliche Jugendhilfe,
- für den Förderanspruch der Gemeinde gegenüber dem Freistaat und
- für den Förderanspruch des örtlichen Trägers der öffentlichen Jugendhilfe gegenüber dem Freistaat.

Zu den einzelnen Förderansprüchen s. näher die Erl. zu Art. 18.

2. Betriebserlaubnis (Nr. 1)

167 Eine Betriebserlaubnis erhält ein Träger einer Kindertageseinrichtung auf seinen Antrag hin, wenn die Voraussetzungen des § 45 SGB VIII (ggf. i. V. m. Art. 9) erfüllt sind; näher hierzu s. Erl. zu Art. 9.

Folgen des Überschreitens der in der Betriebserlaubnis genehmigten Platzzahl:

Die in der Betriebserlaubnis festgelegte höchst zulässige Platzzahl stellt die Grenze dar, die der Träger einhalten muss, um eine Kindeswohlgefährdung auszuschließen.

> Beispiel:
> Hat eine Einrichtung eine Betriebserlaubnis für maximal 50 Plätze anerkannt, so bedeutet dies, dass in der Einrichtung zeitgleich nie mehr als 50 Kinder anwesend sein dürfen.

Nimmt der Träger mehr Kinder als genehmigt auf bzw. besuchen mehr Kinder zeitgleich die Einrichtung, als Plätze in der Betriebserlaubnis genehmigt sind, liegt ein Verstoß gegen die Betriebserlaubnis vor. Dies gilt auch, wenn die Überschreitung nur für einen Teil eines Tages besteht. § 45 SGB VIII regelt, dass die Erlaubnis zurückzunehmen oder zu widerrufen ist, wenn durch die Überschreitung der Platzzahl eine Kindeswohlgefährdung eintritt. Im Rahmen der Verhältnismäßigkeit wäre durch die Bewilligungsbehörden zu prüfen, ob und ggf. in welchem Umfang von der Höchstzahl, zumindest zeitweise, abgewichen werden kann. Die Erlaubnis für das Überschreiten der Höchstzahl ist vorab vom Träger bei der Aufsichtsbehörde einzuholen.

Wurde eine Betriebserlaubnis zurückgenommen, entfällt der Förderanspruch mit Wirkung des Kalendermonats, in dem die Betriebserlaubnis zurückgenommen wurde (vgl. § 20 Abs. 1 AVBayKiBiG).

Stellt sich im Nachhinein heraus, dass die Höchstplatzzahl für einen vorübergehenden Zeitraum überschritten wurde, kommt eine Zurücknahme der Betriebserlaubnis dann nicht mehr in Betracht, wenn für die Zukunft eine Kindeswohlgefährdung ausgeschlossen ist.

Sollte der Träger das Überschreiten der Höchstplatzzahl nicht unverzüglich gemeldet haben, liegt eine Ordnungswidrigkeit im Sinne des § 104 SGB VIII vor. In diesem Fall kann sich der Träger nicht auf die vorhandene Betriebserlaubnis berufen und verliert damit für die Monate des Überschreitens der Platzzahl den Förderanspruch.

Es widerspricht der Einheit der Rechtsordnung, wenn der Tatbestand einer Ordnungswidrigkeit gegeben ist, der Träger aber gleichzeitig eine staatliche Betriebskostenförderung erhalten würde.

3. Qualitätssicherungsmaßnahmen (Nr. 2)

Der Träger muss zwei Qualitätssicherungsmaßnahmen durchführen: **168**

Erstens muss der Träger zwingend seine **pädagogische Konzeption veröffentlichen**. Adressaten der Veröffentlichung der pädagogischen Konzeption sind vor allem die Eltern. Dies stellt eine **mittelbare Qualitätssicherungsmaßnahme** dar, weil nicht direkt Aspekte guter pädagogischer Arbeit vorgegeben werden, sondern über Information der Eltern diese als aktive Partner des Bildungs- und Erziehungsgeschehens eingebunden werden und insofern als zusätzlicher Motor für die Weiterentwicklung der Qualität einer Kindertageseinrichtung wirken können. Die Art der Veröffentlichung ist gesetzlich nicht vorgegeben; sie ist aber nur dann eine geeignete Qualitätssicherungsmaßnahme, wenn die Eltern von der pädagogischen Konzeption auch wirklich Kenntnis nehmen können. Die **Veröffentlichung im Internet** ist daher eine sehr gute Möglichkeit, insbesondere auch um die notwendige Selbstdarstellung der Kindertageseinrichtung zu unterstützen. Als alleiniger Veröffentlichungsweg ist sie aber nicht ausreichend, da nicht alle Eltern über Internetzugang verfügen. Zusätzlich oder auch als alleinige Form der Veröffentlichung ist die Konzeption daher in der Einrichtung an für alle Eltern zugänglicher Stelle auszulegen.

169 Zweitens muss der Träger eine **weitere Qualitätssicherungsmaßnahme** durchführen und zwar jährlich. Geeignet ist die vom Gesetz beispielhaft aufgeführte **Elternbefragung.** Diese Elternbefragung des Trägers darf nicht mit der Elternbefragung durch die Gemeinde oder den örtlichen Träger der öffentlichen Jugendhilfe verwechselt werden. Während Letztere einrichtungsübergreifend dazu dient, die Bedürfnisse der Eltern herauszufinden, dient die Befragung des Trägers einer Kindertageseinrichtung dazu, die Zufriedenheit der Eltern mit seiner Einrichtung zu eruieren. Geeignet als **Qualitätssicherungsmaßnahme** sind dabei nur Elternbefragungen, die möglichst alle Aspekte der Qualität einer Kindertageseinrichtung erfassen: Angefangen von der Zufriedenheit mit den äußeren Begebenheiten, wie z. B. den Elternbeiträgen, den Öffnungszeiten und der Ausstattung bis hin zur konkreten pädagogischen Arbeit. Das BayKiBiG lässt dem Träger die Wahl, ob er jährlich eine Elternbefragung oder eine gleichermaßen geeignete Qualitätssicherungsmaßnahme durchführen möchte. Damit sie gleichermaßen geeignet ist, muss diese Maßnahme genauso breit angelegt sein wie die Elternbefragung. In Frage kommt z. B. eine Evaluation durch externe Berater.

4. Bildungs- und Erziehungsziele (Nr. 3)

170 Gesetzliche Förderansprüche sollen nur Kindertageseinrichtungen erhalten, die pädagogisch auf hohem Niveau arbeiten. Das BayKiBiG setzt zur Erreichung dieses Ziels nicht auf eine Vielzahl struktureller Vorgaben, sondern belässt den Trägern von Kindertageseinrichtungen alle **organisatorischen und methodischen Freiheiten.** Vorgegeben werden (neben personellen Anforderungen) lediglich die zu erreichenden pädagogischen Ziele. Diese sind näher in Art. 13 und in den §§ 1–14 AVBayKiBiG bestimmt (vgl. Erl. hierzu). Nr. 3 bestimmt als **Fördervoraussetzung,** dass diese Bildungs- und Erziehungsziele der pädagogischen Konzeption zugrunde gelegt werden müssen. Damit ist nicht gemeint, dass es ausreichen würde, die Ziele in die pädagogische Konzeption zu schreiben, die reale Umsetzung hingegen irrelevant wäre. Fördervoraussetzung ist die praktische Arbeit nach den Bildungs- und Erziehungszielen des BayKiBiG. Der Hinweis auf die notwendige Zugrundelegung in der pädagogischen Konzeption macht vielmehr darauf aufmerksam, dass die abstrakten Bildungs- und Erziehungsziele übersetzt werden müssen in die konkrete pädagogische Arbeit und dass sie an die besondere Eigenart einer jeweiligen Einrichtung angepasst, z. B. Schwerpunkte gesetzt werden müssen.

Weil sich die Fördervoraussetzung nach Nr. 3 somit gerade nicht auf die bloße schriftliche Wiedergabe der Bildungs- und Erziehungsziele erschöpft, kann die Bewilligungsbehörde zur Überprüfung neben der Vorlage der pädagogischen Konzeption auch verlangen, dass das pädagogische Personal darlegt, mit welchen Projekten oder sonstigen Arrangements bestimmte Bildungs- und Erziehungsbereiche abgedeckt wurden. Eine solche Darlegung fällt dem pädagogischen Personal leichter, wenn es seine pädagogische Arbeit dokumentiert.

5. Mindestöffnungszeit (Nr. 4)

In Nr. 4 ist die Fördervoraussetzung der Mindestöffnungszeit enthalten. Die **171**
Mindestöffnungszeit soll sicherstellen, dass die geförderte Kindertageseinrichtung zumindest Teilzeittätigkeiten der Eltern bzw. eines Elternteils ermöglicht. Gemäß Art. 2 Abs. 2 muss die Mehrzahl der Kinder die Einrichtung mindestens 20 Stunden pro Woche besuchen, ansonten liegt gar keine Kindertageseinrichtung im Sinne des BayKiBiG vor, so dass sich bei einer Öffnungszeit von weniger als 20 Stunden die Frage nach der Förderfähigkeit erst gar nicht stellt. In jedem Fall hat die Vier-Tages-Regel einen eigenen Bedeutungsgehalt:

Beispiele:
- Der „Kindergarten" A hat an fünf Tagen und insgesamt 15 Stunden die Woche geöffnet. Hier kann die Mehrheit der Kinder mangels Öffnungszeit keine 20 Stunden den „Kindergarten" A besuchen. A ist daher kein Kindergarten im Sinne des BayKiBiG und hat schon aus diesem Grund keinen Förderanspruch.
- Der Kindergarten B hat an drei Tagen und insgesamt 21 Stunden geöffnet; 60 % der Kinder nutzen die volle Öffnungszeit. Hier liegt eine Kindertageseinrichtung im Sinne des Art. 2 Abs. 2 vor. B ist aber mangels Öffnung an mindestens 4 Tagen nicht förderfähig.

6. Elternbeitragsstaffelung (Nr. 5)

a) Staffelung der Elternbeiträge

Voraussetzung für die Förderung ist ferner, dass die **Elternbeiträge entspre-** **172**
chend der Buchungszeiten gem. Art. 21 Abs. 4 Satz 6 gestaffelt sind. Diese Vorschrift soll die Fördereffizienz der kindbezogenen Förderung sichern. Bei der kindbezogenen Förderung bekommt ein Träger mehr Fördergelder, je länger die Kinder die Kindertageseinrichtung besuchen. Denn umso län-

ger die Kinder die Tageseinrichtung besuchen, desto länger benötigt der Träger das pädagogische Personal. Dies wirkt sich folglich auch auf die Höhe der Betriebskosten aus. Angesichts des Gebots, Steuermittel möglichst effizient einzusetzen, muss vermieden werden, dass der Freistaat Bayern und die Gemeinden Öffnungszeiten der Kindertageseinrichtungen fördern, die gar nicht von den Eltern genutzt werden. Dieses Ziel wird durch die kindbezogene Förderung erreicht, wenn die Eltern die Zeiten buchen, die sie auch nutzen möchten. Um zu gewährleisten, dass Eltern nur die Zeiten buchen, die sie auch tatsächlich in Anspruch nehmen und sog. **Luftbuchungen** zu verhindern, schreibt Nr. 5 vor, dass die Elternbeiträge entsprechend der Buchungszeit zu staffeln sind. So besteht ein finanzieller Anreiz für die Eltern, nur das benötigte Zeitkontingent zu buchen.

Hinweis:
Seit der Novellierung des § 90 Abs. 1 SGB VIII durch das KiFöG mit Wirkung zum 16.12.2008 sieht das Bundesrecht zwingend eine Staffelung der Elternbeiträge bei Kindertageseinrichtungen und bei Tagespflege vor, wenn Landesrecht nicht die Staffelung explizit ausschließt. Nachdem § 90 Abs. 1 Satz 3 SGB VIII als mögliche Kriterien für die Staffelung neben dem Einkommen insbesondere auch die tägliche Betreuungszeit vorsieht, ändert sich die Rechtslage nicht: Die nach dem BayKiBiG erforderliche Staffelung nach den Buchungszeiten ist ausreichend; eine soziale Staffelung wie z. B. eine Geschwisterermäßigung oder gar Befreiung steht weiter im Belieben des Trägers.

Der Verweis auf die Buchungszeiten nach Art. 21 Abs. 4 Satz 6 führt zu den sog. Buchungszeitfaktoren, die in § 19 AVBayKiBiG festgelegt werden. Der Verweis bedeutet daher nichts anderes, als dass **für jede Buchungszeitkategorie ein eigener Elternbeitrag** festzulegen ist. Die Buchungszeitkategorien stellen auf Stundenzeiträume ab (z. B. über drei bis vier Stunden pro Tag, über vier bis fünf Stunden pro Tag usw.). Auch die Elternbeiträge sind daher (mindestens) stundenweise zu steigern. Nach Nr. 5 ist eine *entsprechende* Staffelung erforderlich. Hierzu wird in der Gesetzesbegründung ausgeführt: „Entsprechend den Buchungszeiten gestaffelt heißt zum einen, dass jeder Stundenkategorie, für die nach Art. 21 Abs. 4 Satz 6 ein eigener Buchungszeitfaktor festgelegt wird, auch ein eigener Elternbeitrag entspricht (2. Halbsatz). Zum anderen ist erforderlich, dass für **die jeweils höhere Stundenkategorie ein deutlich höherer Elternbeitrag** zu entrichten ist als für die niedrigere Stufe. Eine linear-proportionale Staffelung ist damit nicht zwingend vorgegeben. Soziale Staffelungen des Elternbeitrags im Rahmen der buchungszeitbezogenen Staffelung sind möglich". Entsprechend bedeutet aufgrund der Zielsetzung in jedem Fall, dass die Steigerungen von

Buchungszeitkategorie zu Buchungszeitkategorie so spürbar sein müssen, dass sich die Eltern durch die Steigerungshöhe zu einer ihrem Bedarf entsprechenden Buchung leiten lassen. **Das StMAS** hat für die Steigerung eine **Empfehlung** herausgegeben. Danach sollte der Elternbeitrag von Buchungszeitkategorie zu Buchungszeitkategorie um **mindestens 10 Prozent beginnend mit der Zeitkategorie > 3 h bis 4 h bzw. > 4 h bis 5 h, sofern der Träger eine vierstündige tägliche Kernzeit festgelegt hat** (vgl. **Art. 21 Abs. 4 Satz 5**), steigen. Wenn sich danach ein Steigerungsbetrag von weniger als fünf Euro ergibt, so sollte **zumindest um fünf Euro** gesteigert werden.

> Beispiele:
> Ein Träger möchte als Elternbeitrag für die Buchungszeitkategorie „über drei bis vier Stunden" 70 Euro festsetzen. Dann sollte für „über vier bis fünf Stunden" ein Elternbeitrag in Höhe von 77 Euro, für „über fünf bis sechs Stunden" ein Elternbeitrag in Höhe von 84 Euro usw. festgelegt werden.
> Ein anderer Träger möchte als Elternbeitrag für die Buchungszeitkategorie „über drei bis vier Stunden" 40 Euro festsetzen. Dann entsprächen 10 Prozent davon 4 Euro, so dass dieser Träger dann in Schritten von 5 Euro steigern sollte, also für „über vier bis fünf Stunden" 45 Euro, für „über fünf bis sechs Stunden" 50 Euro usw.

Hält sich die konkrete Elternbeitragsstaffelung an diese Empfehlung, ist keine Überprüfung der Buchungszeiten angezeigt, sofern der Träger ordnungsgemäße Buchungsbelege für jedes Kind vorweisen kann; wird hingegen von der Empfehlung abgewichen, so müssen die Bewilligungsbehörden überprüfen, ob es sich noch um eine den Buchungszeiten entsprechende Staffelung handelt. So kann regional trotz Unterschreiten der o. g. Empfehlung eine Elternbeitragsstaffelung vorliegen, die ihre Funktion – nämlich die Eltern zu einer ihrem Nutzungsverhalten entsprechenden Buchung zu veranlassen – erfüllt. Ein Träger, der von der Empfehlung abweichen möchte, sollte dies daher vorher mit seiner Bewilligungsbehörde besprechen.

Elternbeitragsstaffelung bei Platzsharing

Bei Platzsharing, d. h. ein Platz wird von mindestens zwei Kindern belegt, **173** sind zwei unterschiedliche Modelle der Beitragsstaffelung möglich:

> Beispiel:
> In der Einrichtung ist folgende Gebührenstaffelung festgelegt:

> 1 h bis 2 h	> 2 h bis 3 h	> 3 h bis 4 h	> 4 h bis 5 h	> 5 h bis 6 h
45 €	50 €	55 €	60 €	65 €

Buchung: Montag bis Mittwoch jeweils täglich bis zu 5 Stunden
Beitrag nach Variante 1:
Umfang der Betreuung wöchentlich bis zu 15 Stunden, dies entspricht der
Buchungskategorie > 2 h bis 3 h,   **der Beitrag beläuft sich auf 50 €.**
Beitrag nach Variante 2:
Grundlage ist Zeitkategorie > 4 h bis 5 h; nachdem nur drei Tage pro Woche
gebucht sind, wird der Beitrag für diese Kategorie nur anteilig berechnet:
3/5 von 60 € (= Beitrag der Kategorie > 4 h bis 5 h),   **Beitrag demnach 36 €.**
Beide Varianten stehen grundsätzlich der Voraussetzung des Art. 19 Nr. 4 nicht
entgegen. Variante 1 führt allerdings zu höheren Elternbeitragseinnahmen, die
sich nicht allein aufgrund des Verwaltungsmehraufwands begründen lassen. Dies
könnte Träger verleiten, möglichst auf Platzteilungen zu setzen, was qualitativ
aufgrund der höheren Zahl der Kinder zu Abstrichen führt. Auch der Träger der
öffentlichen Jugendhilfe könnte bei einer notwendigen Übernahme der Elternbeiträge gemäß § 90 SGB VIII auf die höheren Einnahmen bei Platzteilungen
hinweisen und ggf. Kürzungen vornehmen. **Aus diesem Grund ist Variante 2 zu
favorisieren**, vorausgesetzt, die Steuerungsfunktion der Elternbeitragsstaffelung
ist durch ausreichende Staffelungsschritte gewährleistet.

b)   Gebührenfreie Einrichtungen

174   Einen Sonderfall stellt es dar, wenn ein Träger **bestimmte Angebote** oder sogar den gesamten Kindergartenbesuch **kostenlos anbieten möchte.** Das kostenfreie Betreuungsangebot ist unter den Voraussetzungen des vom StMAS
veröffentlichten 58. Newsletter förderunschädlich möglich.

Kostenfreiheit nur für kommunale Einrichtungen

Soweit ein Beschluss der Gemeinde generell den Kindergartenbesuch betrifft, die Gemeinde somit im Rahmen des Sicherstellungsgebots (Art. 5)
handelt, muss die Gemeinde den Gleichbehandlungsgrundsatz beachten
und alle Betreuungsverhältnisse bei gleichem Sachverhalt gleich behandeln. Führt eine Gemeinde Kostenfreiheit für alle Kinder ein, muss sie auch
die Kosten bei allen freigemeinnützigen und sonstigen Trägern übernehmen.

Regelt die Gemeinde die Elternbeiträge für ihre eigenen Einrichtungen,
handelt sie als Träger. In diesem Rahmen kann die Gemeinde ihre Elternbeiträge – wie jeder andere Träger auch – selbst festlegen (Bestimmungen
des Kommunalabgabengesetzes sind zu beachten). Die gemeindliche Ver-
waltungstätigkeit muss mit der Verfassung und den Gesetzen im Einklang
stehen (Art. 56 BayGO). Insbesondere hat die Gemeinde den Subsidiaritätsgrundsatz und die unternehmerische Freiheit sonstiger Anbieter zu

beachten. Rechtliche Bedenken bestünden beispielsweise dann, wenn das kostenfreie kommunale Angebot zu einer Abwanderung von Eltern bzw. deren Kindern führt und dies ursächlich für eine Schieflage der Finanzierung der Einrichtungen der anderen Träger wäre. In diesem Zusammenhang kann von Bedeutung sein, ob die Gemeinde mit den betreffenden Trägern eine Defizitvereinbarung geschlossen hat.

Im Einzelfall wäre demnach zu prüfen, ob mit der kommunalen Entscheidung in die Rechte der anderen Träger eingegriffen wird.

Exkurs: Übernahme der Kinderbetreuungskosten durch die öffentliche Hand:

Für zwei Gruppen von Eltern werden die Kinderbetreuungskosten (ganz oder teilweise) von der öffentlichen Hand übernommen: Ist die Kinderbetreuung zur Eingliederung in den Arbeitsmarkt eines erwerbsfähigen Hilfebedürftigen erforderlich, kommt nach § 16a Nr. 1 SGB II die Übernahme der Elterngebühren durch die Kommune in Betracht. Voraussetzung ist, dass durch die Kinderbetreuung ein Vermittlungshindernis beseitigt wird. Ferner sind nach § 16a Nr. 1 SGB II die Kinderbetreuungskosten von der Kommune zu leisten, wenn die Kinderbetreuung erforderlich ist, um eine zumutbare vermittelte Arbeit aufzunehmen oder weiterhin auszuüben und das erzielte Einkommen nicht zur Finanzierung des Lebensunterhaltes und der Kinderbetreuungskosten ausreicht; zu den Einzelheiten und weiteren Fallgruppen s. näher AMS vom 5.7.2007 (Az. I 3/2337-5/08). Ist die Kinderbetreuung nicht für die Eingliederung in den Arbeitsmarkt erforderlich, kommt nur eine (teilweise) Übernahme der Elternbeiträge durch die wirtschaftliche Jugendhilfe nach § 90 Abs. 3 SGB VIII in Betracht. Voraussetzung ist hier, dass den Eltern die Kostentragung finanziell nicht zumutbar ist.

c) Keine Differenzierung der Beiträge für Kinder von drei Jahren bis zur Einschulung

Neben dem Erfordernis einer Staffelung der Elternbeiträge ist bei der Festsetzung der Beiträge noch Folgendes zu beachten. Die Beiträge für die Kinder im Alter von drei Jahren bis zur Einschulung dürfen der Höhe nach nicht differenziert werden. Außerdem gilt für die Träger die Verpflichtung, die Beiträge für die Vorschulkinder im Sinne des Art. 23 Abs. 3 entsprechend der Höhe des staatlichen Zuschusses (ab 1.9.2012 50 Euro mtl.; ab 1.9.2013 100 Euro mtl.) zu senken.

175

Mit der Regelung will der Gesetzgeber sicherstellen, dass die mit dem Zuschuss zum Elternbeitrag (vgl. Art. 23 Abs. 3) beabsichtigte Entlastung der Eltern tatsächlich bei den Eltern ankommt. Deshalb müssen die Beiträge für alle Kinder ab dem dritten Lebensjahr bis zur Einschulung in einheitlicher Höhe ausgewiesen werden. Eine einseitige Erhöhung der Beiträge für Vorschulkinder ist nicht zulässig.

Ausnahme:

In vielen Einrichtungen ist die differenzierte Festlegung von Elternbeiträgen für die verschiedenen Altersgruppen aufgrund des unterschiedlichen Betreuungsaufwands üblich. Dies gilt vor allem für Kinder unter drei Jahren. Gemäß Art. 19 Nr. 5 muss der höhere Beitrag für unter Dreijährige mit dem Kalendermonat der Vollendung des dritten Lebensjahres entsprechend angepasst werden. Wird der höhere Beitrag für die Altersgruppe U3 bis zum Ende des Kindergartenjahres (31.8.) verlangt, stellt dies dann keinen Verstoß gegen Art. 19 Abs. 5 dar, solange die Kinder auch nach Vollendung des dritten Lebensjahres bis zum Ende des laufenden Kindergartenjahrs mit Gewichtungsfaktor 2,0 gefördert werden (vgl. Art. 21 Abs. 5 Satz 6)

d) Ermäßigung der Beiträge für Vorschulkinder in Höhe des Beitragszuschusses

176 Die Höhe und das Verfahren zum Elternbeitragszuschuss sind in § 21 AV-BayKiBiG geregelt. Durch die Verpflichtung zur Senkung des Elternbeitrags für die in Art. 23 Abs. 3 genannten Kinder erübrigt sich eine Antragstellung der Eltern. Ein Verzicht des Trägers auf den Elternbeitragszuschuss einhergehend mit der Weigerung zur Beitragssenkung hat den Verlust des Anspruchs auf die kindbezogene Förderung zur Folge.

Erhebt ein Träger die Beiträge nur für 11 Kalendermonate, ist die jährliche Beitragsentlastung für die Eltern in voller Höhe auf die elf Monate umzulegen

> Beispiel:
> Der Elternbeitragszuschuss beträgt 100 Euro monatlich. Der Träger senkt seine Beiträge im maßgeblichen Betreuungsjahr um 1.200 Euro. Der Elternbeitrag des Trägers ist auf 125 Euro festgelegt und wird 11 Monate eingezogen. Die Eltern müssen in Höhe von 1.200 Euro pro Jahr entlastet werden. Der Träger senkt den Beitrag dementsprechend auf 15,90 Euro monatlich. Dies bedeutet eine Entlastung für die Eltern für 11 Monate zu je 109,10 Euro.

7. Antragsfrist (Nr. 6)

177 Die Regelung enthält die bis zum 31.12.2012 in Art. 18 Abs. 1 geregelte Antragsfrist für Träger von Kindertageseinrichtungen, die den Antrag schriftlich (vgl. Art. 26) bis zum 30.4. des auf das Ende des Kindergartenjahres folgenden Kalenderjahr bei der Aufenthaltsgemeinde stellen müssen. Mit der Verortung in Art. 19 Nr. 6 soll der Charakter der Frist als materiell-rechtliche Ausschlussfrist deutlich zum Ausdruck kommen. Eine Fristversäumnis führt wie bisher dazu, dass eine Fördervoraussetzung nicht gegeben ist und daher der gesetzliche Förderanspruch des Trägers entfällt.

Mit der Umstellung des Bewilligungszeitraums vom Kindergartenjahr auf das Kalenderjahr zum 1.1.2015 wird die Antragsfrist um vier Monate verkürzt. Der Bewilligungszeitraum endet mit Ablauf des 31.12. Der Träger hat bis zum 30.4. Zeit, seinen Antrag schriftlich bei der Aufenthaltsgemeinde einzureichen.

8.   Mitteilungspflicht bei Gastkindern (Nr. 7)

Seit dem 1.1.2013 gilt für die Träger die Verpflichtung, bei Aufnahme von **178** sog. Gastkindern, d. h. Kinder mit gewöhnlichem Aufenthalt außerhalb der Sitzgemeinde der Einrichtung, dies der Aufenthaltsgemeinde des Kindes binnen drei Kalendermonaten nach Aufnahme des Kindes mitzuteilen. Um für Rechtsklarheit zu sorgen, muss die Mitteilung des Trägers an die Gemeinde in Textform erfolgen. Für das Erfordernis der Textform genügt eine einfache E-Mail an die Gemeinde. Ein formelles Schreiben des Trägers mit Unterschrift ist nicht erforderlich. Eine telefonische oder nur mündliche Benachrichtigung seitens des Trägers bei der betreffenden Gemeinde ist nicht ausreichend.

Die 3-Monats-Frist beginnt mit der tatsächlichen Aufnahme des Kindes, also dem ersten Besuchstag des Kindes in der Einrichtung. Versäumt der Träger die Mitteilung an die Gemeinde, verliert er für dieses Kind den Anspruch auf Förderung.

⌐ Beispiel:
Aufnahme eines Kindes am 15.1.2013. Der Träger hat spätestens bis zum 30.4. der Gemeinde die Aufnahme mitzuteilen. Erfolgt die Mitteilung erst im Mai, verliert der Träger den Anspruch auf die kindbezogene Förderung für Januar 2013.

9.   Aktualisierung der Daten in KiBiG.web (Nr. 8)

Zur Verbesserung der Planungssicherheit sind die Träger verpflichtet, die **179** für die Ermittlung der kindbezogenen Förderung erforderlichen relevanten Daten jeweils vierteljährlich zum 15. Januar, 15. April, 15. Juli und 15. Oktober im onlinegestützten Abrechnungsverfahren „KiBiG.web" zu aktualisieren. Dabei handelt es sich um die Daten, die im Bereich Ist-Monatsdaten „Kinder" und „Personal" erfasst werden. § 19 Abs. 3 AVBayKiBiG regelt, dass die „Personaldaten" auch die Erfassung der Abwesenheitszeiten des pädagogischen Personals umfasst.

Die Meldung an das Rechenzentrum erfolgt automatisch mit der Speicherung der Daten in KiBiG.web.

10. Hinweis auf Förderung nach BayKiBiG (Nr. 9)

180 Zur deutlichen Abgrenzung zwischen Einrichtungen, die nach BayKiBiG gefördert werden und jenen, die keine Förderung nach dem BayKiBiG erhalten, ist in den Einrichtungen an geeigneter Stelle auf die Förderung nach dem BayKiBiG hinzuweisen. Dies gilt sowohl für die Betriebskosten- als auch die Investitionskostenförderung. Durch den Hinweis können Eltern ohne Weiteres erkennen, dass eine Einrichtung nach dem BayKiBiG gefördert wird und deshalb eine hochwertige Bildung, Erziehung und Betreuung nach den Grundsätzen der Bayerischen Bildungs- und Erziehungsplans gewährleistet ist.

11. Weitere Gesetzesvorschriften (Nr. 10)

181 Zu den weiteren Vorschriften des Gesetzes, die ein Träger als Fördervoraussetzung zu beachten hat, gehört, dass er seine Einrichtung im Rahmen des Möglichen auch **für Kinder mit Behinderung öffnet** (Art. 11) sowie, dass er **Kindern mit besonderem Sprachförderbedarf gerecht wird** (Art. 12). Letztere Aufgabe delegiert der Träger gewöhnlich an die pädagogischen Kräfte, insbesondere an die Leiterin der Kindertageseinrichtung. Zudem werden die Vorschriften der Ausführungsverordnung (v. a. die Einhaltung der Bildungs- und Erziehungsziele sowie die Einhaltung des **Mindestanstellungsschlüssels** nach § 17 AVBayKiBiG) zu Fördervoraussetzungen.

Art. 20
Fördervoraussetzungen für die Tagespflege

[1]Der Förderanspruch des örtlichen Trägers der öffentlichen Jugendhilfe (Art. 18 Abs. 3 Satz 1 Alternative 1) setzt voraus, dass eine kommunale Förderung der Tagespflege in mindestens gleicher Höhe erfolgt und

1. die Tagespflegeperson die Teilnahme an einer geeigneten, vom örtlichen Träger der öffentlichen Jugendhilfe durchgeführten oder genehmigten Qualifizierungsmaßnahme, die sich an den Bildungs- und Erziehungszielen nach Art. 13 orientiert, nachweisen kann,

2. die Tagespflegeperson vom örtlichen Träger der öffentlichen Jugendhilfe beziehungsweise von einem von diesem beauftragten Träger vermittelt worden ist und mit dem Kind jeweils bis zum dritten Grad nicht verwandt und nicht verschwägert ist,

3. die Elternbeteiligung auf maximal die 1,5-fache Höhe des staatlichen Anteils der kindbezogenen Förderung nach Art. 21 begrenzt ist, und

4. die Tagespflegeperson vom örtlichen Träger der öffentlichen Jugendhilfe zusätzliche Leistungen in Form eines differenzierten Qualifizierungszuschlags erhält; das Nähere wird durch das Staatsministerium für Arbeit und Soziales, Familie und Integration in der Ausführungsverordnung (Art. 30) geregelt. [2]Darüber hinaus müssen die Voraussetzungen der §§ 23 und 43 SGB VIII vorliegen.

Inhaltsübersicht

Anmerkungen

1. Einordnung der Norm

Art. 20 regelt die **Voraussetzungen, die der örtliche Träger der öffentlichen** **182** Jugendhilfe (also der Landkreis oder die kreisfreie Stadt) bei seinen Tagespflegeangeboten **erfüllen muss**, um einen Förderanspruch gegenüber dem Freistaat Bayern zu erhalten. Da die Unterstützung und Förderung der Tagespflege schon nach § 23 SGB VIII Aufgabe des örtlichen Trägers der öffentlichen Jugendhilfe ist, handelt es sich hierbei um ein **Refinanzierungsangebot des Freistaats Bayern**: Wenn der örtliche Träger der öffentlichen Jugendhilfe bereit ist, bestimmte qualitative Anforderungen bei der Tagespflege zu erfüllen, kann er einen gewissen Teil seiner Kosten über den Freistaat refinanzieren.

Nach den bundesgesetzlichen Vorschriften existiert keine Rechtsbeziehung zwischen Eltern und Tagespflegeperson. Vom Verfahren her beauftragen die Eltern den Träger der öffentlichen Jugendhilfe oder einen Träger der mit dieser Aufgabe vom Jugendamt betraut wurde mit der Vermittlung einer Tagespflegeperson. Der Träger der öffentlichen Jugendhilfe bezahlt das Pflegeentgelt und lässt sich dieses von den Eltern teilweise ersetzen, sofern diese wirtschaftlich dazu in der Lage sind. Sofern die kommunale Komplementärfinanzierung sichergestellt ist, fördert der Freistaat nach Maßgabe des Art. 20 über die kindbezogene Förderung. Der Freistaat ergänzt damit die kommunale Leistung. Im Gegenzug erhöht der Träger der öffentlichen Jugendhilfe das Pflegeentgelt der Tagespflegepersonen um den Qualifizierungszuschlag.

In der Praxis orientieren sich die Träger der öffentlichen Jugendhilfe bei der Festlegung der leistungsgerechten Vergütung der Tagespflegepersonen (Tagespflegeentgelt) an den entsprechenden Empfehlungen des Städte- und Landkreistags. Mit dem Tagespflegeentgelt sind alle Kosten der Tagespflegeperson abgegolten, einschließlich Verpflegungskosten.

Mit der Änderung des Art. 20 erfolgt die Angleichung der Fördervoraussetzungen nach dem BayKiBiG an die Vorgaben der §§ 23 und 43 SGB VIII. So ist ab dem 1.1.2013 für eine Förderung nach dem BayKiBiG zwingende Voraussetzung, dass für die Tagespflegeperson eine Pflegeerlaubnis nach § 43 SGB VIII erteilt wurde.

2. Kommunale Komplementärfinanzierung (Satz 1)

183 Seit dem 1.1.2013 reicht für die staatliche Refinanzierung eine kommunale Komplementärfinanzierung aus, die entweder durch die Gemeinden (in der Regel die Aufenthaltsgemeinden der Kinder) oder den Träger der öffentlichen Jugendhilfe (über die Kreisumlage) sicherzustellen ist. Nachdem der Träger der öffentlichen Jugendhilfe ohnehin nach bundesgesetzlichen Vorgaben die Kosten der Tagespflege übernimmt, ist die staatliche Refinanzierung für alle Tagespflegeverhältnisse möglich. Eine Verweigerung zur Leistung des kommunalen Förderanteils durch die Aufenthaltsgemeinde wird durch die Übernahme der Kosten der Tagespflege durch den Träger der öffentlichen Jugendhilfe ersetzt und reicht für eine staatliche Refinanzierung nach Maßgabe des Art. 20 aus.

3. Angebot der Tagespflege

Förderfähig sind nur Angebote der Tagespflege. Nach der Legaldefinition **184** des Art. 2 Abs. 4 setzt dies einen **Betreuungsumfang von mindestens 10 Stunden in der Woche pro Kind** voraus – kürzer betreute Kinder sind zwar im Hinblick auf den Umfang der Pflegeerlaubnis (max. fünf gleichzeitig anwesende, fremde Kinder) anzurechnen, können aber vom örtlichen Träger der öffentlichen Jugendhilfe nicht gegenüber dem Freistaat Bayern abgerechnet werden (vgl. Rn. 18).

4. Teilnahme an einer Qualifizierungsmaßnahme (Satz 1 Nr. 1)

Durch Nr. 1 soll sichergestellt werden, dass die mit den Mitteln des Frei- **185** staats Bayern unterstützten Tagespflegeangebote einem gewissen **inhaltlichen Mindeststandard** entsprechen. Hierzu ist vorgeschrieben, dass die gegenüber dem Freistaat abgerechneten Tagespflegeangebote von Tagespflegepersonen durchgeführt werden, die eine Qualifizierungsmaßnahme absolviert haben. Diese ist inhaltlich **an den Bildungs- und Erziehungszielen auszurichten**, die auch für förderfähige Kindertageseinrichtungen gelten, Nr. 1 i.V.m. Art. 13 Abs. 3 BayKiBiG, §§ 1–14 AVBayKiBiG. Damit soll die staatlich geförderte Tagespflege ähnlich wie die Kindertageseinrichtungen eine ganzheitliche, alle wichtigen Bildungs- und Erziehungsbereiche umfassende und auf die Vermittlung von Basiskompetenzen ausgerichtete pädagogische Arbeit leisten; dennoch wird auch die staatlich geförderte Tagespflege regelmäßig nicht das qualitative Niveau erreichen können, das die Kindertageseinrichtungen aufweisen: Ein Qualifizierungskurs kann nicht das gleiche Wissen vermitteln wie eine insgesamt 5-jährige Ausbildung zur Erzieherin. Die weiteren inhaltlichen Vorgaben für diese Qualifizierungsmaßnahme regelt § 18 Nr. 1 AVBayKiBiG.

Hinweis:
Seit dem 1.10.2005 ist bereits eine **Qualifizierung**, die Grundkenntnisse für die pädagogische Arbeit und beispielsweise Kenntnisse in Erster Hilfe vermittelt, erforderlich, **um eine Pflegeerlaubnis** zu bekommen, § 43 SGB VIII. Bezüglich Inhalt und Umfang dieser Qualifizierungsmaßnahme sind die Aufsichtsbehörden jedoch in ihrer Ermessensausübung frei. Auch müssen Tagespflegepersonen, die in den letzten Jahren schon in der Tagespflege gearbeitet haben, keine Qualifizierungsmaßnahme nachholen; sie haben sich über ihre praktische Tätigkeit als geeignet erwiesen. Für die Förderung nach dem BayKiBiG ist hingegen die Teilnahme an einer Qualifizierungsmaßnahme erforderlich, die den Vorgaben

von § 18 Nr. 1 AVBayKiBiG entspricht; hier ist auch eine Nachqualifizierung schon tätiger Tagespflegepersonen erforderlich.

Fachliche Standards für die Tagespflege enthält zudem das vom **Deutschen Jugendinstitut** herausgegebene Curriculum „Qualifizierung in der Kindertagespflege", die allerdings über das vom BayKiBiG geforderte Maß hinausgehen.

Der örtliche Träger der öffentlichen Jugendhilfe kann die Qualifizierungsmaßnahme entweder **selbst durchführen oder an einen freigemeinnützigen oder freien Träger delegieren**; in beiden Fällen ist gesichert, dass der örtliche Träger der öffentlichen Jugendhilfe die Qualifizierungsmaßnahme inhaltlich auf ihre Tauglichkeit überprüft. Möchte der örtliche Träger der öffentlichen Jugendhilfe die Organisation und Durchführung der Tagespflege weitgehend durch private Anbieter (z. B. ein **Tagespflegebüro**, einen **Tagespflegeverein**, einen Träger der freien Wohlfahrt oder auch die Agentur für Arbeit) durchführen lassen, so kann er somit auch die Durchführung der Qualifizierungsmaßnahme mit übertragen; allerdings muss er sich die Konzeption der Qualifizierungsmaßnahme vorlegen lassen, um sie auf ihre Vereinbarkeit mit den Vorgaben des Art. 20 Nr. 1 BayKiBiG i. V. m. § 18 Nr. 1 AVBayKiBiG zu überprüfen. Das Gesetz trifft keine Aussage darüber, ob die Qualifizierung den Tagespflegepersonen gegen Entgelt angeboten wird; somit kann der Träger der öffentlichen Jugendhilfe selbst darüber entscheiden, ob und in welcher Höhe Teilnahmegebühren anfallen. In jedem Fall ist aber zu gegenwärtigen, dass zu hohe Kosten Interessierte abschreckt, an der qualifizierten Tagespflege teilzunehmen.

Folgende Berufsgruppen sind vom Qualifizierungserfordernis ausgenommen:

Erzieher, Kinderpfleger, Sozial- und Diplompädagogen, Lehrkräfte, Heilerziehungs-, Gesundheits- und Kinderkrankenpfleger. Die Bereitschaft zur jährlichen Weiterbildung im Umfang von 15 Stunden gilt als Fördervoraussetzung für alle Tagespflegepersonen.

5.   Vermittlung der Tagespflegeperson (Satz 1 Nr. 2)

186   In die staatliche Förderung werden nach Nr. 2 nur solche Tagespflegeverhältnisse einbezogen, die **vom örtlichen Träger der öffentlichen Jugendhilfe – oder** bei **Delegation** der Aufgaben auf einen Dritten von diesem – vermittelt wurden. Damit soll die staatlich geförderte Tagespflege aus dem sog. grauen Markt herausgeholt werden. Da der örtliche Träger der öffentlichen Jugendhilfe in den seltensten Fällen allen an der i. S. d. Art. 20 qualifizierten Tagespflege interessierten Tagespflegepersonen zusagen kann, ihnen stets so viele Tagespflegeverhältnisse verschaffen zu können, wie sie jeweils haben möchten, werden die Tagespflegepersonen daran interessiert sein, auch eigentätig nach interessierten Eltern suchen zu dürfen. Auch in solchen Fällen handelt es sich um vom örtlichen Träger der öffentlichen Jugendhilfe vermittelte Betreuungsverhältnisse, wenn die Tagespflegeperson diese Tagespflegeverhältnisse dem örtlichen Träger der öffentlichen Jugendhilfe meldet und dieser sie als geeignet bewertet, vgl. *Dunkl/Eirich*, Art. 20 Nr. 5, 2. Auflage.

Ausschluss von verwandten oder verschwägerten Tagespflegepersonen

In Art. 20 werden Tagespflegeverhältnisse, bei denen die Tagespflegeperson **187** mit dem Kind bis einschließlich zum dritten Grad verwandt oder verschwägert ist, von der staatlichen Förderung ausgeschlossen. Um den Grad der Verwandtschaft zu bestimmen, werden die vermittelnden Geburten gezählt. Mit seinen Geschwistern wie auch mit seinen Großeltern ist man z. B. zweiten Grades verwandt, mit der Tante oder dem Onkel besteht Verwandtschaft dritten Grades. Diese Einschränkung betrifft ausschließlich den Anspruch auf staatliche Refinanzierung durch das BayKiBiG. Nach den Bestimmungen des SGB VIII können grundsätzlich auch Großeltern oder Tante und Onkel Leistungen als Tagespflegepersonen nach § 23 SGB VIII beziehen.

6. Begrenzung des Elternbeitrags (Satz 1 Nr. 3)

Sofern der Träger der öffentlichen Jugendhilfe Eltern eine Tagespflegeper- **188** son vermittelt hat und ein Betreuungsverhältnis zustande gekommen ist, so trägt er die Kosten für die Tagespflege. Zur Refinanzierung kann der Träger der öffentlichen Jugendhilfe die Eltern zu einem sozial gestaffelten Elternbeitrag heranziehen. Rechtsgrundlage für die Elternbeteiligung an den Kosten der Tagespflege ist § 90 Abs. 1 SGB VIII. In § 90 Abs. 1 SGB VIII wird der Begriff des Kostenbeitrags verwendet. Die Regelung gilt ausschließlich für die Träger der öffentlichen Jugendhilfe. Für die Erhebung eines Elternbeitrags ist davon auszugehen, dass es hierfür einer Satzung bedarf.

Neben den Elternbeiträgen können sich die Träger der öffentlichen Jugendhilfe beim Freistaat über die kindbezogene Förderung refinanzieren. Eine staatliche Refinanzierung der Tagespflege setzt seit dem 1.1.2013 gemäß Art. 20 Satz 1 Nr. 3 eine Begrenzung des Eltern- bzw. Kostenbeitrags bis maximal zur Höhe des 1,5-fachen staatlichen Förderanteils der kindbezogenen Förderung voraus. Damit soll die Tagespflege finanziell für Eltern an die institutionellen Angebote angeglichen und die Tagespflege als Alternative zur Betreuung in einer Kindertageseinrichtung attraktiver werden.

Es hat sich herausgestellt, dass Eltern der Betreuung ihrer Kinder in Krippen oder Kindergärten mitunter vorrangig aus wirtschaftlichen Gründen gegenüber der Tagespflege den Vorzug geben. Empfehlungen an die kreisfreien Städte bzw. die Landkreise, die Beiträge für die Tagespflege den Gebühren für die institutionellen Angebote anzupassen, wurden nur unzureichend umgesetzt.

Die Begrenzung der Elternbeiträge bezieht sich nur auf das Verhältnis zwischen dem Träger der öffentlichen Jugendhilfe und den Eltern. Für die Tagespflegepersonen hat die Änderung keine Auswirkung, da sich deren Leistungen mit Ausnahme des Qualifizierungszuschlags nach § 23 Abs. 2 und 3 SGB VIII bemessen.

Bei der Festsetzung der Höhe des Elternbeitrags ist der Basiswert, der zur Berechnung der Abschlagszahlungen vom StMAS bekannt gegeben wird, maßgeblich:

> Beispiel:
> Für ein Kind, das eine Betreuung von täglich bis zu 8 Stunden benötigt, errechnet sich im Bewilligungsjahr 2012/2013 folgender maximaler Elternbeitrag:
>
> | | |
> |---|---|
> | Basiswert für die Abschläge 2012/2013 | 920,67 € |
> | Gewichtungsfaktor für Tagespflege | 1,3 |
> | Zeitfaktor für Buchung von > 7 h bis 8 h | 2,0 |
> | 920,67 × 1,3 × 2,0 | = 3590,61 € |
> | Monatlich | = 299,22 € |

Private Zuzahlungen von Eltern an die Tagespflegeperson

189 Die Deckelung der Elternbeiträge betrifft ausschließlich die öffentlich geförderte Tagespflege. Die Höhe der Elternbeiträge steht in unmittelbarem Zusammenhang mit dem Tagespflegeentgelt der Tagespflegeperson, das vom Träger der öffentlichen Jugendhilfe gemäß § 23 SGB VIII festgelegt wird. Dabei sind alle aus der bedarfsgerechten Betreuung entstehenden Kosten zu berücksichtigen. Es enthält folgende Leistungen:

- Erstattung angemessener Kosten für den Sachaufwand
- Betrag zur Anerkennung der Förderungsleistung nach § 23 Abs. 2a SGB VIII (Betreuungsaufwand)
- Erstattung nachgewiesener Aufwendungen für Beiträge zu einer Unfallversicherung sowie die hälftige Erstattung nachgewiesener Aufwendungen zu einer angemessenen Alterssicherung

– Hälftige Erstattung nachgewiesener Aufwendungen zu einer angemessenen Kranken- und Pflegeversicherung.

Der Träger der öffentlichen Jugendhilfe schafft somit einen finanziellen Ausgleich für grundsätzlich alle aus der bedarfsgerechten Betreuung anfallenden Kosten. Hierzu zählen auch die Kosten für Verpflegung. Damit ist das Essensgeld Teil des Tagespflegeentgelts. Insofern sind Essens- oder Verpflegungsbeiträge der Eltern an die Tagespflegeperson bei der öffentlichen Tagespflege nicht vorgesehen. Die Eltern haben einen Anspruch auf Abrechnung ausschließlich gegenüber dem Träger der öffentlichen Jugendhilfe. Eltern können demnach nicht verpflichtet werden, zusätzlich zu den Elternbeiträgen an den Träger der öffentlichen Jugendhilfe weitere Zahlungen an die Tagespflegeperson zu leisten. Dies gilt auch, wenn der Träger der öffentlichen Jugendhilfe die Aufgabe der Tagespflege an einen freien Träger delegiert hat.

Demnach sind in der öffentlich geförderten Tagespflege private Zuzahlungen von Eltern an die Tagespflegeperson regelmäßig nicht vorgesehen. Die Eltern zahlen ihren Kostenbeitrag an den Träger der öffentlichen Jugendhilfe.

Private Zuzahlungen von Eltern an die Tagespflegeperson erfolgen auf der Basis privatrechtlicher Vereinbarungen zwischen Tagespflegeperson und Eltern und sind auch in der öffentlich geförderten Tagespflege möglich. Auch wenn das Tagespflegeentgelt leistungsgerecht auszugestalten ist, so ist es der Tagespflegeperson nicht untersagt, zusätzliche Entgeltleistungen von den Eltern zu verlangen.

Der Träger der öffentlichen Jugendhilfe hat keine rechtliche Handhabe, beispielsweise die Auszahlung der Geldleistungen nach § 23 SGB VIII vom Verzicht auf private Zuzahlungen abhängig zu machen. Es besteht lediglich die Möglichkeit, durch Vereinbarung mit der Tagespflegeperson auszuschließen, dass diese private Zuzahlungen von den Eltern verlangt. Der Abschluss einer solchen Vereinbarung ist für die Tagespflegepersonen freiwillig. Allerdings kann der Träger der öffentlichen Jugendhilfe die vorrangige Vermittlung von Kindern an die Tagespflegeperson vom Abschluss einer entsprechenden Vereinbarung abhängig machen. Entscheidend für die Bereitschaft der Tagespflegepersonen zum Verzicht auf private Zuzahlung wird die leistungsgerechte Ausgestaltung des Pflegeentgelts sein.

7. Differenzierter Qualifizierungszuschlag für die Tagespflegeperson (Satz 1 Nr. 4)

190 Neben der Qualitätssteigerung der Tagespflege sind auch Verbesserungen für die Tagespflegepersonen Ziel des BayKiBiG. Die staatliche Förderung für den Träger der öffentlichen Jugendhilfe setzt daher voraus, dass er den Tagespflegepersonen neben den Leistungen nach § 23 SGB VIII einen differenzierten Qualifizierungszuschlag auszahlt. Der Qualifizierungszuschlag bewirkt eine **Anhebung des Tagespflegegeldsatzes.** Die Differenzierung des Qualifizierungszuschlags soll es den Trägern der öffentlichen Jugendhilfe ermöglichen, besonderen Anforderungen im Einzelfall durch eine Anpassung der Förderung an die Tagespflegeperson gerecht zu werden. So kann z. B. bei Betreuung eines Kindes mit Behinderung der Qualifizierungszuschlag erhöht werden, um den besonderen Betreuungsaufwand auszugleichen. Die nähere Ausgestaltung erfolgt in der Ausführungsverordnung (siehe die Erl. zu § 18 AVBayKiBiG).

8. Voraussetzungen der §§ 23, 43 SGB VIII (Satz 2)

191 Zu den Aufgaben im Sinne des § 23 SGB VIII und des Art. 20 Abs. 1 gehören die Akquise von Tagespflegepersonen, deren Qualifizierung, die Beschaffung einer Ersatzbetreuung bei Ausfall der Tagespflegeperson, die Beratung und Übernahme des Zahlungsverkehrs.

Die Tagespflegepersonen üben ihre Tätigkeit in der Regel als Selbstständige aus und haben Anspruch auf die Leistungen nach § 23 SGB VIII grundsätzlich nur für die Zeiten, in denen tatsächlich eine Betreuung von Kindern erfolgt ist. Ob Tagespflegepersonen in betreuungsfreien Zeiten, für einen gewissen Zeitraum, weiterhin das Tagespflegeentgelt erhalten, entscheidet der Träger der öffentlichen Jugendhilfe in eigenem Ermessen.

Auch in den Fällen, in denen Tagespflegepersonen fest angestellt sind, steht weiterhin der zuständige Träger der öffentlichen Jugendhilfe sowohl organisatorisch wie auch finanziell in der Pflicht. Bei der Festanstellung erhalten die Tagespflegepersonen für ihre Betreuungsleistung ein Gehalt und haben Anspruch auf Lohnersatzleistungen sowie die Beteiligung des Arbeitgebers zu den Beiträgen zur Sozialversicherung. Im Gegenzug treten die Tagespflegepersonen ihren Anspruch nach § 23 Abs. 2 SGB VIII an den Arbeitgeber ab. Die Pflicht des Trägers der öffentlichen Jugendhilfe, nach § 23 Abs. 4 SGB VIII eine Ersatzbetreuung sicherzustellen, bleibt davon unberührt.

Nach § 23 SGB VIII ist bei Ausfallszeiten rechtzeitig eine andere Betreuungsmöglichkeit in einer Einrichtung oder durch eine andere Tagespflegeperson sicherzustellen. Die Sicherstellung einer Ersatzbetreuung ist somit weiterhin Fördervoraussetzung nach dem BayKiBiG.

Wird das Tagespflegeentgelt wegen einer Ausfallszeit der Tagespflegeperson vom Träger der öffentlichen Jugendhilfe eingestellt und bedürfen die Eltern keiner Ersatzbetreuung (weil z. B. die Großmutter das Kind während der Ausfallszeit betreut), entfällt der Anspruch auf die kindbezogene Förderung nach Maßgabe von § 26 Abs. 1 Satz 1 AVBayKiBiG, weil der Träger der öffentlichen Jugendhilfe die Ersatzbetreuung nicht kostenpflichtig zur Verfügung stellt. Die Förderung entfällt auch dann, wenn die Personensorgeberechtigten eine Ersatzbetreuung benötigen, diese aber nicht gestellt wird.

Stellt der Träger der öffentlichen Jugendhilfe das Tagespflegeentgelt wegen Ausfallszeit einer Tagespflegeperson ein und beschafft den Eltern eine von diesen akzeptierte Ersatzbetreuung, bleibt der Anspruch auf die kindbezogene Förderung erhalten. Dies gilt auch dann, wenn die Eltern die Ersatzbetreuung selbst organisieren.

Mit Ausnahme der hoheitlichen Aufgaben wie z. B. die Erteilung der Pflegeerlaubnis nach § 43 SGB VIII oder die Festsetzung des Tagespflegeentgelts können die Aufgaben an freie Träger (z. B. Tagespflegevereine, Nachbarschaftshilfen etc.) delegiert werden. Im Falle der Delegation hat der Träger der öffentlichen Jugendhilfe die Kostentragung sicherzustellen. Dies gilt auch bei Festanstellung von Tagespflegepersonen. Die kindbezogene Förderung deckt einen Teil dieser Kosten.

Art. 20a
Fördervoraussetzungen für die Großtagespflege

[1]Der Förderanspruch der Gemeinde gegenüber dem Staat für Großtagespflege (Art. 18 Abs. 2) setzt voraus, dass

1. die Gemeinde eine Leistung in Höhe der staatlichen Förderung erhöht um den gleich hohen Eigenanteil an den Träger der Großtagespflege erbringt,

2. in der Großtagespflege mindestens eine pädagogische Fachkraft regelmäßig an mindestens vier Tagen und mindestens 20 Stunden die Woche tätig ist,

3. die weiteren in der Großtagespflege tätigen Tagespflegepersonen, die nicht als pädagogische Fachkräfte anzusehen sind, erfolgreich an einer Qualifizierungsmaßnahme im Sinn des Art. 20 Satz 1 Nr. 1 im Umfang von 160 Stunden teilgenommen haben und

4. in dem Fall, dass die Tagespflegepersonen zusätzlich einen Anspruch auf Tagespflegeentgelt gegen den örtlichen Träger der öffentlichen Jugendhilfe geltend machen, diese für die Inanspruchnahme der Großtagespflege keine Elternbeiträge erheben.
²Darüber hinaus müssen die Voraussetzungen der §§ 23 und 43 SGB VIII vorliegen. ³Art. 20 Satz 1 Nr. 3 gilt entsprechend.

Bedeutung der Norm

192 Art. 20a definiert die Voraussetzungen für die „einrichtungsähnliche" Förderung für Großtagespflegestellen, die eine erhöhte pädagogische Qualifikation aufweisen. Insofern grenzen sich Großtagespflegestellen nach Art. 20a von „normalen" Großtagespflegestellen ab. Über die Förderung nach Art. 20a wird ein finanzieller Anreiz für eine weitere Professionalisierung und für den qualitativen und quantitativen Ausbau der Großtagespflegestellen geschaffen (siehe auch Rn. 105 f).

Die Entscheidung, ob eine Großtagespflegestelle nach Art. 20a gefördert wird, obliegt der Gemeinde. Sofern die Gemeinde einer Förderung nach Art. 20a zustimmt, verliert der Träger der öffentlichen Jugendhilfe seinen Anspruch auf staatliche Förderung für die Tagespflege, da sowohl der kommunale als auch der staatliche Förderanteil direkt an die Großtagespflegestelle bzw. deren Träger geleistet wird. Über die kindbezogene Förderung hinaus haben die in der Großtagespflegestelle tätigen Tagespflegepersonen Anspruch auf Leistungen nach § 23 Abs. 2 SGB VIII gegenüber dem Träger der öffentlichen Jugendhilfe, der seinerseits keine Möglichkeit einer staatlichen Refinanzierung hat.

Hinweis:
Im Unterschied zur kindbezogenen Förderung verbleibt die Betriebskostenförderung U3-Bund (Bundesmittel) beim Träger der öffentlichen Jugendhilfe; die Mittel sind bei der betroffenen Gemeinde, in der Kinder in einer GTP nach Art. 20a betreut werden, im Bewilligungsverfahren herauszurechnen.

Die Verpflichtung zur Erbringung weiterer Leistungen im Sinne der §§ 23 und 24 SGB VIII durch den Träger der öffentlichen Jugendhilfe bleibt auch bei der Förderung nach Art. 20a unberührt.

Mehrere Großtagespflegestellen unter einem Dach

Die Großtagespflegestelle zeichnet sich durch ihre familienähnliche **193** Grundstruktur aus. Hierzu zählt die feste Zuordnung zu einer Bezugsperson. Alle in der GTP tätigen Tagespflegepersonen begründen jeweils ein Betreuungsverhältnis mit „ihren" Kindern. Insofern würde es dem Charakter der GTP widersprechen, wenn eine Tagespflegeperson alle Betreuungsverhältnisse mit den Familien abschließt und lediglich die Betreuung der Kinder unter den Tagespflegepersonen aufgeteilt würde.

Mehrere Großtagespflegestellen unter einem Dach sind dann möglich, wenn die Unabhängigkeit der einzelnen GTP gewährleistet ist. Dies gilt vor allem für die konzeptionelle Ausrichtung, die Organisation sowie die praktische Arbeit. Eine regelmäßige, gleichzeitige Nutzung von Räumen und Freiflächen ist ausgeschlossen bzw. würde eine Betriebserlaubnispflicht nach § 45 SGB VIII begründen.

1. Leistung der Gemeinde an den Träger der Großtagespflegestelle (Satz 1 Nr. 1)

Die Umschreibung „erhöht um den gleich hohen Anteil" bringt zum Aus- **194** druck, dass eine kommunale Komplementärfinanzierung mindestens in Höhe des staatlichen Anteils analog zur kindbezogenen Förderung bei Einrichtungen vorausgesetzt wird. Der für die Höhe der Förderung maßgebliche Gewichtungsfaktor beträgt einheitlich 1,3 (vgl. Art. 21 Abs. 5). Mit Wirkung ab dem 1.9.2013 gilt bei Kindern mit (drohender) Behinderung im Sinne des Art. 21 Abs. 5 Satz 2, 1. und 2. Spiegelstrich für den staatlichen Förderanteil der Gewichtungsfaktor 4,5.

Als Träger einer Großtagespflegestelle ist im Regelfall die für die **195** Gesamtleitung verantwortliche natürliche oder juristische Person gemeint. Dies kann die Gemeinschaft der in der Großtagespflegestelle tätigen Tagespflegepersonen sein, die sich z.B. in Form einer Gesellschaft des bürgerlichen Rechts zusammengeschlossen haben. Denkbar wäre aber auch, dass eine juristische Person, z.B. GmbH, als Träger fungiert, bei der die Tagespflegepersonen angestellt sind.

2. Fachkräftegebot (Satz 1 Nr. 2)

196 Über das Erfordernis in Art. 9 Abs. 2 Satz 2 hinaus, verlangt die Förderung einer Großtagespflegestelle nach Art. 20a unabhängig von der Zahl der gleichzeitig anwesenden Kinder den Einsatz einer pädagogischen Fachkraft im Sinne des § 16 Abs. 2 AVBayKiBiG. Der Einsatz der pädagogischen Fachkraft wird zusätzlich konkretisiert, als die Fachkraft regelmäßig mindestens an vier Tagen und mindestens 20 Stunden pro Woche in der Großtagespflegestelle anwesend sein muss. Auch in der einrichtungsähnlichen GTP muss die Ersatzbetreuung durch eine gleichermaßen geeignete Ersatzkraft sichergestellt sein. Demnach muss die Ersatzkraft grundsätzlich dieselben Qualifikationskriterien erfüllen.

Bei Ausfällen für die Dauer bis zu einem Kalendermonat (vgl. § 17 Abs. 4 AVBayKiBiG) ist die Vertretung durch eine Tagespflegeperson mit mindestens 100 Qualifizierungsstunden förderunschädlich.

3. Qualifizierung der sonstigen Tagespflegepersonen (Satz 1 Nr. 3)

197 Um sicherzustellen, dass die fachliche Qualifikation in der Großtagespflegestelle eine einrichtungsähnliche Förderung rechtfertigt, sollen die neben der pädagogischen Fachkraft weiteren in der Großtagespflegestelle tätigen Tagespflegepersonen über ein höheres Qualifikationsniveau verfügen. Sie müssen von daher mindestens an einer Qualifizierungsmaßnahme im Sinne des Art. 20 Satz 1 Nr. 1 im Umfang von 160 Stunden teilgenommen haben.

4. Leistungen an die Tagespflegepersonen und Elternbeiträge (Satz 1 Nr. 4)

198 Der Anspruch der Tagespflegepersonen auf Zahlung des Tagespflegeentgelts im Sinne des § 23 SGB VIII wird durch Art. 20a nicht berührt. In der Großtagespflegestelle nach Art. 20a erhalten die Tagespflegepersonen neben dem Tagespflegegeld nach § 23 SGB VIII zusätzlich die kindbezogene Förderung anstelle des Qualifizierungszuschlags nach Art. 20 Satz 1 Nr. 4.

Sofern die Tagespflegepersonen Ansprüche nach § 23 SGB VIII geltend machen, ist die Förderung nach Art. 20a nur dann möglich, wenn die Tagespflegepersonen ihrerseits auf die Erhebung von Elternbeiträgen verzichten. Elternbeiträge sind in diesem Fall nur auf der Ebene zwischen den Eltern und dem Träger der öffentlichen Jugendhilfe möglich (§ 90 SGB VIII).

Art. 21
Umfang des Förderanspruchs der Gemeinde

(1) ¹Die staatliche Förderung erfolgt kindbezogen. ²Sie wird für jedes Kind geleistet, das von der Gemeinde gefördert wird.

(2) Der jährliche staatliche Förderbetrag pro Kind an die Gemeinde errechnet sich als Produkt aus Basiswert, Buchungszeit- und Gewichtungsfaktor unter Berücksichtigung der Vorgaben des Art. 23 Abs. 1.

(3) ¹Der Basiswert ist der Förderbetrag für die tägliche über drei- bis vierstündige Bildung, Erziehung und Betreuung eines Kindes. ²Er wird jährlich durch das Staatsministerium für Arbeit und Soziales, Familie und Integration unter Berücksichtigung der Entwicklung der Personalkosten bekannt gegeben.

(4) ¹Über Buchungszeitfaktoren wird eine höhere Förderung für längere Buchungszeiten der Kinder gewährt. ²Die Buchungszeit gibt den von den Eltern mit dem Träger der Einrichtung vereinbarten Zeitraum an, während dem das Kind regelmäßig in der Einrichtung vom pädagogischen Personal gebildet, erzogen und betreut wird. ³Wechselnde Buchungszeiten werden auf den Tagesdurchschnitt bei einer 5-Tage-Woche umgerechnet; krankheits- und urlaubsbedingte Fehlzeiten sowie Schließzeiten von bis zu 30 Tagen im Jahr bleiben unberücksichtigt. ⁴Buchungszeiten von bis zu drei Stunden täglich werden bei Kindern ab Vollendung des dritten Lebensjahres bis zur Einschulung nicht in die Förderung einbezogen. ⁵Der Träger kann Mindestbuchungszeiten von 20 Stunden pro Woche beziehungsweise 4 Stunden pro Tag sowie deren zeitliche Lage vorgeben. ⁶Für die einzelnen Stundenkategorien werden durch das Staatsministerium für Arbeit und Soziales, Familie und Integration durch die Ausführungsverordnung (Art. 30) Buchungszeitfaktoren festgelegt.

(5) ¹Über die Gewichtungsfaktoren wird für einen erhöhten Bildungs-, Erziehungs- oder Betreuungsaufwand eine erhöhte Förderung gewährt. ²Es gelten folgende Gewichtungsfaktoren:
− 2,0 für Kinder unter drei Jahren
− 1,0 für Kinder von drei Jahren bis zum Schuleintritt
− 1,2 für Kinder ab dem Schuleintritt
− 4,5 für behinderte oder von wesentlicher Behinderung bedrohte Kinder, wenn ein Anspruch auf Eingliederungshilfe nach § 53 SGB XII zur Betreuung in einer Kindertageseinrichtung durch Bescheid festgestellt ist, eine Vereinbarung nach dem zehnten Kapitel SGB XII zwischen dem Einrichtungsträger und dem zuständigen Bezirk geschlossen wurde und

Leistungen hieraus erbracht werden. Entsprechendes gilt bei einem Anspruch auf Eingliederungshilfe nach § 35a SGB VIII unter Berücksichtigung einer Vereinbarung nach Maßgabe des fünften Kapitals Dritter Abschnitt SGB VIII

– 4,5 für einen Zeitraum von sechs Monaten für behinderte oder von wesentlicher Behinderung bedrohte Kinder, für die ein Antrag auf Eingliederungshilfe nach § 53 Abs. 1 SGB XII oder § 35a SGB VIII zur Betreuung in einer Kindertageseinrichtung gestellt ist, eine Vereinbarung nach dem zehnten Kapitel SGB XII zwischen dem Einrichtungsträger und dem zuständigen Bezirk geschlossen wurde und Leistungen hieraus erbracht werden

– 1,3 für Kinder, deren Eltern beide nichtdeutschsprachiger Herkunft sind.

[3]Von dem Gewichtungsfaktor 4,5 kann bei integrativen Kindertageseinrichtungen (Art. 2 Abs. 3) zur Finanzierung des höheren Personalbedarfs im Einvernehmen mit der betroffenen Gemeinde nach oben abgewichen werden. [4]Liegen bei einem Kind die Voraussetzungen für mehrere Gewichtungsfaktoren vor, gilt stets der höchste Gewichtungsfaktor. [5]Vollendet ein Kind in einer Kinderkrippe das dritte Lebensjahr, gilt der Gewichtungsfaktor 2,0 bis zum Ende des Kindergartenjahres. [6]Vollendet ein Kind in einer anderen Kindertageseinrichtung das dritte Lebensjahr und leistet die nach Art. 18 Abs. 2 berechtigte Gemeinde bis zum Ende des Kindergartenjahres weiterhin die kindbezogene Förderung mit dem Gewichtungsfaktor 2,0, so fördert der Freistaat in gleicher Höhe. [7]Für Kinder in Tagespflege gilt einheitlich der Gewichtungsfaktor 1,3.

Inhaltsübersicht

Anmerkungen

1. Regelungsinhalt

Art. 21 bestimmt die **Höhe des Förderanspruchs der Gemeinde gegenüber**   **199**
dem Staat und – über die Verweisung in Art. 22 Abs. 2 bzw. Art. 25 – auch
die **Höhe des Förderanspruchs des Trägers** von Kindertageseinrichtungen
gegen die Gemeinde und des örtlichen Trägers der öffentlichen Jugendhilfe
gegenüber dem Freistaat. Zur Berechnung der Förderhöhe werden die erforderlichen Parameter **Basiswert, Qualitätsbonus, Buchungszeitfaktoren,
Gewichtungsfaktoren** bestimmt.

2. Die kindbezogene Förderung

Nach Abs. 1 Satz 1 erfolgt die Förderung **kindbezogen.** Dies bringt zum   **200**
Ausdruck, dass sich die **Förderung aus einzelnen Förderbeträgen pro Kind
errechnet,** nicht etwa pro Platz. Damit wird die Bildungsarbeit nicht zu einer rein rechnerischen Größe, sondern es wird ganz im Gegenteil die Bildungsarbeit am Kind ins Zentrum der finanziellen Förderung gerückt.

3. Kommunale Förderung als Voraussetzung für die staatliche Förderung

Abs. 1 Satz 2 begrenzt die staatliche Förderung auf die Förderbeträge von   **201**
Kindern, die gemeindlich gefördert werden; anders als an anderen Stellen
wird die Gemeinde weder auf die Aufenthaltsgemeinde noch auf die Sitzgemeinde konkretisiert. Für die staatliche Förderung ist daher **ausreichend,**
dass **eine Gemeinde** die kommunale Förderung übernimmt – unabhängig
davon, welche. Bei länderübergreifenden Betreuungsverhältnissen siehe
Rn. 157.

202 Wenn Art. 21 Abs. 1 Satz 2 die staatliche Förderung daran knüpft, dass eine Gemeinde selbst fördert, so wird damit gleichwohl **nicht ausgeschlossen,** dass die Gemeinde ihre eigene Förderung **durch Dritte refinanziert** bekommt. Damit von einer Förderung durch eine Gemeinde ausgegangen werden kann, muss die Gemeinde allerdings die Förderung aus Mitteln des eigenen Kommunalhaushalts erbringen. Spenden daher z.B. Firmen direkt an eine Krippe, so handelt es sich nicht um kommunale Fördergelder, die zum Bezug der staatlichen Förderung berechtigen würden. Spendet hingegen eine Firma an eine Gemeinde – etwa mit der Zweckbindung, hiermit Maßnahmen der Kinder- und Jugendhilfe finanziell zu unterstützen –, vereinnahmt die Gemeinde diese Gelder in ihren eigenen Haushalt und leistet daraufhin freiwillig die kommunale Förderung an eine bestimmte Kindertageseinrichtung, so ist dies statthaft. Bei der Bewertung, ob eine kommunale Förderung vorliegt, kommt es nicht darauf an, in welcher Weise die Gemeinde ihre kommunalen Mittel aufbringt. Anders als in den Fällen, in denen die Gemeinde ihre freiwillige Förderung rein tatsächlich von einer bestimmten Einnahmesituation ihres Haushalts abhängig macht, sind rechtliche Vertragsgestaltungen problematisch, in denen die Gemeinde ihre kommunale Förderung direkt von einer geldwerten Gegenleistung abhängig macht. In jedem Fall unzulässig ist eine solche Bedingung, wenn die Gemeinde nach dem BayKiBiG zur kommunalen Förderung verpflichtet ist.

Da es sich bei der Abgrenzung zulässiger von unzulässigen Formen der Refinanzierung um schwierige, u.U. strafrechtlich relevante Fragen handelt, empfiehlt es sich in jedem Fall für die Gemeinden, die **geplante Form der Refinanzierung offen mit der Bewilligungsbehörde vorher abzuklären.**

4. Berechnung der kindbezogenen Förderung

203 Abs. 2 gibt die eigentliche Berechnung der kindbezogenen Förderung wieder – wobei nicht vergessen werden darf, dass Träger von Kindertageseinrichtungen den sich so errechnenden Betrag verdoppelt erhalten, vgl. Art. 22 Satz 2. Die Förderung setzt sich danach aus einzelnen Förderbeträgen zusammen, die wiederum durch eine einfache Multiplikation aus folgenden Werten zu berechnen sind, nämlich für jedes in der Einrichtung betreute Kind:

(Basiswert + Qualitätsbonus) $\times$ **Buchungszeitfaktor** $\times$ **Gewichtungsfaktor.**

Der Qualitätsbonus gilt nur für den staatlichen Förderanteil, so dass der kommunale Anteil nach folgender Formel berechnet wird:

Basiswert × Buchungszeitfaktor × Gewichtungsfaktor

Dabei handelt es sich um die **Förderung für ein volles Jahr** (Bewilligungsjahr ist das Kindergartenjahr, ab dem 1.1.2015 das Kalenderjahr, Art. 26 Abs. 1 Satz 3). Der Qualitätsbonus wird ausschließlich vom Freistaat Bayern gewährt, er gilt nicht für die Berechnung des kommunalen Förderanteils. Besucht das Kind nicht während des ganzen Bewilligungszeitraums die Einrichtung, errechnet sich die Förderung nach den Vorschriften des § 20 AVBayKiBiG anteilig (s. die Erl. hierzu).

Für die Berechnung und Beantragung der kindbezogenen Förderung stellt der Freistaat Bayern kostenfrei ein onlinegestütztes Abrechnungsverfahren (KiBiG.web) zur Verfügung.

a) Basiswert

Der Basiswert stellt nach Abs. 3 den Ausgangsbetrag dar. Der Basiswert be- **204** zieht sich **auf eine täglich drei- bis vierstündige Bildung, Erziehung und Betreuung eines Kindes im Kindergartenalter.** Besucht das Kind kürzer oder länger die Einrichtung, oder weist es einen vom Gesetz besonders herausgestellten erhöhten pädagogischen Aufwand auf, so ist der Basiswert mit Hilfe der Buchungszeit- und Gewichtungsfaktoren zu verändern.

Die kindbezogene Förderung richtet sich weder in ihrer Höhe nach den Personalkosten einer Einrichtung, noch wird sie zweckgebunden zur Finanzierung der Personalkosten ausgereicht.

Hintergrundinformation:

Bezogen auf das Kalenderjahr 2004 wurden die gesamten staatlichen Zuschüsse an staatlich anerkannte Kindergärten (einschließlich der Zuschüsse für Zusatzkräfte nach § 5 Abs. 3 3. DVBayKiG, Aushilfskräfte gem. § 7 3. DVBayKiG und einer durchschnittlichen Verfügungszeit von 5,6 Stunden pro Woche und pädagogischer Kraft) durch die Summe aller Nutzungsstunden der Kinder in den Kindergärten geteilt. Das Ergebnis wurde dann als Basiswert für das Kindergartenjahr 2003/04 festgelegt. Dadurch wurde sichergestellt, dass die Förderumstellung nicht zu Kürzungen führt, sondern kostenneutral erfolgt. Für die folgenden Kindergartenjahre wurde der Basiswert dann entsprechend der Entwicklung der Personalkosten erhöht.

Da die Personalkosten sich von Jahr zu Jahr verändern, muss auch die staatliche und kommunale Förderung angepasst und deswegen der **Basiswert jährlich neu berechnet** werden. Der Basiswert gilt immer für die Endabrechnung der Förderung eines bestimmten Bewilligungsjahres sowie für die Abschlagszahlungen des darauf folgenden Bewilligungsjahres. Die Berechnung und Bekanntgabe des jeweils gültigen Basiswertes erfolgt durch das zuständige Staatsministerium für Arbeit und Soziales, Familie und Integration. Gesetzlich zwingend vorgeschrieben ist durch Abs. 2 Satz 3, dass der Basiswert **unter Berücksichtigung der Entwicklung der Personalkosten zu dynamisieren** ist. Die Grundlagen zur Berechnung des Basiswerts sind in § 20 Abs. 1 AVBayKiBiG näher ausgeführt (siehe Erläuterungen hierzu).

Vom Sinn und Zweck der Vorschrift her handelt es sich bei den Personalkosten in der Kindertageseinrichtung um die Personalkosten der als pädagogisches Personal Tätigen, und zwar sowohl hinsichtlich der Entwicklung der Gehälter als auch der Lohnnebenkosten.

Die **Bekanntmachung** des Basiswerts erfolgt über das Bayerische Gesetz- und Verordnungsblatt und/oder den Bayerischen Staatsanzeiger sowie auf den Internet-Seiten des StMAS (www.stmas.bayern.de).

b)   Buchung – Buchungszeitfaktoren

205   In Abs. 4 wird Grundsätzliches zu den Buchungszeiten erläutert. Die Festlegung der einzelnen Buchungszeitfaktoren erfolgt hingegen durch § 26 AV-BayKiBiG. Dabei wird in Satz 1 zunächst die Abhängigkeit der kindbezogenen Förderung von der Betreuungszeit der Kinder zum Ausdruck gebracht: Je länger die Kinder die Einrichtung besuchen, umso höher ist die Förderung, weil auch das Personal länger vorgehalten werden muss.

aa)   Definition der Buchungszeit

206   Die kindbezogene Förderung stellt nicht direkt auf die tatsächliche Anwesenheit der Kinder ab, sondern auf die sog. **Buchungszeit.** Dies ist nach Abs. 4 Satz 2 die **zwischen Eltern und Träger** im Betreuungsvertrag oder im Buchungsbeleg **vereinbarte Zeit.** Die Buchungen für die Kinder werden unabhängig von der Einrichtungsart, in der die Kinder betreut werden, abgerechnet. Ein Schulkind im Hort wird förderrechtlich in gleicher Weise behandelt, wie ein Schulkind im Kindergarten oder in der altersgemischten Einrichtung. Ausnahme: Kinder in Krippen (vgl. Art. 21 Abs. 5 Satz 5 und 6).

Hinweis:
Der Buchungsvertrag mit den Eltern gilt grundsätzlich für ein Kindergartenjahr. Nur bei Vorliegen entsprechender Gründe (Wohnortwechsel, andere Arbeitszeit

etc.) kann der Vertrag vorzeitig gekündigt werden. Ansonsten ist eine vorzeitige Beendigung des Buchungsvertrags nur in beiderseitigem Einvernehmen möglich. Eine Änderung der Buchungszeit ist im Hinblick auf ihre förderrechtliche Folge nur angezeigt, wenn eine Abweichung von mehr als einer Stunde täglich und länger als einen Monat andauert, s. Erl. zu § 20 AVBayKiBiG.

Wenn Eltern mit dem Träger vereinbaren, dass ihr Kind die Kindertageseinrichtung täglich im Schnitt zwischen mehr als 5 und bis zu 6 Stunden besuchen wird, so darf sich der Träger auf eine entsprechende regelmäßige Präsenz grundsätzlich verlassen und gegenüber der Gemeinde entsprechend abrechnen. Auf der anderen Seite ist es aber auch den Gemeinden und dem Freistaat nicht zumutbar, dass sie für angebliche Bildung und Erziehung finanziell aufkommen, die zeitweise gar nicht stattfindet; während mehr als geringfügige Überschreitungen der gebuchten Zeit vom Träger moniert werden, weil er aufgrund der zu geringen Buchung eine niedrigere Förderung erhält, sind Unterschreitungen der gebuchten Zeit ab einem bestimmten Ausmaß für die finanzierenden Gemeinden und den Freistaat problematisch. Deswegen definiert Abs. 4 Satz 2 die Buchungszeit nicht einfach als den vereinbarten Zeitraum, sondern **ergänzt: „während dem das Kind regelmäßig in der Einrichtung vom pädagogischen Personal gebildet, erzogen und betreut wird".** Träger und Eltern können daher nicht einfach irgendeinen Zeitraum vereinbaren, sondern müssen sich an den **regelmäßigen tatsächlichen Anwesenheitszeiten** messen.

> Beispiele:
> Eltern kommen morgens in die Einrichtung, um ihr Kind zu bringen. Sie erklären der Leiterin, dass sie ab dem nächsten Kalendermonat die Buchungszeit von bisher > 5 h bis 6 h um eine Stunde verlängern wollen auf dann > 6 h bis 7 h. Die Leitung informiert den Träger. Der Träger oder ggf. auch die Leitung überprüft, ob die Erhöhung der Buchungszeit mit den personellen Rahmenbedingungen (förderrelevanter Mindestanstellungsschlüssel, Fachkraftquote) machbar ist. Ist dies der Fall, steht es im Ermessen des Trägers, ob bzw. wann er die neue Buchungszeit akzeptiert und die Buchungsvereinbarung mit den Eltern ändert. Kann der Träger die Buchungszeit wegen der knapp bemessenen personellen Rahmenbedingungen nicht verlängern, kann er den Wunsch der Eltern unter Berufung auf die bestehende Buchungsvereinbarung verweigern.
>
> Eltern wollen die vereinbarte Buchungszeit um eine Stunde verringern von > 6 h bis 7 h auf > 5 h bis 6 h.
> Ob und wann der Träger dem Wunsch der Eltern nachkommt, liegt in seinem Ermessen. Er kann den Wunsch wiederum unter Verweis auf die mit den Eltern geschlossene Buchungsvereinbarung verneinen. Besucht das Kind die Einrichtung aber dennoch regelmäßig mindestens täglich eine Stunde kürzer als

vereinbart, so kann der Träger spätestens nach einem Monat nur noch die Förderung mit der verringerten Buchungszeit beanspruchen. Dem Träger gehen damit Fördermittel verloren. Da die Eltern mit ihrem Handeln gegen die Abmachungen in der Buchungsvereinbarung verstoßen, hat der Träger wegen der entgangenen Fördermittel Regressansprüche gegenüber den Eltern geltend zu machen. Gleiches gilt für evtl. entgangene Elternbeiträge.

Beginn und Ende der Buchungszeit

207 Zur Betreuung gehört auch die Verkehrssicherungs- bzw. Aufsichtspflicht, also die Pflicht dafür Sorge zu tragen, dass dem Kind in den Räumen des Kindergartens nichts passiert. Diese Pflicht besteht auch dann, wenn die Eltern anwesend sind. Gebucht wird daher die Nutzungszeit. Sie reicht vom Betreten der Einrichtung bis zum Verlassen.

> Beispiel:
> Die Eltern möchten ihr Kind regelmäßig zwischen 8 Uhr und 9 Uhr bringen und es zwischen 12 Uhr und 13 Uhr abholen. Bei der Berechnung der zu buchenden Zeit ist die Zeit zwischen 8 Uhr und 13 Uhr einzubeziehen. Die Eltern müssen daher die Buchungszeitkategorie „über vier bis fünf Stunden" buchen.

Generell gilt, dass Betreuungszeiten nur in der Zeit von 6 Uhr bis 20 Uhr förderfähig sind. Sofern eine Gemeinde bereit ist, auch Zeiten außerhalb dieses Zeitkorridors zu fördern, wird sich auch der Freistaat einer Refinanzierung nicht verschließen. Voraussetzung hierfür ist aber, dass es sich bei der Betreuung um eine regelmäßige Betreuung handelt. Keinesfalls werden Kurzzeitbuchungen in der Zeit nach 20 Uhr gefördert. Die Staffelung der Zeitfaktoren mit der Obergrenze 2,5 bei Buchung der Kategorie von > 9 h bleibt unberührt (vgl. § 25 AVBayKiBiG).

> Beispiel:
> Die Betriebskindertageseinrichtung einer Klinik hat Öffnungszeiten von täglich bis 21.30 Uhr, um während des Schichtdienstes eine Kinderbetreuung anzubieten. In diesem Fall wären auch Betreuungszeiten nach 20 Uhr förderfähig, sofern die kommunale Komplementärfinanzierung sichergestellt ist.

Für die Buchung gelten die folgenden Grundsätze:
1. Buchung in Zeitkategorien
Die Eltern vereinbaren mit dem Träger einen **einstündigen täglichen Zeitkorridor.** Sie legen sich also nicht darauf fest, z. B. im Schnitt ihr Kind vier Stunden in die Tageseinrichtung zu bringen, sondern „über drei bis vier Stunden". Jeden Tag kann daher von vornherein die tatsächliche Anwesenheit schon mal um fast eine Stunde differieren. Es emp-

fiehlt sich, im Einvernehmen mit dem Träger, die Buchung bezogen auf die Woche vorzunehmen. Die Buchung der Kategorie „über drei bis vier Stunden" bedeutet dann, dass die Eltern frei sind, die Einrichtung zwischen etwas mehr als 15 Stunden bis maximal 20 Stunden pro Woche in Anspruch zu nehmen – sie haben somit einen **zeitlichen Puffer von fast fünf Stunden pro Woche.**

2. Regelmäßige Betreuungszeit
   Bei der Vereinbarung handelt es sich um die regelmäßige Zeit, in der das Kind in der Einrichtung gebildet, erzogen und betreut wird. **Unregelmäßige Abweichungen sind** daher **unbeachtlich,** d. h. trotz solcher Abweichungen kann die gebuchte Zeit bei der Förderung auch abgerechnet werden. Wenn also z. B. ein Kind ausnahmsweise einmal freitags früher abgeholt wird, weil die Eltern mit dem Kind ins Freibad gehen möchten oder das Kind eine Woche mal nicht in den Kindergarten geht, weil es keine Lust hat, so interessiert dies für die Förderung nicht.

3. Förderrelevante Änderungen der Buchungszeit
   Auch regelmäßige, aber **geringfügige Unterschreitungen der gebuchten Zeit sind unbeachtlich.** Was beachtlich oder unbeachtlich ist, regelt § 20 Abs. 1 Satz 1 Halbs. 2 AVBayKiBiG einschließlich der hierzu ergangenen Begründung (s. Erl. zu § 20 AVBayKiBiG).

4. Durchschnittliche Betreuungszeit
   Bei den Buchungszeiten handelt es sich um **Durchschnittswerte.** Vereinbaren etwa Eltern mit dem Träger, dass sie ihr Kind jeweils im Wechsel eine Woche vormittags über vier bis fünf Stunden und die andere Woche ganztags über acht bis neun Stunden in die Einrichtung bringen (z. B. bei Schichtarbeit), so buchen sie als Durchschnittswert (5 × 5 Stunden + 5 × 9 Stunden)/10 Tage = 7 Stunden, also über sechs bis sieben Stunden, vgl. Abs. 4 Satz 3 Halbs. 1. Ob der Träger solche täglich variierenden Betreuungszeiten anbieten kann, ist seine Entscheidung. Bei wechselnden Betreuungszeiten ist die Buchungszeit immer auf eine Fünf-Tage-Woche zu berechnen, auch wenn der Träger die Einrichtung regelmäßig an sechs Tagen pro Woche öffnet.

5. Krankheitsbedingte Fehlzeiten der Kinder und Schließtage
   Bestimmte Tage, an denen Kinder überhaupt nicht die Einrichtung besuchen, sind gleichfalls **unbeachtlich,** führen also nicht zu einer Förderkürzung: nämlich **unbegrenzte Fehlzeiten der Kinder** infolge Krankheit oder Urlaub. Ob es sich um Krankheits- oder Urlaubstage handelt, bestimmt sich anhand der Erklärung der Eltern. Der Träger sollte bei einer längeren Abwesenheitsdauer eines Kindes neben der Erklärung eine ärztliche Bestätigung verlangen, um im Falle einer nachträglichen Prü-

fung die Korrektheit der Abrechnung belegen zu können. Auch **bis zu 30 Tage infolge Schließzeiten** der Kindertageseinrichtung sowie weitere fünf Tage, wenn dies der Fortbildung des pädagogischen Personals dient, kann die Einrichtung ohne Förderkürzung geschlossen werden, s. § 26 Abs. 1 Satz 3 AVBayKiBiG. Die Höhe der Förderkürzung bei einer Überschreitung des Kontingents von 30 bzw. 35 Tagen bemisst sich in der Zeit vom 1.9.2008 bis 31.8.2013 ohne nähere rechtliche Begründung in der Weise, als für jeden Schließtag über der Grenze von 30 bzw. 35 Tagen hinaus die Jahresfördersumme um 1/365 gekürzt wird. Die analoge Anwendung des § 17 Abs. 4 Satz 3 AVBayKiBiG in der geltenden Fassung, die zu einer Kürzung um einen Kalendermonat führen würde, erscheint so unverhältnismäßig, dass von einer unbeabsichtigt durch die Änderung des § 17 Abs. 4 AVBayKiBiG entstandenen Regelungslücke auszugehen ist. Mit der Änderung der AVBayKiBiG zum 1.9.2013 wird diese Regelungslücke geschlossen, als in Art. 26 eine Regelung zur Förderkürzung bei Überschreiten der 30 bzw. 35 Schließtage eingefügt wird. Demnach beträgt die Kürzung für jeden die 30 bzw. 35 Tage überschreitenden Schließtag 1/220 der Jahresfördersumme.

Schließtage sind nur solche Tage, die von den grundsätzlichen Öffnungszeiten her Betriebstage wären und vom Träger in freier Entscheidung als Schließtage bestimmt sind. Streiktage wie auch Schließtage aufgrund einer Anordnung der Gesundheitsbehörden sind keine Schließtage im Sinne des Art. 21 Abs. 4 Satz 3.

Kooperieren zwei oder mehrere Einrichtungen mit dem Ziel, eine gemeinsame Ferienbetreuung zu organisieren, werden Schließzeiten, sofern ein Betreuungsangebot zur Verfügung gestellt wird (evtl. eben in einer anderen Einrichtung), nicht auf das Schließzeitenkontingent des Art. 21 Abs. 4 Satz 3, 2. Halbsatz angerechnet. Dies gilt sowohl für sog. Filialkindergärten als auch bei Einrichtungen verschiedener Träger, wenn diese entsprechend zusammenarbeiten. Entscheidend ist, dass den Kindern bzw. Familien ein Betreuungsangebot offen steht. Dies kann auch gemeindeübergreifend sein oder sich auf mehrere Einrichtungen verschiedener Gemeindeteile beziehen. Dabei sollte davon ausgegangen werden können, dass die Einrichtungen auch hinsichtlich des Personaleinsatzes zusammenarbeiten.

Eine Anrechnung auf die Schließtage des Art. 21 Abs. 4 ist immer dann zwingend erforderlich, wenn die Dauer einer Schließzeit dem Personal vom Gehalt abgezogen wird. Nachdem dem Träger keine Aufwendungen für Personalkosten entstehen, wäre es unbillig, die Einrichtung für die

Dauer der Schließung zu fördern. Dies würde der Intention des BayKi-BiG zuwiderlaufen. Die kindbezogene Förderung deckt einen Teil der durch den Betrieb einer Einrichtung entstehenden Kosten. In Zeiten, in denen kein Betrieb aufrechterhalten wird, weil z. b. kein Personal angestellt ist, entfällt der Anspruch auf Förderung. Insofern ist eine entsprechende Kürzung der Jahresförderung um die Tage (Jahresförderung mal x Tage: 220), an denen kein Betrieb aufrechterhalten wird, vorzunehmen, weil faktisch kein pädagogisches Personal in der Einrichtung angestellt ist.

Abs. 4 Satz 2 stellt zudem klar, dass als Buchungszeit nur diejenige Zeit **208** zählt, in der die **pädagogische Arbeit mit den Kindern von den pädagogischen Kräften der Einrichtung verantwortet wird.**
Die Verknüpfung der Buchungszeit der pädagogischen Arbeit mit den Kindern hat ferner Auswirkungen, wenn z. b. ein Kindergarten **Fremdanbieter** in der Einrichtung zulässt, etwa wenn stets dienstags von 14 Uhr bis 15 Uhr durch eine externe Kraft spielerisch Englisch vermittelt wird. Diese Zeiten können nur dann bei der Buchungszeit mitgezählt werden, wenn die pädagogischen Kräfte hierbei mitwirken und das Angebot allen Kindern offen steht. Dies schließt aus, dass der Träger für das Angebot des Fremdanbieters eine zusätzliche Gebühr erhebt. Möglich wäre es allerdings, dass der Träger die Mehrkosten, die das Angebot verursacht, bei der Festlegung der Elternbeiträge einrechnet und damit auf alle Familien umlegt.

bb)   Förderfähige Buchungszeiten

Kindertageseinrichtungen sind elementare Bildungseinrichtungen. Anders **209** als bei Kindern unter drei Jahren, die manchmal noch keine allzu lange Trennung von den Eltern verkraften, und bei Schulkindern, die gerade auch in der Schule gebildet werden, setzt dies **für Kinder im Alter von drei Jahren bis zur Einschulung** eine Anwesenheit von (durchschnittlich) **mehr als drei Stunden pro Tag** voraus, Abs. 4 Satz 4. Deswegen fördert der Freistaat und deswegen müssen auch die Gemeinden bei Kindern dieses Alters nur dann fördern, wenn die Kinder über drei Stunden pro Tag in der Kindertageseinrichtung gebildet und erzogen werden, d. h. es muss mindestens die Buchungszeitkategorie „über drei bis vier Stunden" vereinbart sein.

Förderrechtliche Berücksichtigung von Buchungszeiten bei Kindern die
täglich in verschiedenen Bildungseinrichtungen betreut werden:

Für Kinder von 3 Jahren bis zur Einschulung gilt:
Die Vorschrift des Art. 21 Abs. 4 Satz 4 ist bei kombinierter Betreuung in
zwei Einrichtungen nicht anwendbar, sofern es sich bei beiden Einrichtungen um Bildungseinrichtungen handelt, d.h. eine Förderung nach BayKi-
BiG ist für Kinder von drei Jahren bis zur Einschulung auch dann möglich,
wenn die Buchungszeit unter der Kategorie > 3 h bis 4 h liegt.

> Beispiel:
> Ein Kind (4 Jahre) besucht vormittags eine Schulvorbereitende Einrichtung (SVE)
> und von 13 Uhr bis 15.30 Uhr den Regelkindergarten.
> Der Träger des Kindergartens erhält für das Kind eine Förderung nach der
> Buchungskategorie > 2 h bis 3 h, da von der Anwendung des Art. 21 Abs. 4 Satz 4
> abzusehen ist (vgl. hierzu auch Art. 2 Abs. 5).
> Nachdem das Kind bereits am Vormittag intensiv gefördert wird, ist davon
> auszugehen, dass eine Umsetzung der Bildungs- und Erziehungsziele für dieses
> Kind auch bei einer kürzeren Betreuungszeit in der Kindertageseinrichtung
> erreicht werden kann.

Bei Kindern unter drei Jahren und Schulkindern werden hingegen **schon**
Zeiten von etwas mehr als fünf Stunden pro Woche gefördert (**Buchungs-**
zeitkategorie „über eine Stunde bis zwei Stunden" pro Tag ist bei diesen
Kindern die kleinstmögliche förderfähige Einheit). Auch bei Kindern, die
nach Art. 21 Abs. 5 Satz 5 nur als unter dreijährig gelten, können Buchungszeiten von mehr als einer Stunde pro Tag gefördert werden, § 20 Abs. 1
Satz 3 AVBayKiBiG. Bei der Tagespflege können bei allen Kindern Buchungszeiten von weniger als drei Stunden pro Tag gefördert werden, vgl.
Art. 25 Satz 1.

cc) Mindestbuchungszeiten – Kernzeiten

210 Abs. 4 Satz 5 legt fest, dass der Träger von den Eltern fordern kann, dass sie
mindestens vier Stunden pro Tag bzw. 20 Stunden pro Woche buchen müssen (sog. **Mindestbuchungszeit**). Bei der 20-Stunden-Regelung handelt es
sich um eine Höchstgrenze. Der Träger kann auch kürzere Mindestbuchungszeiten bestimmen.

> Beispiel:
> Der Träger eines Horts legt die Mindestbuchungszeit von bis zu drei Stunden
> täglich fest.

Diese Regelung wirft allgemein die Frage auf, welche Buchungszeiten vom Träger anzubieten sind. Dies bestimmt sich nach folgenden Grundsätzen:
– **Nach oben begrenzt** die (vom Träger festgelegte) **Öffnungszeit** die anzubietenden Buchungszeiten. Hat eine Einrichtung z. B. von 8 Uhr bis 14 Uhr geöffnet, so ist die höchste, vom Träger anzubietende Buchungszeitkategorie die „über fünf bis sechs Stunden".
– **Bei der kleinsten anzubietenden Buchungszeit kann der Träger wählen**: Er kann bei der Kategorie „über eine bis zwei Stunden" starten, oder bei „über zwei bis drei Stunden" oder bei „über drei bis vier Stunden". **Mindestens die Kategorie vier Stunden muss der Träger anbieten**, er darf also nicht verlangen, dass alle Eltern mindestens fünf oder mehr Stunden buchen. Zur faktischen Ausnahme bei Festlegung sog. Kernzeiten, s. anschließend. Der Träger legt zum Ausschluss der kleineren Buchungszeiten sog. **Mindestbuchungszeiten** fest, Art. 21 Abs. 4 Satz 5.

> Beispiel:
> Ein Träger legt als Mindestbuchungszeit die Kategorie „über drei bis vier Stunden" fest. Dann können die Eltern nicht die Kategorie „über eine bis zwei Stunden" und auch nicht die Kategorie „über zwei Stunden bis drei Stunden" buchen, sondern müssen mindestens die Kategorie „über drei bis vier Stunden" wählen.

Art. 21 Abs. 4 Satz 5 **erlaubt dem Träger** nicht nur, die zwei kleinsten Stundenkategorien auszuschließen, sondern **auch die zeitliche Lage der Mindestbuchungszeit vorzugeben**. Damit wird die Bestimmung einer sog. **Kernzeit** möglich, wenn der Träger mit den Eltern **zusätzlich im Betreuungsvertrag vereinbart**, dass während dieser zeitlich festgelegten Mindestbuchungszeit die **Kinder anwesend sein müssen**, grundsätzlich also in diesen Zeiten nicht geholt oder gebracht werden dürfen.

> Beispiel:
> Ein Träger bestimmt, dass alle Kinder von 8.30 Uhr bis 12.30 Uhr anwesend sein müssen. Wenn die Eltern hier exakt vier Stunden buchen würden, müssten die Eltern tagein tagaus ihre Kinder sehr pünktlich um 8.30 Uhr bringen und um 12.30 Uhr holen, um eine regelmäßige, nicht zu tolerierende Überschreitung der gebuchten Zeit zu vermeiden. Da dies faktisch kaum möglich ist, müssen die Eltern bei einer solchen Bestimmung die Zeitkategorie „mehr als vier Stunden bis fünf Stunden" wählen, um sich einen gewissen Zeitpuffer für das Bringen und Holen der Kinder zu lassen. Wenn der Träger eine **Kernzeit von vier Stunden festlegt**, ist es daher über den Wortlaut des Art. 21 Abs. 4 Satz 5 hinaus **zulässig**, den Eltern nur **Buchungszeitkategorien ab „über vier bis fünf Stunden" anzubieten**, so auch *Dunkl/Eirich*, Art. 21 Nr. 4.

Die Festlegung einer Kernzeit dient dazu, dass die pädagogischen Kräfte über einen bestimmten Zeitraum hinweg konzentriert Bildungsarbeit leisten können, ohne durch das Holen oder Bringen der Kinder gestört zu werden; gleichzeitig ermöglicht sie dem Träger finanzielle und organisatorische Planungssicherheit.

Erlaubt ist nur die Festlegung **einer** Kernzeit. Unzulässig wäre es somit, wenn ein Träger bestimmen würde, dass alle Kinder von 9 Uhr bis 11 Uhr und von 13 Uhr bis 15 Uhr anwesend sein müssen. Er würde damit die Eltern nötigen, die Zwischenzeit auch mitzubuchen, da sie kaum in der Lage oder willens sein werden, ihr Kind regelmäßig um 11 Uhr zu holen und um 13 Uhr wieder zu bringen. Der Träger könnte daher durch eine solche Splittung der Kernzeiten unzulässigerweise die von den Eltern zu buchende Zeit über die Vier-Stunden-Grenze hinaus ausdehnen. **Zulässig** ist es hingegen, **für verschiedene Kinder verschiedene Kernzeiten festzulegen.**

> Beispiele:
> – Ein Hort legt (im Hinblick auf den unterschiedlichen Unterrichtsschluss) fest, dass alle Erstklässler von 11.30 Uhr bis 15 Uhr anwesend sein müssen, die Zweitklässler hingegen von 12 Uhr bis 15 Uhr. Insbesondere bei der Schulkindbetreuung ist darauf zu achten, dass die festgelegten Kernzeiten nicht eine überlange außerfamiliäre Betreuung erzwingen, obwohl dies von den Eltern nicht gewünscht wird.
> – Ein Kindergarten legt fest, dass die Kinder, für die ein Vormittagsplatz gebucht wird, mindestens von 8 Uhr bis 12 Uhr anwesend sein müssen, und dass die Kinder, für die ein Nachmittagsplatz gebucht wird, mindestens von 13 Uhr bis 16 Uhr anwesend sein müssen.

Zwischen der so bestimmten höchsten und der niedrigsten Kategorie **muss der Träger alle Stundenkategorien anbieten.** Unzulässig ist es daher, den Eltern nur im **Zwei-Stunden-Schritt** Buchungszeiten anzubieten, etwa nur die Buchung von vier, sechs oder acht Stunden, ebenso *Dunkl/Eirich*, 2. Auflage zu Art. 21 Nr. 4.

Die Verpflichtung, alle Stundenkategorien anbieten zu müssen, ergibt sich daraus, dass Art. 21 Abs. 4 Satz 5 eine abschließende Aufzählung aller Vorgaben des Trägers gegenüber den Eltern darstellt, die dieser in Bezug auf die Länge und Lage der Buchungszeiten aufstellen darf; vgl. insoweit auch die Gesetzesbegründung. Über die vom Träger festlegbaren vier Stunden pro Tag bzw. 20 Stunden pro Woche muss der Träger somit jeden möglichen Umfang der Buchung zulassen. In diesem ersten gedanklichen Schritt müsste der Träger daher über die Mindestbuchungszeit hinaus sogar viertelstündlich genaue Buchungen der Eltern zulassen, wenn diese das wünschen. Erklärungsbedürftig ist daher nicht, warum der Träger nicht nur Zwei-Stunden-Schritt-Buchungen zulassen kann, sondern erklärungsbedürftig ist vielmehr, warum der Träger den Eltern eine auf Stundenkategorien beschränkte Auswahl anbieten darf. Die Zulässigkeit ergibt sich daraus, dass es für die Förderung irrelevant ist, ob die Eltern etwa im Schnitt ihr Kind etwas mehr als vier Stunden oder eben fünf Stunden in den Kindergarten geben, da die Förderung selbst diese Buchungszeitkategorien zugrunde legt. Die dem Träger auferlegte Buchungsfreiheit der Eltern dient nämlich insbesondere auch der Fördereffizienz. Dieser Gesetzeszweck schränkt daher die vom Träger zwingend anzubietenden Buchungen zu seinen Gunsten ein. Daraus ergibt sich, dass der Träger etwa Buchungszeitkategorien im Viertel-Stunden-Takt anbieten kann, dies aber nicht tun muss; eine solche Vorgehensweise ist dem Träger auch nicht zu empfehlen, da er die Eltern stärker festlegt, ohne davon einen finanziellen Vorteil zu haben.

Eine Einschränkung der Trägerautonomie, unter Umständen im Hinblick auf kommunale Träger auch der kommunalen Selbstverwaltungshoheit, nicht größere Zeitintervalle als Buchungszeitkategorien festlegen zu dürfen als den Stundentakt, ist sachlich gerechtfertigt: Es handelt sich dabei um eine Fördervoraussetzung, das heißt der Träger ist nur dann an eine solche Freigabe der Buchungen gebunden, wenn er gefördert werden möchte. Da die Förderhöhe aber von der Länge der Buchungszeit abhängt, ist ein sachgerechter Einsatz der Steuermittel nur gewährleistet, wenn die Träger die Eltern nicht zu überlangen Buchungen zwingen können. Auch im Hinblick auf die vorrangige Erziehungsverantwortung der Eltern und die unterstützende und ergänzende Funktion der Kindertageseinrichtungen wären längere, erzwungene Anwesenheitszeiten der Kinder problematisch.

Es ist zulässig, dass ein Träger, der mehrere Kindertageseinrichtungen betreibt, die **verschiedenen Buchungszeitkategorien in verschiedenen Einrichtungen anbietet**, also z. B. in der Einrichtung A die kurzen Buchungszeitkategorien und in der Einrichtung B die langen.

dd) Buchung in den Ferienzeiten

Das BayKiBiG und die AVBayKiBiG regeln diese Fälle folgendermaßen: **211**

Dauer der Kurzzeitbuchung	Förderung für
0 – 14 Betriebstage	0 Monate
15 – 29 Betriebstage	1 Monat
30 – 44 Betriebstage	2 Monate
ab 45 Betriebstage	3 Monate

Für die Betreuung in Ferienzeiten sind zwei Fallgestaltungen zu unterscheiden:

Begrifflich handelt es sich dabei um Ferien- und Kurzzeitbuchung. Bei der Ferienbuchung werden im Unterschied zur Kurzzeitbuchung die Kalendermonate mit Regelbuchung durch die Monate mit höherer Buchung ersetzt.

§ 26 Abs. 3 AVBayKiBiG sieht maximal eine Förderung für 3 Monate vor. Können nach der normalen Regelung 4 oder mehr Monate abgerechnet werden, kommt § 26 Abs. 3 AVBayKiBiG nicht zur Anwendung.

§ 26 Abs. 3 AVBayKiBiG gilt für alle Kinder.

1. Kinder besuchen eine Einrichtung regelmäßig und benötigen in den Ferienzeiten eine längere Betreuung, um beispielsweise die fehlenden Unterrichtszeiten der Schule abzudecken (sog. Ferienbuchung).

   Die Eltern buchen neben der Buchungszeit in den Schulzeiten den Umfang der Betreuungszeit in den Ferien und die Anzahl der Tage, in denen die längere Buchung benötigt wird. Dabei genügt es, wenn die Eltern entscheiden, ob die Ferienbetreuung an mindestens 15, 30 oder 45 Tagen pro Schuljahr in Anspruch genommen wird.

   Beispiel:
   Ein Kind besucht die Einrichtung regelmäßig mit der Zeitkategorie > 3 h bis 4 h. In den Ferien benötigt das Kind für insgesamt 32 Tage bezogen auf das Bewilligungsjahr eine Betreuungszeit von > 8 h bis 9 h.
   Für zwei Kalendermonate wird die Zeitkategorie > 3 h bis 4 h durch die Zeitkategorie > 8 h bis 9 h ersetzt.

2. Kinder besuchen eine Einrichtung ausschließlich in Ferienzeiten, um eine Betreuung für die fehlenden Unterrichtszeiten abzudecken (sog. Kurzzeitbuchung).

   Die Eltern buchen den Umfang der Betreuungszeit und die Anzahl der Tage, an denen die Betreuung benötigt wird. Dabei genügt es, wenn die Eltern entscheiden, ob die Betreuung an mindestens 15, 30 oder 45 Tagen pro Schuljahr in Anspruch genommen wird. Mehrere Kurzzeitbuchungen im gleichen Bewilligungszeitraum werden zusammengezählt.

   Beispiel:
   Kind besucht die Einrichtung in den Osterferien an 6 Tagen, in den Pfingstferien an 6 Tagen und in den Sommerferien an 12 Tagen. Betreuung im Bewilligungsjahr insgesamt an 24 Tagen. Der Träger erhält die Förderung für einen Kalendermonat mit der gebuchten Betreuungszeit.

ee) Buchungszeitfaktoren

212 Heranzuziehen ist die durchschnittlich auf einen Tag entfallende Buchungszeit. Die in Abs. 4 Satz 6 angeführten Buchungszeitfaktoren für die einzelnen Stundenkategorien sind in § 25 AVBayKiBiG geregelt (s. dortige Erl.).

c)   Gewichtungsfaktoren

Abs. 5 regelt abschließend die Gewichtungsfaktoren. Sie stellen eine **pau-** **213** **schalierte höhere Förderung für einen typischerweise höheren Bildungs-, Erziehungs- oder Betreuungsaufwand** dar. Zur Vermeidung eines bei mehr als ca. 400 000 betroffenen Kindern nicht bewältigbaren Verwaltungsaufwands musste von einer Einzelüberprüfung, ob bei einem bestimmten Kind ein erhöhter Aufwand (etwa infolge Hyperaktivität) gegeben ist, abgesehen werden. Stattdessen wird auf einfach zu überprüfende, objektive Kriterien abgestellt, die in der weit überwiegenden Mehrzahl der Fälle zu Recht zu einer höheren Förderung führen.

Per AMS vom 25.2.2011 (Az: VI 4 6512.01-1/64, AMS 02-2010) weist das StMAS darauf hin, dass die kindbezogene Förderung zwingend mit den Gewichtungsfaktoren zu berechnen ist, sofern die Voraussetzungen hierfür vorliegen.

„Nach § 17 Abs. 1 Satz 3 AVBayKiBiG sind Buchungszeiten von Kindern mit Gewichtungsfaktor entsprechend vervielfacht in den Anstellungsschlüssel einzurechnen. Diese Vorschrift dient der Qualitätssicherung und sie soll die Rahmenbedingungen für die Aufnahme von Kindern mit Behinderung bzw. von Behinderung bedrohten Kindern sicherstellen. Wird wegen der Gewichtungsfaktoren der förderrelevante Mindestanstellungsschlüssel von 1:11 überschritten (vgl. Anmerkung zu § 17 AV-BayKiBiG), kann der Träger auf die höhere Anforderung durch Aufstockung der Personalstunden reagieren. Alternativ ist ggf. der Umfang der Buchungsstunden zu reduzieren.

Die Berechnung des Anstellungsschlüssels auf Grundlage der Buchungszeiten und der Gewichtungsfaktoren nach Maßgabe des § 17 Abs. 1 AVBayKiBiG ist zwingend und damit Fördervoraussetzung (Art. 19 Nr. 10 BayKiBiG). Der förderrelevante Mindestanstellungsschlüssel kann also nicht dadurch eingehalten werden, indem der Träger bei der Abrechnung auf einen höheren Gewichtungsfaktor verzichtet. **Dies gilt ausnahmslos für alle Gewichtungsfaktoren über 1,0.**“

aa)   Gewichtungsfaktor 2,0 für Kinder unter drei Jahren

Dieser Gewichtungsfaktor wird für Kinder in allen Kindertageseinrichtun-   **214** gen (nicht in Tagespflege) gewährt, die laut Pass oder Geburtsurkunde noch nicht das dritte Lebensjahr vollendet haben. Die doppelt so hohe Förderung korrespondiert damit, dass für diese Kinder auch doppelt so viel Personal vorgehalten werden muss, vgl. § 17 Abs. 1 Satz 3 AVBayKiBiG.

Nach dem KiFöG gewährt der Bund von 2009 bis 2013 auch Bundesmittel zur Betriebskostenförderung. Diese reicht der Freistaat Bayern über einen sog. Ausbaufaktor vollumfänglich an die Gemeinden weiter. Der Ausbaufaktor wird bei allen in die kindbezogene Förderung einbezogenen Kindern angewendet, die den Gewichtungsfaktor 2,0 aufweisen.

Wird das Kind drei Jahre alt (z. B. am 8.3.), so wird ab diesem Monat (also im Beispiel ab März) die normale Förderung mit Gewichtungsfaktor 1,0 gewährt; bei Kindern in Kinderkrippen im Sinne des Art. 2 Abs. 1 Satz 2 Nr. 1 gilt der Gewichtungsfaktor 2,0 immer bis zum Ende des Kindergartenjahrs (d. h. bis zum 31.8.), Abs. 5 Satz 5. Bis zum 31.8.2013 wendet das StMAS (rechtssystematisch zweifelhaft) Abs. 5 Satz 5 analog auch auf drei Jahre alt gewordene Kinder in anderen Kindertageseinrichtungen an und gewährt den Gewichtungsfaktor 2,0 ab dem Kindergartenjahr 2007/08 bis zum Ende des Betreuungsjahres fort, wenn die Gemeinde gleichermaßen verfährt; *Dunkl/ Eirich*, 2. Auflage Art. 21 Nr. 5.3 stützen diese Verfahrensweise darauf, dass auch der Oberste Rechnungshof von einer Beanstandung im Hinblick auf Bekundungen der Mehrheitsfraktion im Bayerischen Landtag, eine entsprechende Gesetzesänderung vorzunehmen, abgesehen habe. Bei dreijährigen Kindern, die nach Abs. 5 Satz 5 (analog) als unter dreijährig gelten, können auch die Buchungszeitkategorien unter drei Stunden gefördert werden.

Mit der Novellierung des BayKiBiG wird der Anregung des Obersten Bayerischen Rechnungshofs dahingehend Rechnung getragen, als die bisher tolerierte Vorgehensweise gesetzlich verankert wird. Mit dem neuen Art. 21 Abs. 5 Satz 6 wird auch für alle anderen Kindertageseinrichtungen außer den Kinderkrippen die rechtliche Möglichkeit eröffnet, den Gewichtungsfaktor 2,0 auch dann bis zum Ende eines Kindergartenjahres abzurechnen, wenn ein Kind während des Kindergartenjahres das dritte Lebensjahr bereits vollendet hat, sofern die zuständige Gemeinde dieser Förderung zustimmt.

Beispiel:

Ein Kindergarten mit 75 Plätzen wird von 53 Kindern im Alter von drei Jahren bis zur Einschulung besucht. Der **Träger öffnet den Kindergarten** und nimmt zusätzlich noch 11 Kinder zwischen zwei und drei Jahren auf (Kinder unter drei Jahren werden in Bezug auf die maximale Platzzahl, die in der Betriebserlaubnis festgelegt ist [im Beispiel 75 Plätze], wie zwei Kinder gerechnet, vgl. näher Erl. zu Art. 7 Rn. 51). Für die Kinder unter drei Jahren erhält der Träger die Förderung mit Gewichtungsfaktor 2,0, muss aber für ihre Betreuung auch doppelt so viel Personal einsetzen. Wenn die Kinder im Laufe des Kindergartenjahres drei Jahre alt werden, muss der Gewichtungsfaktor auf 1,0 bzw. 1,3 ab dem Geburtstagsmonat angepasst werden.

Hinsichtlich der Vollendung des dritten Lebensjahrs und der damit verbundenen Veränderung des Gewichtungsfaktors sind in Verbindung mit § 26 Abs. 1 Satz 1 AVBayKiBiG folgende Fallgestaltungen zu unterscheiden:

> Beispiele:
> Aufnahme eines Kindes im September; Vollendung des dritten Lebensjahres im Oktober
> Kinderkrippe:
> wegen Art. 21 Abs. 5 Satz 5 gilt für das ganze Kindergartenjahr Faktor 2,0
> Sonstige Kindertageseinrichtung:
> bei Anwendung des Art. 21 Abs. 5 Satz 6 siehe Krippe, allerdings entscheidet der Träger, ob tatsächlich GW 2,0 zur Anwendung kommt. Ohne Anwendung von Satz 6 gilt ab dem Oktober zwingend GW 1,0
>
> Aufnahme eines Kindes im Oktober; Vollendung des dritten Lebensjahres im Oktober
> Kein Anwendungsfall des Art. 21 Abs. 5 Satz 5; das Kind muss in jedem Fall mit GW 1,0 gefördert werden.
>
> Vollendung des 3. Lebensjahrs eines Kindes im September
> Neuaufnahme im September
> Schutzzweck des Art. 21 Abs. 5 Satz 5 greift nicht, das Kind wird in jedem Fall mit Gewichtungsfaktor 1,0 abgerechnet.
>
> Vollendung des 3. Lebensjahrs eines Kindes im September. Die Aufnahme des Kindes erfolgte bereits im Alter von zwei Jahren und wird weiter in der Einrichtung betreut.
> Kinderkrippe:
> Art. 21 Abs. 5 Satz 5 ist einschlägig, das Kind kann für das ganze Kindergartenjahr mit Faktor 2,0 gefördert werden.
> Sonstige Kindertageseinrichtung:
> Nachdem keine Kinderkrippe vorliegt, greift Art 21 Abs. 5 Satz 5 nicht; es gilt für das Kindergartenjahr der Gewichtungsfaktor 1,0, auch wenn das Kind schon vor Vollendung des dritten Lebensjahres im vorangegangenen Kindergartenjahr aufgenommen wurde.

bb) Gewichtungsfaktor 1,0 für Kinder im Alter von drei Jahren bis zum Schuleintritt

Das typische Kindergartenkind wurde als Ausgangspunkt für die Förderung **215** gewählt. Jedes Kind ist einzigartig und bedarf eines differenzierten Eingehens auf seine Bedürfnisse; eine praktikable Förderung kann diese Nuancen nicht abbilden. Da praktisch jeder Kindergarten auch von Kindern mit Entwicklungsverzögerungen oder Verhaltensauffälligkeiten besucht wird, ist diesem Förderbedarf nicht über einen gesonderten Gewichtungsfaktor, sondern über die Regelförderung gerecht zu werden.

cc) Gewichtungsfaktor 1,2 für Schulkinder

216 Die erhöhte Förderung für Schulkinder beruht darauf, dass das pädagogische Personal zusätzliche Zeit für die intensive Kooperation mit der Schule benötigt und auch die Hausaufgabenbetreuung einen höheren Personaleinsatz erfordert.

dd) Gewichtungsfaktor 4,5 für behinderte oder von wesentlicher Behinderung bedrohte Kinder

217 Der Begriff der (drohenden) **Behinderung richtet sich nach § 2 Abs. 1 Satz 1 SGB IX.** Der Gewichtungsfaktor wird gewährt, wenn ein **Bescheid nach § 53 SGB XII** über den Anspruch auf Eingliederungshilfe vorliegt. Einen solchen Bescheid erhalten die Eltern vom zuständigen Träger der überörtlichen Sozialhilfe (Bezirk), wenn sie einen Antrag auf Eingliederungshilfe stellen, ihr Kind behindert oder von Behinderung bedroht ist und zudem auch ein Eingliederungsbedarf besteht.

Es reicht nicht aus, wenn nachgewiesen oder offensichtlich ist, dass das Kind behindert oder von Behinderung bedroht ist. Vielmehr muss zudem ein Eingliederungshilfeanspruch festgestellt worden sein. Dies ergibt sich daraus, dass Abs. 5 auf § 53 SGB XII verweist: Wäre die Behinderteneigenschaft ausreichend, so wäre auf § 2 SGB IX verwiesen. Die zusätzliche Voraussetzung des Eingliederungshilfebedarfs begründet sich dadurch, dass es sehr vielgestaltige Formen von Behinderungen gibt; manche können etwa durch medizinische Leistungen so gut ausgeglichen werden, dass das Kind die Kindertageseinrichtung besuchen kann, ohne eine besondere Bildungs-, Erziehungs- oder Betreuungsarbeit zu benötigen.
Die Gesetzesbegründung zu Art. 21 stellt darauf ab, dass ein Eingliederungshilfebescheid nach § 53 SGB XII vorliegen müsse. Die Notwendigkeit eines Bescheides ergibt sich daraus, dass anderenfalls das Vorliegen eines Eingliederungshilfebedarfs nicht festgestellt ist. **§ 35a SGB VIII** verdrängt für Schulkinder mit (drohender wesentlicher) seelischer Behinderung die Leistung des Sozialhilfeträgers nach § 53 SGB XII, vgl. § 10 Abs. 4 Satz 1 SGB VIII; anders bei Vorschulkindern, vgl. Art. 64 Abs. 2 AGSG. Nachdem auch in den Fällen des § 35a SGB VIII eine Behinderung im Sinne von § 53 SGB XII vorliegt – § 53 SGB XII erfasst auch seelische Behinderungen – und zudem ein Eingliederungshilfebedarf festgestellt wird, kann auch in den Fällen des § 35a SGB VIII der Gewichtungsfaktor 4,5 gewährt werden.

218 Mit der Novellierung des BayKiBiG werden mit Wirkung ab dem 1.9.2013 in Anlehnung an die bisherige Praxis die Voraussetzungen für die

Förderung mit dem Gewichtungsfaktor präzisiert. Der Förderanspruch für den Gewichtungsfaktor 4,5 setzt nun voraus, dass, wie vor dem 1.9.2013 bereits gefordert, ein Eingliederungshilfeanspruch nach § 53 SGB XII auf Betreuung in einer Kindertageseinrichtung durch Bescheid festgestellt ist und **zusätzlich** eine Vereinbarung nach § 75 Abs. 3 SGB XII zwischen dem Einrichtungsträger und dem zuständigen Bezirk abgeschlossen wurde und Leistungen hieraus erbracht werden (sog. Leistungs- und Entgeltvereinbarung).

Der Gewichtungsfaktor 4,5 ermöglicht es, im Vergleich zu einer Kindertageseinrichtung ohne Kinder mit Behinderung mit genauso viel Personal weniger Kinder zu betreuen. Durch die verbesserten personellen Rahmenbedingungen können die pädagogischen Kräfte den besonderen Bedürfnissen der Kinder mit und ohne Behinderung gerecht werden. Der neu eingefügte vierte Spiegelstrich in Art. 21 Abs. 5 Satz 2 stellt das Verhältnis zwischen der Förderung der Kindertagesbetreuung nach BayKiBiG und der Eingliederungshilfe klar.

Zu unterscheiden sind zwei Leistungen. Während über die kindbezogene Förderung die erforderlichen personellen Rahmenbedingungen abgesichert werden, werden über die Eingliederungshilfe die individuellen Eingliederungshilfemaßnahmen für die betroffenen Kinder, die sich aus der Art und Schwere der jeweiligen Behinderung ergeben, finanziert. Damit haben Träger einen Anspruch auf beide Leistungen nebenher, es besteht kein Subsidiaritätsverhältnis zwischen der Eingliederungshilfeleistung und der kindbezogenen Förderung. Eine Aufrechnung der beiden Leistungen ist nicht möglich. Damit ist nun aber auch klargestellt, dass ein Eingliederungshilfebescheid, mit dem zwar der Eingliederungshilfeanspruch, nicht aber das Erfordernis von weiteren Eingliederungshilfeleistungen festgestellt wird (sog. Null-Bescheide), ab dem 1.9.2013 nicht mehr für die Förderung mit Gewichtungsfaktor 4,5 ausreichend ist.

Darüber hinaus stellt der neue vierte Spiegelstrich klar, dass entsprechend der bisherigen Rechtsauffassung der Gewichtungsfaktor auch für Schulkinder gilt, bei denen aufgrund einer seelischen Behinderung ein Eingliederungshilfeanspruch nach § 35a SGB VIII durch den Träger der öffentlichen Jugendhilfe festgestellt wurde. Für den Anspruch gelten die Voraussetzungen in gleicher Weise wie bei den Kindern mit Eingliederungshilfeanspruch nach § 53 SGB XII.

Die Kindertageseinrichtungen leisten die Eingliederungshilfe entsprechend dem individuellen Bedarf der Kinder. Die integrativen Angebote in Kindertageseinrichtungen beinhalten nach der Rahmenvereinbarung T-K-KITA ganzheitliche und begleitende Leistungen in den Bereichen Förderung, Betreuung und ggf. Pflege, Bildung und Erziehung. Die Leistungsbereiche beinhalten im Einzelnen:

- Förderung, Betreuung und ggf. Pflege, Bildung und Erziehung
- Organisation und Koordination des Alltags in der Kindertageseinrichtung, Team und Fallbesprechungen, Fortbildung, Förder- und Hilfeplanung und Dokumentation
- Zusammenarbeit mit Eltern und Kooperation mit allen Beteiligten bei der Planung und Durchführung der Angebote nach Art. 15 Abs. 1. Förder- und Hilfsmaßnahmen sind durch alle Beteiligten aufeinander abzustimmen.

Der überörtliche Träger der Sozialhilfe (Bezirke) reicht seine Förderung über eine Anhebung des Gewichtungsfaktor 4,5 auf 5,5 aus. Dies gilt sowohl für den staatlichen als auch den kommunalen Förderanteil. Mit dieser Erhöhung beteiligen sich die Bezirke an den Personalkosten für zusätzlich angestelltes pädagogisches Fach- bzw. Ergänzungspersonal, das erforderlich ist, um die Förderleistungen erbringen zu können.

Nach der Rahmenleistungsvereinbarung wird zudem der behinderungsbedingte zusätzliche Mehraufwand für zusätzliche Sachausstattung sowie verminderte Einnahmen bei den Elternbeiträgen aufgrund der erforderlichen Reduzierung der Kinderzahl vergütet.

Für die Förderung aller oder einzelner behinderter oder von Behinderung bedrohter Kinder können zusätzlich therapeutische Fachdienststunden in Anspruch genommen werden. Der Umfang (bis zu 50 Stunden pro Jahr) hängt vom individuellen Förderbedarf ab. Die Aufgaben des Fachdienstes sind folgende:

- Förderplanung
- Koordination und Durchführung von Förderangeboten
- Koordination und Kooperation mit anderen Institutionen
- Beratung und Information von Eltern, pädagogischem Personal in der Einrichtung
- Hilfsmittelversorgung.

Für den Fachdienst geeignetes Personal sind z. B.

- Psychologen
- Sozialpädagogen
- Heilpädagogen
- Sonderpädagogen
- Erzieher mit heilpädagogischer Zusatzausbildung.

Der Fachdienst kann über Festanstellung beim Träger oder auf Honorarbasis erfolgen. Leistungen der ambulanten Frühförderung sowie medizinisch-therapeutische Leistungen (Logopädie, Ergotherapie, Krankengymnastik) zählen nicht zu den Leistungen des Fachdienstes.

Nach den bisherigen Erfahrungen ist festzustellen, dass die Praxis der Bezirke hinsichtlich des Leistungsumfangs bei festgestelltem Eingliederungshilfeanspruch unterschiedlich ist. Einige Bezirke erbringen die Leistungen nicht wie in der Rahmenleistungsvereinbarung vorgesehen, sondern beschränken die Leistung auf die Fachdienststunden oder einen Integrations- bzw. Individualhelfer.

Integrations- bzw. Individualhelfer   219

Stellt der Bezirk bei einem Kind einen Eingliederungshilfeanspruch fest und beschränkt sich die Hilfeleistung auf den Zuspruch eines Integrations- bzw. Individualhelfers, ist die Voraussetzung einer Leistungs- und Entgeltvereinbarung zwischen Träger und Bezirk nicht gegeben. Faktor 4,5 ist in diesen Fällen ab dem 1.9.2013 nicht (mehr) möglich. Selbst wenn eine Vereinbarung existieren würde, würde aus dieser Vereinbarung keine Leistung erbracht.

Eine Ausnahme ist dann anzunehmen, wenn es sich um eine Leistung der Kindertageseinrichtung handelt und sich der Bezirk über einen Vertrag oder eine Vereinbarung verpflichtet, die Kosten für diese Leistung der Einrichtung zu erstatten. Der Gewichtungsfaktor 4,5 kann demnach gewährt werden, wenn eine Einrichtung einen Individualhelfer oder Integrationsbegleiter selbst stellt oder sich diesen über einen externen Anbieter auf eigene Kosten beschafft und der Bezirk die Kosten erstattet. Maßgeblich für die Berücksichtigung des Faktors 4,5 ist demnach, dass eine Leistung der Einrichtung vorliegt, deren Kosten vom Bezirk ganz oder teilweise übernommen wird

Eine Anrechnung der Arbeitszeitstunden eines Individualhelfers bzw. Integrationsbegleiters in den Anstellungsschlüssel nach § 17 Abs. 1 AVBayKiBiG scheidet aus, da der Integrationsbegleiter ausschließlich für das bzw. die Kinder mit Behinderung zuständig ist und demnach ausschließlich eine Eingliederungshilfeleistung darstellt.

Fachdienststunden

Besteht eine Leistungsvereinbarung zwischen Einrichtung und Bezirk, die   220
ausschließlich die Finanzierung von Fachdienststunden vorsieht, verzichtet der Träger de facto auf Leistungen des Bezirks, wie diese in der Rahmenleistungsvereinbarung T-K-KITA vorgesehen sind. Sofern die Fachdienststunden durch die Einrichtung oder zumindest in deren Auftrag erbracht werden, kann Faktor 4,5 erbracht werden.

Es würde demnach nicht genügen, wenn zwar Fachdienststunden im Rahmen der Eingliederungshilfe vom Bezirk gewährt werden, diese aber nicht von der Einrichtung, sondern unabhängig von der Einrichtung durch Dritte (z. B. Frühförderstelle) erbracht würden.

Verhaltensauffällige Kinder ohne Anspruch auf Eingliederungshilfe

Kinder, bei denen kein Anspruch auf Eingliederungshilfe festgestellt wurde, die aber dennoch eine erhöhte Aufmerksamkeit durch das pädagogische Personal erfordern, können nicht mit dem Gewichtungsfaktor 4,5 gefördert werden. Auch der Forderung eines eigenen erhöhten Gewichtungsfaktors für die Kinder ist eine Absage zu erteilen, weil eine sachgerechte Abgrenzung dieser Kinder nicht zweifelsfrei und wenn überhaupt nur mit erheblichem bürokratischem Aufwand möglich ist.

Art. 21 Abs. 5 Satz 4, 5. Spiegelstrich

221 Mit dem fünften Spiegelstrich in Art. 21 Abs. 5 wird ab dem 1.9.2013 geregelt, dass der Gewichtungsfaktor 4,5 bereits während eines laufenden Feststellungsverfahrens für den Anspruch auf Eingliederungshilfe, maximal für die Dauer von sechs Monaten, berücksichtigt werden kann. Voraussetzung hierfür ist:
– Eltern haben einen Antrag auf Eingliederungshilfe nach § 53 SGB XII bzw. § 35a SGB VIII zur Betreuung in einer Kindertageseinrichtung gestellt,
– in der Einrichtung werden bereits Kinder mit Anspruch auf Eingliederungshilfe betreut, für die eine Leistungs- und Entgeltvereinbarung mit dem Bezirk bzw. dem Jugendamt besteht und
– es werden Leistungen aus dieser Vereinbarung tatsächlich erbracht.

Das StMAS hat per AMS vom 25.2.2011 (Az: VI 4 6512.01-1/64, AMS 02-2010) zudem Ausnahmeregelungen getroffen, für die rückwirkende Berücksichtigung des Gewichtungsfaktors 4,5 nach Abschluss des Feststellungsverfahrens für den Eingliederungshilfeanspruch.

Beispiel:
Die Eltern eines Kindes stellen während eines laufenden Kindergartenjahres einen Antrag auf Eingliederungshilfe. Der zuständige Bezirk bzw. das Jugendamt prüft das Vorliegen der Voraussetzungen und stellt nach einer Bearbeitungsdauer von 5 Monaten den Anspruch rückwirkend ab dem Kalendermonat der Antragstellung fest. Der Träger hat nun, sobald er Kenntnis vom Vorliegen des Anspruchs auf Eingliederungshilfe erlangt, rückwirkend den Faktor 4,5 für das betreffende Kind anzusetzen. Sofern aufgrund des Faktors 4,5 der förderrelevante Mindestanstellungsschlüssel nicht eingehalten ist, kann der Träger über die

Ausnahmeregelung des AMS den Faktor ab dem Kalendermonat ansetzen, in dem die personellen Rahmenbedingungen für einen Förderanspruch vorliegen. Die Regelung gilt längstens bis zum Ende des laufenden Kindergartenjahres.

Mit dem 5. Spiegelstrich sollen die Träger in die Lage versetzt werden, organisatorische Vorkehrungen für die individuelle Bildung, Betreuung und Erziehung bereits vor Feststellung des Anspruchs auf Eingliederungshilfe zu treffen. Insbesondere geht es um die rechtzeitige Bereitstellung ausreichender Personalstunden. Bei der Regelung handelt es sich um eine Kann-Bestimmung, die Anwendung liegt damit im Ermessen des jeweiligen Trägers. Macht der Träger von der Bestimmung Gebrauch und beantragt die Förderung mit dem Gewichtungsfaktor 4,5, muss auch zwingend das Personal entsprechend vorgehalten werden, d. h. der Faktor 4,5 wird während des Antragsverfahrens in den Anstellungsschlüssel eingerechnet.

Die Anwendung der Regelung ist nicht möglich, wenn durch das weitere Kind, das mit Faktor 4,5 gefördert wird, die Drittelgrenze des Art. 2 Abs. 3 überschritten würde.

Wird der Anspruch auf Eingliederungshilfe bzw. das Erfordernis der Betreuung in einer Kindertageseinrichtung abgelehnt, bleibt der Anspruch auf den Gewichtungsfaktor für maximal bis zu sechs Monate unberührt. Erfährt der Träger von der Ablehnung des Antrags auf Eingliederungshilfe nach drei Monaten, muss der Träger den Faktor 4,5 in dem Kalendermonat der Kenntnisnahme, d. h. in dem Kalendermonat, in dem die Eltern den Träger von der Ablehnung unterrichtet haben, auf den zutreffenden Gewichtungsfaktor abändern. Für die zeitliche Wirkung der förderrelevanten Änderung gilt § 26 Abs. 1 AVBayKiBiG.

Legen die Eltern gegen den ablehnenden Bescheid Widerspruch ein oder erheben Klage, wird der Gewichtungsfaktor bis zur endgültigen Entscheidung, längstens aber für sechs Monate, weiter gewährt.

Im Wege des Art. 26a Nr. 6 sind die Eltern verpflichtet, den Träger unverzüglich, d. h. ohne schuldhaftes Verzögern, über den Anspruch auf Eingliederungshilfe zu informieren; dies schließt die Information über die erfolgte Antragstellung auf Eingliederungshilfe ein.

Der Faktor 4,5 ist nicht vom Einvernehmen der Gemeinde oder der Bewilligungsbehörde abhängig. Bei Vorliegen der Voraussetzungen hat der Träger einen Rechtsanspruch auf Förderung mit dem Gewichtungsfaktor 4,5.

Anwendungsbeispiele im Einzelnen:

In einer Einrichtung werden drei Kinder betreut, für die vom Bezirk Leistungen über eine Leistungs- und Entgeltvereinbarung erbracht werden. Alle Feststellungsbescheide auf Eingliederungshilfe wurden vom Bezirk bis zum Ende des laufenden

Kindergartenjahrs befristet. Die Eltern der Kinder haben in allen drei Fällen Verlängerungsanträge gestellt. Diese Anträge werden aufgrund der Bearbeitungszeiten nicht mit Beginn des nächsten Kindergartenjahrs verbeschieden.

Frage:

Kann der Gewichtungsfaktor 4,5 ab dem 1.9. im Wege des 5. Spiegelstrichs für maximal 6 Monate angesetzt werden, auch wenn ab diesem Zeitpunkt für kein Kind Leistungen des Bezirks erbracht werden?

Lösung:

Maßgebend für die Anwendung der Regelung des 5. Spiegelstrichs ist, dass eine Leistungs- und Entgeltvereinbarung zwischen Träger und Bezirk oder ggf. Jugendamt besteht, wonach sich der Bezirk oder das Jugendamt zur Erbringung von Eingliederungshilfeleistungen verpflichtet. Hierbei können auch die Kinder als Bezugsfall dienen, für die die Eltern Verlängerungsanträge gestellt haben.

In einer Einrichtung wird für ein Kind eine Eingliederungshilfeleistung über eine entsprechende Leistungsvereinbarung bis einschließlich August erbracht. Anschließend wechselt das Kind in eine schulvorbereitende Einrichtung (SVE). Der Bezirk hält daraufhin eine weitere Eingliederungshilfe an die Einrichtung nicht mehr für erforderlich. Gleichzeitig stellen die Eltern eines anderen Kindes im September Antrag auf Eingliederungshilfe.

Frage:

Kann der Gewichtungsfaktor 4,5 ab dem 1. September im Wege des 5. Spiegelstrichs für dieses Kind gewährt werden?

Lösung:

Die Anwendungsmöglichkeit des 5. Spiegelstrichs ist gegeben. Eine Leistungs- und Entgeltvereinbarung zwischen dem Träger und dem Bezirk war geschlossen worden. Es wurde ohne Unterbrechung von den Eltern eines anderen Kindes ein Antrag auf Eingliederungshilfe gestellt. Es kann daher davon ausgegangen werden, dass die Einrichtung in der Lage ist, die Eingliederungshilfeleistung zu erbringen und der Bezirk bereit ist, im Falle der Gewährung des Anspruchs Leistungen über eine entsprechende Vereinbarung zu erbringen.

Frage:

Wie ist zu verfahren, wenn Eltern einen Antrag auf Eingliederungshilfe im September stellen, eine Leistungs- und Entgeltvereinbarung für ein anderes Kind besteht, die Einrichtung aber die personellen Voraussetzungen für den Faktor 4,5 erst ab November erfüllt?

Lösung:

Die sechsmonatige Frist des 5. Spiegelstrichs beginnt ab November zu laufen. Der Träger hat die Möglichkeit, den Faktor 4,5 längstens für 6 Monate abzurechnen.

Für ein Vorschulkind mit seelischer Behinderung wurde Eingliederungshilfe vom Bezirk bis zum Ende des Kindergartenjahrs bewilligt. Eine Leistungsvereinbarung mit dem Bezirk existiert. Der Träger rechnet Gewichtungsfaktor 4,5 ab. Im folgenden Kindergartenjahr besucht das Kind die Einrichtung als Schulkind. Ein Eingliederungshilfeantrag beim Jugendamt wurde aufgrund des Zuständigkeitswechsels (§ 35a SGB VIII) gestellt, über den das Jugendamt jedoch noch nicht entschieden hat. Es besteht keine Leistungsvereinbarung mit dem Jugendamt für ein anderes Kind, sondern lediglich mit dem Bezirk.

Frage:

Kann der Gewichtungsfaktor 4,5 ab dem 1. September im Wege des 5. Spiegelstrichs für das Schulkind abgerechnet werden?

Lösung:

Nachdem mit dem zuständigen Jugendamt keine Leistungsvereinbarung besteht, kann die Regelung des 5. Spiegelstrichs in diesem Fall keine Anwendung finden.

ee)   Gewichtungsfaktor 4,5 + x

Bei **integrativen Kindertageseinrichtungen** kann sowohl die (schwerere) Art der Behinderung einzelner Kinder, als auch die erhöhte Zahl von Kindern mit Behinderungen (mindestens drei bis zu einem Drittel, Art. 2 Abs. 3) zudem die **Einstellung zusätzlichen Personals** erfordern. Um auch dies finanziell zu ermöglichen, kann nach Abs. 5 Satz 3 der Gewichtungsfaktor 4,5 unabhängig von der Erhöhung durch den Bezirk erhöht werden (sog. „**Gewichtungsfaktor 4,5 + x**"). Ob dieser erhöhte Gewichtungsfaktor gewährt wird, liegt allerdings in der ermessensgebundenen Entscheidung der betroffenen Gemeinde(n). Die Gemeinde entscheidet des Weiteren darüber, wieweit der Gewichtungsfaktor hochgesetzt wird – das BayKiBiG sieht keine Deckelung vor. Maßgeblich für den erhöhten Gewichtungsfaktor ist vielmehr, welche Förderung **zur „Finanzierung des höheren Personalbedarfs" erforderlich** ist. Das bedeutet, dass sich Träger und Gemeinde – unter Einbeziehung des zuständigen Trägers der Sozialhilfe – zunächst entscheiden, welche zusätzliche Kraft mit welcher Qualifikation (z. B. staatlich anerkannte Heilpädagogen, Heilerziehungspfleger oder Erzieher) zu welchem Umfang (Voll- oder Teilzeit) notwendig ist.

Die kommunalen Spitzenverbände, die Spitzenverbände der freien Wohlfahrtspflege sowie das Bayerische Staatsministerium für Arbeit und Soziales, Familie und Integration haben sich in einer gemeinsamen Empfehlung zur Gewährung des Gewichtungsfaktors 4,5 + x (s. Anhang Nr. 6a) darauf geeinigt, dass ohne besondere Begründung bei einer durchschnittlichen Buchungszeit von in der Regel sechs Stunden täglich für Einrichtungen mit

- drei behinderten oder von Behinderung bedrohten Kindern   0,6
- vier behinderten oder von Behinderung bedrohten Kindern   0,8 und
- fünf behinderten oder von Behinderung bedrohten Kindern   1,0

Integrationskräfte einzusetzen sind (s. 59. Newsletter). Dabei sind nach dem 56. Newsletter auch Fachdienststunden anrechenbar, soweit sie die pädagogische Arbeit mit den Kindern oder auch deren Vor- und Nachbereitung (Beobachtung, Dokumentation, Teambesprechungen, Elterngespräche, Vernetzung und Kooperation) betreffen.

222

Dann wird in einem zweiten Schritt berechnet, mit welchem Gewichtungs-faktor für alle Kinder mit (drohender wesentlicher) Behinderung sich diese zusätzliche Kraft finanzieren lässt. Dabei ist wie nach altem Recht (BayKiG) von einem **Förderanteil in Höhe von 80 Prozent seitens der Gemeinden zu-sammen mit dem Freistaat Bayern** auszugehen; die Berechnung des Fak-tors 4,5 + x wird durch das onlinegestützte Abrechnungsverfahren Ki-BiG.web im Rahmen der Antragsprozesse für die Abschläge sowie bei der Erstellung der Endabrechnung unterstützt. Der berechnete Faktor + x wird für das gesamte Betreuungsjahr einheitlich festgelegt, auch wenn sich die Zahl der Integrationskinder vermindert (Gemeinsame Empfehlung zur Ge-währung des Faktors 4,5 + x bei der Betreuung behinderter Kinder in inte-grativen Kindertageseinrichtungen der kommunalen Spitzenverbände, des Bayerischen Staatsministeriums für Arbeit und Sozialordnung, Familie und Frauen und der Arbeitsgemeinschaft der Spitzenverbände der freien Wohlfahrtspflege in Bayern vom 1.9.2007, s. Anhang).

ff)   Gewichtungsfaktor 1,3 für Kinder, deren Eltern beide nichtdeutschsprachiger Herkunft sind

223   Der Gewichtungsfaktor 1,3 will typisierend die Fallgruppe erfassen, bei der eine erhöhte Wahrscheinlichkeit für Sprachdefizite besteht. Der tatsächli-che Sprachstand eines Kindes ist für den Faktor 1,3 unerheblich. Mit der um 30 % erhöhten Förderung der sog. Migrationskinder sollen die Einrich-tungen in die Lage versetzt werden, die Sprachförderung zu intensivieren. Wenn der Träger hierfür z. B. die Personalstunden erhöht, profitieren alle Kinder von dieser Maßnahme.

Die nichtdeutschsprachige Herkunft der Eltern liegt vor, wenn ihre Ge-burt in einem nichtdeutschsprachigen Familienumfeld erfolgte. Hiervon kann ausgegangen werden, wenn die Eltern laut **Pass** in einem Land gebo-ren wurden, in dem Deutsch nicht Amtssprache ist. Als Nachweis des Mi-grationshintergrunds genügt in diesen Fällen der nichtdeutsche Reisepass der Eltern. Wegen des nichtdeutschsprachigen Umfelds ist eine nicht-deutschsprachige Herkunft bei Spätaussiedlern anzunehmen, bei Österrei-chern und Südtirolern hingegen nicht. Gerade bei Türken in der dritten Ge-neration kommt es häufig vor, dass zwar die Eltern des Kindes beide in Deutschland geboren wurden, aber dennoch in einem überwiegend tür-kisch geprägten Umfeld aufwuchsen, in dem die türkische Sprache vorherr-schend war. Evtl. haben die Eltern sich mit Vollendung des 23. Lebensjahrs für die deutsche Staatsangehörigkeit entschieden und die türkische damit abgelegt. Hier reicht ein Nachweis, dass die Eltern im Laufe ihres Lebens eine ausländische Staatsangehörigkeit eines nichtdeutschsprachigen Landes aufgegeben haben; auch **sonstige amtliche Dokumente, die geeignet sind, die nichtdeutschsprachige Herkunft der Eltern nachzuweisen** (z. B. ein Vertriebenenausweis [bei Spätaussiedlern], Urkunde über die Zuerkennung der deutschen Staatsangehörigkeit oder über die Entlassung aus dem bisherigen Staatenverbund), können herangezogen werden, so der 29. Newsletter in seiner Fassung ab dem 30.4.2008. Wenn die **Gemeinde** hierzu bereit ist, kann der Nachweis der nichtdeutschsprachigen Herkunft auch durch die Gemeinde mit Hilfe der Daten des gemeindlichen Melderegisters erfolgen. Ist ein amtliches Dokument seitens des Trägers von den Eltern nur mit unzumutbarem Aufwand zu erlangen oder sind die Eltern schlichtweg nicht bereit, entsprechende Nachweise vorzulegen, so genügt eine **schriftliche Erklärung** der pädagogischen Kraft über das Aufnahmegespräch, anhand welcher Anzeichen sie die sichere Überzeugung gewonnen hat, dass beide Elternteile nichtdeutschsprachiger Herkunft sind.

Nach dem Wortlaut des Art. 21 Abs. 5 ist auf die nichtdeutschsprachige Herkunft beider Elternteile abzustellen. Ist ein sorgeberechtigter Elternteil deutschsprachiger Herkunft, kann Faktor 1,3 nicht angesetzt werden. Eltern im Sinne des Art. 2 Abs. 1 2. Halbsatz sind die jeweiligen Personensorgeberechtigten. Besteht gemeinsames Sorgerecht, ist auf beide Elternteile abzustellen, hat ein Elternteil das alleinige Sorgerecht, ist nur dessen sprachliche Herkunft maßgeblich. Leben die beiden Elternteile getrennt, gilt die Herkunft des Elternteils, bei dem sich das Kind überwiegend aufhält.

In den Fällen, in denen ausländische Kinder von deutschen Eltern adoptiert werden, gelten als Eltern die leiblichen Eltern, so dass für diese Kinder ebenfalls Faktor 1,3 angesetzt werden kann.

gg) Mehrere Gewichtungsfaktoren

Treffen auf ein Kind mehrere Gewichtungsfaktoren zu, so gilt gem. Abs. 5 **224** Satz 4 **der höchste**. Ein zweijähriges Kind mit Behinderung bekommt daher den Gewichtungsfaktor 4,5 bzw. 4,5 + x. Ein vierjähriges Kind mit Migrationshintergrund bekommt den Gewichtungsfaktor 1,3.

hh) Gewichtungsfaktor in der Tagespflege

Bei der Förderung von **Kindern in Tagespflege** wird stets der Gewichtungs- **225** faktor 1,3 zugrunde gelegt, auch wenn das Kind unter drei Jahren oder behindert ist, etc.

Änderung durch das Bildungsfinanzierungsgesetz zum 1.9.2013

226 Inklusion in der Tagespflege

Inklusion erfordert eine wohnortnahe Förderung vor allem auch der Kinder mit Behinderung. Über ein Drittel aller Einrichtungen hat sich auch für Kinder mit Behinderung geöffnet. Der Versorgungsgrad der inklusiven Einrichtungen soll aber auf bis 50 % erhöht werden. Im Gegensatz zur Tagespflege besteht in der institutionellen Kindertagesbetreuung über den Gewichtungsfaktor 4,5 ein finanzieller Anreiz zur Aufnahme von Kindern mit Behinderung. Nunmehr soll auch ab dem 1.9.2013 in der Tagespflege der Faktor 4,5 für Kinder mit Behinderung gelten.

Wie bei den Einrichtungen ist die Aufnahme von Kindern mit Behinderung mit einer Reduzierung der Zahl der betreuten Kinder verbunden. Für diesen Fall ist ein finanzieller Anreiz für Tagespersonen zu schaffen. Dies erfolgt durch eine Erhöhung des Tagespflegeentgelts durch den Träger der öffentlichen Jugendhilfe. Die Tagespflegepersonen bedürfen einer entsprechenden Qualifikation, um den Bedürfnissen der Kinder gerecht werden zu können.

Mit dem Faktor 4,5 beteiligt sich der Freistaat Bayern an den höheren Kosten der Träger der öffentlichen Jugendhilfe. Die Grundlagen hierfür wurden mit dem Bildungsfinanzierungsgesetz geschaffen. Die näheren Regelungen zu den Voraussetzungen werden bis zu einer Änderung des BayKiBiG übergangsweise in einer Förderrichtlinie geregelt. Zum 1.9.2013 wurde KiBiG.web entsprechend angepasst. Ob auch die kommunale Seite bereit ist, den Faktor 4,5 mitzutragen, bleibt jedoch abzuwarten.

Art. 22
Umfang des Förderanspruchs des Trägers
einer Kindertageseinrichtung

[1]Der Träger hat gegenüber den Gemeinden einen Anspruch in Höhe der staatlichen Förderung an die Gemeinden erhöht um einen Eigenanteil der Gemeinden. [2]Der jährliche Eigenanteil der Gemeinde pro Kind errechnet sich als Produkt aus Basiswert ohne Erhöhung nach Art. 23 Abs. 1, Buchungszeit- und Gewichtungsfaktor. [3]Sachleistungen der Gemeinde können auf die kommunale Förderung angerechnet werden.

Vorbemerkung

Art. 22 bestimmt den Umfang des Förderanspruchs des Trägers einer Kindertageseinrichtung gegen die Gemeinde. Entsprechend der Fortentwicklung der Rechtsprechung des BayVGH wird nun gesetzlich klargestellt, dass ein Anspruch auf kindbezogene Förderung nach Maßgabe der Art. 18 ff. immer besteht, wenn ein Kind einen Platz in einer Einrichtung belegt.

Anmerkungen

Art. 22 bestimmt den Umfang des Förderanspruchs des Trägers einer Kindertageseinrichtung gegenüber der Gemeinde. Dieser ergibt sich durch Addition des kommunalen sowie des staatlichen Förderanteils. Der kommunale Förderanteil errechnet sich aus dem Produkt aus **227**

Basiswert – Zeitfaktor – Gewichtungsfaktor.

Der staatliche Förderanteil errechnet sich aus dem Produkt von (Basiswert + Qualitätsbonus) – Zeitfaktor – Gewichtungsfaktor.

Zum staatlichen Förderanteil kommt noch der Elternbeitragszuschuss hinzu. Unter den Voraussetzungen des § 25 AVBayKiBiG wird der staatliche Förderanteil durch Erhöhung des Buchungszeitfaktors erhöht.

Der Qualitätsbonus wie auch der Elternbeitragszuschuss und die Erhöhung des Buchungszeitfaktors bleiben bei der Berechnung des kommunalen Förderanteils unberücksichtigt (siehe auch Rn. 228 ff. zu Art. 23).

Dadurch wird der bisher geltende Grundsatz der paritätischen Finanzierungsbeteiligung zwischen Freistaat und Gemeinden durchbrochen. Über die zusätzlichen staatlichen Leistungen werden die staatlichen Förderleistungen einseitig erhöht.

Hinweis:

Viele Gemeinden erbringen allerdings über die gesetzliche Förderung hinaus zusätzliche Leistungen aufgrund sog. Defizit- oder Kooperationsverträge. Dies beruht darauf, dass viele Träger nicht in der Lage sind, die durch die kindbezogene Förderung nicht gedeckten Kosten vollständig aus Eigenmitteln oder über Elternbeträge zu finanzieren. Die kindbezogene Förderung seitens Freistaat und Gemeinden deckt im Regelfall nur einen Teil der gesamten Betriebskosten einer Einrichtung ab, so dass es zur 100 %igen Deckung der gesamten Betriebsdeckung weiterer kommunaler Fördermittel bedarf. Die Voraussetzungen und die Höhe der kommunalen Mittel sollten über die Kooperationsverträge in beiderseitigem Einvernehmen zwischen Träger und Gemeinde festgelegt werden. Dabei sind besondere regionale Umstände zu berücksichtigen.

Bei den Verhandlungen der Gemeinde mit dem Träger einer Einrichtung über die Sicherung der Finanzierung können auch Sachleistungen der Gemeinde einbezogen werden. Satz 3 sieht vor, dass **Sachleistungen auf die kommunale Förderung angerechnet werden können.** Überlässt beispielweise eine Gemeinde dem Träger gemeindeeigene Räumlichkeiten für den Betrieb einer Kindertageseinrichtung, so werden dadurch die Betriebskosten des Trägers gesenkt. Dies kann im Einzelfall dazu führen, dass dadurch eine Kooperationsvereinbarung und weitere kommunale Mittel entbehrlich sind. Nachdem die kindbezogene Förderung des BayKiBiG ohnehin nur einen Teil der Betriebskosten deckt, kommt eine Anrechnung von Sachleistungen auf die kindbezogene Förderung in der Praxis nicht in Frage. Insofern ist Art. 22 Satz 3 so zu verstehen, dass Sachleistungen der Gemeinde bei der Gesamtfinanzierung der Einrichtungen berücksichtigt werden können.

Art. 23
Zusätzliche staatliche Leistungen

(1) [1]Der Staat unterstützt die Träger der Kindertageseinrichtungen bei der Verbesserung der Qualität. [2]Hierzu wird der Basiswert bei Bemessung der staatlichen Förderung für Kindertageseinrichtungen an die Gemeinden und Landkreise (Art. 18 Abs. 2 und 3) um einen staatlichen Qualitätsbonus erhöht (Basiswert plus). [3]Der Qualitätsbonus wird jährlich entsprechend der Entwicklung des Basiswerts durch das Staatsministerium für Arbeit und Soziales, Familie und Integration angepasst und bekannt gegeben.

(2) Für jedes Kind, welches einen in der Ausführungsverordnung nach Art. 30 geregelten Vorkurs „Deutsch lernen vor Schulbeginn" besucht, wird die staatliche Förderung zusätzlich erhöht.

(3) [1]Zur Entlastung der Familien leistet der Staat einen Zuschuss zum Elternbeitrag für Kinder in Kindertageseinrichtungen, die die Voraussetzungen des Art. 19 erfüllen, in dem Kindergartenjahr, welches der Schulpflicht nach Art. 37 Abs. 1 Satz 1 des Bayerischen Gesetzes über das Erziehungs- und Unterrichtswesen (BayEUG) unmittelbar vorausgeht. [2]Für Kinder, bei denen auf Antrag der Erziehungsberechtigten die Schulpflicht nach Art. 37 Abs. 1 Satz 2 oder 3 BayEUG eintreten kann, wird der Zuschuss ab dem Zeitpunkt der Antragstellung bei der Schule geleistet. [3]Mit dem Zuschuss sollen Eltern von einer Beitragszahlung bis zu einer täglichen durchschnittlichen Buchung im Umfang von sechs bis sieben Stunden ganz oder teilweise befreit werden. [4]Die Auszahlung erfolgt an die Gemeinden und Landkreise im Rahmen der kindbezogenen Förde-

rung; sie erfolgt je Kind für einen Zeitraum von maximal zwölf Monaten.
[5]Die Gemeinden sind verpflichtet, den Förderbetrag an die Träger mit Anspruch nach Art. 18 Abs. 1 weiterzureichen.

(4) Das Nähere über die Auszahlung der staatlichen Leistungen regelt das Staatsministerium für Arbeit und Soziales, Familie und Integration durch die Ausführungsverordnung (Art. 30).

1. Vorbemerkung

Mit der Neuregelung des Art. 23 zum 1.1.2013 wird die bisher in Art. 23 ge- **228** regelte Gastkinderregelung aufgehoben. Für den Anspruch auf kindbezogene Förderung sind die Voraussetzungen des Art. 18 und Art. 22 maßgeblich. Hierbei wird nicht unterschieden, ob die von den Sorgeberechtigten gewählten bzw. in Anspruch genommenen Plätze innerhalb oder außerhalb der jeweiligen Sitzgemeinde liegen. Die gesetzliche Förderung ist als Mindestförderung immer zu leisten, sofern eine Einrichtung die Voraussetzungen des Art. 19 erfüllt.

Gastkindregelung bis 31.12.2012

Mit der Gastkindregelung des Art. 23 war die Zielsetzung verbunden, die Finanzierungsverpflichtung der Gemeinden unter bestimmten Voraussetzungen einzuschränken, wenn Plätze seitens der Eltern außerhalb des eigenen Gemeindegebiets in Anspruch genommen wurden. In den sog. Härtefällen des Art. 23 Abs. 4 war eine Finanzierungsbeteiligung der Eltern bei der kommunalen Förderung vorgesehen. Damit sollte eine wirtschaftliche Überforderung vor allem kleinerer und finanzschwacher Gemeinden vermieden werden.

Mit seinem Urteil vom 5.5.2008 (Az: 12 BV 07.3085) hat der BayVGH entschieden, dass das bundesgesetzlich verankerte elterliche Wunsch- und Wahlrecht (vgl. § 5 SGB VIII) auf planerischem Wege durch die Gemeinden nicht eingeschränkt werden darf. Damit wurde das Wunsch- und Wahlrecht maßgeblich gestärkt und der Anwendungsbereich der Gastkindregelung weitgehend eingeschränkt. Der Gesetzgeber hat dieser Entwicklung dahingehend Rechnung getragen, als die Gastkindregelung und damit Art. 23 in seiner bisherigen Form gestrichen wurden. Es ist nunmehr klargestellt, dass die Gemeinden die kindbezogene Förderung in jedem Fall zu leisten haben und eine Finanzierungsbeteiligung der Eltern ausgeschlossen ist.

Den verfügbaren Platz in Art. 23 hat der Gesetzgeber genutzt, um dort zusätzliche staatliche Förderkomponenten an Gemeinden und Träger und deren Voraussetzungen gesetzlich zu regeln.

2. Der Qualitätsbonus

229 In Art. 23 Abs. 1 wird der um einen Qualitätsbonus erhöhte Basiswert plus eingeführt. Der Qualitätsbonus ermöglicht dem Freistaat Bayern, den staatlichen Förderanteil unabhängig vom kommunalen Förderanteil differenziert zu bemessen und die Voraussetzungen hierfür zu definieren. Ziel des Qualitätsbonus ist die Förderung der Qualitätsentwicklung ohne gleichzeitige weitere finanzielle Verpflichtungen seitens der Kommunen. Der Qualitätsbonus findet ausschließlich für Kindertageseinrichtungen Anwendung, er gilt nicht für die Kindertagespflege.

Konkreter Anlass für die erstmalige Anwendung des Qualitätsbonus war die Verbesserung des förderrelevanten Mindestanstellungsschlüssels von 1 : 11,5 auf 1 : 11 (vgl. § 17 Abs. 1 AVBayKiBiG). Mit dem Qualitätsbonus sollen die Mehrkosten aufgrund erforderlicher Aufstockungen der Personalstunden seitens der Träger und Gemeinden aufgefangen werden. Der Qualitätsbonus wird analog zu Art. 21 Abs. 3 Satz 2 wie der Basiswert jährlich entsprechend der Entwicklung der Personalkosten angepasst (vgl. § 20 Abs. 2 AVBayKiBiG).

Der Freistaat Bayern hat für den Qualitätsbonus zunächst 11 Mio. Euro zur Verfügung gestellt und den Qualitätsbonus bis zum Erlass der AVBayKiBiG als freiwilligen staatlichen Zuschuss ausbezahlt. Der Qualitätsbonus wurde zunächst auf 12,08 Euro festgelegt. Die endgültige Höhe des Qualitätsbonus und damit die staatliche Finanzierungsbeteiligung wurde im Rahmen der sog. Konsultationsverhandlungen zwischen dem Freistaat Bayern und den kommunalen Spitzenverbänden bestimmt und kommt zum 1.9.2013 zum Tragen. Danach stellt der Freistaat Bayern für den Mehrbelastungsausgleich jährlich 58,2 Mio. Euro zur Verfügung. Das ergibt für das Bewilligungsjahr 2013/2014 einen Qualitätsbonus von 52 Euro.

3. Sprachförderung für Kinder mit Migrationshintergrund (Art. 23 Abs. 2)

Die staatliche Finanzierungsbeteiligung für die Durchführung des sog. Vorkurses Deutsch 240 ist durch die Änderung der AVBayKiBiG zum 1.9.2013 nunmehr in § 25 Abs. 1 Satz 2 AVBayKiBiG geregelt. Demnach wurde für jedes Kind, das einen Vorkurs Deutsch im Sinne des § 5 Abs. 2 AVBayKiBiG besucht, der Buchungszeitfaktor im letzten Jahr vor der Einschulung um 0,1 erhöht. Die staatliche Bezuschussung des Vorkurses erfolgt maximal für 12 Monate und unabhängig davon, ob der schulische Vorkurs tatsächlich durchgeführt wird. Hat ein Kind am Vorkurs teilgenommen und wird es vom Schulbesuch zurückgestellt, kann der Zuschuss für weitere 12 Monate erfolgen, sofern das Kind wegen seiner unzureichenden Sprachkenntnisse nochmals am Vorkurs Deutsch teilnimmt.

230

Berechnung Vorkurs Deutsch

Regelförderung eines Kindes mit Migrationshintergrund mit einer Buchungszeit von > 6 h bis 7 h

Kommunaler Förderanteil

Basiswert × Gewichtungsfaktor × Zeitfaktor = Förderung
929,26 × 1,3 × 1,75 = 2.114,07 €

Staatlicher Förderanteil

[(Basiswert + Qualitätsbonus) × Gewichtungsfaktor × (Zeitfaktor)] +
+ (Basiswert × Gewichtungsfaktor × 0,1)
[(929,26 + 52) × 1,3 × 1,75] = 2.232,37 €
+ 929,26 × 1,3 × 0,1   = 120,80
                = 2.353,17 €

Mit dem Bildungsfinanzierungsgesetz wird ab dem 1.9.2013 die Möglichkeit eröffnet, dass auch für deutsche Kinder mit erhöhtem Sprachförderbedarf die Teilnahme am Vorkurs ermöglicht wird. Der Freistaat stellt hierfür zusätzliche Mittel zur Verfügung, die über die Erhöhung des Buchungszeitfaktors um 0,4, entsprechend der Förderung bei Migrantenkindern (Erhöhung um 0,1), ausgereicht werden (Näheres siehe Anm. zu § 25 AVBayKiBiG).

4. Zuschuss zum Elternbeitrag

231 Art. 23 Abs. 3 regelt den staatlichen Zuschuss zum Elternbeitrag für Kinder im letzten Kindergartenjahr. Der Freistaat Bayern leistet für alle Kinder einen Zuschuss zum Elternbeitrag in dem Kindergartenjahr, das dem Eintritt der Schulpflicht unmittelbar vorausgeht. Der Eintritt der Schulpflicht ist in Art. 37 Abs. 1 BayEuG geregelt:

Art. 37 Abs. 1 Satz 1 BayEUG

Mit Beginn des Schuljahres werden alle Kinder schulpflichtig, die bis zum 30.9. sechs Jahre alt werden oder bereits einmal von der Aufnahme in die Grundschule zurückgestellt wurden.

Art. 37 Abs. 1 Satz 2 und 3 BayEUG (sog. Kann-Kinder)

Ferner wird auf Antrag der Erziehungsberechtigten ein Kind schulpflichtig, wenn zu erwarten ist, dass das Kind voraussichtlich mit Erfolg am Unterricht teilnehmen kann. Bei Kindern, die nach dem 31.12. sechs Jahre alt werden, ist zusätzliche Voraussetzung für die Aufnahme in die Grundschule, dass in einem schulpsychologischen Gutachten die Schulfähigkeit bestätigt wird.

In einer ersten Phase wurde der Elternbeitragszuschuss ab dem 1.9.2012 für die Kinder im Sinne des Art. 37 Abs. 1 Satz 1 BayEUG geleistet. Mit dem Inkrafttreten des Gesetzes zum 1.1.2013 besteht auch für die sog. Kann-Kinder ein Anspruch auf den Elternbeitragszuschuss. Voraussetzung für den Elternbeitragszuschuss für die Kann-Kinder ist die Antragsstellung auf vorzeitige Einschulung bei der Schule durch die Eltern. Der Anspruch beginnt frühestens mit dem Kalendermonat, in dem die Sorgeberechtigten den Antrag bei der Schule stellen.

Der Zuschuss zum Elternbeitrag ist für die Dauer von 12 Monaten begrenzt. Mit dem Zuschuss wird dauerhaft sichergestellt, dass alle Kinder das vorschulische Bildungsangebot wahrnehmen.

a) Höhe der Beitragsermäßigung

232 Die Elternbeiträge sind in Höhe des staatlichen Elternbeitrags zu senken. Die Höhe des Elternbeitrags für Vorschulkinder beläuft sich auf 50 Euro monatlich, ab dem 1.9.2013 beträgt der Zuschuss 100 Euro (vgl. § 21 Abs. 1 AV-BayKiBiG). Mit dem Bildungsfinanzierungsgesetz wurde beschlossen, ab dem 1.9.2014 einen Beitragszuschuss für das zweite Kindergartenjahr in Höhe von 50 Euro einzuführen. Im Gegenzug sind die Träger verpflichtet, ihre Beiträge um die Höhe des Zuschusses zu senken (vgl. Art. 19 Nr. 5). Eine Antragstellung der Eltern beim Träger erübrigt sich damit. Damit soll die Beitragsfreiheit für eine Betreuung von bis zu 7 Stunden täglich erreicht werden.

Die Auszahlung des Beitragszuschusses durch den Freistaat an die Gemeinden erfolgt für jedes Vorschulkind für einen Zeitraum von maximal 12 Monaten, unabhängig davon, ob es sich um ein „Muss-Kind", „Kann-Kind" oder ein zurückgestelltes Kind handelt. Die Träger stellen ihren Antrag über das onlinegestützte Abrechnungssystem KiBiG.web.

b) Höhe des Elternbeitrags

Der Elternbeitragszuschuss wird pauschal in Höhe von 50 Euro bzw. 100 Euro ausbezahlt, auch wenn der fällige Elternbeitrag unter diesen Grenzen liegt. Der Restbetrag verbleibt dem Träger (vgl. § 21 Abs. 2 Satz 2 AVBayKiBiG). **233**

> Beispiel:
> Eltern buchen für ihr Vorschulkind ab dem 1.9. einen Platz in einer Kindertageseinrichtung mit der Zeitkategorie von > 5 h bis 6 h täglich. Der Elternbeitrag beläuft sich auf 75 Euro. Gemäß der Vorgabe des Art. 19 Nr. 5 senkt der Träger den Beitrag auf 0 Euro. Es wird dennoch ein Elternbeitragszuschuss von 100 Euro an den Träger ausbezahlt.

Mit AMS vom 3.8.2012 hat das StMAS zur Frage der Berücksichtigung von Sonderbeiträgen für diverse Aufwendungen seitens der Träger wie folgt Stellung bezogen:

„Zum Elternbeitrag zählen auch sogenannte Spielgelder und/oder Gelder für Material (z. B. für Kreativmaterialien, Erste-Hilfe-Material, Desinfektions- und Putzmittelgeld). Zum Elternbeitrag zählen nicht Beiträge zur Verpflegung."

Bietet ein Träger Verpflegung an und nehmen die Eltern das Angebot in Anspruch, so gehört die Einnahme der Verpflegung zum pädagogischen Programm. Die anfallenden Kosten sind deshalb auch im Sinne des § 90 Abs. 3 SGB VIII übernahmefähig.

Die Frage der Höhe der Senkung der Beiträge für Vorschulkinder erfordert eine differenzierte Betrachtungsweise hiervon. Nachdem der Elternbeitragszuschuss pauschal ausbezahlt wird, wird dieser auch dann in voller Höhe geleistet, wenn der Beitrag tatsächlich niedriger festgelegt ist. Das Angebot der Verpflegung ist eine Wahlleistung, welche die Eltern annehmen können, aber nicht müssen. Die Auswirkung bei den Eltern kann unterschiedlich sein.

> Beispiel:
> Der Elternbeitragszuschuss beträgt 100 Euro. Der Betreuungsplatz kostet 75 Euro. Für Verpflegung werden nochmals 45 Euro berechnet, sofern diese in Anspruch genommen wird. Eltern, die keine Verpflegung in Anspruch nehmen, würden um 75 Euro, Eltern mit Verpflegung würden um 100 Euro entlastet. Bei dieser Konstellation könnten sich Eltern ungerecht behandelt fühlen. Um diesbezüglich Probleme von vorneherein auszuschließen, werden die freiwillig zu leistenden Verpflegungskosten beim Elternbeitrag nicht berücksichtigt. Eltern, die das Angebot der Verpflegung annehmen, werden ebenfalls in Höhe von 75 Euro entlastet.

> Beispiel:
> Der Träger setzt die Gebühren auf 120 Euro fest. Darin enthalten sind Verpflegungskosten in Höhe von 45 Euro. Die Verpflegung ist fester Bestandteil des pädagogischen Angebots und muss von den Eltern mitgebucht werden.
> In diesem Fall handelt es sich bei der Verpflegung um keine Wahlleistung. Die Verpflegungskosten sind Teil des Angebots und damit bei der Höhe des Elternbeitrags zu berücksichtigen. In dem Fall werden alle Eltern um 100 Euro entlastet und bezahlen 20 Euro monatlich.

Beim Materialgeld ist davon auszugehen, dass hier keine Wahlmöglichkeit besteht. Insofern zählen die Kosten zum Elternbeitrag hinzu.

Bei der Berücksichtigung von Getränkegeldern kommt es ebenfalls auf die Ausgestaltung an. Können die Eltern die Getränkeversorgung optional hinzubuchen, erfolgt keine Berücksichtigung beim Elternbeitrag, handelt es sich hingegen um einen festen Bestandteil des Beitrags für alle Kinder, zählt das Getränkegeld zum Beitrag.

Der Anspruch auf den Elternbeitragszuschuss ist unabhängig von der Bewilligung der kindbezogenen Förderung zu beurteilen, insbesondere gilt die materiell-rechtliche Anspruchsvoraussetzung des Art. 19 Nr. 6 bzw. Art. 18 Abs. 2 nicht.

c) Verfahren bei Zurückstellung von Kindern von der Einschulung

234 Wird ein Kind vom Schulbesuch zurückgestellt, so wird den Eltern der ermäßigte Beitrag für das laufende Kindergartenjahr unverändert weiter gewährt, für maximal 12 Monate. Im nächsten Kindergartenjahr, in dem das Kind wegen der Zurückstellung die Kindertageseinrichtung wieder besucht, leisten die Eltern dann den Beitrag wieder in voller Höhe.

Zum Verfahren bei vorzeitiger Einschulung (sog. Kann-Kinder) siehe Anm. zu § 21 AVBayKiBiG.

d) Weitere Entwicklung

Mit dem Bildungsfinanzierungsgesetz wurde die Ausweitung der Beitrags- **235** ermäßigung für die Eltern beschlossen. Danach werden die Eltern von Kindern in Kindertageseinrichtungen im zweiten bzw. Vor-Vorschuljahr ab dem 1.9.2014 um 50 Euro entlastet. Hierfür bedarf es zur rechtlichen und praktischen Umsetzung einer neuerlichen Gesetzesänderung. Es bleibt abzuwarten, ob die Beitragsentlastung dann weiterhin im BayKiBiG geregelt wird oder etwa eine eigene rechtliche Grundlage für die Bewilligung des Elternbeitragszuschuss außerhalb des BayKiBiG geschaffen wird.

Art. 24
Kindertageseinrichtungen im ländlichen Raum

[1]Nach Art. 19 förderfähigen Kindertageseinrichtungen, die das einzige Angebot in einer Gemeinde darstellen und von weniger als 25 Kindern besucht werden, obwohl sie von der Altersöffnung Gebrauch gemacht und kein Kind abgewiesen haben, wird auf Antrag der Gemeinde der Basiswert plus für die durchschnittliche Buchungszeit der Kinder mit dem Gewichtungsfaktor 1,0 für 25 Kinder bei Zugrundelegung eines Gewichtungsfaktors von 1,0 gewährt. [2]Satz 1 findet entsprechende Anwendung auf das einzige Angebot in einem Gemeindeteil, wenn dieser aufgrund seiner Infrastruktur einer selbstständigen Gemeinde gleicht; das Nähere wird in der Ausführungsverordnung festgelegt (Art. 30). [3]Kindertageseinrichtungen im Sinn von Satz 1 und 2, die von weniger als zehn aber mehr als sechs Kindern besucht werden, erhalten diese Förderung entsprechend Satz 1 für zehn Kinder, wenn die Betreuung durch eine pädagogische Fachkraft und die regelmäßige Mitarbeit eines Elternteils sichergestellt wird.

Anmerkungen

1. Zweck der Sonderförderung

236 Mit Art. 24 hat der Gesetzgeber eine Sonderförderung für Kindertageseinrichtungen im ländlichen Raum geschaffen, die eine **wohnortnahe Versorgung mit Kindertageseinrichtungen ermöglichen soll.** Mit der Sonderförderung erhalten kleine Einrichtungen die Förderung für 25 Kinder, auch wenn die tatsächliche Zahl der Kinder unter 25 sinkt. Durch die Sonderförderung soll sichergestellt werden, dass die einzige Kindertageseinrichtung im Ort auch dann noch eine pädagogische Fach- und eine pädagogische Ergänzungskraft bei weniger als 25 Kindern finanzieren kann. Mit der Landkindergartenregelung sichert das BayKiBiG die wohnortnahe Versorgung und damit die Chancengleichheit für die Kinder im ländlichen Raum ab.

Novellierung des BayKiBiG zum 1.1.2013

237 Mit der Änderung des Art. 24 werden die Fördermodalitäten für die kleinen Einrichtungen verbessert. Damit werden die ländlichen Einrichtungen weiter gestärkt. Durch die Anhebung der Zahl der fiktiv zu berücksichtigenden Kinder von 22 auf 25 wird der Anwendungsbereich für Einrichtungen mit 22 bis 24 Kindern erweitert und die Finanzierung für die Einrichtungen, die bisher bereits über die Landkindergartenregelung finanziert wurden, verbessert.

Bei der Berechnung der durchschnittlichen Buchungszeit werden seit dem 1.1.2013 nur mehr die Buchungszeiten der Kinder im Alter von drei Jahren bis zur Einschulung herangezogen. Kurze Buchungszeiten vor allem von Kindern unter drei Jahren und von Schulkindern, haben auf die Höhe des Buchungszeitfaktors keine Auswirkung mehr.

Vom Erfordernis des Einhaltens des fiktiven Anstellungs- und Qualifikationsschlüssels wird seit dem 1.1.2013 abgesehen (siehe auch § 27 Abs. 3 AVBayKiBiG).

2. Erforderlichkeit der Sonderförderung

238 Warum für den Erhalt kleiner Einrichtungen auf dem Lande eine Sonderförderung erforderlich ist, ergibt sich aus der Tatsache, dass auch für die Betreuung ab zehn Kindern zwei pädagogische Kräfte erforderlich sind. Bei einer sehr geringen Kinderzahl (unter 25) in kleinen Einrichtungen ist eine Finanzierung ohne Sonderförderung im Wege der kindbezogenen Förderung nicht mehr sichergestellt. Diese Sonderfinanzierung sieht Art. 24 vor.

3. Voraussetzungen für die Sonderförderung

Voraussetzungen hierfür sind: **239**

(1) Es muss eine nach Art. 19 förderfähige **Kindertageseinrichtung** sein. Die Förderfähigkeit nach Art. 19 stellt eine eigentlich überflüssige Klarstellung dar. Auch für die nach Art. 24 Privilegierten gelten alle anderen Vorschriften, nur die Berechnung des Umfangs der kindbezogenen Förderung wird modifiziert. Wichtig ist hingegen, dass Satz 1 nicht etwa von Kindergärten, sondern allgemein von Kindertageseinrichtungen handelt. In den Genuss der Sonderförderung kann daher grundsätzlich jede Art von Kindertageseinrichtung im Sinne des Art. 2 Abs. 1 Satz 2 kommen – praxisrelevant dürften allerdings wohl nur die Fallgruppen Kindergärten und Häuser für Kinder sein (daher hat sich auch für Art. 24 die Bezeichnung „Landkindergartenregelung" eingebürgert).

(2) Die Kindertageseinrichtung muss das **einzige Angebot** in der Gemeinde sein.

Für eine bestimmte Kindertageseinrichtung kann nur dann die Sonderförderung nach Art. 24 gewährt werden, wenn es keine andere Kindertageseinrichtung in der Gemeinde gibt. Ein Kindergarten erhält deswegen dann keine Sonderförderung, wenn es in der Gemeinde z. B. auch noch einen Hort gibt oder einen weiteren Kindergarten. Der Grund für diese Einschränkung ist, dass im Falle von zwei oder mehreren Kindertageseinrichtungen diese kooperieren oder sogar fusionieren können, um den Personaleinsatz auf die aufzunehmenden Kinder hin optimieren zu können. Seit der kommunalen Gebietsreform in den 70er Jahren gibt es jedoch zahlreiche Gemeinden, deren einzelne Ortsteile weit auseinander gelegen sind. In solchen Fällen gebietet daher die angestrebte wohnortnahe Versorgung mit Kindertageseinrichtungen, dass solche **Gemeindeteile** eine eigene Kindertageseinrichtung behalten können. Satz 2 weitet daher den Anwendungsbereich der Sonderförderung auf diejenigen Kindertageseinrichtungen aus, die das einzige Angebot in einem Gemeindeteil darstellen. Dieser Gemeindeteil muss allerdings aufgrund seiner Infrastruktur einer selbstständigen Gemeinde gleichen, denn wenn eine Familie sowieso für nahezu alle Besorgungen des täglichen Lebens den Gemeindeteil verlassen muss, dann ist dies auch für den Besuch der Kindertageseinrichtung zumutbar. Um die praktische Rechtsanwendung zu erleichtern, stellt der Satz 2 konkretisierende § 21 Abs. 2 AVBayKiBiG nicht auf die konkrete Infrastruktur eines Gemeindeteils ab, sondern darauf, ob er bis zur kommunalen Gebietsreform der 70er Jahre eine selbstständige politische Gemeinde war; im Regelfall haben solche Gemeindeteile ein eigenständiges Gepräge (näher hier-zu s. die Erl. zu § 21 AVBayKiBiG).

Falls eine Eingemeindung bereits vor der Gebietsreform der 70er Jahre er-folgte, sind im Einzelfall Ausnahmen möglich. In diesen Fällen ist dann auf die konkrete Situation vor Ort abzustellen. Wenn diese Bedingungen der Eingemeindung erfüllt sind, können auch Kindertageseinrichtungen in ei-nem **Teil einer Stadt** die Sonderförderung erhalten. Gemeinde im Sinne des BayKiBiG sind – wie in der Bayerischen Gemeindeordnung – alle Gemein-den, unabhängig von der Zahl ihrer Einwohner – also auch Städte. Auch die Überschrift „Kindertageseinrichtungen im ländlichen Raum" steht dem nicht entgegen, da gesetzliche Überschriften nicht verbindlich sind, son-dern nur zur Auslegung herangezogen werden. Die Überschrift soll nur schlagwortartig den Anwendungsbereich skizzieren und typischerweise er-fasst Art. 24 Kindertageseinrichtungen im ländlichen Raum.

(3) Die Kindertageseinrichtung muss **altersgeöffnet** sein und darf **kein Kind abgewiesen** haben.

Diese Voraussetzung soll sicherstellen, dass die Kindertageseinrichtung al-les versucht hat, auf die zur Finanzierung erforderliche Zahl von 25 Kin-dern zu kommen. Vor dem Hintergrund dieser Zielrichtung ist das Tatbe-standsmerkmal „**von der Altersöffnung Gebrauch gemacht hat**" auch dann erfüllt, wenn die Kindertageseinrichtung nach ihrer pädagogischen Kon-zeption sich altersgeöffnet hat (vgl. hierzu die Erl. zu Art. 2), die Aufnahme von Kindern anderer Altersgruppen aber schlicht daran scheitert, dass es solche Kinder nicht gibt oder für sie kein Betreuungsbedarf besteht. Ist eine Altersöffnung mit kostenrelevanten Maßnahmen verbunden, so reicht aus Gründen der Verhältnismäßigkeit für die gebotene Altersöffnung die Bereit-schaft, im Falle einer konkreten Nachfrage die Altersöffnung vorzunehmen. So muss z. B. ein Kindergarten nicht vorsorglich das Mobiliar für Kinder unter drei Jahren anschaffen, um als altersgeöffnet im Sinne des Art. 24 zu gelten, obwohl vor Ort gar kein Betreuungsbedarf für Kinder unter drei Jah-ren besteht. Des Weiteren liegt **keine Abweisung** im Sinne des Art. 24 vor, wenn objektive Gründe die Nichtaufnahme eines Kindes rechtfertigen, et-wa wenn im Falle eines Kindes mit Behinderung eine Aufnahme (aus-nahmsweise) nicht möglich ist oder in einen Kindergarten ein Kind mit knapp einem Jahr aufgenommen werden soll.

(4) Die Förderung wird nur auf **Antrag der Gemeinde** gewährt.

Mit dem Antragserfordernis wird klar, dass die Sonderförderung nach Art. 24 davon abhängt, ob die Gemeinde von dieser Fördermöglichkeit Ge-brauch machen, die Kindertageseinrichtung also erhalten möchte. Der Träger der Kindertageseinrichtung hat hingegen keinen Anspruch auf die Sonderförderung. Die Gemeinde muss daher politisch entscheiden, ob sie trotz der überproportional hohen Kosten die betreffende Kindertageseinrichtung sichern möchte oder nicht. Wenn sie sich für den Erhalt entscheidet, d. h. die Sonderförderung gegenüber dem Freistaat beantragt, dann muss sie gleichfalls die erhöhte Förderung gegenüber dem Träger leisten, Art. 22 Abs. 2 Satz 1.

4. Höhe der Sonderförderung

Die Förderung berechnet sich nach der Formel: **240**

25 Kinder × Basiswert × durchschnittlicher Buchungszeitfaktor der Regelkinder × Gewichtungsfaktor 1,0.

Es werden immer 25 Kinder berechnet, obwohl tatsächlich weniger Kinder die Kindertageseinrichtung besuchen (mindestens notwendig: 10 Kinder, s. u.). Es wird immer der Gewichtungsfaktor 1,0 zugrunde gelegt, auch wenn Kinder mit anderen Gewichtungsfaktoren die Einrichtung besuchen.

Beispiele:
Kindergarten A hat 17 Kinder.
4 Kinder mit Zeitkategorie > 3 h bis 4 h
5 Kinder mit Zeitkategorie > 4 h bis 5 h
5 Kinder mit Zeitkategorie > 5 h bis 6 h
Hinzu kommen drei Schulkinder mit der Zeitkategorie > 1 h bis 2 h

Förderung (Basiswert 2012/2013 = 920,67 €):
Durchschnittliche Buchungszeit aller Kinder
$(4 \times 4 + 5 \times 5 + 5 \times 6 + 3 \times 2) = (16 + 25 + 30 + 6) = 77$
77 : 17 Kinder = 4,53 das entspricht einem Buchungszeitfaktor von 1,25 (> 4 h bis 5 h)
Durchschnittliche Buchungszeit nach Art. 24 (ohne Schulkinder)
$(4 \times 4 + 5 \times 5 + 5 \times 6) = (16 + 25 + 30) = 71$
71 : 14 = 5,07 das entspricht einem Buchungszeitfaktor von 1,5 (> 5 h bis 6 h)
(vgl. § 19 Abs. 2 AVBayKiBiG)

$25 \times 920,67 \text{ €} \times 1,5 \times 1,0 = 34.525,13 \text{ €}$

Kindergarten B hat 15 Kinder, die alle 6 Stunden den Kindergarten besuchen. 12 Kinder sind Regelkinder (vgl. Erl. zu Art. 21 Abs. 5), 3 sind Kinder mit Behinderung.

Förderung (Basiswert 2012/2013 = 920,67 €):
$25 \times 920,67 \text{ €} \times \text{Buchungszeitfaktor } 1,5 \times \text{Gewichtungsfaktor } 1,0 = 34.525,13 \text{ €}$

Kontrollrechnung: „normale" kindbezogene Förderung:

12 × 920,67 € × Buchungszeitfaktor 1,5 × Gewichtungsfaktor 1,0 = 16.572 €

3 × 920,67 € × Buchungszeitfaktor 1,5 × Gewichtsfaktor 4,5 = 18.644 €

16.572 € + 18.644 € = 35.216 €

Ergebnis: Die „normale" kindbezogene Förderung ist höher als die Sonderförderung. In diesem Fall wird die Förderung ohne Anwendung der Landkindergartenregelung bewilligt. Dieses Ergebnis ist auch sachgerecht: Eine integrative Einrichtung bekommt gerade für die Kinder mit Behinderung den Gewichtungsfaktor 4,5, damit sie die Zahl der Kinder soweit reduzieren kann, dass sie mit 2 pädagogischen Kräften 15 Kinder betreuen kann. Sie braucht daher keine Landkindergärtenregelung zu ihrer Existenzsicherung. Das gleiche Ergebnis kann sich auch bei anderen Gewichtungsfaktoren einstellen.

Die Landkindergartenregelung kommt demnach nur dann zur Anwendung, wenn sich über die Sonderförderung eine höhere Fördersumme für den jeweiligen Kalendermonat ergibt. Demnach ist es durchaus möglich, dass einige Kalendermonate eines Bewilligungszeitraums über die Landkindergartenregelung und andere über die Regelförderung abgerechnet werden.

In einer Einrichtung werden von September bis Dezember 21 Kinder betreut. Im Januar werden drei weitere Kinder und im Februar nochmals 2 Kinder aufgenommen. Im Juli verlassen zwei Kinder die Einrichtung.

Nachdem im Februar 26 Kinder betreut werden, errechnet sich die Förderung ab Februar ohne Anwendung von Art. 24. Ab Juli greift dann wieder Art. 24.

241 Bei der Berechnung der Sonderförderung kann eine sog. **Platzteilung** nicht so behandelt werden, als wenn nur ein Kind den Platz eben länger in Anspruch nehmen würde. Dies beruht darauf, dass der Gesetzeswortlaut in Art. 24 für die Landkindergärten ausdrücklich darauf abstellt, dass weniger als 25 Kinder den Kindergarten besuchen, vgl. näher *Dunkl/Eirich,* 2. Auflage, Art. 24 Nr. 2.3; die abweichende Behandlung der Netze für Kinder durch das Staatsministerium für Arbeit und Soziales, Familie und Integration ist nicht auf Landkindergärten übertragbar.

> Beispiel:
>
> Im einzigen Kindergarten in der Gemeinde G werden vormittags 18 und nachmittags 15 (andere) Kinder betreut. Nach der kindbezogenen Förderung werden die staatlichen Zuschüsse für diesen Kindergarten nach der Anzahl der Kinder und deren Gewichtungs- und Buchungszeitfaktoren berechnet. Die Sonderförderung nach Art. 24 kommt nicht zur Anwendung, weil mehr als 25 Kinder den Kindergarten besuchen.

242 Wenn **weniger als 10 Kinder** die Kindertageseinrichtung besuchen, lässt sich ein normaler Betrieb mit zwei pädagogischen Kräften kaum rechtfertigen. Um hier dennoch eine Lösung anzubieten, sieht Satz 3 die

Möglichkeit vor, trotz der tatsächlich geringeren Kinderzahl eine kindbezogene Förderung für 10 Kinder zu gewähren. Dies reicht in etwa aus, um mit der gemeindlichen Förderung einschließlich des staatlichen Förderanteils die Personalkosten einer pädagogischen Kraft zu insgesamt 80 % abzudecken. Die Förderung berechnet sich analog zu den obigen Beispielen, nur dass stets 10 Kinder zugrunde gelegt werden. Da aber auch die Beaufsichtigung von neun, acht oder sieben Kindern durch nur eine Fachkraft aus Gründen der Sicherstellung der Aufsichtspflicht nicht ausreicht, muss für diese Fälle die Aufsicht gestärkt werden; dazu dient die regelmäßige Mitarbeit eines Elternteils oder einer anderen Betreuungsperson (z. B. Tagespflegeperson). Die Bildungs- und Erziehungsarbeit im eigentlichen Sinne wird hingegen vor allem durch die pädagogische Fachkraft im Sinne des § 16 AVBayKiBiG geleistet. Regelmäßig meint ausgehend von dem Ziel der Norm, eine ausreichende Aufsicht sicherzustellen, dass die pädagogische Fachkraft grundsätzlich stets durch ein Elternteil verstärkt werden muss, aber zum Beispiel für die Bringzeiten oder sonstige Zeiten, während denen nur wenige Kinder anwesend sind, auch die Anwesenheit der pädagogischen Fachkraft ausreichend ist. Bei der Elternarbeit können sich verschiedene Eltern abwechseln; wenn es der Träger sich finanziell leisten kann, kann er natürlich auch, statt auf Eltern zu setzen, noch eine pädagogische Kraft (z. B. Kinderpflegerin) einstellen. Bei weniger als zehn Kindern empfiehlt sich die Schaffung einer Großtagespflegestelle, die über Art. 20 a auch einrichtungsähnlich gefördert werden kann. Besuchen nur sechs oder noch weniger Kinder die Kindertageseinrichtung, wird keine Sonderförderung gewährt. Für so wenige Kinder ist eine Kindertageseinrichtung nicht die richtige Förderform; hier bietet sich eine Lösung über die Tagespflege oder Großtagespflegestellen an oder die Kinder sollten Kindertageseinrichtungen in anderen Gemeinden bzw. Gemeindeteilen besuchen.

5. Aufteilung der Förderbeträge zwischen mehreren Gemeinden

Bei Landkindergärten mit Kindern aus mehreren Gemeinden ist die kommunale kindbezogene Sonderförderung zwischen den betroffenen Gemeinden aufzuteilen. Hierbei gilt Folgendes: **243**
– Die Sonderförderung wird seitens des Staates nur denjenigen Gemeinden gewährt, die einen Antrag nach Art. 24 stellen; dies ist nur die Sitzgemeinde (vgl. Wortlaut: „...einzige Angebot in einer Gemeinde... wird auf Antrag *der* Gemeinde...").

– Die kindbezogene Förderung, die als Sonderförderung über die normale Förderung hinaus gewährt wird, ist nur von denjenigen Gemeinden zu erbringen, die den Antrag nach Art. 24 gestellt haben, also nur von der Sitzgemeinde.

– Die übrigen Aufenthaltsgemeinden leisten die normale kindbezogene Förderung an den Träger. Der Ausgleich erfolgt ausschließlich zwischen den Gemeinden für den jeweiligen kommunalen Förderanteil.

> Beispiel:
> Der einzige Kindergarten in der Gemeinde A ist in katholischer Trägerschaft und wird von 12 Kindern aus A und drei Kindern aus der Nachbargemeinde B jeweils sechs Stunden pro Tag besucht. Alle Kinder aus A sind Regelkinder, die Kinder aus B sind unter drei Jahre alt.
> Die Gemeinde B wird an den katholischen Träger folgende Förderung erbringen:
> 2 × (3 Kinder × Basiswert 920,67 € × Gew. Faktor 2,0 × Buchungszeitfaktor 1,5) = 16.572 € (Hälfte wird vom Freistaat refinanziert)
> Die Gemeinde A wird an den katholischen Träger nach Art. 24 BayKiBiG folgende Sonderförderung leisten:
> 2 × (25 Kinder × Basiswert 920,67 € × Gew. Faktor 1,0 × Buchungszeitfaktor 1,5) – Förderanteil Gemeinde B = 52.478 € (Hälfte wird vom Freistaat Bayern refinanziert)

Art. 25
Umfang des Förderanspruchs des örtlichen Trägers der öffentlichen Jugendhilfe

[1]Für den Umfang des Förderanspruchs der örtlichen Träger der öffentlichen Jugendhilfe für die Tagespflege findet Art. 21 mit Ausnahme von Abs. 4 Sätze 4 und 5 entsprechende Anwendung; Art. 23 Abs. 1 findet keine Anwendung. [2]In den Fällen des Art. 18 Abs. 3 Satz 1 Alternative 2 finden Art. 21 und 23 Abs. 1 uneingeschränkt entsprechende Anwendung.

Anmerkungen

244   Art. 25 **regelt den Umfang des Förderanspruchs des örtlichen Trägers der öffentlichen Jugendhilfe** (Landkreis oder kreisfreie Stadt) unter Bezugnahme auf Art. 21. Auch der örtliche Träger der öffentlichen Jugendhilfe erhält daher vom Freistaat Bayern die kindbezogene Förderung, und zwar für beide Fälle des Förderanspruchs, nämlich:

– für die Tagespflegeangebote (Art. 18 Abs. 3 Satz 1) und

– für Kindertageseinrichtungen, wenn der örtliche Träger der öffentlichen Jugendhilfe diese fördert (Art. 18 Abs. 1 Satz 2 in Verbindung mit Art. 18 Abs. 3 Satz 1 2. Alt.).

Wenn der örtliche Träger der öffentlichen Jugendhilfe im zweiten Fall (**Förderung von Kindertageseinrichtungen**) an die Stelle der Gemeinde(n) tritt, so erhält er auch die gleiche Förderung wie diese; nach Satz 2 findet Art. 21 daher uneingeschränkt Anwendung.

Im Falle der **Tagespflege** sind hingegen Art. 21 Abs. 4 Sätze 4 und 5 ausgeschlossen. Der örtliche Träger der öffentlichen Jugendhilfe kann daher auch für Kinder, die weniger als drei Stunden in Tagespflege betreut werden, eine kindbezogene Förderung erhalten – selbst für Kinder im Alter von drei Jahren bis zur Einschulung. Er kann keine Mindestbuchungszeiten vorgeben. Beide Regelungen beruhen darauf, dass die Tagespflege gerade auch ergänzend zu Kindertageseinrichtungen Betreuung anbieten (Kind geht bis 14 Uhr in den Kindergarten und danach zur Tagespflegeperson) und daher auch kürzere Bedarfe abdecken soll. Allerdings muss Art. 2 Abs. 4 erfüllt sein (s. Erl. zu Art. 2 Rn. 13).

Novellierung zum 1.1.2013:

Art. 25 musste aufgrund der Neuerungen in Art 7 (Wegfall des Art. 7 Abs. 3) und Art. 23 (Wegfall der Gastkindregelung und Einführung des Qualitätsbonus) angepasst werden. In Art. 25 Satz 1 2. Halbsatz wird klargestellt, dass der Qualitätsbonus für den staatlichen Refinanzierungsanspruch des Trägers der öffentlichen Jugendhilfe bei der Tagespflege nicht zur Anwendung kommt. Dies ergibt sich daraus, dass der Qualitätsbonus eingeführt wurde, um höhere qualitative Anforderungen bei den Kindertageseinrichtungen (Verbesserung des förderrelevanten Mindestanstellungsschlüssels von 1 : 11,5 auf 1 : 11) und die damit verbundenen Mehrkosten staatlicherseits zu refinanzieren. Für den Bereich der Tagespflege sind keine qualitativen Maßnahmen vorgehen. Daher erübrigt sich ein finanzieller Ausgleich seitens des Freistaats.

245

Art. 26
Förderverfahren bei Kindertageseinrichtungen und der Tagespflege

(1) ¹Die Träger einer Kindertageseinrichtung sowie im Fall des Art. 20a in Verbindung mit Art. 18 Abs. 2 der Träger der Großtagespflege richten ihren schriftlichen Förderantrag an die Aufenthaltsgemeinden. ²Die Gemeinden

und örtlichen Träger der öffentlichen Jugendhilfe richten ihren schriftlichen Antrag an die jeweils zuständige Bewilligungsbehörde (Art. 28). ³Bewilligungszeitraum ist das Kalenderjahr. ⁴Das Kindergartenjahr beginnt am 1. September eines Jahres und endet am 31. August des Folgejahres.

(2) ¹Die Bewilligungsbehörde prüft beim ersten Förderantrag das Vorliegen einer Erklärung der Gemeinde beziehungsweise des örtlichen Trägers der öffentlichen Jugendhilfe über die Erfüllung der Fördervoraussetzungen nach Art. 19 beziehungsweise Art. 20. ²Bei einem Folgeantrag ist eine erneute Erklärung der Gemeinde bezüglich der Einhaltung der Staffelung entsprechend der Buchungszeiten (Art. 19 Abs. 1 Nr. 4) notwendig; bezüglich der übrigen Fördervoraussetzungen ist eine erneute Erklärung nur notwendig, wenn sich die förderrelevanten Tatsachen geändert haben.

(3) Der Förderanspruch der Gemeinde beziehungsweise des örtlichen Trägers der öffentlichen Jugendhilfe wird durch die Bewilligungsbehörde in einem Bescheid festgestellt.

Anmerkungen

In Art. 26 werden nur die wichtigsten Regeln über das Verfahren aufgestellt; insbesondere steht es den Gemeinden frei, ihr Förderverfahren im Verhältnis zu den Trägern näher auszugestalten.

1. Antragsverfahren

246 In Abs. 1 wird für beide Förderbeziehungen – nämlich Träger gegenüber Gemeinde und Gemeinde bzw. örtlicher Träger der öffentlichen Jugendhilfe gegenüber Freistaat – das Antragserfordernis geregelt: Die Förderung ist danach **schriftlich** zu beantragen; das Schriftformerfordernis setzt nach § 126 BGB einen unterschriebenen Antrag oder bei Online-Verfahren einen mit einer elektronischen Signatur versehenen Antrag voraus.

Der **Antrag des Trägers** einer Kindertageseinrichtung ist nach Satz 1 an die Aufenthaltsgemeinde zu richten; besuchen Kinder aus vier verschiedenen **Aufenthaltsgemeinden** die Einrichtung, muss der Träger also vier Förderanträge je an die betroffene Aufenthaltsgemeinde richten. Das Bayerische Staatsministerium für Arbeit und Soziales, Familie und Integration stellt hierfür kostenfrei das onlinegestützte Abrechnungs- und Bewilligungsprogramm KiBiG.web zur Verfügung. Das onlinegestützte Verfahren KiBiG.web wurde erstmals zur Abwicklung des Abschlagsverfahrens für das Bewilligungsjahr 2011/2012 sowie für die Endabrechnung 2010/2011 eingesetzt. KiBiG.web hat die bis dahin eingesetzten Excel-Dateien (kfa, kfr, zkfa, zkfr, kfta und kftr) abgelöst.

Auf den Internetseiten des StMAS stehen die Excel-Dateien zur Erstellung von Berechnungen außerhalb von KiBiG.web zur Verfügung. Diese finden keine Anwendung mehr für das Antrags- und Bewilligungsverfahren für die kindbezogene Förderung.

Der **Antrag der Gemeinden und der örtlichen Träger der öffentlichen Jugendhilfe** gegenüber dem Freistaat ist an die jeweils zuständige Bewilligungsbehörde zu richten; hierzu vgl. die Erl. zu Art. 28. In § 19 AVBayKiBiG wurde das Antragsverfahren und die Verwendung von KiBiG.web explizit geregelt (siehe Anm. hierzu).

2. Bewilligungszeitraum

Der Antrag wird jeweils für ein ganzes Jahr gestellt. Dieser sog. **Bewilligungszeitraum** ist nach Satz 3 seit der Novellierung zum 1.1.2013 nicht mehr das Kindergartenjahr, sondern das Kalenderjahr. Wegen des umstellungsbedingten organisatorischen Vorlaufs tritt die Änderung erst zum 1.1.2015 in Kraft (vgl. § 2 Abs. 1 Nr. 2 ÄndG BayKiBiG). Bis dahin gilt nach wie vor das Kindergartenjahr als Bewilligungszeitraum, das zur Klarheit in Satz 4 definiert ist. Demnach beginnt das Kindergartenjahr am 1.9. und endet zum 31.8. eines Kalenderjahres. Nach § 2 Abs. 2 ÄndGBayKiBiG beginnt der auf das Kindergartenjahr 2012/2013 folgende Bewilligungszeitraum am 1.9.2013 und endet am 31.12.2014. Ab dem 1.1.2015 erfolgt dann die Umstellung auf das Kalenderjahr als Bewilligungszeitraum. Dies gilt für alle Kindertageseinrichtungen und die Tagespflege.

War die Kindertageseinrichtung nicht während des gesamten Bewilligungszeitraums in Betrieb, wobei auch Schließtage in diesem Sinne zum Betrieb gehören, oder bestand das Tagespflegeverhältnis nicht während des gesamten Bewilligungszeitraums, so ist nur für den verkürzten Zeitraum eine Förderung zu beantragen.

247

> Beispiel:
> Eine Krippe eröffnet zum 2.1.2014, so stellt sie ihren Förderantrag für den Zeitraum 1.1. bis 31.12.2014. Der gesamte Januar ist vom Bewilligungszeitraum erfasst, da nach § 20 Abs. 1 AVBayKiBiG das Monatsprinzip gilt, ein Monat also immer entweder vollständig zum Bewilligungszeitraum gehört oder eben überhaupt nicht, s. näher Erl. zu § 26 AVBayKiBiG.

Mit Wirkung zum 1.1.2013 wird das Antragsverfahren für die einrichtungsähnliche Großtagespflege im Sinne des Art. 20a ergänzt. Bei dieser Form der Großtagespflege hat der Träger einen Antrag an die Sitzgemeinde zu stellen. Die Sitzgemeinde wiederum hat ihren Antrag an die zuständige Bewilligungsbehörde zu stellen.

Werden in einer Großtagespflegestelle Gastkinder betreut, sollten die Fördermodalitäten vor Aufnahme der betreffenden Kinder mit der Aufenthaltsgemeinde geklärt werden, da die Gemeinden zur Förderung nach Art. 20a nicht verpflichtet sind und in eigenem Ermessen entscheiden, ob eine Finanzierung über Art. 20a in Betracht kommt.

> Beispiel:
> In der Großtagespflegestelle in der Gemeinde A werden insgesamt 14 Kinder betreut. 12 Kinder kommen aus der Gemeinde A und 2 Kinder aus der Gemeinde B. Die Gemeinde B stimmt einer Förderung über Art. 20a nicht zu.
> Der Träger der Großtagespflegestelle richtet seinen Förderantrag nach Art. 20a für 12 Kinder an die Gemeinde A und erhält für 12 Kinder die kindbezogene Förderung.
> Die in der Großtagespflegestelle tätigen Tagespflegepersonen stellen beim zuständigen Träger der öffentlichen Jugendhilfe für 14 Kinder Antrag auf eine laufende Geldleistung im Sinne des § 23 Abs. 2 SGB VIII. Sofern der Träger der öffentlichen Jugendhilfe für die beiden Kinder aus der Gemeinde B eine staatliche Refinanzierung beantragen will, hat er der betreffenden Tagespflegeperson, welche mit den Sorgeberechtigten ein Betreuungsverhältnis abgeschlossen hat, den Qualifizierungszuschlag nach Art. 20 Abs. 1 Nr. 4 auszubezahlen.
> Stimmt die Gemeinde B der Förderung nach Art. 20a zu, stellt der Träger einen Förderantrag auf kindbezogene Förderung an beide Gemeinden. Zusätzlich erhalten die Tagespflegepersonen die laufende Geldleistung nach § 23 Abs. 2 SGB VIII vom Träger der öffentlichen Jugendhilfe ohne Qualifizierungszuschlag.

3. Prüfungsumfang

248 Um das Verfahren möglichst einfach zu gestalten, wird darauf verzichtet, dass dem Antrag gegenüber der staatlichen Bewilligungsbehörde Unterlagen beizufügen sind. Stattdessen müssen nach Abs. 2 Satz 1 beim Erstantrag Gemeinde bzw. örtlicher Träger der öffentlichen Jugendhilfe lediglich erklären, dass die Fördervoraussetzungen nach Art. 19 bzw. 20 und 20a vorliegen (sog. **Erklärungsprinzip**). Die staatliche Überprüfung, ob die Fördervoraussetzungen wirklich vorgelegen haben, erfolgt dann durch stichprobenartige Kontrollen. Bestehen Zweifel an der Richtigkeit eines Antrages, so werden diese Fälle zusätzlich überprüft (siehe Anm. zu § 23 AVBayKiBiG).

Der **Prüfungsumfang der Gemeinden** gegenüber dem Träger ist nicht gesetzlich geregelt und kann so von diesen in Übereinstimmung mit den kommunalhaushaltsrechtlichen Vorschriften selbst geregelt werden. Das StMAS wird jedoch ergänzend zu den Regelungen in § 23 AVBayKiBiG Ausführungsbestimmungen zu den Prüfungen der staatlichen Aufsichtsbehörden erlassen.

4. Bewilligungsbescheid

Der Bewilligungsbescheid ergeht nach Abs. 3 Satz 1 über den gesamten Förderanspruch. Mit der Einführung von KiBiG.web haben die Gemeinden die Möglichkeit, die auf die jeweilige Einrichtung entfallende Jahresfördersumme zu erkennen. Eine Ausweisung der einzelnen Fördersummen im Bewilligungsbescheid der staatlichen Bewilligungsbehörde an die Gemeinde ist nicht (mehr) erforderlich. **249**

5. Auszahlung

Auf den Antrag der Gemeinde und dessen positive Verbescheidung hin erfolgen quartalsweise **vier Abschlagszahlungen (vgl. § 22 AVBayKiBiG)**. Am Ende des Bewilligungszeitraums erfolgt dann die **Endabrechnung**. **250**

Art. 26a
Mitteilungspflichten

[1]**Die Eltern sind verpflichtet, dem Träger bzw. dem nach Art. 20 zuständigen Träger der öffentlichen Jugendhilfe zur Erfüllung von Aufgaben nach diesem Gesetz folgende Daten mitzuteilen:**
1. **Name und Vorname des Kindes,**
2. **Geburtsdatum des Kindes,**
3. **Geschlecht des Kindes,**
4. **Staatsangehörigkeit des Kindes und der Eltern,**
5. **Namen, Vornamen und Anschriften der Eltern,**

6. Anspruch des Kindes auf Eingliederungshilfe (Art. 21 Abs. 5) und
7. Rückstellung des Kindes von der Aufnahme in die Grundschule nach Art. 37 Abs. 2 BayEUG.
²Änderungen sind dem Träger unverzüglich mitzuteilen. ³Der Träger bzw. die Tagespflegeperson hat die Eltern auf diese Pflichten und die Folgen eines Verstoßes hinzuweisen.

251 Die Vorschrift des Art. 26a wurde mit der Gesetzesnovellierung zum 1.1.2013 ins BayKiBiG aufgenommen. Erstmals werden Mitteilungspflichten der Eltern gegenüber den Trägern von Kindertageseinrichtungen bzw. den Trägern der öffentlichen Jugendhilfe im Gesetz aufgenommen. Die Eltern sind danach verpflichtet, alle für die kindbezogene Förderung relevanten Daten sowie Änderungen (vgl. Abs. 2) mitzuteilen. Diese Verpflichtung erstreckt sich auch auf erforderliche Informationen für die zusätzlichen staatlichen Leistungen im Sinne des Art. 23 Abs. 3 (Elternbeitragszuschuss). Die Mitteilung von Änderungen muss unverzüglich, d.h. ohne schuldhaftes Verzögern seitens der Eltern erfolgen. Die Träger haben die Eltern auf ihre Verpflichtung und die Folgen eines Verstoßes (vgl. Art. 26b) hinzuweisen. Es wird empfohlen, den Eltern bei Abschluss des Betreuungsvertrags für ihr Kind ein Informationsblatt mit den Mitteilungspflichten auszuhändigen und die Eltern bestätigen zu lassen, dass sie das Informationsblatt erhalten haben.

In der Praxis wurde zunehmend von Trägern gemeldet, dass Eltern förderrelevante Änderungen wie z.B. den Wohnortwechsel nach einem Umzug nicht mitteilen. Dies hatte einen bürokratischen Mehraufwand aufgrund von Rückabwicklungen im Antrags- und Bewilligungsverfahren für die kindbezogene Förderung zur Folge. Teilweise führte die mangelnde Information zum Verlust der kindbezogenen Förderung.

Art. 26b
Bußgeldvorschriften

(1) Mit einer Geldbuße bis zu fünfhundert Euro kann belegt werden, wer entgegen Art. 26a Abs. 1 vorsätzlich oder fahrlässig eine Auskunft nicht, nicht richtig, nicht vollständig oder nicht rechtzeitig erteilt.

(2) Zuständig für die Verfolgung und Ahndung von Zuwiderhandlungen nach Abs. 1 sind die örtlichen Träger der öffentlichen Jugendhilfe.

252 Art. 26b regelt die Folgen, wenn Eltern ihrer Informations- bzw. Mitteilungspflicht nicht oder nicht rechtzeitig nachkommen. Bei Nichtbeachtung der Mitteilungspflichten nach Art. 26a besteht seit dem 1.1.2013 die Möglichkeit, ein Verfahren nach dem Ordnungswidrigkeitengesetz in Gang zu setzen. Träger von Kindertageseinrichtungen und von Großtagespflegestellen nach Art. 20a müssen zuvor den Träger der öffentlichen Jugendhilfe über den Verstoß der Mitteilungspflichten entsprechend informieren.

Abschnitt 2
Investitionskostenförderung

Art. 27
Investitionskostenförderung

[1]Der Staat gewährt nach Maßgabe des Art. 10 des Gesetzes über den kommunalen Finanzausgleich zwischen Staat, Gemeinden und Gemeindeverbänden (Finanzausgleichsgesetz – FAG) in der jeweils geltenden Fassung Finanzhilfen zu Investitionsmaßnahmen an Kindertageseinrichtungen, soweit Gemeinden, Landkreise, Verwaltungsgemeinschaften und kommunale Zweckverbände die Investitionskosten unmittelbar oder in Form eines Investitionskostenzuschusses tragen. [2]Die Gewährung von Finanzhilfen setzt zudem voraus, dass die Kindertageseinrichtung nach Art. 19 förderfähig ist. [3]Sie beschränken sich auf den nach Art. 7 anerkannten Bedarf.

Anmerkungen

Art. 27 enthält auf der Ebene zwischen Einrichtungsträger und Gemeinde **253** keine Regelungen zur Investitionskostenförderung mehr. Auf der Ebene zwischen Gemeinde und Freistaat regelt Art. 27 die Investitionskostenförderung nicht vollständig. Hinsichtlich der staatlichen Investitionskostenförderung ist vielmehr das Kommunale Finanzausgleichsgesetz (FAG) einschließlich der hierzu ergangenen Vorschriften ergänzend heranzuziehen (Abs. 6).

Aufgrund des Wegfalls des Art. 7 Abs. 2 musste der bislang geregelte Bezug zu den als bedarfsnotwendig anerkannten Plätzen entfallen.

Auf Regelungen, die eine bestimmte Kostenaufteilung zwischen Träger und Gemeinde vorsahen, wird verzichtet, nachdem in der Praxis ohnehin häufig über vertragliche Abmachungen die Kostenaufteilung zwischen Gemeinde und Träger vereinbart worden war oder eine Gemeinde selbst Bauträger über eine investive Maßnahme war und einem freien oder freigemeinnützigen Träger nur die Betriebsträgerschaft übertragen wurde.

1. Kostentragung

254 Nach Abs. 1 ist die Kostentragung zwischen Gemeinde und Träger zu vereinbaren.

Der **Freistaat Bayern** refinanziert die Ausgaben der Gemeinde im Rahmen des kommunalen Finanzausgleichs in Abhängigkeit von der finanziellen Leistungsfähigkeit der Gemeinde. Die bisherige Begrenzung der staatlichen Refinanzierung auf 2/3 der zuwendungsfähigen Kosten im Sinne des FAG wurde aufgehoben.

2. Zuschusspflichtige Gemeinden

255 Nachdem Art. 27 keine Regelungen mehr hinsichtlich der Förderverpflichtung der Gemeinde enthält, entscheiden die Gemeinden eigenverantwortlich, ob und wenn ja in welcher Höhe sie sich an einer investiven Maßnahme beteiligen. Ausgangspunkt für die Entscheidung über eine kommunale Finanzierungsbeteiligung ist die kommunale Bedarfsplanung. Aus der Bedarfsplanung ergibt sich die Notwendigkeit der Schaffung neuer Plätze (Neubau, Aus- oder Umbau) bzw. den Erhalt bereits bestehender Plätze (Sanierung, Abriss und Neubau).

Rechtslage bei Einrichtungen mit überörtlichem Einzugsbereich

256 Bei Einrichtungen, die von Kindern aus mehreren Gemeinden besucht werden, stellt sich die Frage, welche Gemeinden und in welchem Verhältnis sie zueinander den Baukostenzuschuss aufzubringen haben. Nachdem der Bezug zur Anerkennung der Bedarfsnotwendigkeit von Plätzen entfallen ist, liegt die Entscheidung über eine Baumaßnahme und deren Umfang ausschließlich bei der Sitzgemeinde. Sofern eine Einrichtung einen überörtlichen Bedarf deckt, hat die Sitzgemeinde mit den anderen betroffenen Gemeinden Verhandlungen über eine Kostenbeteiligung in die Wege zu leiten.

3. Voraussetzungen für die Investitionskostenförderung

Gefördert werden Investitionsmaßnahmen an Kindertageseinrichtungen, **257**
soweit Gemeinden, Landkreise, Verwaltungsgemeinschaften und kommunale Zweckverbände die Investitionskosten tragen. Damit wird klargestellt,
dass sich die Investitionskostenförderung auf alle Baumaßnahmen im Sinne des Art. 10 FAG erstreckt. Demnach auch für Generalsanierungen. Die
weiteren Fördervoraussetzungen ergeben sich aus Satz 2:

Die Baumaßnahme muss eine nach Art. 19 **förderfähige Kindertageseinrichtung** betreffen. Diese Voraussetzung ist bei Um- und Erweiterungsbau-
ten, die schon eine bestehende Kindertageseinrichtung betreffen, einfach
festzustellen. Bei Neubauten ist eine Überprüfung der pädagogischen Grob-
konzeption vorzunehmen; eine ausgearbeitete Konzeption ist in diesem
frühen Stadium noch nicht zu verlangen.

Voraussetzung ist ferner, dass sich die Baumaßnahme auf Plätze bezieht,
für die ein Bedarf durch eine oder mehrere Gemeinden im Sinne des Art. 7
anerkannt wurde. Grundlage für die Bedarfsanerkennung ist die kommunale Bedarfsplanung. Aus dem anerkannten Bedarf leitet sich Art und Umfang
der Baumaßnahme ab. Über die Bedarfsplanung entscheidet die Gemeinde
bzw. der Freistaat über die staatliche Refinanzierung darüber, ob die Baumaßnahme überhaupt erforderlich ist und ob sie auch im geplanten Umfang erforderlich ist. Dies richtet sich nach dem Bedarf an Plätzen in der Zukunft.

Hinsichtlich der Finanzhilfen des Freistaats gegenüber den Gemeinden
gilt eine **Bagatellgrenze:** Nur wenn der sich errechnende Betrag 100 000 Euro übersteigt, besteht Anspruch auf die Finanzhilfe. Für den Anspruch des
Trägers gegenüber der Gemeinde auf Baukostenzuschuss gilt diese Grenze
nicht; hier sind daher auch geringere Beträge zu fördern.

Beispiel:

Ein Unternehmen möchte in der Gemeinde A eine Einrichtung mit 75 Plätzen
errichten. Die Gemeinde selbst hat einen Bedarf an 25 Plätzen für ihre Kinder. Die
restlichen Plätze werden für Kinder benötigt, die ihren gewöhnlichen Aufenthalt
in den Gemeinden B, C, D und E haben.

Folgende Lösungen sind denkbar:

1. Alle beteiligten Gemeinden bestätigen den Bedarf an den neuen Plätzen. Die
   Sitzgemeinde A trägt die Baukosten für die gesamte Einrichtung und tritt in
   Verhandlungen mit den Gemeinden B bis E wegen einer Finanzierungsbeteili-
   gung. Die Sitzgemeinde A beantragt die staatliche Refinanzierung für die
   gesamte Baumaßnahme und teilt die Einnahmen ggf. an die betreffenden
   Gemeinden auf.

2. Alle beteiligten Gemeinden bestätigen den Bedarf an den neuen Plätzen, verweigern aber eine Kostenbeteiligung. Die Sitzgemeinde stemmt die Finanzierung alleine und erhält die entsprechende staatliche Refinanzierung.

3. Nur die Sitzgemeinde bestätigt den Bedarf an 25 Plätzen, die anderen Gemeinden verweisen auf bestehende freie Plätze in Einrichtungen innerhalb des eigenen Gemeindegebiets. Die Sitzgemeinde A entscheidet über den Umfang der Baumaßnahme und kann sich für 25 neu zu schaffende Plätze beim Freistaat refinanzieren. Evtl. beteiligt sich das Unternehmen finanziell an der Baumaßnahme.

4. Rückerstattung der Investitionskostenförderung

258 Die staatlichen Finanzhilfen sowie die Baukostenzuschüsse der Gemeinden sollen der Kinderbetreuung zugutekommen. Nach 25 Jahren haben sich solche Investitionen in der Regel amortisiert. Deswegen sieht das FAG eine grundsätzliche Rückerstattungspflicht vor, wenn die geförderte Einrichtung vor Ablauf von 25 Jahren anderen Zwecken zugeführt wird. Die 25-Jahres-Frist beginnt entsprechend den Abschreibungsregeln mit Fertigstellung des gebauten Teils. Die anteilige Rückzahlungspflicht richtet sich danach, wie lange der Bau zweckgemäß genutzt wurde.

Die Rückerstattungspflicht trifft die Gemeinde im Hinblick auf die vom Freistaat gewährten Finanzhilfen.

Die Rückerstattungspflicht entfällt, wenn die vormalige Kindertageseinrichtung für andere kommunale Aufgaben (Art. 56, 57 BayGO) genutzt wird. Führt die anderweitige Nutzung zu Einnahmen der Gemeinde, so sind bis zu deren Höhe die Finanzhilfen zurückzuerstatten.

Näheres zur Rückerstattung wird durch die FA-ZR (s. Rn. 197) geregelt, Abs. 6.

5. Sonderprogramm zum Ausbau der Kinderbetreuung für Kinder unter drei Jahren

259 Zur Beschleunigung des bedarfsgerechten Ausbaus der Kinderbetreuungsangebote für Kinder unter drei Jahren gewährt der Bund den Ländern 2,15 Mrd. Euro an Investitionskostenzuschüssen in den Jahren 2008–2013; auf Bayern entfallen davon 340 Mio. Euro. Mit Hilfe dieser Sondermittel gewährt der Freistaat Bayern nach der Richtlinie zur Förderung von Investitionen im Rahmen des Investitionsprogramms „Kinderbetreuungsfinanzierung" 2008–2013 Investitionskostenzuschüsse, die deutlich über dem Niveau der regulären Förderung nach Art. 27 liegen. Der Freistaat Bayern stockt diese Sondermittel in der Weise auf, als die Konditionen des Sonderinvestitionskostenprogramms zunächst bis 31.12.2013 weiter gelten, auch wenn die Bundesmittel verbraucht sind. Zur Finanzierung der Investitionskosten für den bedarfsgerechten Ausbau für Kinder unter drei Jahren hat der Freistaat Bayern bis zum 31.12.2012 rund 700 Mio. Euro an Landesmitteln investiert.

Gefördert werden Neubau-, Ausbau-, Umbau-, Umwandlungs- sowie Sanierungsmaßnahmen und Ausstattungsinvestitionen
– zur Schaffung neuer Betreuungsplätze für Kinder unter drei Jahren in Kindertageseinrichtungen und in Großtagespflege und
– zur Umwandlung bestehender Betreuungsplätze für Kinder über drei Jahren in Kindertageseinrichtungen oder in Großtagespflege in solche für Kinder unter drei Jahren.

Die Investitionen mussten zunächst bis spätestens 31.12.2013 abgeschlossen werden. Im Rahmen des Bildungsfinanzierungsgesetzes stellt der Freistaat Bayern weitere Haushaltsmittel zur Verfügung, um das Sonderprogramm bis zum 31.12.2014 zu verlängern. Die Förderhöhe beträgt je nach Finanzkraft der Kommunen zwischen 60 und 80 % der förderfähigen Kosten; es gilt eine Bagatellgrenze von 10 000 Euro. Zusätzlich kann eine Ausstattungspauschale pro Platz in Höhe von bis zu 1 250 Euro in Anspruch genommen werden.

Abschnitt 3
Zuständigkeiten

Art. 28
Bewilligungsbehörden, sachliche Zuständigkeit

[1]Bewilligungsbehörden für die staatliche Betriebskostenförderung an die kreisangehörigen Gemeinden sind die Kreisverwaltungsbehörden, für die staatliche Betriebskostenförderung an kreisfreie Gemeinden und die örtlichen Träger der öffentlichen Jugendhilfe sowie für die Finanzhilfen nach Art. 27 Abs. 2 und Abs. 3 Satz 3 die Regierungen. [2]Sachlich zuständig für die Wahrnehmung der Aufgaben nach § 45 SGB VIII und Art. 9 Abs. 1 sind die Kreisverwaltungsbehörden, im Fall von Kindertageseinrichtungen in Trägerschaft der kreisfreien Gemeinden und der Landkreise die Regierungen.

Anmerkungen

260 Satz 1 regelt, welche Behörde für die **staatliche kindbezogene Förderung** an die Gemeinden zuständig ist. Dies sind gegenüber den kreisangehörigen Gemeinden die Kreisverwaltungsbehörden, also die Landratsämter als Staatsbehörde. Für die staatliche kindbezogene Förderung an kreisfreie Gemeinden und die örtlichen Träger der öffentlichen Jugendhilfe sind die Regierungen die Bewilligungsbehörden.

> Beispiel:
> In die Kindertageseinrichtung K des freigemeinnützigen Trägers T, die in der kreisfreien Stadt S gelegen ist, gehen Kinder aus S und aus der kreisangehörigen Gemeinde G. Für die von S geförderten Kinder stellt S einen Antrag bei der zuständigen Regierung, für die von G geförderten Kinder stellt G einen Antrag beim zuständigen Landratsamt.

261 Für die **Investitionskostenförderung** (Finanzhilfen) sind stets die Regierungen Bewilligungsbehörde.

262 Satz 2 regelt die zuständige **Aufsichtsbehörde.** Mit der Ergänzung des Verweises auf § 45 SGB VIII wird klargestellt, dass die Kreisverwaltungsbehörden für alle Kindertageseinrichtungen zuständig sind. Damit ist keine Änderung der Zuständigkeitsvorgaben erlaubnispflichtiger Einrichtungen, die nicht unter das BayKiBiG fallen – sog. Sonstige Einrichtungen –, verbunden. Aufgaben nach § 45 SGB VIII in Verbindung mit Art. 9 Abs. 1 sind insbesondere die fachliche Beratung der Träger von Kindertageseinrichtungen, aber auch aufsichtliche Maßnahmen wie die Erteilung sowie die Rücknahme und der Widerruf einer Betriebserlaubnis, die Erteilung von Auflagen zur Sicherung des Kindeswohls und deren Überwachung. Zuständig sind danach grundsätzlich die Kreisverwaltungsbehörden, also die Landratsämter und kreisfreien Städte, nur bei den Einrichtungen in Trägerschaft der kreisfreien Städte und der Landkreise sind die Regierungen zuständig.

Hinweis:
Nach § 85 Abs. 2 Nr. 6 SGB VIII sind die überörtlichen Träger der Jugendhilfe für das Betriebserlaubnisverfahren nach den §§ 45 ff. SGB VIII zuständig. Dies ist in Bayern nach § 69 Abs. 1 SGB VIII, Art. 24 Satz 1 AGSG der Freistaat Bayern vertreten durch das Zentrum Bayern Familie und Soziales (ZBFS) – Bayerisches Landesjugendamt. Art. 28 BayKiBiG und Art. 24 Satz 3 AGSG sind allerdings Sonderregelungen, die vorgehen. Die Möglichkeit einer solchen abweichenden Regelung beruht für die Kindergärten und Horte auf § 85 Abs. 4 SGB VIII. Diese Öffnungsklausel ermöglicht es Ländern, an Zuständigkeitsregelungen festzu-

halten, die zum Zeitpunkt des Inkrafttretens des SGB VIII galten und eine Delegation auf mittlere oder untere Landesbehörden für die Aufgaben nach den §§ 45 bis 48a SGB VIII vorsahen. Dies traf für Bayern durch § 1 1. DVBayKiG für die Kindergärten und durch Art. 32 Abs. 2 BayKJHG a. F. für die Horte zu. Deren Regelung hat der Freistaat Bayern mit Art. 28 Satz 2 perpetuiert. Dass auch die Krippen und Häuser für Kinder in diese Zuständigkeitsregelung mit eingebunden werden, ist erforderlich, da die starren Grenzen zwischen den einzelnen Formen der Kindertageseinrichtungen aufgegeben sind zugunsten eines fließenden Übergangs (Annexzuständigkeit).

Abschnitt 4
Datenschutz

Art. 28a
Erhebung, Verarbeitung und Nutzung von Daten

(1) Die Erhebung, Verarbeitung und Nutzung von personenbezogenen Daten ist zulässig, wenn dies zur Erfüllung einer Aufgabe oder für eine Förderung nach diesem Gesetz erforderlich ist oder der Betroffene eingewilligt hat.

(2) Datenschutzrechtliche Regelungen in anderen Rechtsvorschriften bleiben unberührt.

Art. 28a ist die zentrale Befugnis zur Erhebung, Verarbeitung und Nutzung **263** personenbezogener Daten, soweit diese zur Aufgabenerfüllung nach dem BayKiBiG erforderlich sind. Die Bestimmung verschafft den staatlichen Aufsichtsbehörden wie auch den Gemeinden ein Einsichtsrecht für alle Unterlagen, um die Rechtmäßigkeit von geltend gemachten Ansprüchen nach dem BayKiBiG festzustellen bzw. überprüfen zu können.

Beispiel:
Ein Einrichtungsträger stellt bei der Gemeinde B für zwei Gastkinder einen Antrag auf kindbezogene Förderung. Um die Rechtmäßigkeit des Anspruchs des Trägers festzustellen, verlangt die Gemeinde B den Namen und die Anschrift des Kindes. Der Träger kann die Information mit dem Hinweis auf datenschutzrechtliche Gründe nicht verweigern.

6. Teil
Experimentierklausel und Ausführungsverordnung

Art. 29
Experimentierklausel

Zur Erprobung innovativer Konzepte für die pädagogische Arbeit, die Förderung und das Bewilligungs- und Aufsichtsverfahren kann von den Vorschriften dieses Gesetzes und der hierzu ergangenen Ausführungsverordnung mit Zustimmung des Staatsministeriums für Arbeit und Sozialordnung, Familie und Frauen unter Beteiligung der übrigen zuständigen Staatsministerien abgewichen werden.

Anmerkungen

264 Art. 29 stellt die **Rechtsgrundlage für Modellprojekte** jeder denkbaren Art dar. Möglich ist daher die Erprobung neuer Förderkonzepte, neuer pädagogischer Inhalte sowie neuer Verwaltungsverfahren. Erforderlich ist in jedem Fall ein **innovativer Ansatz.**

Voraussetzung ist stets die **Zustimmung des Staatsministerium für Arbeit und Soziales, Familie und Integration.** Ist der Zuständigkeitsbereich anderer Ministerien betroffen, so ist auch deren Zustimmung einzuholen, insbesondere also für finanzrelevante Projekte diejenige des Finanzministeriums.

Art. 30
Ausführungsverordnung

¹Das Staatsministerium für Arbeit und Soziales, Familie und Integration wird ermächtigt, durch Rechtsverordnung

1. die Bildungs- und Erziehungsziele für förderfähige Kindertageseinrichtungen (Art. 13 Abs. 3),
2. den Anstellungsschlüssel, der Zahl und Qualifikation des erforderlichen Personals in Abhängigkeit von den betreuten Kindern festlegt,
3. Näheres über die zusätzlichen Leistungen nach Art. 20 Nr. 3 und Art. 23,
4. das Abrechnungsverfahren einschließlich Buchungszeitfaktoren (Art. 21 Abs. 4 Satz 6) und das Verfahren bei Elternbeitragsfreiheit,
5. die Bestimmung der Bereiche im Sinn des Art. 24 Satz 2 sowie der zum Stichtag 31. Juli 2005 bestehenden, staatlich geförderten Gruppen in Netzen für Kinder und

6. **den Zeitpunkt, zu dem für die Förderung maßgebliche Veränderungen wirksam werden,**

festzulegen. [2]**Vor Erlass der Ausführungsverordnung sind die Spitzenverbände der freigemeinnützigen Träger, Vertreter der gewerblichen und freien Träger und die kommunalen Spitzenverbände zu hören.** [3]**Für Festlegungen nach Satz 1 Nr. 3 hinsichtlich zusätzlicher Leistungen nach Art. 23 und für Festlegungen nach Satz 1 Nr. 4 ist Einvernehmen mit dem Staatsministerium der Finanzen herzustellen.**

Anmerkungen

Art. 30 fasst die ausdrücklich in den vorangegangenen Artikeln enthaltenen **265**
Ermächtigungen zur Regelung durch eine Ausführungsverordnung und
damit für eine Regelung durch die Verwaltung zusammen und ergänzt diese
um eine weitere, nämlich eine Regelung über den Zeitpunkt zu treffen, zu
dem für die Förderung maßgebliche Veränderungen wirksam werden. Als
Verordnungsgeber wird das Bayerische Staatsministerium für Arbeit und
Soziales, Familie und Integration bestimmt.

Andere als die in Art. 30 aufgezählten Bereiche dürfen nicht durch Verordnung geregelt werden.

Mit der Novellierung wird die Ermächtigung des Freistaats erweitert. So
wird dem Freistaat die Möglichkeit eröffnet, weitere Regelungen zu den
staatlichen Zusatzleistungen und zum Qualitätsbonus zu erlassen. Der Freistaat wird ermächtigt, Regelungen zum Abrechnungsverfahren und das Verfahren bei Elternbeitragsfreiheit zu schaffen.

Satz 2 sieht ein **Anhörungsrecht zugunsten der Spitzenverbände der
freien Wohlfahrtspflege und der kommunalen Spitzenverbände** vor, das
um die freien und gewerblichen Träger erweitert wurde. Dies ist Folge der
Veränderungen in der Trägerlandschaft und trägt deren Heterogenität Rechnung.

Durch Art. 30 Nr. 6 Satz 3 wird sichergestellt, dass Verfahren zur Elternbeitragsfreiheit, die im Hinblick auf den Elternbeitragszuschuss und damit
einhergehender Beitragsfreiheit des Betreuungsangebots entwickelt werden, der vorigen Abstimmung mit dem Finanzministerium bedürfen.

Zur Verordnung s. im Einzelnen Erl. zu §§ 1 ff. AVBayKiBiG.

§ 2
Änderung des Bayerischen Kinder- und Jugendhilfegesetzes[3]

Das Bayerische Kinder- und Jugendhilfegesetz (BayKJHG) vom 18. Juni 1993 (GVBl S. 392, BayRS 2162-1-A), zuletzt geändert durch Art. 3 des Gesetzes vom 23. November 2001 (GVBl S. 734), wird wie folgt geändert: Art. 1 Abs. 2 erhält folgende Fassung:

1. „(2) Dieses Gesetz gilt nicht für Kindertageseinrichtungen und Tagespflege mit Ausnahme des Art. 29 sowie der Bestimmungen über den örtlichen Träger der öffentlichen Jugendhilfe."
2. In Art. 17 Abs. 1 Satz 1 werden die Worte „und zur Förderung von Kindern in Tageseinrichtungen (§ 22 in Verbindung mit § 24 sowie § 25 des Achten Buchs Sozialgesetzbuch)" gestrichen.
3. Art. 26 Satz 2 wird aufgehoben; die Satzbezeichnung 1 entfällt.
4. Art. 32 wird wie folgt geändert:
   a) Abs. 2 wird aufgehoben.
   b) Der bisherige Abs. 3 wird Abs. 2.

Anmerkungen

266 Die Änderung des BayKJHG durch das BayKiBiG und Änderungsgesetz ist **inzwischen überholt**, da das BayKJHG vollständig als 7. Teil im **AGSG** aufgegangen ist. Die Grundentscheidung, die am § 2 BayKiBiG und ÄndG deutlich wird, ist allerdings auch im neuen AGSG erhalten geblieben, nämlich dass

– die früher vom BayKJHG geregelten, Kindertageseinrichtungen und die Tagespflege betreffenden Sachfragen direkt im BayKiBiG enthalten sind,

– **Kindertageseinrichtungen und die Tagespflege** daher grundsätzlich aus dem Anwendungsbereich des AGSG (früher BayKJHG) **herausgenommen** sind und

– vom AGSG nur einzelne Normen für Kindertageseinrichtungen[4] und die Tagespflege Anwendung finden. Dies sind gem. Art. 12 Abs. 2 AGSG

---

3 Die Änderung des Bayerischen Kinder- und Jugendhilfegesetzes ist in § 2 des Bayerischen Gesetzes zur Bildung, Erziehung und Betreuung von Kindern in Kindergärten, anderen Kindertageseinrichtungen und in Tagespflege und zur Änderung anderer Gesetze – Bayerisches Kinderbildungs- und -betreuungsgesetz und Änderungsgesetz (BayKiBiG und ÄndG) geregelt.

4 Das Inkrafttreten, Außerkrafttreten und die Übergangsregelungen sind in § 3 des Bayerischen Gesetzes zur Bildung, Erziehung und Betreuung von Kindern in Kindergärten, anderen Kindertageseinrichtungen und in Tagespflege und zur Änderung anderer Gesetze – Bayerisches Kinderbildungs- und -betreuungsgesetz und Änderungsgesetz (BayKiBiG und ÄndG) geregelt.

die Art. 24, 40, 42, 45 Abs. 2, 46, 47, 53, 64 und 66 sowie die Bestimmungen über die Träger der öffentlichen Jugendhilfe.

§ 3
Inkrafttreten, Außerkrafttreten, Übergangsregelungen

(1) Dieses Gesetz tritt am 1. August 2005 in Kraft.

(2) Mit Ablauf des 31. Juli 2005 treten außer Kraft:

1. das Bayerische Kindergartengesetz (BayKiG) vom 25. Juli 1972 (BayRS 2231-1-A),

2. die Erste Verordnung zur Durchführung des Bayerischen Kindergartengesetzes (1. DVBayKiG) vom 15. Dezember 1972 (BayRS 2231-1-1-A), zuletzt geändert durch Verordnung vom 6. Juli 1993 (GVBl S. 487),

3. die Verordnung über die Bildung und den Geschäftsgang der Kindergartenbeiräte bei den anerkannten Kindergärten (2. DVBayKiG) vom 14. Juni 1973 (BayRS 2231-1-2-A),

4. die Verordnung über die Förderungsfähigkeit der Personalkosten anerkannter Kindergärten (3. DVBayKiG) vom 31. Juli 1978 (BayRS 2231-1-3-A), zuletzt geändert durch Verordnung vom 18. August 2004 (GVBl S. 354),

5. die Verordnung über die Rahmenpläne für anerkannte Kindergärten (4. DVBayKiG) vom 25. September 1973 (BayRS 2231-1-4-A),

6. die Verordnung über die an die sonstigen Kindergärten zu stellenden Mindestanforderungen (5. DVBayKiG) vom 19. März 1985 (GVBl S. 102, BayRS 2231-1-5-A), geändert durch § 9 Abs. 2 Nr. 1 der Verordnung vom 5. Juli 1993 (GVBl S. 491),

7. die Verordnung über Bau, Beschaffenheit und Ausstattung anerkannter und sonstiger Kindergärten (6. DVBayKiG) vom 5. Juli 1993 (GVBl S. 491, BayRS 2231-1-6-A).

(3) Es gelten folgende Übergangsregelungen:

1. Zum Stichtag 31. Juli 2005 bestehende, staatlich geförderte Kindergarten- und Hortgruppen sowie Kinderbetreuungsgruppen im Sinn der Richtlinie zur Förderung von altersgemischten Kinderbetreuungsgruppen im „Netz für Kinder" werden bis zum 31. August 2006 nach den zum 31. Juli 2005 geltenden Vorschriften gefördert, soweit die jeweiligen Fördervoraussetzungen weiterhin erfüllt werden. Die Vorschriften des Abschnitt 1 des 5. Teils BayKiBiG finden mit Ausnahme von Art. 13 Abs. 3, bei Horten zusätzlich von Art. 18, bis zum 31. August 2006 insoweit keine Anwendung. Für Netze für Kinder im Sinn des Satz 1 gilt

Art. 24, solange die Fördervoraussetzungen weiterhin erfüllt sind, mit der Maßgabe entsprechend, dass für solche Gruppen mit mindestens 12 Kindern der Basiswert für die durchschnittliche Buchungszeit der tatsächlich anwesenden Kinder bei Zugrundelegung eines Gewichtungsfaktors von 1,0 für 22 Kinder gewährt wird.

2. Kindergarten- und Hortgruppen sowie Kinderbetreuungsgruppen im Sinn der Richtlinie zur Förderung von altersgemischten Kinderbetreuungsgruppen im „Netz für Kinder" im Sinn der Nr. 1 sollen ab dem 1. September 2005 stundenbezogene Buchungszeiten anbieten und eine entsprechende Beitragsstaffelung nach Art. 19 Abs. 4 BayKiBiG erheben. Dabei können Mindestbuchungszeiten nach Art. 21 Abs. 4 Satz 5 BayKiBiG vorgegeben werden.

3. [1]Die Plätze in zum Stichtag 31. Juli 2005 anerkannten Kindergärten gelten bis zum 31. August 2008 als bedarfsnotwendig im Sinn des Art. 22 Abs. 1 BayKiBiG. [2]Für welche Gemeinden die bestehenden Plätze als bedarfsnotwendig gelten, bestimmt sich nach dem im Anerkennungsbescheid oder im Bedarfsplan (Art. 4 BayKiG) festgestellten Einzugsbereich in der zum Stichtag geltenden Fassung. [3]Soweit Plätze in anerkannten Kindergärten zum Stichtag 1. September 2005 durch Kinder aus Gemeinden von außerhalb des festgelegten Einzugsbereichs belegt sind, richtet sich der Förderanspruch nach Art. 18 auch für diese Kinder gegen die Sitzgemeinde; sind mehrere Gemeinden betroffen, tragen diese die Kosten für die betroffenen Kinder anteilig.

4. Bis zum Inkrafttreten der Ausführungsverordnung (Art. 30 BayKiBiG) ist der 2. Abschnitt der 4. DVBayKiG weiterhin für Kindergärten im Sinn dieses Gesetzes anzuwenden.

5. In die staatliche Förderung bis zum Stichtag 31. Juli 2005 aufgenommene Krippen gelten bis zum 31. August 2008 auch dann als Kindertageseinrichtung, wenn sie die Voraussetzungen des Art. 2 Abs. 2 BayKiBiG nicht erfüllen.

6. [1]Auf Antrag des örtlichen Trägers der öffentlichen Jugendhilfe wird für die Zeit zwischen dem 1. Januar 2007 und dem 31. Dezember 2010 einmalig und für längstens einen Bewilligungszeitraum (Art. 26 Abs. 1 Satz 3 BayKiBiG) ein Pauschalbetrag für den Aufbau einer Tagespflegestruktur gewährt. [2]Die Einzelheiten werden in Richtlinien festgelegt.

Anmerkungen

1. Inkrafttreten des BayKiBiG

Das BayKiBiG ist zum **1.8.2005** in Kraft getreten, Abs. 1. Gleichwohl sind   **267**
nicht alle Regelungen sofort wirksam geworden. Um den Betroffenen Zeit
zur Umstellung zu geben, wurden in Abs. 3 verschiedene Übergangsregelungen vorgesehen.

Das BayKiBiG löste zusammen mit der hierzu ergangenen Ausführungsverordnung vorbehaltlich der Übergangsregelungen das Bayerische Kindergartengesetz mit seinen sechs Durchführungsverordnungen ab, die deswegen nach Abs. 2 außer Kraft gesetzt wurden. Mit den gesetzlichen
Regelungen für die Krippen, Horte und die Netze für Kinder (zu Letztge-
nannten s. Abs. 3 Nr. 1 und 2) haben auch die für diese zuvor geltenden För-
derrichtlinien ihre Gültigkeit verloren.

2. Übergangsregelungen

Die Übergangsregelungen in Abs. 3 haben weitestgehend ihre Bedeutung   **268**
verloren, da die Übergangsfristen bis auf zwei Ausnahmen spätestens zum
31.8.2008 abgelaufen sind. Deswegen wird hier nur eine Ausnahme kom-
mentiert:
- § 3 Abs. 3 Nr. 1 Satz 3: modifizierte kindbezogene Förderung der NfK, solange die Fördervoraussetzungen der NfK-Richtlinie erfüllt sind.

Für die übrigen Übergangsregelungen gelten die Kommentierungen in der
1. Auflage dieses Kommentares fort.

a) Modifizierte kindbezogene Förderung für Netze für Kinder (Abs. 3 Nr. 1 Satz 3)

Seit dem 1.9.2006 gilt für Netze für Kinder **zusätzlich auch der 1. Abschnitt**   **269**
des 5. Teils des BayKiBiG, wegen der insoweit als speziellere Regelung an-
zusehenden Förderrichtlinie (die nach § 3 Abs. 3 Nr. 1 Satz 3 BayKiBiG und
ÄndG ausdrücklich zu beachten ist), jedoch **nicht der Anstellungsschlüssel**.

Auch die Netze für Kinder erhielten bis einschließlich 31.8.2006 die alte Förderung nach der NfK-Richtlinie, d. h. also pro Gruppe die Personalkostenförderung für eine pädagogische Kraft, eine Aufwandsentschädigung für die mitarbeitenden Eltern und eine Förderung bestimmter Sachkosten. Für die Förderung sind weiterhin die Regierungen zuständig.

Ab dem 1.9.2006 trat an die Stelle der alten Förderung die kindbezogene Förderung. Da diese – gerechnet auf die maximal 15 Kinder einer NfK-Gruppe – in aller Regel niedriger ausfällt als die bisherige Förderung, wird die kindbezogene Förderung in Form einer **an die Landkindergartenregelung angelehnten Sonderförderung** gewährt. Voraussetzung ist allerdings, dass die Fördervoraussetzungen der NfK-Richtlinie weiterhin erfüllt sind, also insbesondere die Elternmitarbeit und die zwingende Altersmischung. Die Voraussetzungen für **Netze für Kinder**, um gem. § 3 Abs. 3 Nr. 1 Satz 3 ab dem Kindergartenjahr 2006/07 die Sonderförderung zu bekommen, sind im Arbeitsministeriellen Schreiben (AMS) vom 4.7.2005, Az. VI 4/7330/20/25, dargestellt.

Zur **Berechnung der Sonderförderung** nach Art. 24 BayKiBiG kann auch für die Netze für Kinder auf die Ausführungen zu den Landkindergärten verwiesen werden, s. Erl. zu Art 24 BayKiBiG.

Diese Sonderförderung gilt nur für bestehende Netze für Kinder; **Neugründungen von Netzen für Kinder müssen sich an die ganz normalen Vorgaben des BayKiBiG halten**, d. h. insbesondere den Anstellungsschlüssel nach § 17 AVBayKiBiG erfüllen – sie bekommen dann auch die reguläre kindbezogene Förderung und nicht die Sonderförderung; vgl. auch § 21 Abs. 1 AVBayKiBiG.

b) 4. Novellierung zum 1.1.2013

Inkrafttreten

(1) [1]Dieses Gesetz tritt am 1. Januar 2013 in Kraft. [2]Abweichend von Satz 1 treten
1. Art. 21 Abs. 5 Satz 5 am 1. September 2013
2. Art. 26 Satz 3 am 1. Januar 2015
in Kraft.

(2) Der auf das Kindergartenjahr 2012/2013 folgende Bewilligungszeitraum beginnt am 1. September 2013 und endet am 31. Dezember 2014.

(3) Für Großtagespflegestellen, die bei Inkrafttreten dieses Gesetzes bestehen, findet Art. 9 Abs. 2 Satz 3 des BayKiBiG vom 8. Juli 2005 (GVBl S. 236,

BayRS 2231-1-A), in der Fassung bis zum Ablauf des 31. August 2013 keine Anwendung.

(4) Mit Ablauf des 31. Juli 2013 tritt Art. 7 Satz 5 BayKiBiG in der ab 1. Januar geltenden Fassung außer Kraft.

(5) Für Maßnahmen, für die vor dem 1. September 2012 eine Zuweisung bewilligt oder einem vorzeitigen Maßnahmebeginn zugestimmt worden ist, gilt Art. 27 in der bisherigen Fassung, soweit zuweisungsfähige Kosten vor dem 22. Juni 2012 bereits angefallen sind.

Anmerkungen

§ 2 Abs. 1 Satz 1 regelt, dass das Änderungsgesetz zum 1.1.2013 in Kraft **270** tritt. In Satz 2 sind Ausnahmen hiervon geregelt.

Die Neugestaltung der Voraussetzungen des Gewichtungsfaktors 4,5 ist zum 1.9.2013 in Kraft getreten. Dies gilt sowohl für das Erfordernis der Erbringung von Leistungen der Eingliederungshilfe durch den Bezirk als auch die Gewährung des Faktors 4,5 während des Antragsverfahrens für die Feststellung des Anspruchs auf Eingliederungshilfe. Insofern hatten Einrichtungen, die bisher noch über keine Leistungs- und Entgeltvereinbarung mit dem Bezirk verfügten, bis zum 1.9.2013 Zeit, sich auf die neue Rechtslage einzustellen und mit dem Bezirk entsprechende Verhandlungen aufzunehmen.

Die Umstellung des Bewilligungszeitraums vom Kindergartenjahr auf das Kalenderjahr bedarf einer größeren organisatorischen und EDV-technischen Umstellung, so dass über § 2 Abs. 1 Nr. 2 eine Übergangsphase bis zum 31.12.2014 eingeräumt wird. Die Umstellung auf das Kalenderjahr erfolgt zum 1.1.2015.

Einhergehend mit der Umstellung des Bewilligungszeitraums auf das Kalenderjahr wird über § 2 Abs. 2 der vorangehende Bewilligungszeitraum um vier Kalendermonate bis zum 31.12.2014 verlängert. Damit entfällt die Abrechnung eines sog. Rumpfjahres vom 1.9.2014 bis 31.12.2014.

§ 2 Abs. 3 verschafft Großtagespflegestellen einen Übergangszeitraum, wenn diese durch die Änderungen des Art. 9 betriebserlaubnispflichtig werden. Dies ist insbesondere dann wichtig, um den Fortgang des Betriebs zu gewährleisten, wenn Auflagen erfüllt werden müssen, um eine Betriebserlaubnis nach § 45 SGB VIII zu ermöglichen.

Verordnung zur Ausführung des Bayerischen Kinderbildungs- und -betreuungsgesetzes (AVBayKiBiG)[1]

Verordnungstext mit Erläuterungen

Vorbemerkung

„Allen Kindern frühzeitig bestmögliche Bildungserfahrungen und -chancen **271** zu bieten zählt heute zu den Hauptaufgaben verantwortungsvoller Bildungspolitik. Bildung auch schon im vorschulischen Alter wird heute als Aufgabe gesehen, die Eltern, Staat, Wirtschaft und Gesellschaft gemeinsam fordert und verpflichtet" (BayBEP 2012, S. 7 f.).

Der Bayerische Bildungs- und Erziehungsplan für Kinder in Tageseinrichtungen bis zur Einschulung, der am Staatsinstitut für Frühpädagogik entwickelt wurde, stellt ein politisch-gesellschaftliches Instrument dar, mit dessen Hilfe eine hohe Bildungsqualität in allen Bildungsorten und für alle Kinder gesichert werden soll (BayBEP 2012, Fthenakis, Vorworte XII). Das ihm zugrunde liegende Verständnis von Bildung als sozialem Prozess, verändert die Perspektive auf die **Bildungs- und Erziehungsziele in Kindertageseinrichtungen,** die Qualität der Beziehung zwischen Fachkräften und Kindern, den methodisch-didaktischen Ansatz und die Beziehung der verschiedenen Bildungsorte untereinander.

Zunehmend weisen Eltern – aber auch die Gesellschaft – den Kindertagesstätten Bildungs- und Erziehungsaufgaben zu. Kindertagesstätten, die Eltern bei der Wahrnehmung ihrer Bildungs- und Erziehungsaufgaben unterstützen, haben heute noch größere Verantwortung für die Bildung, Erziehung und Betreuung der Kinder als früher.

Das Bayerische Kinderbildungs- und -betreuungsgesetz (BayKiBiG) und seine Ausführungsverordnung (AVBayKiBiG) sind Ausdruck dieser öffentlichen Verantwortung. Das Gesetzeswerk stärkt den Bildungsauftrag der Kindertageseinrichtungen sowie die Vereinbarkeit von Familie und Erwerbstätigkeit. Insofern ist es ein Gesetz für Kinder und ihre Eltern, also für die Familien. Als ein familien-unterstützendes und -ergänzendes öffentli-

---

1 Paragrafenzitate in den Erläuterungen ohne Bezeichnung sind solche der AVBayKiBiG.

ches Angebot gehen Kindertageseinrichtungen und Tagespflege eine Bildungs- und Erziehungspartnerschaft mit den Eltern ein. Sie begegnen sich als Partner in ihrer gemeinsamen Verantwortung für das Kind. In enger Kooperation werden die vielfältigen individuellen Bedürfnisse von Familien in den Blick genommen und die Bildungsprozesse von Kindern beiderseits konsequent unterstützt.

Regelt das BayKiBiG den bedarfsgerechten Ausbau, die Bildungs- und Erziehungsarbeit sowie die Förderung gleichgewichtig, so werden **in der Ausführungsverordnung** zu diesem Gesetz vor allem und **an erster Stelle die Bildungs- und Erziehungsziele** verbindlich geregelt.

272 Zum Quartett werden **BayKiBiG, AVBayKiBiG und** der **BayBEP** mit den Bayerischen Leitlinien für die Bildung und Erziehung von Kindern bis zum Ende der Grundschulzeit (BayBL). Während der BayBEP als Hilfestellung für das pädagogische Personal in Kindertagesstätten die Vorgaben aus der Ausführungsverordnung vor dem Hintergrund der neuesten wissenschaftlichen Erkenntnisse aus der Frühpädagogik erläutert, schaffen die BayBL einen verbindlichen Orientierungs- und Bezugsrahmen für alle außerfamiliären Bildungsorte, die Verantwortung für Kinder bis zum Ende der Grundschulzeit tragen. Gesetz, Verordnung, Bildungs- und Erziehungsplan und Bildungsleitlinien sind die Säulen der – durchaus noch fortentwicklungsfähigen – inhaltlichen Reform bayerischer Kindertagesstätten. Die **wichtigste Orientierung für die pädagogische Arbeit**, sozusagen das Regiebuch, bildet die **Ausführungsverordnung**. Sie leitet das pädagogische Personal bei der Ausführung des BayKiBiG.

1. Abschnitt
Bildungs- und Erziehungsziele

§ 1
Allgemeine Grundsätze für die individuelle Bildungsbegleitung

(1) [1]**Das Kind gestaltet entsprechend seinem Entwicklungsstand seine Bildung von Anfang an aktiv mit.** [2]**Das pädagogische Personal in den Kindertageseinrichtungen hat die Aufgabe, durch ein anregendes Lernumfeld und Lernangebote dafür Sorge zu tragen, dass die Kinder anhand der Bildungs- und Erziehungsziele Basiskompetenzen entwickeln.** [3]**Leitziel der pädagogischen Bemühungen ist im Sinn der Verfassung der beziehungsfähige, wertorientierte, hilfsbereite, schöpferische Mensch, der sein Leben verantwortlich gestalten und den Anforderungen in Familie, Staat und Gesellschaft gerecht werden kann.**

(2) [1]Das pädagogische Personal unterstützt die Kinder auf Grundlage einer inklusiven Pädagogik individuell und ganzheitlich im Hinblick auf ihr Alter und ihre Geschlechtsidentität, ihr Temperament, ihre Stärken, Begabungen und Interessen, ihr individuelles Lern- und Entwicklungstempo, ihre spezifischen Lern- und besonderen Unterstützungsbedürfnisse und ihren kulturellen Hintergrund. [2]Es begleitet und dokumentiert den Bildungs- und Entwicklungsverlauf anhand des Beobachtungsbogens „Positive Entwicklung und Resilienz im Kindergartenalltag (PERIK)" oder eines gleichermaßen geeigneten Beobachtungsbogens.

(3) [1]Die Arbeit des pädagogischen Personals basiert auf dem Konzept der Inklusion und Teilhabe, das die Normalität der Verschiedenheit von Menschen betont, eine Ausgrenzung anhand bestimmter Merkmale ablehnt und die Beteiligung ermöglicht. [2]Kinder mit und ohne Behinderung werden nach Möglichkeit gemeinsam gebildet, erzogen und betreut sowie darin unterstützt, sich mit ihren Stärken und Schwächen gegenseitig anzunehmen. [3]Alle Kinder werden mit geeigneten und fest im Alltag der Einrichtung integrierten Beteiligungsverfahren darin unterstützt, ihre Rechte auf Selbstbestimmung, Mitbestimmung und Mitwirkung an strukturellen Entscheidungen sowie ihre Beschwerdemöglichkeiten in persönlichen Angelegenheiten wahrzunehmen.

Anmerkungen

§ 1 formuliert **grundlegende, allgemeine Grundsätze für die individuelle**   **273** **Bildungsbegleitung.** Was so nüchtern klingt, entfaltet in drei Absätzen grundlegende Aspekte der pädagogischen Arbeit, wobei ganz bewusst **an den Beginn der Ausführungsverordnung „das Kind"** gesetzt wird: § 1 Abs. 1 Satz 1 beginnt mit „Das Kind ...". Damit wird unübersehbar dargelegt, dass **das Kind Ausgang und Mittelpunkt aller pädagogischen Bemü-**

hung ist. Der Gesetzgeber stellt das Kind als Subjekt, als Träger von Rechten und ausgestattet **mit unantastbarer Würde** ins Zentrum der pädagogischen Arbeit in Kindertagesstätten. Das Kind ist somit nicht nur Ausgang, sondern auch Ziel aller pädagogischen Arbeit.

1. Das Kind als aktiver Mitgestalter seiner Bildung (Abs. 1 Satz 1)

274 Es gibt verschiedene Ansätze, Bildungsprozesse zu erklären: Manche stellen in den Vordergrund, dass das Kind sich selbst bildet (**Selbstbildung**). Andere verstehen Bildung vor allem als sozialen Prozess (**sozialkonstruktivistischer Ansatz**). Diesem Ansatz folgen sowohl der Bildungs- und Erziehungsplan als auch die AVBayKiBiG: Danach ist das Kind **Mitgestalter** seiner Bildung. Diese Sicht betont stärker den Aushandlungsprozess als die Eigentätigkeit. Das bedeutet, dass **das Kind seine Bildung in konkreten sozialen Bezügen selbst gestaltet.** Das Kind formt sich selbst, aber in der Interaktion mit anderen, insbesondere auch Erwachsenen. An diesem sozialen Prozess der Selbstgestaltung sind insbesondere Eltern und pädagogisches Personal, natürlich auch die Gesellschaft beteiligt. „Sie alle gestalten kindliche Bildungsprozesse mit und übernehmen Verantwortung bei der Konstruktion seiner Bildungsprozesse" (BayBEP 2006, S. 11). Das **Kind** ist **Architekt seiner Bildung.** „Entsprechend seinem Entwicklungsstand" darf hierbei nicht als einschränkend oder abwertend aufgefasst werden. Wenn der Verordnungsgeber an dieser Stelle von „**Entwicklungsstand**" spricht, meint er damit eine Momentaufnahme im Entwicklungsverlauf des Kindes, der vom pädagogischen Personal beobachtet wird. Entwicklung ist immer – wie ein Wasserstrom – im Fluss. Alles, was dem Kind „zufließt", verändet – im positiven wie im negativen – seine Entwicklung.

Das Kind gestaltet seine Bildung aktiv mit, indem es sich **mit seiner Umwelt fragend und wertend auseinandersetzt,** selbsttätig seine Umgebung herausfordert, ein **Bild von seiner Welt entwirft** und dies wiederum zum Ausgangspunkt für neue Erfahrungen nimmt. **Je nach Stand des individuellen Entwicklungs- und Bildungsprozesses** wird sich die aktive Selbstgestaltung des Kindes unterschiedlich ausdrücken.

2. Basiskompetenzen entwickeln (Abs. 1 Satz 2)

275 So ist es Aufgabe des pädagogischen Personals, die Entwicklung des Kindes und **seine Eigengestaltungsfähigkeit zu unterstützen, ohne seine Entfaltung**

in Freiheit zu behindern. Wenn das Kind „Mitgestalter" seiner Bildung ist, dann ist die Erzieherin[2] Regisseurin dieses Prozesses. Insofern hat das Bildungsgeschehen am und durch das Kind immer auch etwas Künstlerisches an sich, und die Kindertagesstätte wird zur Bühne, auf der sich Bildung **im Spiel und in geplanten Bildungsaktivitäten** entwickelt. Die **Erzieherin führt Regie**, beobachtet, führt, moderiert, arrangiert. Sie bereitet wie eine Bühnenbildnerin das pädagogische Umfeld. Die **Fundgrube**, aus der sie Anregungen für ihre Arbeit und die Unterstützung der Basiskompetenzen entnehmen kann, **stellt der Bildungs- und Erziehungsplan dar.**

Die AVBayKiBiG zielt darauf ab, Basiskompetenzen zu stärken, weil in einer schnell sich wandelnden Welt der Erwerb von grundlegenden Fähigkeiten und Fertigkeiten für die Lebenstüchtigkeit der Kinder wichtiger sind als singuläres, schnell überholtes Wissen. Zu den einzelnen Basiskompetenzen s. § 2 AVBayKiBiG.

In Abs. 1 Satz 2 wird betont, dass die Kindertageseinrichtungen nicht nur dafür Sorge tragen sollen, dass die Kinder Basiskompetenzen erwerben, sondern auch „entwickeln". Dies spricht die Erziehungspartnerschaft von Kindertageseinrichtungen und Elternhaus an, insofern als die Kindertagesstätten oftmals auf die Bildungs- und Erziehungsarbeit der Eltern aufbauen. Damit ergänzen und unterstützen Krippen und Kindergärten das Elternhaus. Zusammen gestalten sie den **ersten Akt** des lebenslangen Bildungs- und Selbstformungsprozesses.

3. Der beziehungsfähige, verantwortlich und wertorientiert gestaltende Mensch (Abs. 1 Satz 3)

Die nachfolgende Tabelle weist die Eigenschaften einer beziehungsfähigen, verantwortlich und wertorientiert gestaltenden Persönlichkeit aus: **276**

Eigenschaften	Bedeutungskontext
beziehungsfähig	Vertrauen schenkend und gebend, einfühlsam, konfliktfähig, kommunikationsfähig, kooperativ
wertorientiert	standhaft, bewertungsfähig, reflexionsfähig, selbstbewusst, in und mit einem Bezugssystem lebend, innerer Kompass
hilfsbereit	mitfühlend, verantwortungsvoll, interaktionsfähig, selbstlos, menschenfreundlich
schöpferisch	forschend, problemlösend, neugierig, gestaltungsfähig, phantasievoll, feinfühlig

---

2 Siehe Fußnote auf Seite 110.

Eigenschaften	Bedeutungskontext
Leben verantwortlich gestalten	positives Selbstkonzept, autonom, sich selbst kennend, verantwortungsbewusst gegenüber sich selbst, der Umwelt und der Natur, rücksichtsvoll
den Anforderungen gerecht werden – in der Familie – im Staat – in der Gesellschaft	 – fürsorglich, liebevoll, einfühlsam, treu, verantwortungsvoll – loyal, demokratiefähig, gemeinwesenorientiert – integrationsfähig, tolerant, Verantwortung übernehmend

4. Inklusive Pädagogik (Abs. 2 Satz 1)

Das Konzept inklusiver Pädagogik hat nicht nur Kinder mit Behinderung im Blick. „Vielmehr sieht es vor, dass alle Kinder verschiedenen Alters, deutsche Kinder, Kinder mit Migrationshintergrund, Kinder mit Behinderung, Kinder mit erhöhten Entwicklungsrisiken und Kinder mit besonderen Begabungen nach Möglichkeit dieselbe Bildungseinrichtung besuchen und gemeinsames Leben und Lernen erfahren" (Bildung, Erziehung und Betreuung von Kindern in den ersten Lebensjahren 2010, S. 31). Inklusive Pädagogik zielt somit auf das Gelingen sozialer Integration aller Kinder. Die Kindertagesstätte hat die Aufgabe, allen Kindern bestmögliche Unterstützung zur Entwicklung der Basiskompetenzen zu geben.

Zudem fordert Abs. 2 eine „geschlechterbewusste Grundhaltung" (BayBEP 2012, S. 123) des pädagogischen Personals. Unterschiede zwischen familiären Traditionen, religiösen Bräuchen und geschlechterspezifischen Besonderheiten werden mit Wertschätzung behandelt. Das pädagogische Angebot in Kindertagesstätten und die pädagogische Feinfühligkeit des Personals müssen auf das Ziel der Gleichberechtigung von Mädchen und Jungen hinwirken und **Barrieren im Geschlechterverhältnis überwinden, ohne die weltanschaulichen Traditionen zu verletzen. Inklusion statt Ausgrenzung** fordert der Verordnungsgeber und verpflichtet den Träger daher zu einer inklusiven Pädagogik. Dies erfordert vom pädagogischen Personal eine besonders intensive und individuelle Elternarbeit.

5. Individuelle und ganzheitliche Unterstützung (Abs. 2 Satz 1)

277 Abs. 2 definiert den Bildungs- und Erziehungsauftrag des pädagogischen Personals an Kindertagesstätten. Auf der Grundlage einer inklusiven Pädagogik sollen Kinder individuell und ganzheitlich gefördert bzw. unterstützt werden. Inklusive Pädagogik geht mit besonderer Sensibilität auf Unter-

schiede zwischen den Kindern ein, auf ihr Temperament, ihr Lern- und Entwicklungstempo, ihre spezifischen Lern- und besonderen Unterstützungsbedürfnisse oder ihren kulturellen und sozioökonomischen Hintergrund. Die individuellen Unterschiede werden genutzt, um den Kindern vielfältige Lernerfahrungen zu ermöglichen und neue Horizonte zu öffnen. (vgl. Bildung, Erziehung und Betreuung von Kindern in den ersten Lebensjahren, 2010, S. 31). „Individuell" bedeutet, dass **jedes einzelne** Kind zu unterstützen ist. Ganzheitlich heißt zunächst, das Kind als Ganzes, ungeteilt, nicht ausschnitthaft zu betrachten, das **Kind in seinen Bezügen, das Kind in der Gesamtheit seiner Äußerungen in sozialer, kognitiver, emotionaler und körperlicher Entwicklung.** Ganzheitlichkeit meint darüber hinaus aber auch, dass das pädagogische Personal die Entwicklung der Ich-, Sach- und Sozialkompetenz des Kindes zu sehen hat.

Dies fordert von der Erzieherin bei der Unterstützung einzelner Fähigkeiten und Fertigkeiten stets, die Gesamtpersönlichkeit des Kindes im Blick zu haben. Eindimensionale Angebote reichen nicht aus.

6. Begleitung und Dokumentation des Bildungs- und Entwicklungsverlaufs (Abs. 2 Satz 2)

Folgerichtig fordert Satz 2 die Begleitung und Dokumentation des Entwicklungsverlaufs des Kindes. Das Leitziel der pädagogischen Bemühung aus Abs. 1 Satz 3 vor Augen, wird die pädagogische Arbeit der Erzieherin darauf ausgerichtet sein, den Bildungs- und Entwicklungsverlauf eines jeden Kindes genau zu beobachten und zu dokumentieren. Die Dokumentation der Entwicklungsprozesse ist für die Erzieherin **unerlässlich,** da der Entwicklungsverlauf grundsätzlich eine zeitliche Dimension enthält. Beobachtung und Dokumentation gehören untrennbar zusammen. **Beobachtung ohne Dokumentation ist wie eine Uhr ohne Zeiger.** Die dokumentierte Beobachtung eines Kindes ist die Grundlage für pädagogische Maßnahmen, die an der individuellen, jeweils aktuellen Zone der nächsten Entwicklung der Kinder ansetzen und somit Weiterentwicklung möglichst optimal unterstützen. Die Begleitung hat dabei anhand des Beobachtungsbogens „*Positive Entwicklung und Resilienz im Kindergartenalltag* (PERIK)" oder eines gleichermaßen geeigneten Beobachtungsbogens zu **geschehen und kann in Form von freien Notizen, Sammlungen von Werken** des Kindes (Bastel-, Malarbeiten, etc., sog. **Portfolio)** ergänzt werden.

Der Beobachtungsbogen PERIK wurde vom Staatsinstitut für Frühpädagogik, München, entwickelt und gibt Aufschluss über die Entwicklung von Basiskompetenzen wie Lesebereitschaft, soziale Kompetenz und Resilienz

278

bei Kindern im Alter von 4 bis 6 Jahren. Der Bogen gibt ferner Einblick in die Kompetenzbereiche Kontaktfähigkeit, Selbststeuerung/Rücksichtnahme, Selbstbehauptung, Stressregulierung, Aufgabenorientierung und Explorationsfreude. PERIK wurde allen Kindertageseinrichtungen und den Aufsichtsbehörden kostenlos zur Verfügung gestellt; er kann unbedenklich und in unbegrenzter Zahl als Blankoexemplar vervielfältigt werden.

Zu dem Beobachtungsbogen ist ferner ein Begleitheft erschienen, das Hinweise zur qualitativen und quantitativen Auswertung sowie differenzierte Vorschläge für die Förderung des Kindes enthält.

Ergänzend zu PERIK kommt für den Bereich der Sprachförderung der Beobachtungsbogen SISMIK oder SELDAK zur Anwendung, s. näher Erl. zu § 5.

7. Teilhabe und Beteiligung (Abs. 3)

279 Abs. 3 macht deutlich, dass es eine wesentliche Aufgabe von Kindertageseinrichtungen ist, die Teilhabe aller Kinder zu ermöglichen und **Kinder darin zu unterstützen, dass sie sich gegenseitig mit ihren Stärken und Schwächen annehmen,** sich also einander wertschätzend begegnen. Abs. 3 verpflichtet die Kindertagesstätten zur Aufnahme behinderter oder von Behinderung bedrohter Kinder und wiederholt damit verstärkend den Inklusionsauftrag aus Art. 12 BayKiBiG. Außerdem werden fest im Alltag integrierte Beteiligungsverfahren gefordert, die es den Kindern ermöglichen, sich an Entscheidungen zu beteiligen, die sie selbst oder die Gemeinschaft betreffen. Auf diesem Weg ist sicherzustellen, dass Kinder nicht nur ihr Recht auf Mitbestimmung, Mitwirkung und Mitgestaltung wahrnehmen, sondern darüber hinaus Beschwerdemöglichkeiten wahrnehmen können (§ 8b SGB VIII).

§ 2
Basiskompetenzen

Zur Bildung der gesamten Persönlichkeit der Kinder unterstützt und stärkt das pädagogische Personal auf der Grundlage eines christlichen Menschenbildes:

1. **die Entwicklung von freiheitlich-demokratischen, religiösen, sittlichen und sozialen Werthaltungen,**
2. **die Entwicklung von personalen, motivationalen, kognitiven, physischen und sozialen Kompetenzen,**
3. **das Lernen des Lernens,**

4. die Bereitschaft zur Verantwortungsübernahme sowie zur aktiven Beteiligung an Entscheidungen,
5. die Entwicklung von Widerstandsfähigkeit,
6. die musischen Kräfte sowie
7. die Kreativität.

Anmerkungen

1. Persönlichkeitsentfaltung auf der Grundlage eines christlichen Menschenbildes

§ 2 beschreibt sowohl den Aufgabenbereich des pädagogischen Personals **280** an Kindertagesstätten, als auch die Grundwerte und die Orientierung, die **Maßstab und Richtschnur ihres pädagogischen Wirkens** sein sollen. Es wird ausdrücklich dargelegt, dass das christliche Menschenbild und damit christliche Grundüberzeugungen Fundament und Ausgangspunkt „zur Bildung der gesamten Persönlichkeit der Kinder" sind. Damit legt der Verordnungsgeber einerseits ein **Bekenntnis zu christlichen Grundwerten** in einer Zeit vielfältiger und unterschiedlicher, ja konkurrierender und zunehmend polarisierender religiöser Weltanschauungen ab und verpflichtet andererseits das pädagogische Personal, gemäß dem christlichen Verständnis seiner pädagogischen Aufgabe nachzukommen. Dies beschneidet nicht die **Freiheit von Kindertageseinrichtungen, sich zu keinem oder einem anderen als dem christlichen Bekenntnis zugehörig zu fühlen.** Nur diejenigen Elemente des christlichen Menschenbildes, die aus ihrem christlichen Kontext losgelöst Geltung beanspruchen, sind daher allgemein verbindlich. Auch für nicht-christliche Träger von Kindertageseinrichtungen folgt aus der Anknüpfung von § 2 an das christliche Menschenbild, dass sein pädagogisches Personal **jedes Kind als einzigartiges Subjekt,** mit einmaliger Würde ausgezeichnet, anerkennt. Das christliche Menschenbild sieht den Menschen, jedes Kind als Ebenbild Gottes, vom ersten Augenblick seiner Entstehung an, **völlig unabhängig von seinen Eigenschaften, seinem Geschlecht, seinen Fähigkeiten, ob behindert oder nicht behindert.** Jeder Mensch hat vom ersten Moment seiner Existenz an seine unantastbare Menschenwürde, seinen Wert, der nicht verletzt werden darf und dem mit Achtung zu begegnen ist. Auf das Pädagogische gewendet bedeutet dies, dass

Kinder sich in ihrer Persönlichkeit frei entfalten können und diese personale Entfaltung der Kinder durch die Familie, aber auch die Kindertageseinrichtungen in besonderer Weise unterstützt werden muss. § 2 hat die im Kind schon angelegte „gesamte Persönlichkeit" im Blick. Dies erfordert, dass von frühester Kindheit alle Voraussetzungen für seine positive seelische, geistige und körperliche Entwicklung erfüllt werden.

2. Die Basiskompetenzen

281 Dementsprechend führt § 2 in sieben Kompetenzgruppen die Fähigkeiten auf, die vom pädagogischen Personal besonders unterstützt werden sollen:

Die **erste Gruppe** umfasst die Entwicklung einer Werthaltung, die als „**Orientierungskompetenz**" (BayBEP 2012, S. 51) bezeichnet werden kann und das „grundlegende Bedürfnis des Kindes nach sozialer Zugehörigkeit" (Bildungs- und Erziehungsplan, a. a. O.) befriedigen. Hier wird das pädagogische Personal durch sein Vorbild freiheitlich-demokratische und soziale Grundhaltungen bei den Kindern entwickeln.

Um hierfür ein Grundverständnis bei den Kindern anzubahnen, wird die pädagogische Fachkraft **alle, das Kind unnötig einengenden Vorgaben vermeiden und dem Kind Freiräume für die aktive Eigengestaltung** seines Kindergartenalltags gewähren. Gerade für die Entwicklung sittlicher Werte wird die pädagogische Fachkraft dem Kind die **Unterscheidung zwischen Gut und Böse** nahe zu bringen versuchen, und sie wird ihm eine Ahnung davon geben, was es heißt, sich frei entscheiden zu können, zu handeln oder zu unterlassen, dem Nächsten zum Wohl oder zum Schaden. **Religiöse Werthaltungen zu entwickeln**, heißt, das Kind über die Gemeinschaft, das Gebet, religiöse Erzählungen, durch Feste sowie durch die „Begegnung mit Zeichen und Symbolen" (BayBEP 2012, S. 161) in die Erfahrungswelt des Religiösen zu führen.

Die **zweite Gruppe** spricht den **Erwerb personaler Kompetenzen** an, die den Erwerb motivationaler, kognitiver und physischer Kompetenzen umfasst. Unter motivationaler Kompetenz wird vor allem das Grundbedürfnis des **Erlebens selbstbestimmten Handelns** („autonomes" Handeln) im Gegensatz zum fremdbestimmten Handeln („heteronomes" Handeln) verstanden. Hierzu zählen auch das Kompetenzerleben als die Grunderfahrung des Kindes, selbst etwas zu können, die **Fähigkeit zur Selbstregulation**, d. h. der Selbstbeobachtung und Selbstbelohnung bzw. Selbstbestrafung des eigenen Handelns, und die **Selbstwirksamkeit**, d. h. die „Überzeugung, schwierige Aufgaben oder Lebensprobleme aufgrund eigener Kompetenzen bewältigen zu können" (vgl. BayBEP 2012, S. 45).

> Beispiel:
> Zur Weihnachtszeit führt ein Kindergarten ein Krippenspiel auf. Severin soll die anwesenden Eltern auf das Theaterstück einstimmen. Eine solche Aufgabe erfordert, dass das pädagogische Personal beim Kind das Selbstvertrauen und die Freude am öffentlichen Auftritt weckt. Wenn Severin diese Aufgabe erfolgreich bewältigt, wird er künftige öffentliche Auftritte ohne Versagensängste angehen können.

Physische Kompetenz beinhaltet die Verantwortung gegenüber der eigenen Gesundheit, der differenzierten körperlichen Entwicklung (vgl. BayBEP 2012, S. 48 f.). **Soziale Kompetenzen** umfassen alle Kompetenzen im Verhältnis zu seinen Mitmenschen, wie gelingende Beziehungen, Empathiefähigkeit, Kommunikations- und Kooperationsfähigkeit sowie Konfliktmanagement (vgl. BayBEP 2012, S. 49 f.).

Das „**Lernen des Lernens**" wird als die zentrale Kompetenz für „einen bewussten Wissens- und Kompetenzerwerb und als Grundstein für schulisches und lebenslanges Lernen" (vgl. BayBEP 2012, S. 54) angesehen, wobei die vorgenannten Basiskompetenzen geradezu als Voraussetzungen für Lernkompetenz gesehen werden (BayBEP, a. a. O.). Die Erzieherinnen werden die Kinder darin unterstützen, für sich ein Problem in einzelne Fragen aufzuschlüsseln, hierauf Antworten zu finden und diese zum gesuchten Ergebnis zusammenzuführen. Die Erzieherin sollte diesen Lernprozess den Kindern bewusst machen, indem sie ihn erläuternd begleitet und mit den Kindern wiederholt.

> Beispiel:
> Felix möchte wissen, ob ein Nagel schwimmen kann. Er wirft ein paar Mal einen Nagel in eine Schüssel mit Wasser und sieht, dass dieser sinkt. Auf die Bemerkung der Erzieherin, ein Nagel könne sehr wohl schwimmen, reagiert er mit ungläubigem Staunen. Sie gibt ihm ein Stück Knetmasse und fordert ihn auf, selbst auszuprobieren, ob der Nagel mit ihrer Hilfe schwimmen könne. Zunächst wirft Felix erfolglos den Nagel zusammen mit der Knetmasse in die Schüssel. Die Erzieherin fordert Felix auf, auszuprobieren, ob er die Form so verändern kann, dass die Knetmasse mit dem Nagel schwimmt. Daraufhin probiert Felix solange verschiedene Formen aus, bis er eine bootsähnliche Form zum Schwimmen bringt. Die Erzieherin wird ihn dabei stets ermuntern, die einzelnen Formen miteinander zu vergleichen, damit er erkennt, warum die letzte Form schwimmt.

Der **vierte Kompetenzbereich „Bereitschaft zur Verantwortungsübernahme und zur aktiven Beteiligung an Entscheidungen"** bezeichnet die Entwicklung der Verantwortung für das eigene und das Handeln gegenüber anderen Menschen. Es bezeichnet aber auch die Verantwortung gegenüber der Natur und der Umwelt. Auch diese Kompetenz des sich selbst und anderen gegenüber **verantwortlichen Handelns** ist nur in Zusammenhang mit anderen Kompetenzbereichen möglich (vgl. BayBEP 2012, S. 52 f.). Die Erzieherin wird dabei versuchen, die Kinder zum eigenständigen Ausprobieren anzuregen, ihnen Raum zu geben, ohne direkte Beaufsichtigung Verantwortung zu übernehmen.

Eine der wesentlichen Grundlagen für die umfassende positive Entwicklung des Kindes ist die **Resilienz**, d. h. die Meisterung und Überwindung riskanter Lebensumstände. In ihr bündeln sich personale und soziale Lebenskompetenzen, die das Kind als „kompetenten und aktiven Bewältiger seiner Aufgaben in den Mittelpunkt [stellen] und auf die Stärkung seiner personalen und sozialen Ressourcen und damit auf die **Stärkung positiver Entwicklung** („Empowerment") [abzielen]", vgl. BayBEP 2012, S. 69 ff. Die Erzieherin wird das Kind Situationen zuführen, deren Bewältigung von ihm Selbstständigkeit und ein gewisses Maß an **Mut** verlangt, z. B. das Durchschreiten eines Baches. Um die Kinder resilient zu machen, darf die Kindertagesstätte nicht versuchen, die Kinder vor jeglicher Gefahr fernzuhalten, sondern die Erzieherin wird versuchen, dass sie „am langen Zügel" eigenaktiv Herausforderungen bestehen, und sie nur soweit begleitend unterstützen, wie die Kinder dies wirklich brauchen.

§ 3
Erziehungspartnerschaft, Teilhabe

(1) [1]Im Mittelpunkt der Erziehungspartnerschaft (Art. 11 Abs. 2 BayKiBiG) steht die gemeinsame Verantwortung für das Kind. [2]Die Umsetzung der Erziehungspartnerschaft bedarf einer von gegenseitiger Wertschätzung getragenen aktiven Teilhabe der Eltern und berücksichtigt die Vielfalt der Familien, deren Bedürfnisse, Interessen und Möglichkeiten, sich am Geschehen in der Einrichtung zu beteiligen. [3]Sie findet in unterschiedlichen Formen der Mitgestaltung, der Mitverantwortung und der Mitbestimmung ihren Ausdruck.

(2) Die im Rahmen der Erziehungspartnerschaft erfolgende Information der Eltern über die Lern- und Entwicklungsprozesse sowie die Beratung der Eltern über Fragen der Bildung, Erziehung und Betreuung des Kindes (Art. 11 Abs. 3 BayKiBiG) umfasst auch die Frage einer möglichen Antragsstellung der Eltern nach Art. 37 Abs. 1 Satz 2 oder Satz 3 des Bayerischen Gesetzes über das Erziehungs- und Unterrichtswesen (BayEUG).

Anmerkungen

1. Aktive Teilhabe der Eltern

Das Konzept der Erziehungspartnerschaft entwickelt bestehende Konzepte **282** der Elternarbeit weiter und macht gute Elternkooperation und -beteiligung zur gesetzlichen Verpflichtung für Kindertageseinrichtungen und Tagespflege. Eltern sind Experten für ihr Kind und deshalb die wichtigsten Gesprächspartner für Fachkräfte, Träger und Kooperationspartner der Einrichtung bzw. Tagespflege. Als Partner in gemeinsamer Verantwortung für ihr Kind wird es ihnen in den Einrichtungen bzw. der Tagespflege ermöglicht, die Bildung ihrer Kinder aktiv mitzugestalten. Fachkräfte bzw. Tagespflegepersonen begegnen den Eltern mit wertschätzender Haltung und nehmen die Vielfalt von Familien als Bereicherung an. Auf dieser Basis beziehen sie die Eltern in die Bildungsaktivitäten ein und öffnen sich für optimale Mitwirkungs- und Mitbestimmungsmöglichkeiten.

2. Information und Beratung der Eltern

Hiermit knüpft die Verordnung an Bestimmungen des BayKiBiG an, insbe- **283** sondere an Art. 11 BayKiBiG. Der Bildungs- und Erziehungsauftrag der Kindertagesstätten unterstützt danach die Eltern. Daher hat der Verordnungsgeber es zur Pflichtaufgabe des pädagogischen Personals gemacht, mit den Eltern und ihren gewählten Vertretern – dem Elternbeirat – bei der Umsetzung der Bildungs- und Erziehungsziele zu kooperieren und die Eltern „**regelmäßig" über die Entwicklung ihres Kindes in Gesprächen zu informieren**. Diese Informationspflicht konkretisiert die im BayKiBiG festgelegten Aufgaben. Sie begründet nicht nur wiederum die Notwendigkeit von Beobachtung und Dokumentation (näher hierzu Rn. 278) des Bildungs- und Entwicklungsverlaufs jedes einzelnen Kindes, sie verlangt darüber hinaus die **Diskussion** der dokumentierten Beobachtungen, die **eingehende Besprechung** der aus der Dokumentation hervorgehenden Folgerungen z. B. der Stärken und Schwächen des Kindes, der Entwicklung seiner Kompetenzen, seine Lebenstüchtigkeit. Diese regelmäßige **Informationspflicht** – in aller Regel mindestens einmal pro Jahr – **unterstützt den partnerschaftlichen Austausch** in gemeinsamer Verantwortung für das Kind, **stärkt die erziehe-**

rische Kompetenz der Eltern und bezieht sie nachhaltig in die Bildungsaktivitäten der Einrichtung ein. Auch dient sie der **Begleitung von Übergängen.** Die Erzieherin als Bildungspartnerin der Familien, wird ihre Erkenntnisse aus den Elterngesprächen reflektieren und in die Weiterentwicklung der Unterstützungsangebote für das einzelne Kind sowie der pädagogischen Konzeption einfließen lassen.

§ 4
Ethische und religiöse Bildung und Erziehung;
Emotionalität und soziale Beziehungen

(1) Alle Kinder sollen zentrale Elemente der christlich-abendländischen Kultur erfahren und lernen, sinn- und werteorientiert und in Achtung vor religiöser Überzeugung zu leben sowie eine eigene von Nächstenliebe getragene religiöse oder weltanschauliche Identität zu entwickeln.

(2) Das pädagogische Personal soll die Kinder darin unterstützen, mit ihren eigenen Gefühlen umzugehen, in christlicher Nächstenliebe offen und unbefangen Menschen in ihrer Unterschiedlichkeit anzunehmen, sich in die Kinder einzufühlen, Mitverantwortung für die Gemeinschaft zu übernehmen und untereinander nach angemessenen Lösungen bei Streitigkeiten zu suchen.

Anmerkungen

1.   Bedeutung ethischer und religiöser Bildung und Erziehung

284   Angesichts des häufig zu beobachtenden Werteverlustes und der damit fehlenden Halt gebenden Orientierungsmaßstäbe benötigen Kinder eine Richtschnur für ihr Handeln, die sie sowohl aus der Religion als auch aus ethischen Grundsätzen gewinnen können.

2.   Entwicklung einer religiösen oder weltanschaulichen Identität

285   Auf den ersten Blick erscheint § 4 schon äußerst anspruchsvoll und könnte beim pädagogischen Personal ein Gefühl von Entmutigung oder Überforderung hervorrufen. Die Aufforderung, Kindern zentrale Elemente christlich-abendländischer Kultur erfahrbar zu machen und ihnen nahe zu bringen, heißt zunächst nichts anderes, als sie mit ihrer **kulturellen Herkunft** bekannt zu machen. Es bedeutet, ihnen die Augen zu öffnen, ihren Blick zu schärfen, ihr Gehör empfindsam zu machen für die Zeichen, Zeugen und Symbole, die auf die eigene Tradition verweisen und zeigen können, wo die kulturellen Wurzeln der eigenen Herkunft liegen. Das Gehör eines Kindes zu schulen, kann in diesem Zusammenhang heißen, auf den Ruf der Glocke einer Kirche aufmerksam zu machen. Dies kann bedeuten, über den weit sichtbaren Glockenturm, auf den Kirchturm, seine Bedeutung und schließlich auf die Kirche und ihre Bedeutung zu kommen. Allein schon der Name einer Kirche kann zum Anknüpfungspunkt für die Darstellung der Lebensgeschichte ihres namensgebenden Heiligen werden und damit auch zu einem Blick auf die **Geschichte des Christentums.** Grundsätzlich bieten Kirchen, die allerorts so sinnfällig, so unverwechselbar ins Auge fallen, durch ihre symbolischen Darstellungen ein eindrucksvolles Anschauungsmaterial für Kinder. Hier wird Vergangenheit lebendig, Interesse für Geschichte geweckt: Es entsteht ein Gefühl für die eigene Identität. Eine Kirche lenkt den Blick nach oben, zum Himmel, und gleichzeitig nach unten, zur Welt, zu den Menschen. Eine Kirche kann den Weg zur Schöpfung, zur Natur weisen. Ein Gang über den Friedhof kann eine Fülle von Anregungen bieten, um ein Gefühl für die Vergangenheit zu bekommen, ein Gefühl für das Werden und Vergehen, für die Begrenztheit menschlichen Lebens. Wesentlich ist, dass die Kinder aus der Gegenwart einen Blick für das Vergangene und für das Zukünftige entwickeln. Denkmäler aus der Vergangenheit können durchaus zu Identitätsstiftern und zu Auftraggebern für das Leben werden.

Neben den Kirchen als Zeugen christlich-abendländischer Tradition können in gleicher Weise Feste und Bräuche herangezogen werden. Als Beispiel mag das Martinsfest dienen. Das Martinsfest ist eben viel mehr als Laterne und Basteln. Das Martinsfest weist auf vieles hin: auf die Gemeinschaft, die Nächstenliebe (Teilen des Mantels), auf Verantwortungsbewusstsein, auf das Aufsichnehmen eines Auftrags, Pflichterfüllung. Eine breite Vielfalt christlich fundierter sozialer Verhaltensweisen kann so aus dem Martinsfest gewonnen werden.

Reiches Anschauungsmaterial für christlich-abendländische Tradition bieten Museen. In vielen Orten bestehen Heimatmuseen, die in ganz besonderer Weise geeignet sind, Kindern vor Ort die spezifische Vergangenheit ihres Lebensumfeldes vor Augen zu führen.

Der Bildungs- und Erziehungsplan bietet weitere Beispiele für die Umsetzung religiöser und Werteerziehung (2012, S. 164 ff.).

Kultur, das Entstehen der Werte und ihre fundamentale Funktion für das Zusammenleben der Menschen können durch nichts so eindringlich vor Augen der Kinder geführt werden wie durch ihre angeleitete Begegnung mit der Vergangenheit, mit ihrer Tradition. So bietet ein Gang durch den Heimatort oder das Stadtviertel am Wegesrand eine Fülle von Hinweisen: die alte Brücke, der Fluss, der Bach, das alte Haus, die Gedenktafel, der alte Baum, das Wegekreuz, das alte Schloss könnte den Kindern eine Ahnung davon geben, in welch „reicher" Vergangenheit sie sich bewegen. „Man sieht nur, was man kennt". Diese Erkenntnis sollte jede Erzieherin immer beherzigen, wenn sie ihre Kinder „sehend", d.h. „aufmerksam" machen will. Die Neugier kommt primär durch das Auge zum Kind!

3. Sittliches Handeln

286 Abs. 2 fordert das pädagogische Personal auf, Kinder zu verantwortlichem Umgang gegenüber sich selbst und ihre Nächsten anzuleiten. Damit ist das Zusammenleben der Menschen angesprochen, das soziale Miteinander und Füreinander und damit auch die Zukunft unserer Gesellschaft. Das Kind zu unterstützen, mit seinen eigenen Gefühlen umzugehen, setzt beim pädagogischen Personal fundierte entwicklungspsychologische Kenntnisse und Einfühlungsvermögen voraus: Wann Grenzen setzen, wann fordern, wann zügeln, wann loben, wann tadeln, wann unterstützen, wann sich zurücknehmen, wann gegenwirken, wann schützen?

Äußerungen und Gefühle eines Kindes zu deuten und zu verstehen, ist hohe pädagogische Kunst und ohne Kenntnis seiner häuslichen Situation nicht möglich. Die Erzieherin sollte daher, wann immer es geht, mit den Müttern und Vätern „ihrer" Kinder Kontakt suchen, um ein gegenseitiges Vertrauensverhältnis aufzubauen. Wichtigste Voraussetzung hierfür ist Diskretion. Ohne Diskretion, sowohl im ursprünglichsten Wortsinn der „Unterscheidungsfähigkeit" als auch im allgemeinen Sprachgebrauch als „Verschwiegenheit", kann ein Vertrauensverhältnis zwischen pädagogischem Personal sowie den Müttern und Vätern nicht aufgebaut werden.

Kein Kind ist einfach „schwierig" oder „unkompliziert", „träge" oder „temperamentvoll", „zurückhaltend" oder „vorlaut", „offen" oder „verschlossen" – sie sind dazu geworden. Kinder haben viele Seiten, die es zu entdecken gilt, auch wenn eine Verhaltensweise sehr dominant sein mag. Demnach heißt mit den Gefühlen der Kinder umzugehen, das richtige Maß zwischen „unterstützen" und „gegenwirken" finden. Kinder offen anzunehmen, um sich in sie einzufühlen, bedeutet behutsam, genau beobachtend, liebevoll verstehend die Gefühle begleiten. Dies verlangt von der Erzieherin ein sich „Mit-Freuen", „Mit-Ärgern", „Mit-Trauern" und „Mit-Ausgeschlossensein", kurz, die voraussetzungslose Annahme des Kindes.

Damit verbunden ist die zweite Forderung in § 4 Abs. 2, nämlich die Kinder zu unterstützen, dass sie offen und unbefangen in **„christlicher Nächstenliebe"** den Nächsten in seiner Andersartigkeit annehmen, einfühlend, Mitverantwortung übernehmend und angemessen konfliktlösend agieren.

Doch was ist das „Christliche" an der christlichen Nächstenliebe? Genügt Nächstenliebe alleine nicht? Worin besteht der Unterschied? Hier ist das biblische Gebot des „Liebe Deinen Nächsten wie Dich selbst" gemeint, die vorurteilslose, unbedingte **Annahme des Nächsten**. Das pädagogische Personal wird hier versuchen, den Kindern durch eigenes Vorbild vorzuleben, dass christliche Nächstenliebe vor niemandem Halt macht, nicht vor den behinderten Menschen, nicht vor anderen Hautfarben, nicht vor Menschen anderer Religionen. „In christlicher Nächstenliebe" bedeutet, das Wohl des Nächsten im Blick zu haben. Das pädagogische Personal wird daher versuchen, Begegnungen der Kinder mit Menschen in außergewöhnlichen und ungewohnten Lebensformen anzubahnen. Denkbar sind Besuche in Altenheimen ebenso wie im Fitnessstudio, in Krankenhäusern ebenso wie im Sportverein. Wesentlich für die Kinder dabei ist die Begegnung mit ganz unterschiedlichen Lebensformen und ihre Akzeptanz.

Das in Abs. 2 aufgeführte Erziehungsziel **„Mitverantwortung für die Gemeinschaft"** wird das pädagogische Personal durch wechselnde Aufgabenstellung im Kindertagesstättenalltag, beispielsweise in einer verstärkten Teilhabe an wichtigen Entscheidungen im Tagesablauf zu wecken versuchen.

„Angemessene Lösungen" bei Streitigkeiten bedeutet grundsätzlich das Erlernen und Einüben **gewaltfreier Lösungen**. Dabei gilt es, die Kompromissfindung, die Übereinkunft oder Vereinbarung als Lösung bei unterschiedlichen Standpunkten zu erlernen und einzuüben.

§ 5
Sprachliche Bildung und Förderung

(1) [1]Kinder sollen lernen, sich angemessen in der deutschen Sprache sowie durch Mimik und Körpersprache auszudrücken, längeren Darstellungen oder Erzählungen zu folgen und selbst Geschichten zusammenhängend zu erzählen. [2]Sie sollen Wortschatz, Begriffs- und Lautbildung,

Satzbau und sprachliche Abstraktion entsprechend ihrem Entwicklungsstand erweitern und verfeinern. [3]Die Verwendung der Dialekte wird unterstützt und gepflegt.

(2) [1]Der Sprachstand von Kindern, deren Eltern beide nichtdeutschsprachiger Herkunft sind, ist in der ersten Hälfte des vorletzten Kindergartenjahres vor der Einschulung anhand des zweiten Teils des Bogens „Sprachverhalten und Interesse an Sprache bei Migrantenkindern in Kindertageseinrichtungen (SISMIK) – Sprachliche Kompetenz im engeren Sinn (deutsch)" zu erheben. [2]Die sprachliche Bildung und Förderung von Kindern, die nach dieser Sprachstandserhebung besonders förderbedürftig sind, oder die zum Besuch eines Kindergartens mit integriertem Vorkurs verpflichtet wurden, ist in Zusammenarbeit mit der Grundschule auf Grundlage der entsprechenden inhaltlichen Vorgaben „Vorkurs Deutsch lernen vor Schulbeginn" oder einer gleichermaßen geeigneten Sprachfördermaßnahme durchzuführen.

(3) [1]Der Sprachstand von Kindern, bei denen zumindest ein Elternteil deutschsprachiger Herkunft ist, ist ab der ersten Hälfte des vorletzten Kindergartenjahres vor der Einschulung anhand des Beobachtungsbogens „Sprachentwicklung und Literacy bei deutschsprachig aufwachsenden Kindern (SELDAK)" zu erheben. [2]Auf Grundlage der Beobachtung nach dieser Sprachstandserhebung wird entschieden, ob ein Kind besonders sprachförderbedürftig ist und die Teilnahme am Vorkurs Deutsch oder einer gleichermaßen geeigneten Sprachfördermaßnahme empfohlen wird. [3]Der Bogen kann auch in Auszügen verwendet werden.

Inhaltsübersicht

Anmerkungen

1. Bedeutung der Sprache und des Sprechens

Obwohl die Bedeutung der Sprache und des Sprechens für die Gesamtent- **287**
wicklung des Kindes völlig unumstritten sind, konstatieren nicht wenige
Bildungsexperten bei Kindern eine zunehmende Sprachverarmung und
mangelnde Ausdrucksfähigkeit. Gründe hierfür werden vor allem im über-
mächtigen Einfluss elektronischer Medien und Kommunikationsmittel gesehen, die Kinder zum passiven Konsumieren verführen und dadurch ihre
Sprach- und Sprechfähigkeit schädigen. Damit aber wird nicht nur die Entwicklung ihrer Sprachkompetenz als solche behindert, es wird auch ihre
mit der Sprachfähigkeit gekoppelte Identitätsentwicklung gestört. Von daher gewinnen sprachliche Bildung und Förderung in Kindertagesstätten, so
wie sie der Verordnungsgeber in § 5 bestimmt hat, elementare Bedeutung.

2. Wege der Verständigung und des Sprachverständnisses

§ 5 Satz 1 fordert im ersten Satzteil das pädagogische Personal dazu auf, bei **288**
Kindern solche Lernprozesse zu unterstützen und anzuregen, die zu einer
entwicklungsangemessenen Ausdrucksweise in deutscher Sprache, in Mimik und Körpersprache führen. Angemessen bedeutet hier eine verbale
und nonverbale Ausdrucksweise, die dem individuellen Entwicklungsstand des Kindes entspricht und seinem Alter entsprechend erwartet werden kann. Der ausdrückliche Hinweis auf die deutsche Sprache bedeutet,
die Unterstützung und Förderung der deutschen Kinder in ihrer Muttersprache und die Förderung der Migrantenkinder, die „Deutsch" als ihre
Zweitsprache sprechen. Der zweite Teil von Satz 1 fordert das pädagogische Personal auf, sprachliche Bildung der Kinder durch ihren Kontakt mit
erzählender Literatur durch Hören und selber Nacherzählen zu fördern.
Den Kindern soll Gelegenheit gegeben werden, dass sie sich selbst als **Hö-
rende**, aber auch als selbst **Erzählende** erleben und erfahren können. Auch
dies dient wesentlich der Weiterentwicklung ihres Sprach- und Sprechver-
haltens.

Satz 2 legt den Schwerpunkt auf die „Erweiterung" und „Verfeinerung"
des, allgemein gesprochen, Kommunikationsvermögens der Kinder. Hier
kommt dem pädagogischen Personal die Aufgabe zu, entsprechend seinen
Beobachtungen das Sprachvermögen der Kinder zu erweitern und zu verfeinern („differenzieren"). Dazu gehört es, Laute, Lautmalereien, Sprachme-
lodien der deutschen Sprache den Kindern nahe zu bringen, aber ihnen

auch die grammatikalischen Möglichkeiten und den treffenden Ausdruck der Sprache vor Augen zu führen. Insoweit wird die Erzieherin passende Gelegenheit suchen und finden, Kinder, wann immer es geht, anzuregen, selbst über ihre Erfahrungen, Erlebnisse, Empfindungen sprechen zu lassen.

3. Die Bedeutung des Dialekts

289 Beziehen sich Satz 1 und 2 primär auf die sprachliche Bildung der Kinder in der deutschen Hochsprache, fordert Satz 3 kurz und bündig, dass die Erzieherin auch die Dialekte zu unterstützen und zu pflegen habe. Die Förderung der mundartlichen Kompetenz und gleichzeitig der Kompetenz, sich in der Hoch- und Schriftsprache auszudrücken, bedeutet für die Kinder einen großen Zuwachs an kultureller Kompetenz. Und dies wiederum ist für die Identitätsbildung der Kinder und ihre Verwurzelung in der Geschichte und literarischen und sprachlichen Ausdrucksform ihrer Heimat von größter Bedeutung. Chancen und Grenzen für diese Erweiterung der sprachlichen Ausdrucksfähigkeit liegen allerdings im sprachlichen Vorbild der Erzieherin und in der Sprachkultur des Elternhauses. Auch wenn die Erzieherin keinen Dialekt spricht, sollte sie die Kinder nicht davon abhalten, sich in ihrem Dialekt zu unterhalten; sie sollte vielmehr zeigen, dass sie den Dialekt achtet.

4. Sprachstandserhebung und Vorkurs

290 Die systematische Beobachtung des Sprachverhaltens der Kinder und eine darauf abgestimmte individuelle Sprachförderung ist eine Aufgabe der pädagogischen Kräfte, die sich im Hinblick auf jedes Kind und zwar von Beginn seines Besuchs der Kindertageseinrichtung an stellt. Speziell für Kinder, deren beide Elternteile nichtdeutschsprachiger Herkunft sind, werden diese beiden Aufgaben für die letzten $1^1/_2$ bis 2 Kindergartenjahre durch die Sätze 4 und 5 konkretisiert. Dadurch soll gewährleistet werden, dass diese Kinder bei Schuleintritt über ausreichende Kenntnisse in der deutschen Sprache verfügen, damit sie dem Unterrichtsgeschehen folgen können.

Die **Verpflichtung** zur Sprachstandserhebung und zur Durchführung der Vorkurse **richtet sich an den Träger**; für die Kinder hingegen ist eine Teilnahme – wie der gesamte Kindergartenbesuch – freiwillig. Ob die Kinder am Vorkurs teilnehmen, wenn die Sprachstandserhebung nach dem SISMIK bzw. für deutschsprachige Kinder nach dem SELDAK einen Förderbedarf anzeigt, bleibt der Entscheidung der Eltern überlassen. Allerdings wird in zweifacher Hinsicht ein gewisser Druck auf die Eltern ausgeübt, damit sie ihre Kinder an diesen Integrationsmaßnahmen teilnehmen lassen:

- Erstens besteht nach Art. 37a Abs. 1 BayEUG die Verpflichtung der Eltern, ihre Kinder an einem **Sprachtest an der Grundschule** im vorletzten Kindergartenjahr teilnehmen zu lassen, wenn die Kinder nicht an der Sprachstandserhebung im Kindergarten teilnehmen. Diese Verpflichtung ist bußgeldbewehrt.
- Zweitens können Kinder nach Art. 37a Abs. 3 BayEUG für ein Jahr vom **Schulbesuch zurückgestellt** werden, wenn sie keinen Kindergarten und auch keinen Vorkurs besucht haben und sich im Rahmen der Schuleinschreibung eine mangelnde Beherrschung der deutschen Sprache herausstellt. Dabei können sie zum Besuch eines Vorkurses verpflichtet werden; Art. 37a Abs. 3 BayEUG, der von einer Verpflichtung zum Besuch eines Kindergartens mit integriertem Vorkurs handelt, ermöglicht nicht die Verpflichtung zum Kindergartenbesuch an sich, sondern trägt nur dem Umstand Rechnung, dass Vorkurse einen Anteil enthalten, der in den Kindergarten integriert ist, so dass eine Verpflichtung zum Besuch eines Vorkurses faktisch darauf hinausläuft, dass die Kinder in dieser Zeit einen Kindergarten besuchen müssen.

Es ist äußerst fraglich, ob es sinnvoll ist, Migrantenfamilien mit Sanktionsandrohungen zu Integrationsbemühungen anzuhalten. Die Bedeutung der Regelungen des Art. 37a BayEUG ist jedoch äußerst gering, da im letzten Kindergartenjahr ohnehin fast alle Migrantenkinder einen Kindergarten besuchen und kein Fall bekannt ist, in dem die Eltern die Teilnahme ihrer Kinder an einem Vorkurs abgelehnt hätten.

a)   Sprachstandserhebung anhand Teil 2 des SISMIK-Bogens

Die Sprachstandserhebung ist nach Satz 4 anhand des zweiten Teils des Bogens „Sprachverhalten und Interesse an Sprache von Migrantenkindern in Kindertageseinrichtungen" (SISMIK) durchzuführen. **291**

Der **Gesamtbogen** ist vom Staatsinstitut für Frühpädagogik in München **für die systematische und kontinuierliche Beobachtung der Sprachentwicklung** von Migrantenkindern entwickelt und Anfang 2008 allen Kindertageseinrichtungen und den Aufsichtsbehörden kostenlos zur Verfügung gestellt worden; die Blanko-Bögen können unbedenklich in unbegrenzter Zahl kopiert und auch im Buchhandel erworben werden (s. näher Newsletter Nr. 70). Der SISMIK-Bogen ist so konzipiert, dass „das Sprachverhalten des Kindes möglichst konkret, in spezifischen sprachrelevanten Situationen erfasst [wird]" (**BayBEP 2012, S. 200**). Aus den Beobachtungen mit dem SISMIK-Bogen ergeben sich zudem für die Erzieherin **konkrete Förderhinweise** (vgl. BayBEP 2012, a. a. O.). SISMIK kann und sollte von Beginn des Kindergartenbesuchs an zur Anwendung kommen.

Verpflichtend nach Satz 4 ist hingegen nur der Einsatz seines **zweiten Teils** (= S. 7 und 8 aus dem Gesamtbogen) zur Sprachstandserhebung in der ersten Hälfte des vorletzten Kindergartenjahres, die Aufschluss darüber gibt, ob das Migrantenkind der besonderen Förderung durch Teilnahme an einem Vorkurs bedarf. Beigefügt wurde eine Einschätzskala, die eine Bewertung des Testergebnisses für die Frage, ob das Kind einen Vorkurs besuchen sollte, ermöglicht. Dieser zweite Teil kann zudem von bayerischen Kindertageseinrichtungen kostenlos als **Kopiervorlage einschließlich Hinweisen zur Handhabung** von den zuständigen Jugendämtern bezogen werden.

Einzubeziehen sind alle Kinder, deren **beide Elternteile nichtdeutschsprachiger Herkunft** sind (vgl. Erl. zu Art. 21 BayKiBiG Rn. 223) und die sich **im vorletzten Kindergartenjahr** befinden; kommen die Kinder erstmals im letzten Kindergartenjahr in den Kindergarten, ist die Sprachstandserhebung mit ihnen baldmöglichst nach Aufnahme in den Kindergarten durchzuführen – vielleicht können sie in einen bereits laufenden Vorkurs noch aufgenommen werden.

b)   Sprachstandserhebung von Kindern, bei denen mindestens ein Elternteil deutschsprachiger Herkunft ist

292   **Für deutsche Kinder** mit Sprachentwicklungsverzögerungen ist der SISMIK-Bogen **ungeeignet**, da er auf den Zweitspracherwerb ausgerichtet ist. Deswegen hat das Staatsinstitut für Frühpädagogik zudem den Beobachtungsbogen SELDAK für deutsche Kinder entwickelt; s. näher Rn. 295.

Der Beobachtungsbogen „SELDAK" mit den Skalen „Aktive Sprachkompetenz" und „Grammatik" dient als Grundlage zur Bewertung, ob ein Kind mit zumindest einem deutschsprachigen Elternteil einen besonderen Sprachförderbedarf hat und damit ein Besuch eines Vorkurses Deutsch erforderlich ist (§ 5 Abs. 3 AVBayKiBiG). Die Finanzierung der Vorkurse Deutsch erfolgt nach § 25 Abs. 1 Satz 3 durch eine staatliche Erhöhung des Buchungszeitfaktors.

c) Durchführung eines Vorkurses oder einer vergleichbaren Sprachfördermaßnahme

Der Träger ist nach Abs. 2 Satz 5 verpflichtet, **für alle Kinder**, deren beide **293** Elternteile nichtdeutschsprachiger Herkunft sind und die

– nach dem **Ergebnis der Sprachstandserhebung** im Sinne des Satzes 4 (zuvor a)) **besonders förderbedürftig** sind **oder** die
– zum Besuch eines Kindergartens mit integriertem Vorkurs (aufgrund Art. 37a Abs. 3 BayEUG) **verpflichtet wurden,**

einen Vorkurs durchzuführen.

Der Vorkurs ist eine spezifische Sprachfördermaßnahme. Er wird im letzten Kindergartenjahr zu zeitlich gleichen Anteilen von je 120 Stunden **von den Kindergärten und von Grundschullehrkräften angeboten.** Jede Seite ist für ihren Anteil eigenverantwortlich. Damit der Vorkurs insgesamt gelingen kann, ist es notwendig, dass die beteiligten Erzieherinnen und Grundschullehrkräfte sich in organisatorischer, aber auch in inhaltlicher Hinsicht gegenseitig abstimmen. Der Bildungs- und Erziehungsplan (2012, S. 211) empfiehlt, **inhaltlich nach der Handreichung** „Lernszenarien – Ein neuer Weg, der Lust auf Schule macht. Teil 1: Vorkurs, Deutsch lernen vor Schulbeginn" vorzugehen. Das Vorkurskonzept kann als PDF-Datei unter *www.stmas.bayern.de/imperia/md/content/stmas/stmas_internet/ kinderbetreuung/vorkurskonzept240.pdf* heruntergeladen werden.

Nach Satz 5 ist der Träger des Kindergartens frei, anstelle des Vorkurses auch **andere Sprachfördermaßnahmen** für die Migrantenkinder durchzuführen, wenn diese gleichermaßen geeignet sind. Dabei ist sowohl auf das zeitliche Ausmaß abzustellen als auch auf die inhaltliche Tiefe und Breite der Sprachfördermaßnahme. Der Verordnungsgeber hat durch diese Alternative für die Träger darauf Rücksicht genommen, dass in vielen Kindergärten mit hohem Migrantenanteil teilweise schon seit Jahrzehnten bewährte Sprachförderprogramme durchgeführt werden, die nicht selten sogar deutlich intensiver sind als das Vorkursprogramm. Hier wäre es unsinnig, diese Träger zu verpflichten, stattdessen oder zudem auch noch Vorkurse anzubieten.

d) Organisatorischer Ablauf des Vorkurses

Jedes Kindergartenjahr ist im **Herbst** (nach Rücksprache mit dem Jugend- **294** und Schulamt auch später) eine **Sprachstandserhebung** durchzuführen:

Zunächst **melden** die Kindertageseinrichtungen die **Gesamtzahl der Kinder**, die eines Vorkurses bedürfen, an das örtlich zuständige Jugendamt.

Hierbei sind die Kinder zu berücksichtigen, die nach der auf der Rückseite der Kopiervorlage abgedruckten Skala „Sprachliche Kompetenz" in die Kategorien „Spezieller Förderbedarf" und „Dringend spezieller Förderbedarf" eingestuft werden. Das Jugendamt sammelt die Daten und meldet sie an das Schulamt weiter. Da es sich hier nur um die Gesamtzahl der betroffenen Kinder handelt, bedarf es für diese Meldung der Kindertageseinrichtung noch keiner Einwilligung der Eltern.

Das **Schulamt meldet** dann, **wie viele Vorkurse an welchen Schulen** im Jugendamtsbezirk eingerichtet werden können; hiervon werden die Träger vom Jugendamt unterrichtet. Die Durchführungsmodalitäten sind von den betroffenen Kindertageseinrichtungen und Schulen gemeinsam festzulegen – dies betrifft insbesondere die Frage, ob der schulische Anteil des Vorkurses (mit Zustimmung des Kindergartenträgers) in den Räumlichkeiten des Kindergartens oder in der Schule stattfindet. Findet der schulische Anteil in der Schule statt, ist der **Weg der Kinder** vom Kindergarten zur Schule und ggf. wieder zurück zu organisieren. Hier kommt vor allem in Betracht, dass Erziehungsberechtigte die Kinder auf dem Weg begleiten oder ein öffentlicher Bus unter Begleitung durch eine geeignete Aufsichtsperson genutzt wird. Fallen Fahrtkosten an, so sind diese von den Eltern zu tragen.

Nach der Entscheidung, wo welche Vorkurse eingerichtet werden, sind die **Einwilligungen der Eltern** von der Kindertageseinrichtung einzuholen, damit die Kinder **konkret für den Vorkurs angemeldet** werden können. Bei Vorliegen der Einwilligung werden die **Kinder in einer Liste** mit ihrem Familiennamen, Vornamen, Geburtsdatum und ihrer Familiensprache an das örtlich zuständige Jugendamt **gemeldet**. Für die Einwilligung der Eltern ist im Anhang ein Muster enthalten, das die Einwilligung zur Datenübermittlung an das Jugendamt sowie das Einverständnis zur Teilnahme am Vorkurs enthält.

Die Vorkurse selbst erstrecken sich dann vom Januar des vorletzten Kindergartenjahres bis zum Juli vor der Einschulung. Dabei startet allerdings im Januar des vorletzten Jahres zunächst nur der vom Kindergarten verantwortete Teil des Vorkurses durchgehend bis Juli vor der Einschulung mit jeweils 90 Minuten (also zwei Schulstunden) pro Woche. Der von der Schule verantwortete Teil kommt dann ab September des letzten Kindergartenjahres hinzu und umfasst drei Schulstunden pro Woche. Insgesamt leisten Kindergarten und Grundschule somit jeweils 120 Stunden.

Nähere Informationen zu den Vorkursen sind beim örtlich zuständigen Jugendamt erhältlich.

5. Sprachstandserhebung für deutschsprachig aufwachsende Kinder

Seit der Änderung der AVBayKiBiG mit Wirkung zum 1.9.2008 ist nun auch **295** für Kinder, deren beide Elternteile deutschsprachiger Herkunft sind, eine Sprachstandserhebung verbindlich vorgesehen. Abs. 3 sieht hierfür die Verwendung des Beobachtungsbogens zur „Sprachentwicklung und Literacy bei deutschsprachig aufwachsenden Kindern (SELDAK)" vor; dieser Bogen wurde Anfang 2008 allen Kindertageseinrichtungen und den Aufsichtsbehörden kostenlos zur Verfügung gestellt und kann zum Gebrauch in den Kindertageseinrichtungen unbedenklich in unbegrenzter Zahl vervielfältigt werden (s. Newsletter Nr. 70). Er eignet sich besonders für die systematische Begleitung der Sprachentwicklung von Kindern, die mit Deutsch als Erstsprache aufwachsen und umfasst die Altersspanne von vier Jahren bis zum Schulalter. In die Beobachtung fließen dabei u. a. die Entwicklung von Sprache im engeren Sinn, die Entwicklung von Literacy (kindliche Erfahrungen rund um Buch-, Erzähl-, Reim- und Schriftkultur) sowie phonologische Bewusstheit (Aufmerksamkeit für die formalen Eigenschaften der gesprochenen Sprache) und kommunikatives Verhalten ein. Diese Beobachtung gibt den Fachkräften konkrete Hinweise für ihre pädagogische Arbeit. Durchzuführen ist diese Sprachstandserhebung wie bei den Migrantenkindern ab der ersten Hälfte des vorletzten Kindergartenjahres vor der Einschulung.

§ 6
Mathematische Bildung

[1]Kinder sollen lernen, entwicklungsangemessen mit Zahlen, Mengen und geometrischen Formen umzugehen, diese zu erkennen und zu benennen. [2]Kinder sollen Zeiträume erfahren, Gewichte wiegen, Längen messen, Rauminhalte vergleichen, den Umgang mit Geld üben und dabei auch erste Einblicke in wirtschaftliche Zusammenhänge erhalten.

Anmerkungen

1. Bedeutung mathematischer Bildung

296 Im Vergleich zur bisherigen 4. DVBayKiG deutlich aufgewertet wurde der Bereich der mathematischen Bildung in der AVBayKiBiG – ihr wird sogar ein eigener Paragraf gewidmet. Zwar gehört der spielerische Erwerb von mathematischen Vorläuferfertigkeiten – etwa die Stärkung der Zählkompetenz durch Zählreime – schon lange zur pädagogischen Arbeit in den Kindertageseinrichtungen. Mathematische Bildung geht jedoch darüber hinaus: Neuere Forschungsergebnisse zeigen, dass Kinder schon im Vorschulalter dazu in der Lage sind, komplexere Alltagsprobleme zu lösen, die mathematische Grundfertigkeiten erfordern (vgl. BayBEP 2012, S. 244 ff.). **Kinder sind nicht nur fähig zu mathematischem Denken**, sondern sie haben **auch Freude** daran, wenn der spielerische Umgang mit Zahlen, Mengen und Formen ansprechend gestaltet wird. Frühe mathematische Bildung bietet Kindern die Chance, einen **unbelasteten Zugang zur Mathematik** zu finden. Sie schafft damit beste Startvoraussetzungen, dass sich die Mathematik auch später in der Schule nicht zu dem ungeliebten und unverstandenen Fach entwickelt, das es für viele von uns war.

Dies ist umso wichtiger, als nicht nur viele Berufe mathematische Kenntnisse erfordern, sondern auch **im ganz normalen Lebensalltag mathematische Fertigkeiten gefragt** sind – etwa beim Einkaufen, aber auch in vielen Bereichen, in denen der mathematische Hintergrund oft gar nicht mehr bewusst wahrgenommen wird: etwa beim Aufräumen, beim Lesen eines Stadtplanes, bei Überholvorgängen mit dem Auto, beim Aufbauen von Fertigmöbeln und vielem mehr.

Die Welt der Mathematik mit ihren klaren und festen Regeln kann Kindern ein **Gefühl der Ordnung, Verlässlichkeit und Stabilität** vermitteln (vgl. BayBEP 2012, S. 239). Im Alltag wiederkehrende Muster erkennen zu können, hilft Kindern bei der Orientierung in einer Zeit der Umbrüche und rasanten Veränderungen.

2. Entwicklungsangemessenheit

297 Alle Bildungs- und Erziehungsbereiche sind entwicklungsangemessen in die pädagogische Arbeit einzubeziehen. Dass dieses Prinzip (auch) in der mathematischen Bildung noch einmal ausdrücklich hervorgehoben wird, liegt darin begründet, dass **gerade die mathematische Bildung je nach Entwicklungsstand der Kinder ganz unterschiedlich ausgeprägt** sein wird:

Angefangen bei Kindern unter drei Jahren, bei denen dieser Bildungsbereich im Wesentlichen sich darin erschöpft, dass Formen betrachtet, erkannt und zugeordnet werden, über Kindergartenkinder, die zum Beispiel bereits ein erstes Zahlenverständnis entwickeln und einfache mathematische Operationen durchführen, wie Längen und Mengen vergleichen, bis hin zu Schulkindern, bei denen die mathematische Bildung sich inhaltlich nicht von der schulischen Mathematik unterscheidet, didaktisch aber durchaus darüber hinausgehen kann.

Im Elementarbereich kann den Kindern nur durch **konkrete, sinnlich fassbare Lernangebote** eine Vorstellung von dem Bedeutungsgehalt von Zahlen, Raum und Zeit vermittelt werden. Damit dies nicht totes Wissen bleibt, ist ein **Bezug zum Alltagsleben der Kinder unerlässlich**. Die Auffassungsgabe von jüngeren Kindern kann zudem deutlich erhöht werden, wenn die spielerische Vermittlung von Zahlen mit Bewegung oder rhythmischer Musik kombiniert wird.

3. Bildungs- und Erziehungsziele bei der mathematischen Bildung

Nach Satz 1 sollen Kinder lernen, mit Formen, Mengen und Zahlen umzugehen. Dies setzt in einem ersten Schritt voraus, dass die Kinder einen **Zahlen-, Mengen- und Formenbegriff entwickeln**. Während die Zuordnung eines konkreten Begriffs zu einem konkreten Gegenstand eine vergleichsweise einfache Leistung ist, müssen Kinder erst eine Abstrahierung der einzelnen Gegenstände vornehmen, sie zu Gattungen zusammenfassen, um sie als Menge begreifen zu können. Hierbei sollen Kinder vor allem lernen, Mengen zu bilden, also Gegenstände nach verschiedenen Merkmalen zu sortieren. Auch das Erkennen der verschiedenen Formen setzt voraus, dass durch wiederholte Zuordnung von konkreten Gegenständen zu den Formen wie Kreis, Rechteck, Dreieck, etc. die Kinder durch Vergleich der einzelnen Gegenstände die Gemeinsamkeit erkennen lernen. Kinder sollen allerdings nicht nur lernen, die einzelnen **Formen** zu erkennen, sondern auch **mit ihnen umzugehen**, also zum Beispiel Muster erkennen oder durch das Spielen mit Bauklötzchen erfahren, dass aus Zusammenfügen einzelner Formen neue Formen entstehen können, etwa durch Zusammenschieben zweier Dreiecksklötzchen ein Rechteck entstehen kann. Bei den Zahlen sollen Kinder nicht nur die Ordnung der Zahlen – also das Zählen – lernen, sondern auch unterscheiden lernen, ob **Zahlen als Ordinal- oder als Kardinalzahlen** verwendet werden, also den Unterschied lernen zwischen „das dritte Kind" und „drei Kinder"; zu weiteren Aspekten von Zahlen (vgl.

298

BayBEP 2012, S. 257). Auch Kinder vor der Einschulung können häufig schon überschaubare Mengen zahlenmäßig zusammenfassen und wieder auseinandernehmen – also einfache **Additionen und Subtraktionen** vornehmen. Kinder müssen nicht vor der Einschulung rechnen lernen, aber wenn Kinder hieran Interesse zeigen, so gehört auch diese Art des Umgangs mit Zahlen zu einer entwicklungsangemessenen Förderung der Kinder schon im Kindergarten.

299 Kinder sollen nach Satz 2 **Zeiträume erfahren, Gewichte wiegen, Längen messen, Rauminhalte vergleichen.** Hierzu gehört, dass Kinder lernen, was Zeitangaben wie gestern, heute und morgen bedeuten, dass sie einen strukturierten Tagesablauf in der Kindertagesstätte, aber auch zu Hause erfahren mit festen, **wiederkehrenden Ritualen, die den Tag verlässlich gliedern.** Kinder sollen ferner auch ein Gefühl für die Zeit erhalten, indem ihnen das kontinuierliche Vergehen der Zeit erfahrbar gemacht wird (z. B. durch die Betrachtung von Sonnenuhren oder von Sanduhren), insbesondere auch während alltäglicher Verrichtungen. So können Kinder z. B. ermuntert werden, zu beobachten, wie viel Sand in einer Sanduhr durchrieselt, während sie einen bestimmten Weg zurücklegen, oder sie können angehalten werden, solange Zähne zu putzen, bis sie sehen, dass der Sand einer Sanduhr vollständig durchgerieselt ist (Beispiele nach BayBEP 2012, S. 248). Die einzelnen Messvorgänge in Satz 2 sollten von den Kindern möglichst anschaulich durchgeführt werden, also z. B. unter Verwendung einer Balkenwaage statt einer elektronischen Waage. Kinder sollen auch dazu angeregt werden, sich selbst Messinstrumente zu schaffen, also etwa selbst einen Ast als Längenmaßstab bestimmen.

Das Ziel sowohl der Lernprozesse nach Satz 1 als auch der Messvorgänge nach Satz 2 erschöpft sich nicht darin, dass die Kinder zählen können, wissen was ein Dreieck ist. Vielmehr sollen sie **darauf aufbauend lernen, mathematische Aufgaben im Alltag zu lösen** und diese auch **sprachlich auszudrücken.**

Praxisbeispiel:
Der Bildungs- und Erziehungsplan (2012) gibt hierfür beispielhaft ein Freispiel nach *van Oers* wieder (S. 250 ff.), in dem ein Junge die Murmeln einer Schachtel mit einem kleinen Lastwagen quer durch den Raum transportieren möchte. Er möchte herausfinden, wie viele Fahrten er benötigt. Hier kann das pädagogische Personal dieses aus dem Freispiel erwachsene Interesse aufgreifen und in Interaktion mit den Kindern diese einen Lösungsweg finden lassen. Dieser würde darin bestehen, dass die Kinder erst herausfinden, wie viele Murmeln der Laster gleichzeitig transportieren kann, dann die Schachtel Murmeln in entsprechende kleine Mengen aufteilen und dann diese Teilmengen abzählen. Charakteristisch

an diesem Beispiel ist, dass das pädagogische Personal mit wachem Blick die Neugier der Kinder nutzt, um die Kinder selbst diese mathematische Problemstellung lösen zu lassen. Die Erzieherin wird hier nur soweit Hilfestellung geben, wie die Kinder benötigen, um selbst den nächsten Schritt zu gehen.

Nach Satz 2 sollen Kinder ferner den **Umgang mit Geld lernen und**   **300**
Einblicke in wirtschaftliche Zusammenhänge erhalten. Damit hat der Verordnungsgeber zwei besonders praxisrelevante, ineinander übergreifende Lebensbereiche herausgegriffen, in denen mathematisches Grundverständnis gefragt ist. Beide Bildungs- und Erziehungsbereiche sind irrelevant für ganz kleine Kinder. Aber schon Kinder im Kindergartenalter sollen verstehen lernen, dass viele Gegenstände nicht umsonst sind und nicht unbegrenzt Geld vorhanden ist, um alles kaufen zu können. Kinder lernen nur dann, mit Geld verantwortlich umzugehen, wenn man ihnen frühzeitig kleine Geldbeträge überlässt, für die sie sich – nach Absprache mit den Eltern – entsprechend ihren Wünschen etwas kaufen können, wenn sie erfahren, dass man sich sein Geld einteilen muss, weil man sonst eine gewisse Zeit sich keine Wünsche mehr erfüllen kann. Dies sind Lebenserfahrungen, die die Kinder primär in ihrer Familie machen werden. Die Kindertageseinrichtungen können dies allerdings mit Rollenspielen begleitend unterstützen (beispielsweise Spiele mit dem Kaufmannsladen). Mit den „erste[n] Einblicke[n]" in wirtschaftliche Zusammenhänge" sind selbstverständlich keine volkswirtschaftlichen Kenntnisse gemeint, sondern Erfahrungen aus dem Alltagsleben der Kinder, etwa dass für die Fahrt mit öffentlichen Verkehrsmitteln eine Fahrkarte erworben werden muss, dass für den Kauf von Sachen Geld benötigt wird und dass Geld (regelmäßig) nur durch Arbeit verdient wird.

4.   Umsetzung in die pädagogische Praxis

Bei **Kindergartenkindern** gilt es vor allem, Freude an mathematischen Fra-   **301**
gestellungen zu wecken, ihnen mit spielerischen und ganzheitlichen Lernarrangements die **Welt der Zahlen auf emotionale Weise näher zu bringen**, etwa indem Tiere Zahlen symbolisieren (etwa ein Schmetterling mit seinen vier Flügelteilen die Zahl vier), die Zahlen im Kindergarten ein „Zuhause" eingerichtet bekommen (vgl. hierzu näher das „Zahlenhaus" und verwandte Spielangebote, BayBEP 2012, S. 255 ff.). Hierzu gilt es, den Kindern in alltäglichen Situationen mathematische Denkweisen bewusst zu machen, also z. B. beim gemeinsamen Backen das Abwiegen der Zutaten

auch verbal deutlich hervorzuheben. Daneben können gezielte Lernangebote den Kindern helfen, sich den Zahlenraum zu erschließen.

> Beispiel (vgl. BayBEP 2012, S. 256, 258):
> Im Außengelände kann ein sog. Zahlenweg angelegt werden. Hierzu können Teppichfliesen ausgelegt und mit den Zahlen 1–10 aufsteigend durchnummeriert werden. Diesen Weg können die Kinder zählend vor- und rückwärts abschreiten oder sie können die Teppichfliesen selbstständig in der richtigen Reihenfolge auslegen. So wird die richtige Reihenfolge der Zahlen – durch die Bewegung unterstützt – verinnerlicht.

Für **Schulkinder** wird die mathematische Bildung insbesondere im Rahmen der Hausaufgabenbetreuung ihren Platz finden. Aber auch in die darüber hinausgehende pädagogische Arbeit lassen sich immer wieder mathematische Problemstellungen integrieren, etwa wenn im Rahmen eines Theaterprojektes das Bühnenbild gestaltet wird, sind Pläne beispielsweise für die Hintergrundgestaltung anzufertigen, sind genaues Abmessen und Zusägen von Holzfassadenteilen u. Ä. zu leisten.

Weitere Tipps zur pädagogischen Umsetzung enthält der Bildungs- und Erziehungsplan 2012, S. 247 ff.

§ 7
Naturwissenschaftliche und technische Bildung

[1]Kinder sollen lernen, naturwissenschaftliche Zusammenhänge in der belebten und unbelebten Natur zu verstehen und selbst Experimente durchzuführen. [2]Sie sollen lernen, lebensweltbezogene Aufgaben zu bewältigen, die naturwissenschaftliche oder technische Grundkenntnisse erfordern.

Anmerkungen

1. Bedeutung naturwissenschaftlicher Bildung im Vorschulalter

302 Lange Zeit galt es geradezu als unvorstellbar, Kinder in vorschulischen Bildungseinrichtungen naturwissenschaftliche Zusammenhänge näher zu bringen. Traditionell wurde mit diesem Bildungsbereich erst in der Schule begonnen. Erst in den letzten Jahren setzte ein Umdenken beim pädagogischen Fachpersonal ein, welch ungeheures Anregungspotenzial für die Entwicklung der kindlichen Phantasie naturwissenschaftliche Phänomene haben. Hierzu hat sicherlich *Donata Elschenbroichs* „Weltwissen der Siebenjährigen – Wie Kinder die Welt entdecken können" wesentlich beigetragen. „Kinder forschen ohne jede Vorinformation (...), gehen ohne jede Vorinformation auf das Material los", (a.a.O., S. 86), erkannte *Elschenbroich* und veränderte damit den Blick der Erzieherinnen auf die Kinder. Plötzlich ist das Spiel der Kinder nicht mehr bloßer Zeitvertreib, sondern die Erkundungsreise durch die Welt, Erprobung eigener Kräfte, ein Hineintasten in die Welt des Fragens, Staunens und des Erforschens. Spiel wird „zur Aneignung von Welt" (12. Kinder- und Jugendhilfebericht, S. 149 ff.), als Antwortfindung auf das Warum und das Wieso. Das „Alter der Warum-Frage", nannte die Chemikerin und Expertin für naturwissenschaftliche Experimente für Kinder im Alter von drei Jahren bis zur Einschulung, *Gisela Lück*, diese Zeit (zitiert nach *Elschenbroich*, Weltwissen der Siebenjährigen, S. 99).

Die ausdrückliche Normierung der naturwissenschaftlichen Bildung dient dazu, alle pädagogischen Kräfte auf diesen bedeutsamen Bildungsbereich aufmerksam zu machen und sie hierfür zu sensibilisieren.

2. Einblick in naturwissenschaftliche Zusammenhänge

Den Kindern sollen nach Satz 1 naturwissenschaftliche Zusammenhänge **303** nahegebracht werden. Die Erzieherin wird sich daher überlegen, welche Zusammenhänge sich dafür besonders eignen. Unter naturwissenschaftlichen Zusammenhängen versteht man dabei das auf einem Naturgesetz beruhende Verhältnis von Ursache und Wirkung. Hierzu zählt vor allem die Schwerkraft, die etwa an der Funktionsweise eines Seilzuges oder an verschiedenen Papierobjekten bis hin zum Papierflieger anhand deren Flugfähigkeit ausprobiert werden kann. Die Erzieherin wird insbesondere auf den **lebensweltlichen Bezug** der ausgewählten Beispiele achten, Satz 2. Ohne Lebensweltbezug sind für Kinder Vorgänge in dem Bereich der belebten und unbelebten Natur nicht verständlich und nicht nachvollziehbar. Um naturwissenschaftliche Zusammenhänge erkennen zu können, ist es notwendig, dass der Blick der Kinder hierfür geschärft wird und sie dadurch befähigt werden, hieraus Folgerungen zu ziehen.

3. Lösung lebensweltbezogener Aufgaben

304 Ziel ist es, die Kinder **lebenstüchtig** zu machen. Dazu gehört in einer technologisch und naturwissenschaftlich geprägten Welt, dass die Kinder die Grundkenntnisse erwerben, die sie zur Lösung von Aufgaben in ihrer Lebenswelt benötigen. Grundkenntnisse sind kein totes Wissen, sondern praxisrelevante Fakten. Sie werden nicht durch reine Wissensvermittlung durch die pädagogischen Kräfte erworben, sondern Kinder erwerben sie durch praktische Erfahrung. Etwa durch die Betätigung eines Schalters können Kinder lernen, dass sie hiermit ganz unterschiedliche Folgen bewirken, etwa dass das Licht angeht oder das Radio zu spielen beginnt.

4. Hinweise für die pädagogische Umsetzung

305 Naheliegend ist es, dass die Erzieherin funktionale Zusammenhänge in Kindertageseinrichtungen dazu nutzt, den Kindern **technische Grundkenntnisse** zu vermitteln. Schalter, Klingeln, Radios, Schlösser, Hähne und sonstige Mechanismen finden sich in jedem Kindergarten. An ihnen lassen sich spielerisch Funktionsweisen und Wirkmechanismen demonstrieren. Naturwissenschaftliche Bildung wird den Kindern insbesondere durch eigenes Experimentieren nahegebracht werden. Das Kind wird umso größere Freude am Experimentieren finden, je überraschender dessen Verlauf ist. Die Erzieherin wird durch aufeinander aufbauende Versuchsreihen den Kindern komplexe Zusammenhänge Schritt für Schritt verständlich machen.

Bei der Durchführung von Experimenten sind folgende Gesichtspunkte zu beachten (vgl. BayBEP 2012, S. 270 f.):

- Experimente sollten **spannend und voller Überraschung** sein; dabei ist sowohl eine Unterforderung der Kinder zu vermeiden, da ihr Interesse ansonsten Langeweile weicht, als auch ihre Überforderung. Das bedeutet, dass Kinder zwar keine naturwissenschaftlich exakte Erklärung für das Geschehen erwerben müssen, aber doch eine kindlicher Vorstellungskraft angepasste Erklärung.
- Versuche können zwar auch isoliert durchgeführt werden. **Bessere Lernergebnisse** werden aber erzielt, wenn die Experimente in einen größeren Zusammenhang oder optimalerweise in Projekte eingegliedert werden (z. B. Geschichten und evtl. auch Fotos von der Wüste und dem harten Leben der Menschen dort, Experimente zum Verdampfen von Wasser und Wiederkondensieren, der Wasserkreislauf der Erde, Diskussion über die Reduzierung des Wasserverbrauchs in der Einrichtung).

- Die Kinder sollen **Experimente selbst durchführen** können – sie dürfen also nicht zu gefährlich sein. Bei der Durchführung soll die Erzieherin die Kinder anleiten, selbst Hypothesen für den Ausgang eines Experiments aufzustellen, diese durch die Versuchsdurchführung auf ihre Richtigkeit hin zu überprüfen und aus dem Versuch weitere Fragen abzuleiten, für die es dann gilt, einen passenden Versuch zum Testen zu erfinden und durchzuführen. Die Experimente sind vor allem auch sprachlich zu begleiten, d. h. die Kinder sollen angeregt werden, ihre Fragen, Beobachtungen und Wertungen möglichst genau zu artikulieren und mit anderen Kindern zu diskutieren.
- Die Materialien sollten **überwiegend alltägliche Gegenstände** sein – zum einen lassen sich so ohne großen finanziellen Aufwand viele Experimente durchführen und zum anderen wird den Kindern vermittelt, dass sich alle möglichen Gegenstände zum selbst Experimentieren eignen.
- Experimente dürfen nicht zu lange dauern, ansonsten wird die **Konzentrationsfähigkeit der Kinder überfordert**. Allgemein gültige Zeitangaben für die optimale Dauer lassen sich kaum treffen. Umso spannender ein Experiment ist, desto länger bleiben die Kinder bei der Sache. Auch wenn die Kinder zunehmend gewöhnt sind, naturwissenschaftliche Versuche durchzuführen, können sie sich länger intensiv damit beschäftigen. **Jede Erzieherin ist daher aufgerufen zu testen**, wie lange ohne Unterbrechung ein Experiment von und mit ihren Kindern durchgeführt werden kann.

§ 8
Umweltbildung und -erziehung

Kinder sollen lernen, ökologische Zusammenhänge zu erkennen und mitzugestalten, ein Bewusstsein für eine gesunde Umwelt und für die Bedeutung umweltbezogenen Handelns zu entwickeln und so zunehmend Verantwortung für die Welt, in der sie leben, zu übernehmen.

Anmerkungen

1. Zweck der Umweltbildung und -erziehung

306 Auch wenn die Vorschrift des § 8 „Umweltbildung und -erziehung" nur einen Satz umfasst, so ist ihr Inhalt doch von elementarer Bedeutung. Denn es geht um nichts anderes, als dass die Kinder lernen, die **Welt, in der sie leben, zu bewahren**. Dazu ist es notwendig, Kinder frühzeitig dafür zu sensibilisieren, wie verletzlich die Umwelt ist. Die Schärfung des Blicks eines Kindes auf seine Umwelt ist unabdingbar, damit es später als Erwachsener seiner Verantwortung gegenüber der Natur gerecht wird.

Während andere Bildungs- und Erziehungsbereiche mehr den persönlichen und privaten Bereich berühren, geht Umweltbildung uns alle an, um die natürlichen Lebensgrundlagen zu sichern.

2. Umweltbewusstsein

307 Nach § 8 sollen die Kinder lernen, ökologische Zusammenhänge zu erkennen. Dies erfordert vom pädagogischen Personal, die Kinder auf das komplexe Zusammenspiel von Taten und ihren Folgen aufmerksam zu machen. Dazu müssen die Sinne der Kinder für den Zusammenhang der ganzen belebten Natur geschärft werden. Dies setzt voraus, dass die Erzieherin selbst eine von **Respekt und Achtung gegenüber der Umwelt** geprägte Haltung hat. Kinder benötigen Wissen, um ökologisch bewusst zu handeln. **Wissen über die Wechselwirkungen von Mensch und Natur**, aber auch Wissen über das Entstehen von Umweltkatastrophen gehören hierzu. Grundwissen über ökologische Zusammenhänge, die die Kinder haben sollten, sind zum Beispiel das Wachsen der Blätter, der Fall der Blätter und die Umwandlung der Blätter in Humus und damit in die Grundlage für neues Leben. Kinder sollen die Faszination von klarem Wasser und reiner, frischer Luft spüren sowie auf die Spuren der Tiere und ihre Stimmen aufmerksam werden. Angesichts der fast monatlich auf Kinder einstürmenden Bilder von **Naturkatastrophen**, wie z. B. zerstörerische Lawinen, Tsunamis, Wirbelstürme und Ölkatastrophen durch havarierte Tanker, zählt es zu den Aufgaben der pädagogischen Kräfte, Kinder über die Ursachen und Auswirkungen **aufzuklären** und ihnen auch eine realistische Einschätzung zu vermitteln, inwieweit sie persönlich betroffen sind.

3. Umweltbewusstes Handeln

Nicht Passivität der Umwelt gegenüber, sondern **aktives** umweltbezogenes **308**
Handeln, nicht Zerstörung, sondern Schutz, nicht Gleichgültigkeit, sondern **Engagement** sind gefragt. Umweltbezogenes Handeln heißt, den Lebensraum der Tiere zu achten, ihn nicht zu beschneiden und nicht zu beengen. Das betrifft sowohl die Versiegelung der Böden, ein Respektieren der vorgegebenen Wanderwege in der Natur, als auch das Bauen von Vogelhäuschen und das Anlegen eines Komposthaufens für den Außenbereich der Kindertagesstätte.

§ 9
Informationstechnische Bildung, Medienbildung und -erziehung

Kinder sollen die Bedeutung und Verwendungsmöglichkeiten von alltäglichen informationstechnischen Geräten und von Medien in ihrer Lebenswelt kennen lernen.

Anmerkungen

1. Präventive Funktion der Medienerziehung

Angesichts der stetigen Zunahme des Medienkonsums schon im frühen **309**
Kindesalter wird die Medienbildung und -erziehung in Kindertagesstätten immer dringender. Dieser Entwicklung trägt § 9 Rechnung. Er verpflichtet das pädagogische Personal, medienpädagogische Elemente in die allgemeine pädagogische Konzeption aufzunehmen, um im Sinne des übergeordneten Zieles, der Vermittlung von Basiskompetenzen, bei den Kindern **Kompetenzen im Umgang mit dem verwirrenden Medienangebot** zu entwickeln. Zu den von Kindern meist gebrauchten Medien zählen die traditionellen Medien wie Bücher, Zeitschriften, Fernseher, Videos und Computer. Heute kommen noch insbesondere Speichermedien wie MP3-Player, iPods und Minidisks hinzu. Es ist offensichtlich, dass diese Fülle von Geräten ein großes Gefahrenpotenzial in sich birgt: Der Gebrauch dieser faszinierenden Wunderwerke kann bei Kindern zu unkontrolliertem

Konsum, geradezu zur Sucht führen. Insofern kommt der Vorschrift auch eine ganz wesentliche *präventive* Funktion zu.

Obgleich dieser Aspekt des Kinderschutzes und der präventiven Bedeutung medienpädagogischen Handelns ganz allgemein in der Vorschrift nicht explizit erwähnt wird, muss das pädagogische Personal sie in der Medienerziehung in seine Überlegungen einbeziehen.

2. Befähigung der Kinder zu einem bewussten Umgang mit Medien

310 Die Vorschrift spricht lediglich davon, dass die Kinder „die Bedeutung" und die „Verwendungsmöglichkeiten von alltäglichen informationstechnischen Geräten und von Medien (...) kennen lernen". „Bedeutung" meint in diesem Zusammenhang, den Kindern die Rolle der Medien, die sie im Familienalltag der Kinder spielen und die Wirkung bzw. den Einfluss, den sie auf das Denken und Handeln der Kinder haben können, bewusst zu machen. „Bewusst (...) kennen lernen" meint, den Nutzen und die Gefahren der Medien erkennen, die Suggestion deutlich machen, die Verführung zu einer fremdbestimmten Lebensform und -haltung, die von ihnen ausgeht. „Verwendungsmöglichkeiten" weist darauf hin, den Kindern deutlich zu machen, worin der sinnvolle Gebrauch der Medien liegt, und bedeutet, ihnen einen Qualitätsmaßstab für den Gebrauch des Medienangebots an die Hand zu geben.

Der Nutzen von Medien liegt für die Kinder hauptsächlich darin, ihnen die vielfältige und komplexe **Umwelt verstehbar** zu machen. Medien als Hilfsmittel, Zusammenhänge **anschaulich** und erklärbar zu machen – auf dieses Ziel hin sollte sich die Medienarbeit des pädagogischen Personals konzentrieren.

Ein zweiter Aspekt der Medienerziehung ist die **Information** über die eigene und fremde Kulturen, Völker, Lebensformen, Tier- und Pflanzenwelt. Den Kindern sollten die verschiedenen Wege der Informationsbeschaffung – Büchereien, Lexika, Literaturrecherchen, das gezielte Befragen von Experten – vor Augen geführt werden.

Ein dritter Aspekt stellt die behutsame Hinführung der Kinder an den **Gebrauch des Internets** und seiner Möglichkeiten dar. Hier kommt es darauf an, Kindern ein Gefühl für die weltumspannende Vernetzung, die über Satelliten auch das Weltall mit einschließt, zu geben. Kinder sollten lernen, durch gezieltes Suchen aus der Flut von Informationen das herauszufiltern, was sie konkret wissen möchten.

Medienerziehung und -bildung braucht **Medienausstattung.** Kindertageseinrichtungen ohne Medien sind wie Schulen ohne Tafeln. Dies bedeutet selbstverständlich nicht, dass Kindertagesstätten alle Medien selbst anschaffen müssen. So werden findige Erzieherinnen Familien und Firmen dazu gewinnen, nicht mehr gebrauchte Computer der Kindertagesstätte zu überlassen. Zudem bleibt es der pädagogischen Konzeption jeder Einrichtung überlassen, wie sie Medienerziehung gewichtet. Dabei ist auch der jeweilige weltanschauliche Hintergrund der Kindertagesstätte zu respektieren. Ein völliges Absehen von Medien in einer Kindertagesstätte führt dagegen zum Entzug der staatlichen Förderung, Art. 19 Nr. 3 i. V. m. Art. 13 Abs. 3 BayKiBiG. Jedes Kind wird über kurz oder lang mit Präsenz, Wirksamkeit, Einfluss und Macht der Medien konfrontiert werden. Selbst ein Waldkindergarten, der die erzieherische und bildnerische Macht der lebendigen Natur ins Zentrum des pädagogischen Handelns stellt, kommt ohne Medien nicht aus. So ist das pädagogische Personal mit Handys oder Funkgeräten ausgerüstet. Obschon der Nutzen dieser Medien den Kindern nahegebracht wird – der pädagogische Schwerpunkt liegt gleichwohl in der unmittelbaren Begegnung mit der Natur.

Es wird sich empfehlen, etwa zusammen mit den Kindern die Sendungen auszuwählen, die gemeinsam angesehen werden und über deren Qualität anschließend gesprochen werden soll. Hochwertige Kurzfilme für Kinder bietet der Bayerische Rundfunk im Rahmen des „Prix Jeunesse" an, die jede Kindertagesstätte kostenlos entleihen kann.

3. Einbeziehung der Eltern

Die in der Vorschrift angesprochene „Lebenswelt" der Kinder umfasst dabei **311** natürlich nicht allein die Lebenswelt der Medien in der Kindertagesstätte. Noch viel bedeutender, einflussreicher und prägender ist die „Lebenswelt" Familie. Nicht selten besitzen Familien eine mediale „Vollausstattung". Insbesondere Fernseher und Video/DVD-Geräte gehören heute vielfach zum Standard im familiären Wohnfeld, und Kinder spiegeln in ihrem Mediengebrauch nicht selten die Mediengewohnheiten der Eltern wider. Insofern ist eine entsprechende **Elternarbeit** für das pädagogische Personal im Bereich Medienerziehung unbedingt notwendig. Ohne ein intensives Zusammenwirken der Lebenswelten Familie und Kindertagesstätte im Bereich Medienpädagogik dürfte die Hinführung der Kinder zu sinnvoller und verantwortungsbewusster Medienerziehung scheitern. Elternabende, die Eltern Rat und praktische Hilfe in der Medienerziehung ihrer Kinder geben, können hier weiterhelfen. Dabei können besonders geeignete Filme und Dokumentationen zwischen Elternschaft und pädagogischem Team diskutiert und Empfehlungen zum bewussten Fernsehen der Eltern zusammen mit ihren Kindern ausgetauscht werden. Aber auch persönliche Gespräche zwischen Eltern und pädagogischem Personal über Sehgewohnheiten des Kindes zu Hause können klärende Hinweise für mögliche Verhaltensauffälligkeiten des Kindes in der Kindertagesstätte geben. Manche Verhaltensauffälligkeit hat ihren Grund in bestimmter Medienerfahrung zu Hause – so können Identifikationen der Kinder mit Filmhelden ihre Verhaltensweisen negativ bestimmen.

Wertvolle Hinweise und Beispiele für pädagogische Arbeit mit Medien in Kindertagesstätten bietet der Bildungs- und Erziehungsplan.

§ 10
Ästhetische, bildnerische und kulturelle Bildung und Erziehung

Kinder sollen lernen, ihre Umwelt in ihren Formen, Farben und Bewegungen sowie in ihrer Ästhetik wahrzunehmen und das Wahrgenommene schöpferisch und kreativ gestalterisch umzusetzen.

Anmerkungen

1.   Ästhetische Bildung und Erziehung als Schlüssel zur Welt

312   Eine wunderbare Art und Weise, wie Kinder die sie umgebende Welt erfahren, erkunden und sich aneignen können, ist die ästhetische Bildung und Erziehung. Sie ist der Schlüssel zur Erschließung der Welt über die Sinne, also über das Sehen, Hören, Schmecken, Tasten, Riechen. Über die Sinne begegnen sie der Kultur ihrer Umwelt, die sich in einer unüberblickbaren Vielfalt der Ausdrucksweisen – Farben, Formen und Bewegungen – zeigt und die auch darauf wartet, von den Kindern entdeckt, d. h. gesehen, gehört, gerochen und ertastet zu werden. Die Erfahrungen, die sie dabei machen, sind bestimmend für ihre Haltung und Einstellung gegenüber ihrer Umwelt und ihren Mitmenschen. Sie sind auch bestimmend für die **Entwicklung der eigenen Kreativität**, die sich aus der Konfrontation und der

sinnlichen Erkundung der Umwelt herausbildet. Aus der Verarbeitung ihrer sinnlichen Erlebnisse entwickelt sich eigenes gestalterisches Wirken, Ausdruck kreativen Wirkens, das zugleich immer auch eine Botschaft an die soziale Umwelt ist.

2. Sinneserziehung und Kreativitätsförderung

§ 10 AVBayKiBiG ist insoweit eine für die kognitive, emotionale und auch **313** soziale Entwicklung der Kinder außerordentlich wichtige Vorschrift. Sie verpflichtet das pädagogische Personal, den **sinnlichen Erschließungsprozess** der Welt zu unterstützen. Sie fordert die Erzieherin auf, die Kinder zu lehren, ihre Umwelt sehend, hörend, riechend und schmeckend, tastend zu erfahren und kennen zu lernen. Den Erzieherinnen fällt dabei die Aufgabe zu, die Sinne der Kinder zu schärfen. Die Kinder sollen „Formen, Farben und Bewegungen" wahrnehmen, und das Wahrgenommene „schöpferisch und kreativ gestalterisch" umsetzen. Das bedeutet, dass die Erzieherin die Kinder lehren soll, ihre Sinne zu gebrauchen und sie zu verfeinern. Das bedeutet aber auch, dass die Erzieherin das sinnliche Lernen der Kinder beobachtet, sie anregt, sie auf Entdeckungsreisen in das Reich der Sinne führt. Es wäre allerdings zu wenig, würde die Erzieherin die Kinder allein zum passiven Wahrnehmen und nicht gleichzeitig zu kreativem Gestalten anregen. Die Erzieherin steht hier vor der Aufgabe, das enorme Kreativitätspotenzial der Kinder zum Erblühen zu bringen. Sie unterstützt die Kinder darin, spielerisch-kreativ mit ihrer Phantasie umzugehen (vgl. BayBEP 2012, S. 298). Es ist unbestritten, dass „diese Erfahrungen wichtig [sind] für die Persönlichkeits- und Intelligenzentwicklung der Kinder" (Bildungs- und Erziehungsplan, a. a. O.), aber auch als Grundstein für **lebenslanges Lernen**. Ohne die Fähigkeit zur und ohne die Aufgeschlossenheit gegenüber neuen, sinnlichen Wahrnehmungen, fehlt dem erwachsenem Menschen der Anstoß, sich mit Neuem auseinanderzusetzen. Voraussetzung dafür aber ist es, dass das pädagogische Personal alles unternimmt, damit Kinder Freude, Selbstvertrauen und Lust am kreativen Wirken entwickeln können. Dann werden Kinder zu Künstlern, werden Erzieherinnen zu Erweckerinnen des in den Kindern liegenden schöpferischen Potenzials. § 10 beschränkt sich nicht darauf, dass die Kinder zum Beispiel einzelne Farben wahrnehmen, sondern dass Kinder einen **Gesamteindruck von ihrer Sinneswahrnehmung** mit eigenem ästhetischem Maßstab entwickeln.

3. Beispiele für die pädagogische Umsetzung

314 Ein weites Feld sinnlicher Anregung bietet dabei die Kindertagesstätte selbst. Ihre Architektur, Materialien, Farben, Räume, Einrichtungsgegenstände, Geräusche und Gerüche sind eine nahezu unerschöpfliche Erfahrungswelt für Sinne. Die Erzieherin kann Begegnungen mit Künstlern organisieren, den Kindern deren Werke erfahrbar machen und die Kinder zum gemeinsamen künstlerischen Gestalten einladen. Sie kann mit Kindern Museen und Ausstellungen besuchen oder Kreativecken in ihrer Kindertagesstätte einrichten. Der Phantasie sind hier keine Grenzen gesetzt; weitergehende Hinweise gibt der Bildungs- und Erziehungsplan 2012 auf S. 299 ff.

§ 11
Musikalische Bildung und Erziehung

[1]Kinder sollen ermutigt werden, gemeinsam zu singen. [2]Sie sollen lernen, Musik konzentriert und differenziert wahrzunehmen und Gelegenheit erhalten, verschiedene Musikinstrumente und die musikalische Tradition ihres Kulturkreises sowie fremder Kulturkreise kennen zu lernen.

Anmerkungen

1. Musikalische Früherziehung zur Formung von Geist und Seele

315 In ihrem „Weltwissen der Siebenjährigen" beschwört und belegt *Donata Elschenbroich* die „Geheimnisvollen Kräfte der Musik (...): Sie bildet Geist und Seele des Kindes weit über das Musikalische hinaus. Sie erfasst das ganze Kind, fördert Intelligenz, innere Ausgeglichenheit, Denken, Fühlen, Handeln gleichermaßen" (S. 212). Es ließen sich noch viele Beispiele für solch eindringliche Plädoyers für die Musik anführen. Der vielleicht größte Philosoph der europäischen Antike, *Aristoteles* (384–322 v. Chr.), sprach der Musik für die Bildung des Menschen eine so entscheidende Bedeutung zu – **Musik forme den Charakter wie Gymnastik den Körper** –, dass er sie der allgemeinen Staatslehre zurechnete. Der Bildungs- und Erziehungsplan (2012) beschreibt „Musik [als] ein ideales Medium für Kinder, sich mitzuteilen, Gefühle und Gedanken zu äußern, aber auch emotionale Belastungen abzureagieren." (S. 323 ff.). Von daher gewinnt § 11, der die musikalische Bildung und Erziehung in Kindertagesstätten zum Inhalt hat, besonderes Gewicht.

2. Gemeinsames Singen

Die Vorschrift nimmt die Ergebnisse neuerer Untersuchungen zur musikalischen Bildung auf und stellt in Satz 1 insbesondere das gemeinsame Singen der Kinder heraus. Hierbei fällt vor allem die Formulierung, dass die Kinder zum gemeinsamen Singen „ermutigt" werden sollen, auf. Der Gesetzgeber geht offenbar davon aus, dass das gemeinsame Singen selten geworden ist. Den Kindern müsse erst Mut zugesprochen werden, damit sie sich zum gemeinsamen Singen finden. Dies hängt wohl auch damit zusammen, dass Singen, anders als Sprechen, einer Überwindung bedarf, weil es eine sehr viel persönlichere Ausdrucksweise darstellt. Die Gemeinsamkeit hilft dem einzelnen Kind, sich dem Singen zu öffnen, und stärkt zudem seine soziale Kompetenz: „Gemeinsames Singen und Musizieren **stärken den Kontakt und die Teamfähigkeit** und die Bereitschaft, soziale Mitverantwortung zu übernehmen" (BayBEP 2012, S. 324). Doch nicht allein **soziale Kompetenz** kann sich entwickeln, das gemeinsame Singen – wie grundsätzlich alles gemeinsame Musizieren – unterstützt auch das **kognitive Lernen** der Kinder. Das Musizieren, das unter anderem das Transferieren von Noten in koordinierte Griffe und Töne beinhaltet, fördert das analytische Denken.

316

3. Differenziertes und konzentriertes Wahrnehmen von Musik

Satz 2 fordert das pädagogische Personal zunächst auf, Kinder zu konzentriertem und differenziertem **Musikhören** anzuleiten. Auch diese Aufgabe verfolgt **zwei Ziele**: Zum einen das Wahrnehmen von Musik in ihren vielfältigen Formen, Klängen und Weisen. Zum anderen das Differenzieren der Musik des eigenen Kulturkreises von der Musik anderer Kulturkreise. Das **Hören von Musik anderer Kulturkreise** ist dabei auch mit dem Kennenlernen von Klängen ungewohnter Musikinstrumente verbunden. Für ein Kind ist es immer ein besonders sinnliches Erlebnis, wenn es Musik fremder Kulturen, wie z.B. türkische, indische und chinesische Kompositionen, hören kann. Ebenso ist dieses Hören eine Konzentrationsschulung, unterstützt kulturelle Toleranz und Verständnis für fremde, ungewohnte Ausdrucks-

317

weisen. Insofern hat diese Art des Musizierens eine kulturverbindende Wirkung und trägt damit gleichzeitig zur besseren Integration bei.

Das sinnliche Erlebnis des eigenen Musizierens oder des Kennenlernens fremder Musik kann auf mannigfache Weise den Kindern nahe gebracht werden. Es gibt kaum eine Kindertagesstätte, in der nicht auch Kinder aus fremden Kulturkreisen sind, die ihre Instrumente aus ihrer Familie zum Klingen bringen können. Es gibt im Jahreslauf einer Kindertagesstätte viele Gelegenheiten, ein kleines Konzert mit eigenen und fremden Instrumenten aufzuführen, ein wunderbarer Weg **kulturverbindender Pädagogik.**

§ 12
Bewegungserziehung und -förderung, Sport

Kinder sollen ausgiebig ihre motorischen Fähigkeiten erproben und ihre Geschicklichkeit im Rahmen eines ausreichenden und zweckmäßigen Bewegungsfreiraums entwickeln können.

Anmerkungen

1.   Bedeutung der Bewegungserziehung und -förderung

318   Bewegungserziehung und -förderung in Kindertagesstätten ist im Hinblick auf den heute vielfach konstatierten **Bewegungsmangel der Kinder** unabdingbar. Bewegung hat auf die körperliche Gesundheit eines Kindes, aber auch auf seine kognitive und soziale Entwicklung großen Einfluss: „Durch Bewegung lernen die Kinder eine Menge über ihre Umwelt, über sich selbst, über andere; sie lernen ihre Fähigkeiten und Möglichkeiten kennen und Risiken realistisch einschätzen, sie steigern ihre Unabhängigkeit, gewinnen Selbstvertrauen und lernen, mit anderen zu kommunizieren" (Bay-BEP 2012, S. 343).

Dass § 12 neben die Bewegungserziehung auch die Bewegungsförderung setzt, macht darauf aufmerksam, dass schon die bloße Bewegung an sich zu einer Förderung der Kinder führt.

Diese auf die **Gesamtentwicklung der Kinder** so positiv wirkenden Bewegungserfahrungen machen Bewegungserziehung und ihre Förderung zu einem unverzichtbaren Teil der pädagogischen Arbeit in Kindertagesein-richtungen.

2. Erprobung motorischer Fähigkeiten

§ 12 macht deshalb Bewegungserziehung zur Pflicht in den Einrichtungen **319**
und bestimmt, dass die Kinder „ausgiebig (…) ihre motorischen Fähigkei-ten erproben (…) können." Zunächst überrascht hier der in diesem Zusam-menhang ungewöhnliche Begriff „**ausgiebig**". Er bedeutet, dass den Kin-dern mehr als nur **ausreichend** Gelegenheit gegeben wird, Bewegungserfah-rungen zu machen. Danach sollen Kinder möglichst zeitlich nicht eingegrenzt ihre natürliche motorische Fähigkeit erproben können, um Lust und Freude an der Bewegung zu schöpfen. Kinder sollen ihre Bewe-gungsstärken und -schwächen kennenlernen, Kinder sollen erfahren, wel-che Bewegungsformen ihnen besonderen Spaß machen.

3. Entwicklung von Geschicklichkeit

Unmittelbar an die Erfahrung motorischer Fähigkeiten geknüpft ist die Ent- **320**
wicklung von „Geschicklichkeit." Dieser Begriff meint die **Selbsterfahrung und Entwicklung von Bewegungsbegabungen.** „Entwicklung" braucht An-leitung und Unterstützung. Auch im Bereich der Bewegungserziehung und -förderung ist die **Beobachtung der Kinder** durch das pädagogische Perso-nal ganz besonders wichtig. Die Beobachtung wird natürlich gerade bei der Bewegungsförderung der Sicherheit der Kinder gelten, auch wenn das Ri-siko einer Verletzung niemals völlig ausgeschlossen werden kann. Pädago-gisch weitaus bedeutsamer ist dabei der Blick der Erzieherin darauf gerich-tet, wie Kinder ihre **körperlichen, emotionalen und sozialen Befindlichkei-ten ausdrücken.** So wird die Erzieherin erkennen, ob das Kind beispielsweise aggressive, gegen andere oder auch sich selbst gerichtete Be-wegungsäußerungen zeigt, oder ob es einfach nur kindlich wild seinen Be-wegungsdrang austobt. Unterstützen und Gegenwirken hat gerade im Be-reich der Bewegung und des körperlichen, mitunter ungestümen Einsatzes der Kinder grundsätzliche Bedeutung.

Der Bewegungsförderung der Kinder dient auch der **sportliche Wettbe-werb**, also z. B. Wettläufe, Fangen, Ballspiele.

4. Ausreichender und zweckmäßiger Bewegungsfreiraum

321 Um zu erfahren, wo ihre besonderen Stärken liegen, brauchen Kinder den in der Vorschrift angesprochenen „ausreichenden und zweckmäßigen Bewegungsfreiraum", um diese Stärken zur Entwicklung kommen zu lassen. Damit wird gleichzeitig eine **Raumgröße gefordert**, die über dem Mindestmaß des nach § 45 SGB VIII unbedingt Notwendigen liegt. Die Möglichkeit, seine eigene Geschicklichkeit zu entwickeln, setzt freilich voraus, dass den Kindern in der Einrichtung ein vielfältiges Angebot zur Bewegungsförderung zur Verfügung steht. Dies umfasst ferner eine bewegungsförderliche Gestaltung der Innenräume, aber auch des Außenraums. So können beispielsweise im Außenbereich Geschicklichkeitsparcours gestaltet werden oder im Inneren durch bewegliche Möbelteile „Klettersteige" konstruiert werden. Allein auf die Bewegungsmöglichkeiten in der Umgebung der Kindertageseinrichtung zu setzen, verkennt, dass Bewegung selbstverständlicher, auch von den Kindern selbst initiierter und stetiger Teil des pädagogischen Alltags sein soll. „**Ausreichend**" heißt „nicht einschränkend", sondern **immer mehr als das Minimum**; „zweckmäßig" meint, der Bewegungsförderung dienlich.

§ 13
Gesundheitsbildung und Kinderschutz

(1) [1]Kinder sollen lernen, auf eine gesunde und ausgewogene Ernährung, ausreichend Bewegung und ausreichend Ruhe und Stille zu achten. [2]Sie sollen Hygiene- und Körperpflegemaßnahmen einüben sowie sich Verhaltensweisen zur Verhütung von Krankheiten aneignen, unbelastet mit ihrer Sexualität umgehen und sich mit Gefahren im Alltag, insbesondere im Straßenverkehr, verständig auseinandersetzen. [3]Richtiges Verhalten bei Bränden und Unfällen ist mit ihnen zu üben.

(2) [1]Das pädagogische Personal klärt die Kinder über die Gefahren des Rauchens und über sonstige Suchtgefahren auf und trägt dafür Sorge, dass die Kinder in der Kindertageseinrichtung positive Vorbilder erleben. [2]Der Träger stellt die Einhaltung des Rauchverbots in den Innenräumen und auf dem Gelände der Einrichtung nach Art. 3 Abs. 1 und 7 Satz 1 Nr. 2 des Gesundheitsschutzgesetzes sicher.

Anmerkungen

1. Bedeutung der Gesundheitserziehung

Dass sich an die Norm zur Bewegungserziehung und -förderung unmittel- **322**
bar die Vorschrift zur Gesundheitserziehung anschließt, zeigt nicht nur deren inneren Zusammenhang; die Vorschrift zeigt auch, für wie wichtig der
Verordnungsgeber das Aufgabenfeld Gesundheitserziehung und -förderung
in Kindertagesstätten für das pädagogische Personal ansieht. Sie hat eine
individuelle und eine soziale Komponente: Der Gesundheitserziehung
kommt die Aufgabe zu, Kinder in der Entwicklung der **Selbstverantwortung** zu unterstützen und ihnen damit zu Wohlbefinden und Selbstachtung
zu verhelfen. Die soziale Komponente verweist darauf, dass das Selbstwertgefühl immer auch abhängig ist von dem Bild, das andere Menschen von einem selbst entwerfen.

2. Der Begriff der Gesundheit

Der Bildungs- und Erziehungsplan zitiert die Definition der Weltgesund- **323**
heitsorganisation (WHO), wonach die Gesundheit „ein Zustand von körper-
lichem, seelischem, geistigem und sozialem Wohlbefinden" (BayBEP 2012,
S. 360) ist, und entwickelt aus dieser Definition die Bildungs- und Erziehungsziele für das pädagogische Personal in Kindertagesstätten (BayBEP
2012, S. 360 ff.). § 13 verpflichtet dementsprechend die Erzieherinnen, die
Kinder bei der Entwicklung einer Grundhaltung zu unterstützen, die ihrer
Gesundheit, d. h. ihrem körperlichen, seelischen, geistigen und sozialen
Wohlbefinden dienlich ist.

3. Gesunde und ausgewogene Ernährung

324 Die Gesundheitserziehung umfasst zunächst die Vermittlung eines Bewusstseins gesunder und ausgewogener Ernährung. Im Einzelnen bedeutet dies, dass die Erzieherin, wann immer es möglich ist, mit den Kindern gemeinsam das Essen einnimmt und auf dessen Zubereitung sowie auf ein maß- und genussvolles Essen achtet. Ausgewogenes Essen impliziert, dass das Essen abwechslungsreich, ballaststoffreich und möglichst frisch zubereitet ist. Aber auch der achtsame Umgang mit Lebensmitteln, insbesondere angesichts herrschender Hungersnöte in vielen Teilen der Welt, sollte ein zentrales Ziel innerhalb der Gesundheitserziehung sein.

4. Rhythmus von Bewegung und Stille und Ruhe

325 Das pädagogische Personal wird mit den Kindern die Bedeutung von Bewegung und Entspannung, von Wachen und Schlafen, von Lebensrhythmen und deren Bedeutung für das Wohlbefinden erforschen. Gerade heute, in einer oft lauten, ja lärmenden Umgebung, müssen Kinder erst ein **Gefühl für die Stille** bekommen, um sie gleichsam zu hören, müssen sie lernen, Stille auszuhalten und zu genießen.

5. Hygiene- und Körperpflegemaßnahmen, Verhütung von Krankheiten

326 Das Einüben von Hygiene- und Körperpflegemaßnahmen hat zum Ziel, dass das Kind die Bedeutung von Sauberkeit seines Körpers, insbesondere der Mund- und Zahnpflege, für seine Gesundheit und sein Wohlbefinden erkennt. Dies hat auch Bedeutung für die Begegnung mit anderen Menschen. In diesem Zusammenhang wird die Erzieherin das Kind darin unterstützen, die Körperfunktionen zu kontrollieren. Zur Verhütung von Krankheiten wird das pädagogische Personal sich mit den Kindern bei jedem Wetter im Freien aufhalten und dabei auf eine angemessene Kleidung achten.

Vorzubeugen ist einem übertriebenen Körperkult, dem Nacheifern eines von der Werbung vermittelten Schönheitsideals, der angeblichen Perfektionierung des Körperbaus.

6. Unbelasteter Umgang mit der Sexualität

Gesundheitserziehung setzt sich fort in der Aufgabe, Kinder darin zu un-   **327**
terstützen, dass sie einen unbefangenen Umgang mit dem eigenen Körper
entwickeln. Differenziert und sehr feinfühlig wird die Erzieherin im Bereich der Sexualität vorgehen, vor allem dabei, wie sie den Kindern hilft,
unbelastet mit ihrer Sexualität umzugehen. Konkret hat die Vorschrift zum
Ziel, den Kindern dabei zu helfen, dass sie sich als Mädchen oder als Jungen in ihrem Körper wohlfühlen, eine positive Geschlechtsidentität entwickeln. „Unbelastet" mit der Sexualität umgehen heißt, dass Kinder Sexualität als ein sehr persönliches, intimes und natürliches und deshalb
schützens- und bewahrenswertes Gut wahrnehmen. Wichtig ist vor allem
auch, dass Kinder angenehme und unangenehme Gefühle unterscheiden
lernen und sie darin gestärkt werden „Nein" zu sagen. Gerade im Bereich
der Sexualerziehung ist es unabdingbar, dass die Erzieherin immer den
Austausch mit den Eltern sucht und mit ihnen ihr Konzept zur Sexualerziehung klärt. Der **Elternwille** ist dabei unbedingt zu respektieren.

7. Gefahrenvorbeugung

Die in der Vorschrift geforderte Gefahrenprävention stellt eine Grundaufga-   **328**
be jeder Kindertagesstätte dar. Je jünger Kinder sind, umso wichtiger ist eine verantwortungsvolle Aufsicht und eine sichere Umgebung. Entwicklungsangemessen weitet die Erzieherin die Sicherheitserziehung aus und
greift situationsorientiert Gelegenheiten auf, damit Kinder Gefahrenquellen
im Alltag erkennen und einschätzen lernen. Sie bestärkt die Kinder zu verantwortlichem, vorsichtigem und umsichtigem Handeln. Besonders wichtig ist es, dass Kinder Grundkenntnisse zu sicherem Verhalten im Straßenverkehr erwerben. Praktisch eingeübt werden kann richtiges Verhalten im
Straßenverkehr z. B. bei Stadtrundgängen. Es empfiehlt sich, auf das Auf-
klärungsangebot eigens geschulter Fachkräfte, insbesondere der Polizei, zu-
rückzugreifen. Auf diese **Aufklärung durch Fachleute** sollte auch beim
Üben von richtigem Verhalten bei Bränden und Unfällen zurückgegriffen
werden, z. B. vom Roten Kreuz, dem Arbeiter-Samariter-Bund, der Freiwilligen Feuerwehr. Kinder mit guten motorischen Fähigkeiten sind weniger
unfallgefährdet. Deshalb geht die Gefahrenprävention Hand in Hand mit
vielfältigen Angeboten im Rahmen der Bewegungserziehung.

8. Suchtprävention

329 Abs. 2 beschreibt das Bildungs- und Erziehungsziel, die Kinder stark für ein Leben ohne Suchtmittel zu machen. Hierzu enthält Abs. 2 drei Ansätze:
- Stärkung der Schutzfaktoren und Aufklärung über die Gefahren von Suchtmitteln, insbesondere das Rauchen,
- Lernen durch Vorbild (Vorbildfunktion der pädagogischen Kräfte),
- ein vom Träger zu setzendes Rauchverbot.

a) Stärkung von Schutzfaktoren und Aufklärung über die Gefahren von Suchtmitteln, insbesondere das Rauchen

330 Suchtprävention im Kindesalter ist zunächst sucht(mittel)unspezifisch. Im Zentrum der pädagogischen Bemühungen steht die **Stärkung der Schutzfaktoren**. Die pädagogischen Kräfte haben dafür Sorge zu tragen, dass Kinder ihre Basiskompetenzen entwickeln und dabei Sicherheit, Anerkennung, Gestaltungsfreiheit und Lebensfreude erfahren. Wohlbefinden und seelische Gesundheit machen die Kinder stark für ein gelingendes Leben ohne Suchtmittel (vgl. BayBEP 2012, S 365). Entwicklungsangemessen haben die pädagogischen Kräfte die Kinder über die Gefahren von Suchtmitteln aufzuklären. Dabei ist insbesondere auf eine kindgerechte Darstellung zu achten. Dies beginnt schon bei der **Auswahl der konkreten Beispiele für Suchtmittel**. Welche Drogen im weitesten Sinne einbezogen werden, ist vom Alter der Kinder und ihrer Erfahrungswelt abhängig. So ist es leider zunehmend auch schon bei Grundschülern wichtig, sie über die Existenz und das Suchtpotenzial von Drogen wie etwa Cannabisprodukten aufzuklären und eindringlich davor zu warnen, von Unbekannten irgendwelche dubiosen Stoffe anzunehmen. Bei Kindergartenkindern sollte der Schwerpunkt der Präventionsarbeit auf Suchtmittel gelegt werden, die Kinder schon im Vorschulalter bedrohen. Dies trifft vor allem auf **Süchte im weiteren Sinne** zu, wie Computerspielsucht, übermäßiger TV-Konsum, unmäßiges Naschen, etc. Thematisiert werden sollten aber auch Drogen, die von den Kindern in ihrem Umfeld wahrgenommen werden, wie Rauchen, Alkohol- und Medikamentenmissbrauch.

Ziel der Aufklärungsarbeit ist es insbesondere,
- den Kindern eine **Vorstellung von der Vielfalt der Suchtmittel** zu geben; ihnen bewusst zu machen, dass auch alltägliche, eigentlich ungefährliche Vorlieben bei krankhaft gesteigertem Konsum süchtig machen können;

- Kindern ein **gesundes Körpergefühl** zu vermitteln (wann bin ich satt?, wann kann ich das Fernsehprogramm gar nicht mehr richtig wahrnehmen und sollte daher aufhören?);
- den Kindern zu vermitteln, dass **Rauchen und Alkohol** nicht gesund sind, für Kinder (und Jugendliche bis zu einem bestimmten Alter) verboten, für Erwachsene hingegen erlaubt sind, sowie dass starker und regelmäßiger Konsum von Zigaretten oder Alkohol zu ernsthaften Erkrankungen führen;
- den Kindern bewusst zu machen, dass sie es durch **eigenverantwortliches Handeln** selbst in der Hand haben, nicht süchtig zu werden.

Gerade bei den Themen Rauchen und Alkohol sind die **Eltern intensiv mit einzubeziehen**, damit sie zum einen die pädagogische Arbeit der Kindertageseinrichtung zu Hause fortsetzen und unterstützen (z. B. durch bewusstes und bewusst begrenztes gemeinsames Fernsehen). Zum anderen müssen die Eltern auf unter Umständen eintretende Überreaktionen der Kinder gefasst sein und sich diesen argumentativ stellen können, etwa dann, wenn das Kind seinen Eltern beim Essen „verbieten" möchte, ein Glas Bier zu trinken.

Sind einzelne Kinder **in ihrer Familie mit Suchtproblemen konfrontiert**, so erfordert dies eine besonders einfühlsame Herangehensweise der pädagogischen Teams, um die Familie und auch das Kind selbst nicht zu stigmatisieren. Wichtig ist es, – gerade auch in für das Kind erfahrbarer Weise – zu versuchen, den Eltern konkrete, professionelle Hilfe zu vermitteln.

b)　Vorbildfunktion und Rauchverbot

Alle Aufklärungsarbeit über die Gefahren des Rauchens geht fehl, wenn die Worte der Erzieherin durch das Handeln des pädagogischen Teams oder der Eltern konterkariert werden. Auch unter diesem Gesichtspunkt ist daher eine enge Abstimmung **der pädagogischen Kräfte** mit den Eltern erforderlich. Die **Vorbildfunktion der Erzieherin, Kinderpflegerin bzw. Tagespflegeperson** erfordert es, dass diese möglichst nicht rauchen. Abs. 2 Satz 2 normiert nicht selbst ein Rauchverbot, sondern verpflichtet den Träger der Kindertageseinrichtung gegenüber dem pädagogischen Personal im Arbeitsvertrag oder in der Betriebsordnung und gegenüber den Eltern und sonstigen Besuchern der Kindertageseinrichtung durch die Hausordnung ein Rauchverbot aufzustellen. Diese Pflicht ist allerdings durch das **Bayerische Gesundheitsschutzgesetz** (GSG) seit dem 1.1.2008 überholt, da seitdem **kraft Gesetzes – ohne dass der Träger tätig werden muss –** ein absolutes Rauch-

331

verbot in allen Räumen der Kindertageseinrichtung und der Tagespflege sowie für die Außenflächen gilt (s. Art. 3 Abs. 1 und 7 Satz 1 Nr. 2 GSG). Nach Art. 6 GSG ist es auch nicht möglich, einen Raucherraum einzurichten. An dieser Rechtslage ändert sich auch durch die Reformierung des GSG zum 1.8.2009 nichts.

§ 14
Aufgaben des pädagogischen Personals und des Trägers

(1) [1]Das pädagogische Personal hat die Aufgabe dafür zu sorgen, dass die Kinder die Bildungs- und Erziehungsziele vor allem durch begleitete Bildungsaktivitäten erreichen. [2]Hierzu gehören insbesondere das freie Spiel in Alltagssituationen, bei dem die Kinder im Blick des pädagogischen Personals bleiben, die Anregung der sinnlichen Wahrnehmung und Raum für Bewegung, Begegnungen mit der Buch-, Erzähl- und Schriftkultur, der darstellenden Kunst und der Musik, Experimente und der Vergleich und die Zählung von Objekten, umweltbezogenes Handeln und die Heranführung an unterschiedliche Materialien und Werkzeuge für die gestalterische Formgebung.

(2) [1]Der Träger hat dafür zu sorgen, dass das pädagogische Personal sich zur Erfüllung der Bildungs- und Erziehungsaufgaben an den Inhalten des bayerischen Bildungs- und Erziehungsplans, der Handreichung Bildung, Erziehung und Betreuung von Kindern in den ersten drei Lebensjahren und der Bayerischen Leitlinien für die Bildung und Erziehung von Kindern bis zum Ende der Grundschulzeit orientiert. [2]Auf der Grundlage der Bayerischen Leitlinien ist der Bayerische Bildungs- und Erziehungsplan auch eine Orientierung für die pädagogische Arbeit in Horten.

(3) Die Leiterin oder der Leiter der Kindertageseinrichtung (§ 17 Abs. 3)
1. übernimmt die Verantwortung für die Gestaltung und Fortentwicklung der pädagogischen Arbeit in der Kindertageseinrichtung,
2. nimmt die fachliche Unterstützung, Anleitung und Aufsicht für das pädagogische Personal wahr,
3. fördert die Erziehungspartnerschaft zwischen den Eltern und dem pädagogischen Personal und
4. unterstützt die Zusammenarbeit mit anderen Einrichtungen, Diensten und Ämtern gem. Art. 15 BayKiBiG.

Anmerkungen

1. Vorgaben für die methodische Umsetzung der Bildungs- und Erziehungsziele

Die **Methodenfreiheit der Träger** von Kindertageseinrichtungen ist ein ho- **332** hes Gut. BayKiBiG, AVBayKiBiG, der BayBEP, Handreichung Bildung, Erziehung und Betreuung von Kindern in den ersten drei Lebensjahren und die Bayerischen Leitlinien für die Bildung und Erziehung von Kindern bis zum Ende der Grundschulzeit (BayBL) basieren auf einem Bild vom Kind als aktivem, kompetentem Kind von Anfang an, das sich im Austausch mit seiner Umwelt entwickelt. **Offen bleiben die Vorgaben für alle methodischen und besonderen pädagogischen Ansätze (Ausnahme Sprachfördermaßnahme „Vorkurs Deutsch"?).** Ob ein Kindergarten nach den Grundsätzen von Maria Montessori, einem anthroposophischen Menschenbild (Waldorfpädagogik), nach dem Reggio-Ansatz, dem (recht verstandenen) Situationsansatz oder nach der Waldpädagogik arbeitet, ob das pädagogische Team seine Arbeit an einem christlichen Menschenbild orientiert oder konfessionell ungebunden ist: Der Staat hat sich hier jeder Bewertung zu enthalten, solange nur die verbindlichen Bildungs- und Erziehungsziele umgesetzt werden. Selbst Schwerpunktsetzungen innerhalb der Bildungs- und Erziehungsziele sind möglich, solange nur kein Bildungs- und Erziehungsbereich völlig ausgespart wird. Dies dient der Profilschärfung einer Kindertageseinrichtung.

Von diesem Ausgangspunkt her ergibt sich zwingend, dass in § 14 nur wenige, grundlegende Vorgaben zur methodischen Umsetzung der Bildungs- und Erziehungsziele gemacht werden. Während die §§ 1 bis 13 also die Ziele der pädagogischen Arbeit normieren, betrifft § 14 die **Art und Weise der pädagogischen Arbeit.**

Auch § 1 Abs. 2 regelt die methodische Umsetzung. Die ganzheitliche, individuelle und auf gezielten Beobachtungen gegründete pädagogische Förderung wurde lediglich wegen ihrer fundamentalen Bedeutung für die Frühpädagogik in die Anfangsnorm mit einbezogen.

2. Begleitete Bildungsaktivitäten (Abs. 1 Satz 1)

333 Zu den begleiteten Bildungsaktivitäten gehört das freie Spiel in Alltagssituationen ebenso wie geplante Angebote (Abs. 1 Satz 2). Das Spielen der Kinder stellt keinen Schonraum dar, **Spielen ist Lernen**. Es besteht kein grundsätzlicher Unterschied zwischen einem Kind, das immer und immer wieder Klötzchen aufeinander türmt, bis es begreift, welche Anordnungen zu einem stabilen Turm führen, und einem Atomphysiker, der beharrlich Kernteilchen in Teilchenbeschleunigern aufeinander schießt, um den Aufbau der Atomkerne zu entschlüsseln.

Spielerisches Lernen ist nicht mit einem bloßen Spielen-Lassen der Kinder zu erreichen. Das Kind als Ko-Konstrukteur seiner Bildung ist vielmehr darauf angewiesen, dass sich geplante Angebote mit Freispielphasen abwechseln. **Anleitung** gibt die Erzieherin vor allem dadurch, dass sie anregt, durch das Bereitstellen von Spielmaterialien, aber stärker noch durch das Aufgreifen von Fragestellungen der Kinder, indem sie die Kinder motiviert, selbst nach Antworten zu suchen – und soweit notwendig – hierzu Hilfestellung gibt. Die Erzieherin wirkt hier ähnlich wie ein Stichwortgeber, der sich nach einem Impuls wieder zurücknimmt und die Gruppe ihre Ideen entwickeln lässt. Dabei kommt der Beobachtung durch die Erzieherin die wichtige Aufgabe zu, genau zu erkennen, welche Kinder ihrer Unterstützung bedürfen, um in das Gruppengeschehen eingebunden zu sein und wann die Kinder insgesamt wieder einer kleinen Hilfestellung bedürfen. Anleitung heißt aber insbesondere auch, dass die pädagogischen Kräfte die Kinder dazu anregen, sich mit den anderen Kindern und den Erwachsenen auszutauschen, zu diskutieren. So werden den Kindern **Lernprozesse** bewusst. Bei den **Freispielphasen** liegt der Schwerpunkt darin, dass sie ohne Moderation von Erwachsenen sich allein, zu zweit oder auch in Gruppen beschäftigen. Auch in den Freispielphasen lernen Kinder: Kinder, die gewohnt sind, sich auch über eine gewisse Zeit selbst zu beschäftigen, sind fähig, sich selbst zu motivieren, konzentriert einer Beschäftigung nachzugehen, auf ihre eigenen Kräfte zu vertrauen. Ein gutes Beispiel dafür, dass Kinder immer spielen können, ist der **spielzeugfreie Kindergarten**, bei dem zeitweise auf jegliches Spielzeug verzichtet wird und der ganz besonders die Phantasie der Kinder anregt. Im freien Spiel mit anderen Kindern finden sie ihre eigene Rolle in der Gruppe, können austesten, wie sie sich einbringen können, welche Strategien erfolgreich sind, um sich auch einmal durchzusetzen. Sie lernen aber auch zu akzeptieren, dass nicht immer alles nach ihrem Willen geht. Freispielphasen geben so den beobachtenden pädagogischen Kräften Aufschluss darüber, wo die Stärken und Schwächen der Kinder in der sozialen Interaktion liegen sowie welche besonderen Neigungen die einzelnen Kinder haben. Gerade die Zeiten des freien Spiels werden die Erzieherinnen zur gezielten und intensiven, dokumentierten Beobachtung nutzen.

3. Formen geplanter und moderierter Bildungsaktivitäten (Abs. 1 Satz 2)

In Abs. 1 Satz 2 werden beispielhaft Aktivitäten aufgeführt, die zu den ge- **334** planten und moderierten Bildungsaktivitäten gehören; er stellt keine abschließende Aufzählung dar. Die Anregung der sinnlichen Wahrnehmung, der Raum für Bewegung, die Begegnung mit der Buch-, Erzähl- und Schriftkultur, usw. sind sowohl Formen im Rahmen von geplanten Angeboten wie auch des freien Spiels. Die meisten Beispiele sind primär einem bestimmten Bildungs- und Erziehungsbereich zuzuordnen: So ist etwa die Begegnung mit der Buch-, Erzähl- und Schriftkultur vor allem eine Methode für die sprachliche Bildung und Erziehung. Es handelt sich hier aber nicht um ausschließliche Zuordnungen: So können über Bilderbuchbetrachtungen z. B. auch naturwissenschaftliche Zusammenhänge dargestellt werden oder über Erzählungen aus der Bibel religiöse Bildung und Erziehung umgesetzt werden.

Die Anregungen der sinnlichen Wahrnehmung, also die Möglichkeit für die Kinder, ihre Umwelt durch Anschauen, Befühlen, Erlauschen, Erriechen und Erschmecken zu erfahren, betreffen die allgemeinen Zugangswege eines jeden Menschen zur Welt der Dinge. Während der Erwachsene seine Informationen vor allem über die Augen und Ohren aufnimmt, kommt bei kleinen Kindern dem Tastsinn eine gesteigerte Bedeutung zu. Gute pädagogische Arbeit zeichnet sich dadurch aus, dass den Kindern vielfältige, alle Sinne ansprechende Eindrücke ermöglicht werden, auch überraschende und verblüffende. Ganz besondere Bedeutung erlangen sinnliche Anregungen für die ästhetische Bildung und Erziehung.

Die Bedeutung der **Bewegung** wird dadurch hervorgehoben, dass ihr nicht nur mit § 12 ein eigener Erziehungsbereich zugeordnet wird, sondern sie zugleich als Spiel- und Angebotsform herausgestellt wird. Nur wer sich bewegt, hinaus aus seiner gewohnten Umgebung tritt, erweitert seinen Horizont. Zudem unterstützt die Bewegung Lernprozesse der Kinder in praktisch allen Bildungsbereichen: Nicht nur, weil die Bewegung gesundheits- und somit allgemein leistungsfördernd ist, sondern auch, weil die Verknüpfung von Wissenserwerb mit Tanz oder sonstiger rhythmischer Bewegung den Kindern Freude macht und die Erinnerungsfähigkeit unterstützt.

Die geforderte **Begegnung mit der Buch-, Erzähl- und Schriftkultur** ist die deutsche Umschreibung für die sog. **Literacy-Erziehung**. Sie geht weit über die allgemein übliche Bilderbuchbetrachtung hinaus. Nicht erst mit der Einschulung, sondern ab dem Zeitpunkt, ab dem sich das jeweilige Kind für den Sinn und die Bedeutung von Buchstaben interessiert, sollten die pädagogischen Kräfte darauf eingehen. Buchstaben, überhaupt Zeichen und Symbole sollten ihren natürlichen Platz in jedem Kindergarten finden. Kinder lieben Rätsel und Geheimnisse. Und genau das stellt zunächst die Welt der Buchstaben dar. Sie zu enträtseln, zu verstehen, dass dies von Menschen erfundene Zeichen für Laute sind, zu entdecken, dass es verschiedene Schriften gibt, weckt die Begeisterung in Kindern, selbst lesen und schreiben zu lernen. Ob sie dann damit schon im Kindergartenalter oder erst in der Schule anfangen, ist zweitrangig. Die ausdrückliche Aufnahme der Erzählkultur ruft im Zeitalter der Mediengesellschaft in Erinnerung, dass die älteste und eine der schönsten Formen der Wissensweitergabe das Erzählen von Geschichten darstellt. Erzählungen zuhören, sie selbst wiedergeben, sie weiterspinnen ist eine elementare Kulturtechnik, die Kinder erfahren sollen.

Musikalische Bildung und Erziehung ist ebenso wie die ästhetische, kulturelle und bildnerische Erziehung nicht denkbar ohne die **Begegnung mit Musik und Kunst**. Die Auflistung der **Experimente**, des **Vergleichens und Zählens** verdeutlicht, dass es sich auch bei diesen Aktivitäten, die im Bereich der mathematischen und naturwissenschaftlichen Bildung ihre primäre Bedeutung entfalten, um Formen des Spiels handelt. Umweltbildung und -erziehung setzt zwar Wissen voraus, drückt sich aber vor allem durch **umweltbezogenes Handeln** aus. Kreatives Gestalten im Sinne des § 10 setzt eine **gewisse Vielfalt der Materialien und Werkzeuge** voraus.

4. **Bildungs- und Erziehungsplan, Handreichung Bildung, Erziehung und Betreuung von Kindern in den ersten drei Lebensjahren sowie die Bayerischen Leitlinien für die Bildung und Erziehung von Kindern bis zum Ende der Grundschulzeit als Orientierungsmaßstab (Abs. 2)**

Dem Erlass der AVBayKiBiG ging ein Modellversuch zur praktischen Erprobung des Bildungs- und Erziehungsplans in einer Entwurfsfassung voraus. **335** Der daraufhin überarbeitete Bildungs- und Erziehungsplan **konnte nicht** – wie teilweise gefordert – **in Gänze für verbindlich erklärt werden.** Zum einen wäre dies bei fast 500 Seiten ein Übermaß an Regulierung gewesen und zum anderen enthält der Bildungs- und Erziehungsplan erläuternde Passagen sowie eine Fülle von Beispielen, deren Sinn gerade nicht darin bestehen kann, jeden Kindergarten, der diese Beispiele nicht Buchstabe für Buchstabe umsetzt, mit dem Entzug der Förderung zu bestrafen. Der Bildungs- und Erziehungsplan wurde jedoch als **Vorbild für die Erarbeitung der §§ 1 bis 13 der AVBayKiBiG** genutzt: Das Bild vom Kind, die allgemeinen Grundsätze für die individuelle Bildungsbegleitung von Kindern, die Basiskompetenzen, die Erziehungspartnerschaft und Teilhabe und schließlich die einzelnen Bildungs- und Erziehungsbereiche sind dem Bildungs- und Erziehungsplan entnommen. Ergänzend zum Bildungs- und Erziehungsplan wird mit der Änderung der AVBayKiBiG vom 30.9.2013 zusätzlich auf die Handreichung Bildung, Erziehung und Betreuung von Kindern in den ersten drei Lebensjahren (2010) sowie die Bayerischen Leitlinien für die Bildung und Erziehung von Kindern bis zum Ende der Grundschulzeit (2012) Bezug genommen. Diese können daher **als Interpretationshilfe für die AVBayKiBiG** verwendet werden, also als Nachschlagewerk, wenn einzelne Begrifflichkeiten der Verordnung unklar sein sollten. Das pädagogische Personal kann zudem auch Hinweise und Beispiele für die praktische Umsetzung der Bildungs- und Erziehungsziele dem Bildungs- und Erziehungsplan entnehmen.

Wenn Abs. 2 die pädagogischen Kräfte auffordert, sich zur Erfüllung der Bildungs- und Erziehungsaufgabe an den Inhalten des Bayerischen Bildungs- und Erziehungsplans, der Handreichung Bildung, Erziehung und Betreuung von Kindern in den ersten drei Lebensjahren, sowie der Bayerischen Leitlinien für die Bildung und Erziehung von Kindern bis zum Ende der Grundschulzeit zu orientieren, so bedeutet dies also nicht, dass diese insgesamt verbindlich würden, sehr wohl aber, dass sie **verbindliche Interpretationsquellen** sind. Darüber hinaus haben sie die Funktion von **authentischen Handbüchern.**

Hinweis:

Zur Erleichterung der Umsetzung des Bayerischen Bildungs- und Erziehungs-plans baut das Staatsinstitut für Frühpädagogik ein Netz an Konsultationsein-richtungen auf. Sie dienen als Multiplikatoren, indem sie ihre Erfahrungen bei der Implementierung des Plans in die pädagogische Praxis an andere Einrich-tungen weitergeben. Diese in einem eigenen Bewerbungsverfahren ausgesuch-ten Kindertageseinrichtungen werden für die Wahrnehmung ihrer Zusatzauf-gabe vom Bayerischen Staatsministerium für Arbeit und Soziales, Familie und Integration zusätzlich gefördert (s. Newsletter Nr. 67).

Die §§ 1 bis 14 richten sich aber an die Bildung und Erziehung aller Kinder einschließlich der **Schulkinder**. Zwar gilt der Bildungs- und Erziehungs-plan für Kinder bis zur Einschulung. Die Inhalte des Plans können jedoch entsprechend für die Betreuung von Schulkindern herangezogen werden. Die Bildungsleitlinien sind auch für die Betreuung von Schulkindern bis 14 Jahren ausgelegt.

5. Die Leiterin oder der Leiter der Kindertageseinrichtung (Abs. 3)

336 Die Leitung von Kindertageseinrichtungen muss durch pädagogische Fach-kräfte erfolgen (§ 17 Abs. 3). **Während Abs. 2 auf die Funktion der Träger abstellt,** werden in § 14 Abs. 3 die wesentlichen Aufgaben der pädagogi-schen Leitung in einer Kindertageseinrichtung aufgezählt. Zentrale Aufgabe der Träger ist es, die Ressourcen für eine gelingende pädagogische Arbeit in den Einrichtungen bereitzustellen. Das IFP hat sich im Rahmen der Natio-nalen Qualitätsuntersuchung mit dem Thema „Trägerqualität" auseinander-gesetzt und dabei folgende Tätigkeitsbereiche für die Träger beschrieben:
– Organisations- und Dienstleistungsentwicklung
– Konzeption und Konzeptionsentwicklung
– Qualitätsmanagement
– Personalmanagement
– Finanzmanagement
– Familienorientierung und Elternbeteiligung
– Gemeinwesenorientierte Vernetzung und Kooperation
– Bedarfsermittlung und Angebotsplanung
– Öffentlichkeitsarbeit
– Bau- und Sachausstattung

(vgl. Träger zeigen Profil – Qualitätshandbuch für Träger von Kindertages-einrichtungen von *Wassilios Fthenakis, Kirsten Hanssen, Pamela Oberhue-mer, Inge Schreyer*).

So hat der Träger sicherzustellen, dass die Einrichtungsleitung durch ein auf die spezifischen Verhältnisse der jeweiligen Einrichtung abgestimmtes Tätigkeitsprofil in die Lage versetzt wird, den in Abs. 3 genannten Aufgaben gerecht werden zu können. Mit einem vernünftigen Qualitäts- und Finanzmanagement stellt der Träger sicher, dass ausreichend finanzielle Mittel für die Umsetzung eines vom pädagogischen Personal erarbeiteten pädagogischen Konzepts zur Verfügung stehen. Das Personal erhält ausreichend Zeit zur Vorbereitung für Teambesprechungen, für Beobachtung und Dokumentation und hat die Möglichkeit regelmäßig an Fortbildungen teilzunehmen.

Erfahrungen aus der Praxis haben gezeigt, dass nicht alle Träger in der Vergangenheit ihre Aufgaben hinreichend wahrgenommen haben und in diesen Fällen regelmäßig eine Aufgabenübertragung auf die Einrichtungsleitungen erfolgte. Dabei besteht die Gefahr einer Überforderung bzw. Überbelastung der Leitungskräfte, die, sofern dieser Zustand auf Dauer angelegt ist, zu einer Überlastungsdepression (Burn-out) führen kann.

Der Verordnungsgeber versuchte dieser Tendenz dahingehend entgegenzuwirken, als in Abs. 2 und 3 jeweils die Tätigkeitsbereiche von Träger und Einrichtungsleitung getrennt voneinander beschrieben werden. Der Verordnungsgeber verzichtet allerdings auf weitere Regelungen zur Abgrenzung von Träger- und Leitungsaufgaben. Es obliegt somit den Trägern im Rahmen ihrer Trägerautonomie, die Tätigkeitsbereiche insbesondere von Träger und Einrichtungsleitung klar voneinander abzugrenzen. Dabei spielen die spezifischen Verhältnisse der jeweiligen Einrichtung wie Öffnungszeiten, Größe, Altersgruppen der Kinder, Personalstruktur etc. eine wesentliche Rolle.

Sofern Leitungskräfte mit Trägeraufgaben betraut werden, darf die hierfür erforderliche Arbeitszeit nicht im Anstellungs- und Qualifikationsschlüssel berücksichtigt werden.

> Beispiel:
> Der Träger delegiert die Kontrolle des Zahlungseingangs der Elternbeiträge an die Einrichtungsleitung und überträgt ihr auch das Erinnerungs- und Mahnverfahren bei Zahlungsverzug.
> Es liegt keine Tätigkeit vor, die von § 14 Abs. 3 erfasst ist und damit keine Leitungsaufgabe, so dass die für die Erledigung der Aufgabe benötigte Arbeitszeit nicht im Anstellungsschlüssel berücksichtigt wird.

Die Abgrenzung von Träger- und Leitungsaufgaben erweist sich mitunter als schwierig. So kann es durchaus sinnvoll sein, die Einrichtungsleitung im Sinne eines effizienten Verwaltungsvollzugs mit bürokratischen Aufgaben zu betrauen. Hierzu zählt beispielsweise die Aktualisierung der förderrelevanten Daten in KiBiG.web, da die Leitung häufig erster Ansprechpart-ner/in bei Änderungen sein wird und es durchaus Sinn macht, wenn die Leitung Änderungen selbst in KiBiG.web erfasst.

> Beispiel:
> Eltern bringen morgens ihr Kind in die Einrichtung und teilen der Leitung mit, dass die Familie umziehen wird und ihren Wohnort künftig in der Nachbarge-meinde hat. Das Kind wird weiter in der Einrichtung betreut. Die Leitung aktualisiert daraufhin die Daten in KiBiG.web entsprechend und informiert den Träger über die Änderung. Dieser informiert die neue Aufenthaltsgemeinde, dass das Kind weiter in der Einrichtung betreut wird.

Kann die Aktualisierung der förderrelevanten Daten in KiBiG.web durch die Leitung erfolgen, so ist die Durchführung der Antragsprozesse für die kindbezogene Förderung, für die Abschläge und die Endabrechnung dem Trägerbereich zuzuordnen. Dies wird durch das Rollenkonzept in Ki-BiG.web entsprechend unterstützt, in dem die Freigabe von Anträgen durch die Leitung gesperrt ist und somit zwingend durch die Trägerrolle zu erfolgen hat.

> Beispiel:
> Die Leitung pflegt die förderrelevanten Daten in KiBiG.web während des Bewilligungsjahres. Nach Ablauf des Bewilligungsjahres informiert die Leitung den Träger, dass die Ist-Monatsdaten Kinder und Personal einschließlich der Abwesenheitszeiten vollständig erfasst sind und die Endabrechnung gestartet werden kann. Der Träger prüft die Stammdaten und startet die Endabrechnung, druckt den/die Antrag/Anträge aus, unterschreibt den oder die Anträge und sendet den Antrag an die jeweiligen Aufenthaltsgemeinden (vgl. Anm. zu § 19).

2. Abschnitt
Personelle Mindestanforderungen

Vorbemerkung:

337 Die §§ 15 bis 17 bestimmen die personellen Mindestanforderungen für Kin-dertageseinrichtungen im Sinne des BayKiBiG.

§ 15
Fachkräftegebot

In jeder Kindertageseinrichtung muss die Bildung, Erziehung und Betreuung der Kinder durch pädagogische Fachkräfte im Sinn des § 16 Abs. 2 sichergestellt sein.

Anmerkungen

Das Fachkräftegebot in § 15 betont die Bedeutung der pädagogischen Fachkräfte für die Erfüllung der Aufgabentrias Bildung, Erziehung und Betreuung. § 15 konkretisiert § 45 SGB VIII. Denn wenn Kinder über einen erheblichen Teil nicht angemessen gefördert werden, stellt auch dies eine Kindeswohlgefährdung dar. Seine Rechtsgrundlage ist in Art. 30 Nr. 2 BayKiBiG zu sehen, da auch er bestimmt, in welcher Zahl und mit welcher Qualifikation pädagogisches Personal erforderlich ist. Lediglich um seine Bedeutung herauszustellen, wurde er nicht als Absatz in § 17 eingefügt, sondern als eigenständiger Paragraf vorangestellt. **338**

In Zeiten, in denen keine pädagogischen Fachkräfte anwesend sind, kann keine Bildungs- und Erziehungsarbeit stattfinden. § 15 ist neben § 17 erforderlich, da Letzterer nur den notwendigen Umfang des Einsatzes von pädagogischen Kräften regelt, aber nicht die genaue zeitliche Lage ihres Einsatzes bezogen auf die Anwesenheitszeiten der Kinder. **339**

> Beispiel:
> Ein Kindergarten mit 50 Kindern (ohne Gewichtungsfaktor, Art. 21 Abs. 5 BayKiBiG), die von Montag bis Freitag die Einrichtung täglich vier Stunden besuchen, erfordert nach § 17 wöchentlich insgesamt 80 Arbeitsstunden des pädagogischen Personals, davon mindestens 40 von einer pädagogischen Fachkraft und 40 Stunden von einer Ergänzungskraft. Vom Anstellungsschlüssel her gesehen wäre es rechtmäßig, Montag und Dienstag während der Öffnungszeit zwei Erzieherinnen, mittwochs und donnerstags hingegen zwei Kinderpflegerinnen alleine und nur am Freitag die Kinder von einer Erzieherin und einer Kinderpflegerin betreuen zu lassen. Solch unsinnigem Personalmanagement schiebt § 15 einen Riegel vor.

Die Anforderung des § 15 bedeutet konkret, dass in denjenigen Zeiten, in denen Bildungs- und Erziehungsarbeit erfolgt, stets ausreichend pädagogische Fachkräfte anwesend sein müssen, damit sie die Leitung der pädagogischen Arbeit sicherstellen können. Während des regulären Betriebs einer Kindertageseinrichtung ist die Betreuung von Kindern allein durch pädagogische Ergänzungskräfte daher nur während der Hol- und Bringzeiten, während des Mittagessens oder in Freispielphasen zulässig. In pädagogischen Ausnahmesituationen, also z. B. in Ferienzeiten oder während einer Erkrankung pädagogischer Fachkräfte, kann zeitlich begrenzt eine gelockerte Betrachtung geübt werden.

§ 16
Pädagogisches Personal

(1) [1]Pädagogisches Personal sind pädagogische Fachkräfte und pädagogische Ergänzungskräfte.

[2]Das pädagogische Personal muss bei Aufnahme der Tätigkeit in einer förderfähigen Kindertageseinrichtung über die zur Erfüllung der Bildungs- und Erziehungsziele erforderlichen deutschen Sprachkenntnisse verfügen. [3]Der Nachweis über die erforderlichen deutschen Sprachkenntnisse muss spätestens sechs Monate nach Aufnahme der Tätigkeit vorgelegt werden.

(2) Pädagogische Fachkräfte sind

1. Personen mit einer umfassenden fachtheoretischen und fachpraktischen sozialpädagogischen Ausbildung, die durch einen in- oder ausländischen Abschluss mindestens auf dem Niveau einer Fachakademie nachgewiesen wird;

2. Personen, soweit sie auf Grund des mit Ablauf des 31. Juli 2005 außer Kraft getretenen Bayerischen Kindergartengesetzes vom 25. Juli 1972 (BayRS 2231-1-A) über eine Gleichwertigkeitsanerkennung als pädagogische Fachkraft verfügen;

3. Personen, die bei Inkrafttreten dieser Verordnung rechtmäßig als pädagogische Fachkraft in einer Kindertageseinrichtung tätig sind oder einen diesbezüglichen Vertrag abgeschlossen haben. In diesen Fällen beschränkt sich die Fachkraftqualifikation auf das betreffende Arbeitsverhältnis;

4. in integrativen Kindertageseinrichtungen zusätzlich
   a) staatlich anerkannte Heilpädagoginnen und Heilpädagogen, soweit sie nicht bereits von Nr. 1 erfasst sind,
   b) staatlich anerkannte oder staatlich geprüfte Heilerziehungspflegerinnen und Heilerziehungspfleger.

(3) Fachkräfte in Leitungsfunktion (§ 17 Abs. 3) sollen über ausreichend praktische Erfahrung verfügen und an einer Fortbildung für Leitungskräfte teilgenommen haben.

(4) [1]Pädagogische Ergänzungskräfte für die Betreuung von Kindern aller Altersgruppen sind Personen mit einer mindestens zweijährigen, überwiegend pädagogisch ausgerichteten, abgeschlossenen Ausbildung. [2]Abs. 2 Nr. 2 und 3 gelten entsprechend.

(5) [1]Qualifizierte Tagespflegepersonen können in Kindertageseinrichtungen die Betreuung vor 9.00 Uhr und nach 16.00 Uhr übernehmen, wobei eine qualifizierte Tagespflegeperson höchstens fünf gleichzeitig anwesende Kinder und bis zu drei qualifizierte Tagespflegepersonen höchstens zehn gleichzeitig anwesende Kinder betreuen dürfen. [2]Qualifizierte Tagespflegepersonen sind Tagespflegepersonen mit einer Pflegeerlaubnis nach dem Achten Buch Sozialgesetzbuch (SGB VIII), die über vertiefte Kenntnisse hinsichtlich der Anforderungen der Tagespflege im Umfang von mindestens 160 Qualifizierungsstunden verfügen; Abs. 1 Satz 2 gilt entsprechend.

(6) [1]Die für die Erteilung einer Betriebserlaubnis zuständige Behörde kann im Einzelfall von den Anforderungen nach den Abs. 2 bis 4 abweichen, wenn die Vermittlung der Bildungs- und Erziehungsziele gleichwertig sichergestellt werden kann. [2]Für die Beurteilung einer Person als Fach- oder Ergänzungskraft soll die vom Bayerischen Landesjugendamt veröffentlichte Liste bereits geprüfter Berufe zur Entscheidung herangezogen werden.

Anmerkungen

§ 16 Abs. 1 Satz 1 definiert zunächst den Begriff des pädagogischen Perso- **340** nals. Dabei wird unterschieden zwischen pädagogischen Fachkräften und pädagogischen Ergänzungskräften.

In Abs. 1 Satz 1 wird zunächst festgelegt, dass im Sinne des BayKiBiG und der AVBayKiBiG unter **pädagogischen Kräften** alle in § 16 Abs. 2 bis 6 aufgeführten Personengruppen zu verstehen sind. Dies hat z.B. Bedeutung für die Berechnung des Anstellungsschlüssels, bei dem auf der einen Seite alle Arbeitsstunden des (gesamten) pädagogischen Personals anzusetzen sind. Eine Ausnahme ist seit dem 1.9.2013 in Abs. 5 geregelt, als zu bestimmten Zeiten der Einsatz von Tagespflegepersonen in Kindertageseinrichtungen ermöglicht wird.

Erforderliche Sprachkenntnisse **341**

Zur Vermittlung der Bildungs- und Erziehungsziele, insbesondere aber für die Sprachförderung im Sinne des § 5 ist es zwingend erforderlich, dass das pädagogische Personal über hinreichende deutsche Sprachkenntnisse verfügt. Gerade vor dem Hintergrund des bedarfsgerechten Ausbaus der Plätze für Kinder unter drei Jahren verbunden mit einem Mehrbedarf an pädagogischem Personal ist, regional unterschiedlich, ein Fachkräftemangel zu verzeichnen, der dazu führt, dass zunehmend auch fremdsprachiges pädagogisches Personal in den Einrichtungen angestellt wird. Mit dem § 16 Abs. 1 Satz 2 wird seit dem 1.9.2013 verbindlich geregelt, dass das pädagogische Personal bei Aufnahme der Tätigkeit in einer Kindertageseinrichtung über die erforderlichen deutschen Sprachkenntnisse verfügen und diese spätestens sechs Monate nach Aufnahme der Tätigkeit nachweisen muss.

Die Überprüfung der erforderlichen Sprachkenntnisse, insbesondere bei pädagogischen Kräften mit nichtdeutscher Muttersprache, obliegt den staatlichen Aufsichtsbehörden. Die Träger von Kindertageseinrichtungen sind verpflichtet, das pädagogische Personal der für die Erteilung der Betriebserlaubnis zuständigen Aufsichtsbehörde zu melden. Art und Umfang der Prüfung des Sprachniveaus liegen im Ermessen der Aufsichtsbehörde. Mit AMS vom 28.3.2013 empfiehlt das StMAS Folgendes (vgl. VI 3-AMS 05-2013; VI 3/6513.03-1/97):

Hält die Aufsichtsbehörde einen schriftlichen Nachweis für erforderlich, so kann dieser erbracht werden durch:

– ein Abschlusszeugnis einer öffentlichen bzw. staatlich anerkannten Haupt- oder Mittelschule, einer Realschule oder das Zeugnis der Jahrgangsstufe 10 des Gymnasiums mit mindestens Note 4 „ausreichend" im Fach Deutsch bzw. Deutsch als Zweitsprache oder
– ein Zertifikat des Niveaus B 2 nach dem Gemeinsamen Europäischen Referenzrahmen für Sprachen.

Der Gemeinsame Europäische Referenzrahmen (GER)

Der GER befasst sich mit der Beurteilung von Fortschritten in den Lernerfolgen bezüglich einer Fremdsprache. Ziel ist, die verschiedenen europäischen Sprachzertifikate untereinander vergleichbar zu machen und einen Maßstab für Spracherwerb zu schaffen.

Die Niveaustufen des GER

Die grundlegenden Level sind:
   A: Elementare Sprachverwendung
   B: Selbstständige Sprachverwendung
   C: Kompetente Sprachverwendung

Diese sind nochmals in insgesamt 6 Niveaustufen unterteilt:

A1 – Anfänger

Kann vertraute, alltägliche Ausdrücke und ganz einfache Sätze verstehen und verwenden, die auf die Befriedigung konkreter Bedürfnisse zielen. Kann sich und andere vorstellen und anderen Leuten Fragen zu ihrer Person stellen – z. B. wo sie wohnen, was für Leute sie kennen oder was für Dinge sie haben – und kann auf Fragen dieser Art Antwort geben. Kann sich auf einfache Art verständigen, wenn die Gesprächspartnerinnen oder Gesprächspartner langsam und deutlich sprechen und bereit sind zu helfen.

A2 – Grundlegende Kenntnisse

Kann Sätze und häufig gebrauchte Ausdrücke verstehen, die mit Bereichen von ganz unmittelbarer Bedeutung zusammenhängen (z. B. Informationen zur Person und zur Familie, Einkaufen, Arbeit, nähere Umgebung). Kann sich in einfachen, routinemäßigen Situationen verständigen, in denen es um einen einfachen und direkten Austausch von Informationen über vertraute und geläufige Dinge geht. Kann mit einfachen Mitteln die eigene Herkunft und Ausbildung, die direkte Umgebung und Dinge im Zusammenhang mit unmittelbaren Bedürfnissen beschreiben.

B1 – Fortgeschrittene Sprachverwendung

Kann die Hauptpunkte verstehen, wenn klare Standardsprache verwendet wird und wenn es um vertraute Dinge aus Arbeit, Schule, Freizeit usw. geht. Kann die meisten Situationen bewältigen, denen man auf Reisen im Sprachgebiet begegnet. Kann sich einfach und zusammenhängend über vertraute Themen und persönliche Interessengebiete äußern. Kann über Erfahrungen und Ereignisse berichten, Träume, Hoffnungen und Ziele beschreiben und zu Plänen und Ansichten kurze Begründungen oder Erklärungen geben.

B2 – Selbstständige Sprachverwendung

Kann die Hauptinhalte komplexer Texte zu konkreten und abstrakten Themen verstehen; versteht im eigenen Spezialgebiet auch Fachdiskussionen. Kann sich so spontan und fließend verständigen, dass ein normales Gespräch mit Muttersprachlern ohne größere Anstrengung auf beiden Seiten gut möglich ist. Kann sich zu einem breiten Themenspektrum klar und detailliert ausdrücken, einen Standpunkt zu einer aktuellen Frage erläutern und die Vor- und Nachteile verschiedener Möglichkeiten angeben.

C1 – Fachkundige Sprachkenntnisse

Kann ein breites Spektrum anspruchsvoller, längerer Texte verstehen und auch implizite Bedeutungen erfassen. Kann sich spontan und fließend ausdrücken, ohne öfter deutlich erkennbar nach Worten suchen zu müssen. Kann die Sprache im gesellschaftlichen und beruflichen Leben oder in Ausbildung und Studium wirksam und flexibel gebrauchen. Kann sich klar, strukturiert und ausführlich zu komplexen Sachverhalten äußern und dabei verschiedene Mittel zur Textverknüpfung angemessen verwenden.

C2 – Annähernd muttersprachliche Kenntnisse

Kann praktisch alles, was er/sie liest oder hört, mühelos verstehen. Kann Informationen aus verschiedenen schriftlichen und mündlichen Quellen zusammenfassen und dabei Begründungen und Erklärungen in einer zusammenhängenden Darstellung wiedergeben. Kann sich spontan, sehr flüssig und genau ausdrücken und auch bei komplexeren Sachverhalten feinere Bedeutungsnuancen deutlich machen. (siehe *http://www.europaeischerreferenzrahmen.de/*)

Kann eine pädagogische Kraft die erforderlichen Sprachkenntnisse nicht binnen sechs Monaten nachweisen, so sind die Voraussetzungen der Qualifikation als pädagogische Fach- oder Ergänzungskraft nicht gegeben. Die Arbeitszeit kann nach Ablauf der Frist von sechs Monaten nicht mehr im Anstellungs- bzw. Qualifikationsschlüssel berücksichtigt werden.

§ 16 Abs. 1 Satz betrifft alle Beschäftigungsverhältnisse, die ab dem 1.9.2013 begründet wurden, unabhängig davon, ob eine Kraft vorher bereits als pädagogische Kraft bei einem anderen Träger tätig war.

342 Abs. 2 definiert, wer kraft dieser Verordnung **pädagogische Fachkraft** ist. Diese Personen bedürfen keines gesonderten Verwaltungsaktes, um ihre Eigenschaft als pädagogische Fachkräfte zu begründen. Erklärungen seitens der Aufsichtsbehörde haben daher rein bestätigenden (deklaratorischen) Charakter.

343 Die **Nr. 1** erfasst im Ergebnis alle **abgeschlossenen Ausbildungen, die gleichwertig zur Ausbildung einer bayerischen staatlich anerkannten Erzieherin** sind. Voraussetzungen für andere „vergleichbare" Abschlüsse sind,

– ob das formale Ausbildungsniveau demjenigen an einer Fachakademie entspricht (oder es sogar noch übertrifft). Kriterien sind dabei zum einen die Art der Ausbildungsstätte und der abzulegenden Abschlussprüfung, zum anderen die Dauer der Ausbildung. Die Ausbildung muss erfolgreich abgeschlossen sein.

– ob die Ausbildung in fachtheoretischer Hinsicht – also hinsichtlich der vermittelten Lehrstoffe – umfassend sozialpädagogisch angelegt ist. Es bedarf daher einer sozialpädagogischen Breitbandausbildung. Grundschullehrkräfte etwa weisen diese nicht auf.

– ob die Ausbildung auch ausreichend fachpraktische Ausbildungsabschnitte enthält.

Nr. 1 enthält viele **Begriffe mit einem Beurteilungsspielraum,** etwa ob eine ausländische Ausbildung im Wesentlichen die Inhalte vermittelt, die zu einer umfassenden sozialpädagogischen Ausbildung auf Fachakademieniveau gehören. Träger einer Kindertageseinrichtung, aber auch die Beschäftigten haben daher ein Interesse an einer **Klärung.** Diese erfolgt **dadurch, dass** der Träger vor **Einstellung einer neuen Kraft** dies unter Nennung der Qualifikation nach § 47 Nr. 1 SGB VIII dem örtlichen Träger der öffentlichen Jugendhilfe **melden muss.** Lehnt dieser die Einordnung der Bewerberin als pädagogische Fachkraft ab, so muss er dies dem Träger mitteilen. Anderenfalls ergeht eine Mitteilung an den Träger und in Abdruck auch an die Bewerberin, dass sie eine pädagogische Fachkraft im Sinne der Nr. 1 ist. Bevor diese Mitteilung erfolgt ist, sollte die Kraft keinesfalls eingestellt werden.

Ob ein bestimmter Abschluss dazu befähigt, als pädagogische Fachkraft im Sinne der Nummer 1 in Kindertageseinrichtungen tätig zu werden, kann auch auf *www.blja.bayern.de* unter „Themen/Aufgaben" und dort unter „Kinderbetreuung" eingesehen werden. Auf dieser Seite stellt das Bayerische Landesjugendamt alle Berufsabschlüsse – insbesondere auch internationale – zusammen, für die bereits entschieden wurde, ob sie die Anforderungen der Nr. 1 erfüllen (vgl. auch Anm. zu § 16 Abs. 6 Satz 2, Rn. 349).

Nummer 2 vermittelt denjenigen Kräften Bestandsschutz, die nach Art. 13 **344** Bayerischen Kindergartengesetzes (BayKiG) aufgrund Verwaltungsaktes **als gleichwertig** mit einer staatlich **anerkannten** Erzieherin eingestuft wurden. Aufgrund der Aufhebung des BayKiG kann keine Gleichwertigkeitsanerkennung mehr ausgesprochen werden. Neu sich bewerbende Kräfte werden stattdessen nach der sehr flexiblen, für neue Abschlüsse offenen Regelung der Nr. 1 daraufhin überprüft, ob ihre Ausbildung den dortigen Anforderungen entspricht. Dies läuft im Ergebnis wiederum darauf hinaus, ob die Ausbildung derjenigen einer staatlich anerkannten Erzieherin gleichwertig ist.

Wenn das **alte Recht Personen als pädagogische Fachkräfte einordnete,** die die Anforderungen der Nr. 1 nicht erfüllen, so gewährt die **Nr. 3** für diese Personen Rechtssicherheit. Betroffen sind hiervon vor allem Berufspraktikanten: Nach der Bekanntmachung zum Vollzug des Art. 13 Abs. 2 Bay-KiG vom 16.4.1973 waren Berufspraktikanten Fachkräften gleichzusetzen. Da sie ihre Ausbildung aber noch nicht abgeschlossen haben, sind sie nach der neuen Regelung (Nr. 1) keine Fachkraft mehr. Hintergrund für ihre nunmehrige Einstufung als Ergänzungskraft ist, dass sie selbst noch der Anleitung bedürfen und daher mit der Gruppenleitung regelmäßig überfordert sind.

345 **Nr. 4 erweitert für integrative Kindertageseinrichtungen** – also nach Art. 2 Abs. 3 BayKiBiG Kindertageseinrichtungen, die von mindestens drei Kindern mit (drohender) Behinderung besucht werden – den **Kreis der pädagogischen Fachkräfte** auf staatlich anerkannte Heilpädagoginnen und Heilpädagogen sowie staatlich anerkannte oder staatlich geprüfte Heilerziehungspflegerinnen und Heilerziehungspfleger. Mit dem Wort „zusätzlich" wird klargestellt, dass Nr. 4 keine abschließende Regelung für integrative Kindertageseinrichtungen darstellt, sondern Fachkräfte nach den Nrn. 1 bis 3 auch in integrativen Kindertageseinrichtungen als Fachkräfte arbeiten können. Nicht rechtlich zwingend vorgegeben, pädagogisch jedoch sehr zu empfehlen ist, dass in einer integrativen Kindertageseinrichtung nicht ausschließlich Heilpädagogen bzw. Heilerziehungspfleger als Fachkräfte eingesetzt werden, sondern nur zusätzlich zu sozialpädagogischen Fachkräften nach Nummer 1.

Das StMAS hat in den Jahren 2012 und 2013 eine Weiterqualifikation für Heilerziehungspfleger/innen angeboten, die in Regeleinrichtungen als pädagogische Ergänzungskräfte tätig waren, mit dem Ziele diese zur Fachkraft zu qualifizieren. Hierzu wurde vom StMAS der 125. Newsletter veröffentlicht.

„Die Weiterqualifizierung richtet sich an Heilerziehungspfleger/innen, die bereits in Regelkindertageseinrichtungen als Erziehungskraft tätig sind, aber auch an solche, die derzeit Arbeit suchen oder beispielsweise nach einer Familienpause wieder in den Beruf einsteigen möchten. Gerade für diese Kräfte eröffnet die Weiterqualifizierung neue berufsbiografische Perspektiven.

Heilerziehungspfleger/innen mit mindestens dreijähriger Berufserfahrung werden bereits während der Qualifizierungsmaßnahme als pädagogische Fachkraft vergütet. Im Qualifikationsschlüssel können sie gemäß § 17 Abs. 2 Satz 1 AVBayKiBiG berücksichtigt werden.

Mit der erfolgreich bestandenen Abschlussprüfung erhalten die Absolventinnen und Absolventen das Zertifikat ‚Heilerziehungspflegerin/Heilerziehungspfleger im Erziehungsdienst'. Dieser Abschluss ist in die ‚Liste bereits geprüfter Berufe' übernommen und berechtigt zur Tätigkeit als

Fachkraft in Kindertageseinrichtungen für Kinder von 0 bis 3 Jahren, von 3 bis 6 Jahren und für Schulkinder
Voraussetzungen für die Teilnahme:
– staatliche Anerkennung als Heilerziehungspflegerin oder Heilerziehungspfleger sowie
– ein Arbeitsverhältnis in einer Regelkindertageseinrichtung."

Für pädagogische Fachkräfte mit Leitungsfunktion – gemeint sind die **346** **Einrichtungsleitungen** nach § 14 Abs. 3 und § 17 Abs. 3 – werden in **Abs. 3** als Soll-Vorschrift **ausreichend praktische Erfahrung und die Teilnahme an einer Fortbildungsmaßnahme für Leitungskräfte** vorgesehen. Eine Soll-Vorschrift an Privatpersonen – hier an den Träger von Kindertageseinrichtungen und sein pädagogisches Personal – ist als bloßer Appell zu verstehen; nur an die öffentliche Hand gerichtete Soll-Vorschriften sind bis auf ungewöhnliche Ausnahmefälle wie ein „Müssen" zu lesen. Vor einem leichtfertigen Ignorieren der Soll-Vorschrift des Abs. 3 ist allerdings zu warnen: Ohne erfahrene und für die Einrichtungsführung qualifizierte Leitung gerät die Kindertageseinrichtung nur allzu leicht in Turbulenzen (vgl. Anm. zu § 14 Abs. 3).

Abs. 4 regelt, wer **pädagogische Ergänzungskraft** sein kann. Vorausgesetzt **347** wird eine mindestens zweijährige, erfolgreich abgeschlossene Ausbildung. Mangels abgeschlossener Ausbildung sind **Erzieherpraktikanten** (vormals Vorpraktikanten) keine pädagogischen Ergänzungskräfte. Sie können daher nur zusätzlich zu dem aufgrund des Anstellungsschlüssels erforderlichen pädagogischen Personal beschäftigt werden. Anders als bei den pädagogischen Fachkräften muss die Ausbildung der pädagogischen Ergänzungskräfte nur überwiegend pädagogisch ausgerichtet sein. Insbesondere die Kinderpfleger/innen sind pädagogische Ergänzungskräfte, aber auch z. B. Grundschullehrer. Zu weiteren Ausbildungsabschlüssen, die zu einer Tätigkeit als pädagogische Ergänzungskraft berechtigen, s. die entsprechende, fortlaufend aktualisierte Auflistung auf *www.blja.bayern.de* unter „Themen/Aufgaben" und dort unter „Kinderbetreuung". Auch für nach altem Recht als pädagogische Ergänzungskraft eingestufte Ausbildungen gelten die Bestandsschutzregeln des Abs. 1 Nr. 2 und 3 für bereits in Kindertageseinrichtungen Arbeitende, so Abs. 4 Satz 2. Bedeutung hat dies vor allem für die Erzieherpraktikanten, die bisher als Ergänzungskraft arbeiten konnten.

Abs. 5 ermöglicht Trägern von Kindertageseinrichtungen seit dem 1.9.2013 **348** den Einsatz von qualifizierten Tagespflegepersonen zur Bildung, Erziehung und Betreuung von Kindern in Kindertageseinrichtungen. In Zeiten vor

9 Uhr und nach 16 Uhr können Tagespflegepersonen im Sinne des § 43 SGB VIII unter bestimmten Voraussetzungen in einer Einrichtung tätig werden. Nach dem Wortlaut des Abs. 5 darf eine Tagespflegeperson in Anlehnung an § 43 SGB VIII bis zu maximal fünf gleichzeitig anwesende Kinder betreuen bzw. höchsten drei Tagespflegepersonen maximal zehn gleichzeitig anwesende Kinder betreuen. Mit der Zeitschiene ist weder eine Bewertung hinsichtlich der pädagogischen Relevanz noch eine Definition als Randzeit verbunden. Die Randzeiten ergeben sich aus den Verhältnissen der jeweiligen Einrichtung, insbesondere den Öffnungszeiten.

Abs. 5 regelt für den Einsatz in Kindertageseinrichtungen folgende persönlichen Voraussetzungen für die Tagespflegepersonen:
– Pflegeerlaubnis nach § 43 SGB VIII
– Keine Leistungen nach § 23 SGB VIII
– Vertiefte Kenntnisse hinsichtlich der Anforderungen der Tagespflege im Umfang von 160 Qualifizierungsstunden
– Ausschließlich in Zeiten vor 9 Uhr und nach 16 Uhr
– Eine Tagespflegeperson betreut maximal bis zu fünf gleichzeitig anwesende Kinder
– Bis zu drei Tagespflegepersonen betreuen maximal bis zu zehn gleichzeitig anwesende Kinder
– Erforderliche Sprachkenntnisse (B2, vgl. Rn. 341).

Der Einsatz von Tagespflegepersonen über ein Anstellungsverhältnis im Sinne des Abs. 6 stellt an sich keine Tagespflege im Sinne des § 43 SGB VIII dar. Insofern entsteht für die Tagespflegeperson kein Anspruch auf Leistungen nach § 23 Abs. 3 SGB VIII (Tagespflegeentgelt etc.) und für den Träger der öffentlichen Jugendhilfe kein Anspruch auf Refinanzierung über Art. 20 BayKiBiG. Eine Anrechnung auf die Zahl der maximal zulässigen Betreuungsverhältnisse im Sinne des Art. 9 BayKiBiG findet nicht statt, so dass eine Tagespflegeperson neben der Tätigkeit bei einem Träger in einer Einrichtung noch zusätzlich als Tagespflegeperson tätig sein kann.

349 **Abs. 6** Satz 1 ermöglicht es den Aufsichtsbehörden, im **Einzelfall** Kräfte sowohl als pädagogische Fachkraft als auch als pädagogische Ergänzungskraft zuzulassen, obwohl die jeweiligen Qualifikationskriterien der Nrn. 1 bis 4 nicht erfüllt sind. Einziger Maßstab ist, dass die Bildungs- und Erziehungsarbeit gleichwertig gesichert werden kann. Nach dieser Vorschrift ist es zum Beispiel möglich, dass ein Grundschullehrer beschränkt auf die Arbeit in einem Hort als pädagogische Fachkraft zugelassen wird, wenn an seiner Seite sozialpädagogisch ausgebildete Fachkräfte (nach

Nr. 1) eine umfassende Umsetzung der Bildungs- und Erziehungsarbeit gewährleisten.

Sofern ein Träger beabsichtigt, eine Kraft als pädagogische Fach- oder Ergänzungskraft einzustellen, die nicht über die Qualifikation einer solchen pädagogischen Kraft verfügt, muss er sich vorab an die staatliche Aufsichtsbehörde wenden. Die Aufsichtsbehörde entscheidet über den Antrag des Trägers – nicht der betroffenen Kraft, die eingestellt werden soll. Die Entscheidung der Aufsichtsbehörde ergeht per Verwaltungsakt und bezieht sich immer nur auf das konkrete Arbeitsverhältnis zwischen dem Träger und der betroffenen Person. Wird das betreffende Arbeitsverhältnis beendet, hat die Kraft keinen Anspruch auf Anerkennung als pädagogische Kraft. Für das neue Arbeitsverhältnis wäre ggf. wiederum eine Einzelfallentscheidung nach Abs. 6 zu treffen.

§ 16 Abs. 6 Satz 2 stellt den Bezug zur sog. Berufeliste her, die vom **350** Bayerischen Landesjugendamt geführt und aktualisiert wird. In der Berufeliste werden Berufe bzw. Berufsabschlüsse aufgelistet, die seitens der Aufsichtsbehörden auf ihre Vergleichbarkeit im Sinne des § 16 Abs. 2 Nr. 1– 4 als pädagogische Fach- oder Ergänzungskraft geprüft wurden. Die Liste dient den Aufsichtsbehörden als Auslegungs- und Entscheidungshilfe. Für die Träger kann sie als Orientierung für die Auswahl bei Personalentscheidungen dienen. Die Liste stellt keine Grundlage dar für einen subjektiven Rechtsanspruch eines Bewerbers zur Anerkennung als pädagogische Fach- oder Ergänzungskraft.

Siehe unter: *http://www.blja.bayern.de/themen/kindertagesbetreuung/ abschluesse/index.html*

Hinweis:
Die Träger sollten, sofern die Einstellung eines Bewerbers mit einem ausländischen Berufsabschluss als pädagogische Fach- oder Ergänzungskraft beabsichtigt ist, vorab in jedem Fall das Einvernehmen mit der Aufsichtsbehörde einholen und sich dies schriftlich bestätigen lassen.

Anerkennung eines Berufsabschlusses nach dem Bayerischen Berufsqualifikationsfeststellungsgesetz (BayBQFG):

Zum 1.8.2013 ist das Bayerische Berufsqualifikationsfeststellungsgesetz (BayBQFG) in Kraft getreten. Hiernach haben Bewerber/-innen künftig einen Anspruch auf Anerkennung ihres ausländischen Abschlusses mit einem gleichwertigen inländischen Referenzberuf. Das BayBQFG gilt ausschließlich für die landesgesetzlich geregelten Berufe, dazu gehören bspw. die Erzieher/-innen, Kinderpfleger/-innen, Heilerziehungspfleger/-innen.

Zusätzlich zum BayBQFG trat zum 1.8.2013 das Bayerische Sozial- und Kindheitspädagogengesetz (BaySozKiPädG) in Kraft. Das BaySozKiPädG regelt ergänzend zum BayBQFG die staatliche Anerkennung von Sozialpädagogen/-innen und Kindheitspädagogen/-innen mit einem inländischen Bachelorabschluss sowie für Bewerber/-innen mit einem ausländischen gleichwertigen Bachelorabschluss.

Im AMS vom 19.8.2013 (vgl. AMS 02-2013, Az. 6511-1/214) hat sich das StMAS wie folgt geäußert:

„Die Anerkennung nach dem BayBQFG hat den Vorteil, dass verbindlich durch Bescheid festgestellt wird, dass der ausländische Berufsabschluss mit einem deutschen Beruf (z. B. Erzieher) gleichwertig ist. Dieser Bescheid gilt fortlaufend und für das gesamte Bundesgebiet, so dass nicht bei jedem Wechsel der Einrichtung erneut geprüft werden muss. Nach dem BayBQFG sind auch sogenannte Teilanerkennungen möglich, d. h. dass der/die Bewerber/-in möglicherweise nur in Teilen die Voraussetzungen für die Gleichwertigkeit erfüllt. Die zuständige Anerkennungsstelle stellt dann im Bescheid fest, welche Qualifikationsmerkmale fehlen und durch welche Maßnahmen sie ausgeglichen werden können (bspw. bei fehlender Praxiserfahrung kann diese durch ein Praktikum nachgewiesen werden; bei mangelnden Rechtskenntnissen kann dies durch einen Lehrgang an einer Hochschule oder einer Fortbildungsakademie nachgewiesen werden etc.).

Für Anträge auf Anerkennung eines beruflichen Ausbildungsabschlusses im sozialpädagogischen Bereich (Erzieher/-innen, Kinderpfleger/-innen) ist die Regierung von Niederbayern zuständig (Regierungsplatz 540, 84028 Landshut, Tel: 0871/808-01, E-Mail: *poststelle@reg-nb.bayern.de*).

Bewerber/-in mit einem inländischen Bachelorabschluss:

Wer an einer bayerischen Hochschule einen Bachelor-Studiengang ‚Frühe Kindheit‘ (oder vergleichbaren Studiengang – Bezeichnung nicht einheitlich) erfolgreich abgeschlossen hat und nicht rechtskräftig wegen einer Straftat i. S. d. § 72a SGB VIII verurteilt worden ist, darf nach Art. 2 BaySozKiPädG die Berufsbezeichnung ‚Kindheitspädagoge/pädogin‘ führen und ist für die Tätigkeit in einer Kindertageseinrichtung nach § 45 SGB VIII geeignet. Ein Antrag des/der Bewerber/-in ist hier nicht erforderlich.

Voraussetzung ist allerdings, dass die Hochschule einen Antrag beim StMAS gestellt hat, dass der betreffende Studiengang generell die Voraussetzungen nach Art. 1 BaySozKiPädG erfüllt. Es ist davon auszugehen, dass die Hochschulen diesen Antrag zeitnah stellen werden.

Bewerber/-innen aus anderen Bundesländern, die nach den jeweiligen landesgesetzlichen Regelungen zum Führen der Berufsbezeichnung ‚Kindheitspädagoge/pädagogin' berechtigt sind, dürfen ebenfalls in den bayerischen Kindertageseinrichtungen tätig werden. Bewerber/-innen mit einem ausländischen Bachelorabschluss haben künftig nach Art. 3 BaySozKiPädG i. V. m. dem BayBQFG einen Anspruch auf staatliche Anerkennung als Kindheitspädagoge/pädagogin. Im Rahmen der Anerkennung wird geprüft, ob der/die Bewerber/-in einen gleichwertigen Bachelorstudiengang erfolgreich absolviert hat und ob er/sie über die zur Berufsausübung erforderlichen Kenntnisse der deutschen Sprache und über die einschlägigen deutschen Rechtskenntnisse (SGB VIII, BayKiBiG, AVBayKiBiG) verfügt. Kann er/sie eine der Voraussetzungen nicht erfüllen, so können die Kenntnisse durch Ausgleichsmaßnahmen (Lehrgänge, Sprachkurse, Praktika etc.) nachgeholt werden. Zuständig für die Anträge nach Art. 3 BaySozKiPädG ist das Zentrum Bayern Soziales und Familie (ZBFS), Region Unterfranken, Georg-Eydel-Straße 13, 97082 Würzburg, Tel: 0931/4107-500, E-Mail: *poststelle.ufr@zbfs.bayern.de.*"

§ 17
Anstellungsschlüssel

(1) [1]Zur Absicherung des Einsatzes ausreichenden pädagogischen Personals ist für je 11,0 Buchungszeitstunden der angemeldeten Kinder jeweils mindestens eine Arbeitsstunde des pädagogischen Personals anzusetzen (Anstellungsschlüssel von 1:11,0); empfohlen wird ein Anstellungsschlüssel von 1:10. [2] Buchungszeiten von Kindern mit Gewichtungsfaktor sind entsprechend vervielfacht einzurechnen. [3]Die in den Anstellungsschlüssel eingerechnete Arbeitszeit des pädagogischen Personals verteilt sich auf unmittelbare und mittelbare Tätigkeiten. [4]Unmittelbare Tätigkeit ist die pädagogische Arbeit mit den Kindern. [5]Mittelbare Tätigkeit ist der Teil der pädagogischen Arbeit der Leiterin oder des Leiters und der pädagogischen Fach- und Ergänzungskräfte, der neben der Betreuungszeiten der Kinder in Umsetzung von Gesetzen, Verordnungen, den Bayerischen Bildungsleitlinien und dem Bayerischen Bildungs- und Erziehungsplan erbracht wird.

(2) [1]Mindestens 50 v. H. der nach Abs. 1 erforderlichen Arbeitszeit des pädagogischen Personals ist von pädagogischen Fachkräften zu leisten. [2]Der Gewichtungsfaktor für behinderte oder von wesentlicher Behinderung bedrohte Kinder ist für die Fachkraftquote nach Satz 1 nicht einzurechnen.

(3) Die Leitung von Kindertageseinrichtungen muss durch pädagogische Fachkräfte erfolgen.

(4) [1]Ein Abweichen der tatsächlichen Beschäftigung von der nach den Abs. 1 bis 3 erforderlichen Arbeitszeit des pädagogischen Personals ist im Krankheitsfall, bei Ausscheiden von pädagogischem Personal oder bei sonstigen Fehlzeiten für die Dauer eines Kalendermonats förderunschädlich. [2]Fristbeginn ist der erste Werktag des folgenden Kalendermonats nach Entfallen der Voraussetzungen der Abs. 1 und 2. [3]Eine längere Fehlzeit führt im jeweiligen Kindergartenjahr – unabhängig von der tatsächlichen Anwesenheit der Kinder – für jeden weiteren begonnenen Kalendermonat zu einem Abzug in Höhe des auf den jeweiligen Kalendermonat entfallenden Förderbetrags der Einrichtung. [4]Fehlzeiten werden unterbrochen, wenn die Einrichtung an mindestens fünf zusammenhängenden Betriebstagen die erforderliche Arbeitszeit nach Abs. 1 bis 3 einhält. [5]Schließtage zählen nicht als Betriebstage.

(5) [1]Abs. 4 findet auch dann Anwendung, wenn der Träger zu einem Zeitpunkt, in welchem auch bei Aufnahme eines weiteren Kindes oder der Erhöhung der Buchungszeit eines Kindes die Fördervoraussetzungen nach Abs. 1 und 2 noch erfüllt wären und dem Träger keine zukünftigen Fehlzeiten des Personals bekannt sind, ein weiteres Kind aufnimmt oder die Erhöhung der Buchungszeit eines Kindes zulässt, und danach, jedoch noch vor Inkrafttreten des neuen oder erweiterten Betreuungsverhältnisses, Fehlzeiten des Personals im Sinn von Abs. 4 entstehen, auf welche der Träger keinen Einfluss hatte oder nehmen konnte. [2]Die kindbezogene Förderung oder die Förderung der Höherbuchung beginnt für diese Kinder erst ab dem Kalendermonat, in dem die Voraussetzungen nach Abs. 1 und 2 wieder erfüllt werden. [3]Ein Abweichen der tatsächlichen Beschäftigung von der nach den Abs. 1 bis 3 erforderlichen Arbeitszeit des pädagogischen Personals ist für einen Zeitraum von längstens drei Kalendermonaten förderunschädlich, wenn die Änderung der Betreuungssituation auf Veranlassung des Jugendamts zur Vermeidung einer Kindeswohlgefährdung erfolgt und das Staatsministerium für Arbeit und Soziales, Familie und Integration zustimmt.

(6) [1]In Härtefällen kann auf Antrag des Trägers der Einrichtung (§ 24) mit Zustimmung des Staatsministeriums für Arbeit und Sozialordnung, Familie und Frauen von einer teilweisen Förderkürzung abgesehen und in Höhe von bis zu 96 v.H. der kindbezogenen Förderung im jeweiligen Bewilligungszeitraum (Art. 21 Abs. 2, Art. 26 Abs. 1 Satz 3 BayKiBiG) ausbezahlt werden. [2]Ein Härtefall liegt dann vor, wenn das Fehlen der Fördervoraus-

setzungen nach Abs. 1 und 2 auf Fehlzeiten des Personals im Sinn von Abs. 4 zurückzuführen ist, auf die der Träger keinen Einfluss hatte oder nehmen konnte. ³Das Vorhalten einer hinreichenden Personalreserve, um auf kurzfristige Fehlzeiten reagieren zu können, ist dabei dem Verantwortungsbereich des Trägers zuzuordnen. ⁴Die Umstände, die zur Anwendung von § 16 Abs. 1 Satz 3 sowie von § 17 Abs. 5 Sätze 1 und 3 führen, können einen Härtefall nicht begründen.

Anmerkungen

1. Regelungsinhalt im Überblick

§ 17 regelt, wie viele Stunden ein Träger einer Kindertageseinrichtung min- **351**
destens pädagogisches Personal beschäftigen muss (sog. **verbindlicher An-**

stellungsschlüssel) und wie viele Stunden davon mindestens auf pädagogische Fachkräfte entfallen müssen (sog. **Qualifikationsschlüssel bzw. Fachkraftquote**). Bei diesen Vorgaben handelt es sich um rechtliche Mindestvorgaben zum Personaleinsatz. Für eine qualitativ gute Bildungs-, Betreuungs- und Erziehungsarbeit wird ein höherer Personaleinsatz erforderlich sein. Die Personalplanung darf sich von daher nicht ausschließlich an den rechtlichen Mindestvorgaben ausrichten. Vielmehr ist die Personalplanung an pädagogische Konzepte, die sich an den Verhältnissen der jeweiligen Einrichtung orientieren, anzupassen. Hierbei spielen die Öffnungszeiten, die pädagogische Ausrichtung und die in der Einrichtung betreuten Altersgruppen von Kindern eine wesentliche Rolle. Es ist dabei Aufgabe der Träger zwischen dem pädagogisch Notwendigen und dem finanziell Machbaren eine hohe Qualität der Einrichtung zu gewährleisten.

2. Zweck

352 Ausreichend und ausreichend qualifiziertes Personal ist erforderlich, um eine **Gefährdung des Kindeswohls zu vermeiden und um Bildungs- und Erziehungsarbeit** leisten zu können, wie sie dem Auftrag einer Kindertageseinrichtung entspricht.

Bis zum 31.8.2008 (Kindergartenjahr 2007/08) galt ein verbindlicher Anstellungsschlüssel von 1:12,5. Dies entspricht einer Personalausstattung, bei der zwei pädagogische Kräfte während der gesamten Öffnungszeit 25 Kinder betreuen, ohne auch nur eine Minute Vor- oder Nachbereitungszeit zur Verfügung zu haben. Damit liegt sicherlich eine Personalausstattung vor, die – bei vernünftiger Dienstplangestaltung – ausreicht, um eine Kindeswohlgefährdung zu vermeiden. Ein Anstellungsschlüssel von 1:12,5 ist daher weiterhin in der Betriebserlaubnis als verbindliche Vorgabe für jede Kindertageseinrichtung zur Absicherung des Kindeswohls festzulegen. Als Fördervoraussetzung ist jedoch eine bessere Personalausstattung erforderlich, um Bildungs- und Erziehungsarbeit im Sinne des Bildungs- und Erziehungsplans zu gewährleisten.

Das Bayerische Staatsministerium für Arbeit und Soziales, Familie und Integration hat auf Beschluss des Bayerischen Landtags vom 17.7.2008 (Landtagsdrucksache 15/11247) hin als einen ersten Schritt mit Wirkung zum 1.9.2008 den förderrelevanten Mindestanstellungsschlüssel auf 1:11,5 verbessert. Diese Anhebung, die mit Zustimmung der Kommunalen Spitzenverbände erfolgen konnte, stellt eine deutliche Qualitätsverbesserung der pädagogischen Rahmenbedingungen dar. Mit einem weiteren Schritt wurde mit der zweiten Verordnung zur Änderung der Verordnung zur Ausführung des Bayerischen Kinderbildungs- und -betreuungsgesetzes vom 16.8.2012 (BayGVBl. Nr. 16/2012) der förderrelevante Mindestanstellungsschlüssel zum 1.9.2012 auf 1 : 11,0 verbessert. Für die damit verbundene Qualitätsverbesserung zahlt der Freistaat Bayern einen Ausgleich. Die Auszahlung dieses Ausgleichs erfolgte für das Kindergartenjahr 2012/2013 in Form eines freiwilligen staatlichen Zuschusses in Höhe von 11 Mio. Euro. Ab dem 1.9.2013 reicht der Freistaat Bayern die Leistungen zur Qualitätsverbesserung in Form eines Qualitätsbonus aus (vgl. Art. 23 Abs. 1 BayKiBiG, § 20 Abs. 2 und 3 AVBayKiBiG).

Um ausreichend Arbeitszeit für die Ausarbeitung, Durchführung und Nachbereitung von Lernarrangements, die individuelle Zuwendung an das einzelne Kind zum Aufbau stabiler Vertrauensbeziehungen zur Verfügung zu haben, ist jedoch eine weitere Verbesserung des verbindlichen Anstellungsschlüssels auf 1 : 10 anzustreben. Um dieses Ziel im Verordnungstext sichtbar zu machen und dem Missverständnis vorzubeugen, mit einem besseren Anstellungsschlüssel als 1 : 11,0 habe der Einrichtungsträger schon zu viel Personal, hat der Verordnungsgeber sich dafür entschieden, zusätzlich einen Orientierungswert, den sog. **empfohlenen Anstellungsschlüssel**, anzugeben.

3. Anstellungsschlüssel

Wie viel Personal eine Kindertageseinrichtung benötigt, hängt davon ab, **353** von wie vielen Kindern sie besucht wird, für welche Altersgruppen eine Einrichtung offensteht und wie lange die Kinder in der Einrichtung anwesend sind. Deswegen bestimmt Abs. 1 Satz 1 das erforderliche Personal in Abhängigkeit der gesamten Buchungszeitstunden (also der regelmäßigen Anwesenheitszeit) aller Kinder. In einer Formel ausgedrückt:

Anstellungsschlüssel =
= Arbeitszeit des päd. Personals : Summe der Buchungsstunden (gewichtet) der Kinder

a) Arbeitszeit des pädagogischen Personals

Für die **Arbeitszeit des pädagogischen Personals** sind alle Personen zu be- **354** rücksichtigen, die der Träger für die betreffende Einrichtung angestellt hat und die die Voraussetzungen des § 16 erfüllen (vgl. Erläuterungen dort) – also vor allem Erzieher/innen und Kinderpfleger/innen.

Hinweis:

Externe Kräfte können nach Auffassung des Bayerischen Staatsministeriums für Arbeit und Soziales, Familie und Integration auf den Anstellungsschlüssel angerechnet werden, wenn es sich um pädagogische Fach- oder Ergänzungskräfte im Sinne des § 16 handelt und sie in die Teamarbeit einbezogen sind. Hierzu ist eine Teilnahme an den Teamsitzungen ebenso erforderlich wie, dass die Arbeit der externen Kräfte nicht nur einzelnen Kindern zugutekommt. Bei integrativen Kindertageseinrichtungen können nach dem 56. Newsletter auch Fachdienststunden angerechnet werden, soweit diese der pädagogischen Arbeit mit den Kindern oder deren Vor- und Nachbereitung dienen.

Die anzusetzende Arbeitszeit ergibt sich aus dem Arbeitsvertrag. Erforderlich ist allerdings, dass die pädagogische Kraft Tätigkeiten zugewiesen bekommt, die entweder zur pädagogischen Arbeit mit den Kindern oder zu den Verfügungszeiten zählen; nur diese beiden Arbeitsfelder können beim Anstellungsschlüssel eingerechnet werden, § 17 Abs. 1 Satz 2. Der Begriff der Verfügungszeit fand in Anlehnung an die alte Personalkostenförderung bis zum 31.8.2013 Anwendung. Mit der Änderung der AVBayKiBiG wurde der missverständliche Begriff der Verfügungszeit durch die Begriffe unmittelbare und mittelbare Arbeit ersetzt. Die beiden Begriffe werden in § 17 Abs. 1 Satz 4 und 5 definiert. Während die unmittelbare Arbeit die Tätigkeit des pädagogischen Personals am Kind beschreibt, handelt es sich bei der mittelbaren Arbeit um Tätigkeiten, die neben der Betreuung am Kind in Umsetzung von Gesetzen, Verordnungen, den Bayerischen Bildungsleitlinien und dem BayBEP erbracht werden. Verwaltungstätigkeiten, die dem Trägerbereich zuzuordnen sind, wie z. B. die Verwaltung und Kontrolle der Elternbeiträge, das Stellen von Förderanträgen oder die Verhandlungsführung mit den Gemeinden über die Bereitstellung zusätzlicher kommunaler Mittel bei der Betriebs- und Investitionskostenförderung. Betraut der Träger einer Kindertageseinrichtung die Einrichtungsleitung mit Tätigkeiten des Trägers, muss der Träger hierzu ein zusätzliches Stundendeputat einräumen, das er nicht beim Anstellungsschlüssel mit ansetzen darf.

Zur mittelbaren Arbeit zählen alle Arbeiten, die der Umsetzung der Bildungs- und Erziehungsziele (§§ 1–13) dienen wie z. B.
– Kindbezogene Beobachtung und Dokumentation, Sprachdokumentation
– Vorbereitung und Dokumentation von Projekten
– Vorbereitung und Leitung von Teamsitzungen
– Kooperation mit Eltern
– Interne/externe Evaluation, Qualitätsentwicklung
– Vertretung von Leitung, Dienstbesprechungen
– Kooperation mit externen Stellen.

Hinzu kommen noch die Aufgaben der Einrichtungsleitung im Sinne des § 14 Abs. 3 (z. B. Personalorganisation, Entwicklung und Fortschreibung der pädagogischen Konzeption sowie die Jahres-, Monats- und Wochenplanung in Zusammenarbeit mit den pädagogischen Kräften). Die Arbeitszeitstunden einer von der Arbeit mit den Kindern freigestellten Einrichtungsleitung können bei der Berechnung des Anstellungsschlüssels berücksichtigt werden, soweit diese mit mittelbaren Aufgaben betraut ist. Anders als die frühere Personalkostenförderung kennt die kindbezogene Förderung keine Verpflichtung der Einrichtungsleitung zum Gruppendienst. Eine formale Freistellung von der unmittelbaren Arbeit insbesondere bei Leitungen ist aus förderrechtlichen Erwägungen deshalb nicht mehr erforderlich. Um eine Abgrenzung von mittelbarer Arbeit im Sinne des § 17 Abs. 1 Satz 5 von den Trägeraufgaben zu gewährleisten, sollten die Träger für die Einrichtungsleitung sowie für die pädagogischen Fach- und Ergänzungskräfte Tätigkeitsprofile erstellen, in denen der Tätigkeitsbereich beschrieben wird. Bei Berufspraktikanten/innen kann die gesamte Arbeitszeit angesetzt werden – auch der Anteil, den die Berufspraktikantin mit der Teilnahme an Seminaren verbringt. Dieser Arbeitszeitanteil wird als mittelbare Arbeit gewertet.

b) Buchungszeiten der Kinder

Für die **Buchungszeiten der Kinder** sind alle Kinder zu berücksichtigen, die **355** in der betreffenden Einrichtung angemeldet sind. Für die Zeiten ist immer der obere Grenzwert der Buchungszeitkategorie maßgeblich, weil die Eltern frei sind, die gebuchte Zeit voll auszuschöpfen, so dass der Personaleinsatz sich hieran ausrichten muss. Ist für ein Kind beispielsweise die Buchungszeitkategorie „über drei bis vier Stunden" gebucht, so sind vier Stunden bei der Berechnung des Anstellungsschlüssels anzusetzen. Nachdem die Arbeitszeit des pädagogischen Personals in der Regel als wöchentliche Arbeitszeit bemessen ist, müssen für die Berechnung des Anstellungsschlüssels auch die (gewichteten) Buchungszeiten pro Woche herangezogen werden. Bei einer Öffnungszeit von fünf Tagen pro Woche und einem Buchungszeitfaktor von über drei bis vier Stunden ergibt sich eine wöchentliche Stundenzahl des betreffenden Kindes von fünf × vier = 20 Stunden. Die Bestimmung des konkreten Arbeitseinsatzes des pädagogischen Personals verteilt auf die einzelnen Tage obliegt dann dem Träger als Arbeitgeber bzw. der Einrichtungsleitung im Wege der Erstellung des Dienstplans. Die **Buchungszeitfaktorerhöhung für den Vorkurs** um 0,10 bzw. 0,4 (s. Erl. zu § 25) bleibt bei der Berechnung des Anstellungsschlüssels unberücksichtigt. Analog gilt dies für die Erhöhung des Buchungszeitfaktors für Kinder unter drei Jahren, die mit Gewichtungsfaktor 2,0 gefördert werden.

Gewichtungsfaktoren tragen bei der kindbezogenen Förderung einem erhöhten Bildungs-, Erziehungs- oder Betreuungsaufwand Rechnung. Durch die erhöhte Förderung wird der Träger in die Lage versetzt, mehr Personal zu beschäftigen. Damit die zusätzlichen Fördergelder auch tatsächlich für mehr Personal eingesetzt werden, werden die Gewichtungsfaktoren auch bei der Berechnung des Anstellungsschlüssels herangezogen, § 17 Abs. 1 Satz 3:

> Beispiele:
> 25 Kinder im Kindergartenalter (Gewichtungsfaktor 1,0) besuchen jeweils vier Stunden pro Tag fünf Tage die Woche (Buchungszeitkategorie über drei bis vier Stunden) die Einrichtung. Eine Erzieherin und eine Kinderpflegerin mit jeweils 25 Stunden/Woche leisten die pädagogische Arbeit. Es ergibt sich ein
> Anstellungsschlüssel $= 25 \times 4 \times 5 : 50$ h
> Anstellungsschlüssel $= 1 : 10$
> Wenn die 25 Kinder im Beispiel hingegen jünger als drei Jahre alt sind (Gewichtungsfaktor 2,0,), so müssen beispielsweise zwei Erzieherinnen und zwei Kinderpflegerinnen mit jeweils 25 Stunden/Woche angestellt werden, um den gleichen Anstellungsschlüssel zu erreichen:
> Anstellungsschlüssel $= 25 \times 4 \times 5$ GW $2,0 : 100$ h
> Anstellungsschlüssel $= 1 : 10$

So ist gewährleistet, dass für die doppelte Förderung auch doppelt so viel Personal angestellt werden muss. Dies gilt für alle Gewichtungsfaktoren entsprechend, so sind etwa die Buchungszeiten von Kindern mit (drohender) Behinderung mit 4,5 zu multiplizieren. Der Faktor x bei behinderten Kindern in integrativen Einrichtungen (vgl. Art. 21 Abs. 5 Satz 3 BayKiBiG) wird nach dem 59. Newsletter des Bayerischen Staatsministeriums für Arbeit und Soziales, Familie und Integration hingegen nicht in den Anstellungsschlüssel eingerechnet (so auch ausdrücklich AMS 16/2008 vom 31.10.2008). Damit wird sichergestellt, dass zusätzliches Personal, welches über die Erhöhung des Faktors 4,5 + x refinanziert wird, tatsächlich das Regelpersonal in einer Einrichtung ergänzt und damit dem erhöhten Betreuungsaufwand in einer integrativen Einrichtung Rechnung getragen wird.

c)   Anstellungsschlüssel bei Landkindergartenregelung

356 Wird eine Kindertageseinrichtung nach der sog. Landkindergartenregelung des Art. 24 BayKiBiG gefördert, so gilt bis zum 31.12.2012 Folgendes:

Die Kindertageseinrichtung wird für 22 Kinder kindbezogen gefördert, obwohl tatsächlich weniger Kinder (z. B. nur 15 Kinder die Einrichtung besuchen). Für die Berechnung des Anstellungsschlüssels gilt, dass fiktiv 22 Kinder mit der durchschnittlichen Buchungszeit und dem Gewichtungsfaktor 1,0 zugrunde zu legen sind.

Für Zeiträume ab dem 1.1.2013 werden bei Anwendung des Art. 24 BayKiBiG für die Berechnung des Anstellungsschlüssels immer die tatsächlichen Verhältnisse zugrunde gelegt. Demnach gelten für die betreuten Kinder deren Buchungszeit sowie die Gewichtungsfaktoren (vgl. § 27 Abs. 3).

d) Förderrelevanter Mindestanstellungsschlüssel

Der förderrelevante Mindestanstellungsschlüssel beträgt 1:11, das heißt, **357** für jeweils 11 Stunden gewichteter Buchungszeit der Kinder bedarf es einer Arbeitszeitstunde des pädagogischen Personals. Wiederum in einer Formel ausgedrückt:

Anstellungsschlüssel = Verhältnis der Arbeitszeit des pädagogischen Personals zu den gewichteten Buchungsstunden der Kinder

Wenn man daher berechnen möchte, wie viel Personalstunden als absolutes Mindestmaß anzusetzen sind, ergibt sich aufgelöst folgende Formel:

Summe der gewichteten Buchungsstunden : 11

> Beispiel:
> Der Kindergarten A wird von 25 Kindern im Alter von drei Jahren bis zur Einschulung von 8 Uhr bis 12 Uhr besucht, alle Eltern haben daher die Kategorie „über drei bis vier Stunden gebucht" (vgl. § 25 Abs. 1). Wie viele Arbeitszeitstunden muss der Träger mindestens pädagogisches Personal beschäftigen?
>
> Summe aller Buchungszeitstunden : 11
> = (25 Kinder × 5 Tage pro Woche × 4 Stunden × Gewichtungsfaktor 1,0) : 11
> = aufgerundet 45,45 Stunden pädagogisches Personal

Bei einer Öffnungszeit von 20 Stunden pro Woche bedeutet dies, dass der Träger einen Anstellungsschlüssel von 1:11 einhält, wenn er z. B. zwei pädagogische Kräfte à 23 Stunden einstellt, die damit über die Öffnungszeit hinaus zusätzliche Stunden für die mittelbare Arbeit zur Verfügung haben. Das Beispiel mag verdeutlichen, dass der verbindliche Anstellungsschlüssel von 1:11 zwar sicherlich eine Verbesserung, aber freilich noch keine besonders gute Personalausstattung darstellt. Dies gilt umso mehr, wenn überwiegend Kinder unter drei Jahren betreut werden.

Aus der Berechnung des Anstellungsschlüssels ergibt sich, welche **Veränderungen Auswirkungen auf den Anstellungsschlüssel** haben, nämlich solche, die sich auf die Buchungen der Kinder auswirken (z. b. Veränderung der Buchungszeit, Ausscheiden, Neuaufnahme), und solche, die sich auf den Gewichtungsfaktor auswirken (z. b. Einschulung, Bescheiderteilung über eine Behinderung nach § 53 SGB XII), sowie solche, die sich auf die *vertragliche* Arbeitszeit des pädagogischen Personals auswirken (z. b. Änderung der vertraglichen Arbeitszeit, Einstellung, Ausscheiden von pädagogischem Personal, Elternzeit einer pädagogischen Kraft).

e)   Empfohlener Anstellungsschlüssel

358   Um die Kindertageseinrichtungen als Bildungseinrichtungen abzusichern, wird in § 17 Abs. 1 Satz 1 Halbs. 2 ein Anstellungsschlüssel von 1:10 empfohlen. Eine an einem Anstellungsschlüssel von 1:10 orientierte Personalpolitik ist schon deswegen ratsam, weil sich der Träger ansonsten selbst die Freiheit nimmt, weitere Kinder aufzunehmen, die während des Jahres einen Platz in einer Kindertageseinrichtung suchen.

Bei einem Anstellungsschlüssel von 1:10 stehen dem pädagogischen Personal ausreichend Arbeitszeiten zur Verfügung, um auch die mittelbare Arbeit angemessen leisten zu können. Dies ist unabdingbar, damit das pädagogische Personal die Lernprozesse der Kinder angemessen anleiten und begleiten kann.

Beispiele:
Kindergarten A wird von 25 Kindern im Alter von drei Jahren bis zur Einschulung von 8 Uhr bis 16 Uhr besucht, alle Eltern haben daher die Kategorie „über sieben bis acht Stunden" gebucht. Um auf den empfohlenen Anstellungsschlüssel von 1:10 zu kommen, bedarf es dann
$$\text{Summe Arbeitszeit d. päd. Personals} = 25 \text{ Kinder} \times 8 \text{ h} \times 5 : 10$$
$$= 100 \text{ h}$$
also 100 Arbeitsstunden.

Die kindbezogene Förderung wurde wie auch die Personalkostenförderung nicht als Vollkostenfinanzierung konzipiert. Bei einer Einrichtung, deren Angebot sich überwiegend an Kinder im Alter von drei Jahren bis zur Einschulung richtet, kann im Regelfall davon ausgegangen werden, dass zwischen 60 und 70 % der Betriebskosten über die gesetzliche kindbezogene Förderung (staatlicher + kommunaler Anteil) abgedeckt werden, wobei der Anteil des Freistaats an den Grundkosten einer Einrichtung in den vergangenen Jahren stetig gestiegen ist. Sofern die kindbezogene Förderung zusammen mit den Elternbeiträgen nicht zur Deckung der Betriebskosten ausreichen, sind die freigemeinnützigen und freien Träger zur Absicherung einer adäquaten pädagogischen Arbeit und verlässlicher personeller Rahmenbedingungen auf zusätzliche kommunale Mittel angewiesen, die im Wege einer Kooperationsvereinbarung ausgereicht werden können.

Im Jahr 2006 lag der durchschnittliche Anstellungsschlüssel bei ca. 1:11. Durch die Verbesserungen beim förderrelevanten Anstellungsschlüssel hat sich der bayernweit durchschnittliche Anstellungsschlüssel in den letzten Jahren stetig verbessert.

10/11	1:10,3
11/12	1:9,93
12/13	1:9,86

f) Angemessener Anteil von unmittelbarer und mittelbarer Arbeit

Die mittelbare Arbeit ist Voraussetzung zur Umsetzung der Aufgaben einer **359** Kindertageseinrichtung im Sinne des Art. 10, 13, 14 und 15 BayKiBiG. Somit muss der Träger seinem Personal hierfür auch die benötigte Arbeitszeit einräumen. § 17 Abs. 1 Satz 2 zählt deswegen auch die mittelbare Arbeit zur Arbeitszeit des pädagogischen Personals. Weder im BayKiBiG noch in der AVBayKiBiG wird dem Träger allerdings in einer exakten Stundenzahl vorgeschrieben, wie viel mittelbare Arbeitszeit er dem pädagogischen Personal einräumen muss. Dies ist abstrakt auch nicht möglich:

Wenn etwa ein Kindergarten mit 25 Plätzen während der gesamten Öffnungszeit praktisch voll belegt ist und eine Erzieherin und eine Kinderpflegerin angestellt sind, so kann dieses pädagogische Team nur außerhalb der Öffnungszeiten die Arbeit mit den Kindern vor- und nachbereiten. Der Träger einer solchen Einrichtung kommt daher nicht umhin, die beiden pädagogischen Kräfte über die Öffnungszeit hinaus zu beschäftigen. Sind zeitweise hingegen nur sehr wenige Kinder anwesend, so können die pädagogischen Kräfte einen Teil ihrer mittelbaren Arbeit während der Öffnungszeit erledigen. Eine **direkte Vorgabe über Art und Umfang der mittelbaren Arbeit** ist daher im Hinblick auf die sehr unterschiedlichen Möglichkeiten des Personalmanagements **nicht zielführend**.

g) Rechtsfolge bei Nichteinhaltung

Der förderrelevante Mindestanstellungsschlüssel ist Fördervoraussetzung. **360** Wird dieser nicht eingehalten, verliert der Träger seinen Förderanspruch. Eine Kindeswohlgefährdung dürfte erst naheliegen, wenn selbst ein Anstellungsschlüssel von 1:12,5 nicht eingehalten wird – dann droht eine Aufhebung der Betriebserlaubnis für die Zukunft, wenn der Träger nicht in angemessener Frist für eine bessere Personalausstattung sorgt.

> Beispiel (Ausweitung der gewichteten Buchungszeitstunden):
> Ein Träger hat zu Beginn des Kindergartenjahres einen Anstellungsschlüssel von 1:11. Durch die Aufnahme eines weiteren Kindes zum 15.11. des gleichen Jahres verschlechtert sich der Anstellungsschlüssel auf 1:11,6. Durch Erhöhung der Arbeitszeitstunden einiger pädagogischer Kräfte wird ab Februar des Folgejahres ein Anstellungsschlüssel von 1:10,6 erreicht.
> Folge: Die Nichteinhaltung des förderrelevanten Mindestanstellungsschlüssels ist ein förderwirksames Ereignis im Sinne des § 26 Abs. 1 Satz 1. Das bedeutet, dass für den Zeitraum von November bis einschließlich Januar (Monatsprinzip) die Förderung gekürzt wird. Für die Monate November, Dezember und Januar besteht kein Förderanspruch. Da die Abschlagszahlungen unter dem Vorbehalt der Nachprüfung im Rahmen der Jahresendabrechnung geleistet werden, bedeutet dies grundsätzlich, dass für den Zeitraum von November bis Januar die Förderung zurückgefordert würde.

Unliebsame Überraschungen in Bezug auf den Anstellungsschlüssel kann der Träger vermeiden, wenn er von vornherein nicht zu knapp den Personaleinsatz kalkuliert und zudem vor der Neuaufnahme von Kindern oder der Kürzung von Arbeitszeiten des pädagogischen Personals dies nach § 47 Abs. 1 SGB VIII der Aufsichtsbehörde meldet. In begründeten Ausnahmefällen kann jedoch nach § 22 Abs. 2 mit Zustimmung des StMAS der förderrelevante Mindestanstellungsschlüssel von 1:11 sanktionslos verfehlt werden, wenn ein Anstellungsschlüssel von 1:11,5 nicht überschritten wird, weder das Kindeswohl noch die Umsetzung der Bildungs- und Erziehungsziele gefährdet werden, der Träger sich laufend um zusätzliches Personal bemüht und die örtlich zuständige Agentur für Arbeit einen bestehenden Fachkräftemangel bei pädagogischen Personal bestätigt. Letzteres dürfte wohl nur anzunehmen sein, wenn der Mindestanstellungsschlüssel geringfügig unterschritten wird.

Neben einer Ausweitung der gewichteten Buchungszeitstunden (z. B. durch Aufnahme eines Kindes, Verlängerung der Buchungszeit) kann auch die Kürzung der Gesamtarbeitszeit des pädagogischen Personals dazu führen, dass der verbindliche Anstellungsschlüssel nicht eingehalten wird. Fälle für eine solche Verkürzung sind die einvernehmliche Änderung der Arbeitszeit, einvernehmliche Vertragsaufhebung, Änderungskündigung in Bezug auf die Arbeitszeit und die (Beendigungs-)Kündigung. Auch wenn § 17 Abs. 4 Satz 1 lediglich das „Ausscheiden von pädagogischem Personal" aufzählt, ist anzunehmen, dass der Verordnungsgeber mit § 17 Abs. 4

alle Fälle erfassen wollte, bei der „auf Personalseite" tatsächlich oder rechtlich zu wenige Arbeitszeitstunden geleistet werden. Bei all diesen Fällen kommt daher § 17 Abs. 4 und nicht wie im Beispielsfall hier § 26 Abs. 1 Satz 1 zur Anwendung. Der Unterschied liegt darin, dass nach § 26 Abs. 1 Satz 1 die Rechtsfolge der Förderkürzung ab dem Monat eintritt, in dem die Änderung erfolgt, bei § 17 Abs. 4 hingegen erst im übernächsten Folgemonat (s. näher Rn. 365 ff.).

h) Sonderregelung für das Kindergartenjahr 2012/2013

Mit der Verbesserung des förderrelevanten Anstellungsschlüssels auf 1:11 **361** blieb zunächst die Frage ungeklärt, in welcher Höhe der staatliche Ausgleich für den Mehraufwand an zusätzlich erforderlichen Personalstunden zu erfolgen hat. Der Freistaat Bayern beabsichtigte, die Zahlung über einen sog. Qualitätsbonus (vgl. Art. 23 Abs. 1 BayKiBiG in Verbindung mit § 20 Abs. 2) auszureichen. Die Rechtsgrundlage wurde mit der Novellierung des BayKiBiG zum 1.1.2013 sowie der Änderung der AVBayKiBiG zum 1.9.2013 geschaffen.

Für die Zeit vom 1.9.2012 bis 31.8.2013 leistete der Freistaat Bayern den Ausgleich über eine freiwillige staatliche Leistung in Form eines (vorläufigen) Qualitätsbonus in Höhe von 12,08 Euro. Die endgültige Höhe des Qualitätsbonus wurde im Rahmen der Konsultationsverhandlungen zwischen dem StMAS und den Kommunalen Spitzenverbänden vereinbart. Demnach stellt der Freistaat Bayern für den Mehrbelastungsausgleich ab dem 1.9.2013 insgesamt 58 Mio. Euro jährlich zur Verfügung. Dies entspricht einem Qualitätsbonus von 52 Euro.

Im Zuge des Inkrafttretens der Änderungsverordnung zur AVBayKiBiG zum 1.9.2012 hat das StMAS mit AMS vom 10.9.2012 (AMS 04-2012, VI 4/ 6511-1/113) folgende Hinweise veröffentlicht:

Ab dem 1.9.2012 erhalten alle Träger von Kindertageseinrichtungen, die die Fördervoraussetzungen des Art. 19 BayKiBiG erfüllen und einen Anstellungsschlüssel von 1:11 oder besser aufweisen, einen staatlichen Qualitätsbonus. Der Förderantrag für die kindbezogene Förderung umfasst gleichzeitig den Qualitätsbonus.

Für den förderrelevanten Anstellungsschlüssel wurde für das Kindergartenjahr 2012/2013 festgelegt, dass Einrichtungen keine Förderkürzung hinnehmen müssen, deren Anstellungsschlüssel die Grenze von 1:11,5 nicht übersteigt. Mit der neuen AVBayKiBiG zum 1.9.2013 wurde die haushaltsrechtliche Voraussetzung für die Auszahlung des vollen Qualitätsbonus in

Höhe von 52 Euro geschaffen. Damit wird der förderrelevante Mindestanstellungsschlüssel von 1:11 faktisch erst seit dem 1.9.2013 umgesetzt. Einrichtungen, die nach dem 1.9.2013 den förderrelevanten Mindestanstellungsschlüssel von 1:11 nicht einhalten, können im Wege der Übergangsregelung des § 28 eine Förderkürzung vermeiden, wenn

– weder das Kindeswohl noch die Umsetzung der Bildungs- und Erziehungsziele gefährdet werden,
– der Träger sich durch mehrmalige Stellenausschreibung bemüht hat, die Voraussetzung des § 17 (1:11) zu erfüllen und
– im Bezirk der örtlich zuständigen Agentur für Arbeit ein Fachkräftemangel vorliegt.

Die Übergangsregelung des § 28 Abs. 2 gilt bis einschließlich 31.8.2015.

4. Qualifikationsschlüssel bzw. Fachkraftquote

362 Die sich **nach dem förderrelevanten Mindestanstellungsschlüssel** errechnende Arbeitszeit des pädagogischen Personals erfasst die Arbeitszeit der pädagogischen Fachkräfte und der pädagogischen Ergänzungskräfte. Der sog. Qualifikationsschlüssel bestimmt, dass hiervon mindestens die **Hälfte der Stunden** auf pädagogische Fachkräfte entfallen müssen. Auch von dieser Fördervoraussetzung kann nach § 28 Abs. 2 für den Zeitraum bis zum 31.8.2015 in begründeten Fällen mit Zustimmung des StMAS abgewichen werden (vgl. Rn. 361).

> Beispiel:
> Aufgrund der gewichteten Buchungszeiten seiner Einrichtung errechnet der Träger, dass er nach dem förderrelevanten Mindestanstellungsschlüssel pädagogische Kräfte mindestens im Umfang von 77 Stunden beschäftigen muss. Dann muss der Träger mindestens eine pädagogische Fachkraft in Höhe von 38,5 Stunden einstellen. Beschränkt er sich auf diese Mindestvorgabe, so muss er für die übrigen 38,5 Stunden eine pädagogische Ergänzungskraft einstellen. Beschäftigt der Träger insgesamt mehr pädagogisches Personal – z. B. weil er sich am empfohlenen Anstellungsschlüssel von 1:10 orientiert –, kann er frei entscheiden, inwieweit er für diese zusätzlichen Personalstunden pädagogische Fachkräfte oder pädagogische Ergänzungskräfte beschäftigt. Wenn der Träger also beispielsweise Personal im Umfang von 90 Stunden anstellt, so kann er zu 38,5 Stunden eine pädagogische Fachkraft und zu den übrigen 51,5 Stunden pädagogische Ergänzungskräfte einstellen. Die verbindliche Fachkraftquote errechnet sich immer anhand der nach dem förderrelevanten Mindestanstellungsschlüssel notwendigen Stunden.

Zulässig – und im Hinblick auf die Qualität der Bildungs- und Erziehungsarbeit wünschenswert – ist es natürlich, wenn der Träger zu einem höheren Anteil pädagogische Fachkräfte beschäftigt.

Zu beachten ist, dass der Qualifikationsschlüssel nicht die einzige Vorgabe dafür ist, in welchem Umfang der Träger pädagogische Fachkräfte beschäftigen muss: Zum einen ist § 15 zu beachten (vgl. Erläuterungen zu § 15 AV-BayKiBiG). Zum anderen erfordert der Bildungs- und Erziehungsauftrag der Kindertageseinrichtungen, dass außerhalb der Bring- und Holzeiten stets ausreichend pädagogische Fachkräfte in der Einrichtung die pädagogische Arbeit verantworten (Ausnahme: § 16 Abs. 5). Es kommt daher nicht nur darauf an, insgesamt ausreichend Personal einzustellen, sondern auch eine **angemessene Dienstplangestaltung** vorzunehmen.

Beim Qualifikationsschlüssel sind alle Gewichtungsfaktoren einzurechnen, **363** nur der **Gewichtungsfaktor für Kinder mit (drohender wesentlicher) Behinderung nicht**, § 17 Abs. 2 Satz 2. Hintergrund dieser Herausnahme ist, dass bei Kindern mit Eingliederungshilfebedarf zwar generalisierend angenommen werden kann, dass für sie ein höherer Personaleinsatz erforderlich ist. Die möglichen Formen der Behinderung sind aber zu vielgestaltig, als dass man stets sagen könnte, dass für die Integration des Kindes in einer Kindertageseinrichtung stets zusätzliche Fachkraftstunden erforderlich wären. Bedarf das Kind z. B. nur körperlicher Hilfestellungen, so kann durchaus der Einsatz einer zusätzlichen Heilerziehungspflegehelferin ausreichen. Welche Kräfte hier erforderlich sind und in welchem Umfang zusätzliche pädagogische Fachkraftstunden erforderlich sind, ist daher im Einzelfall abzuklären.

Hinweis:
Auch die Leistungs- und Entgeltvereinbarung, die der Träger mit dem Bezirk abschließt, um auch vom Bezirk Leistungen für die Eingliederung von Kindern mit Behinderung zu erhalten, sehen Personalstandards vor. Seit dem 1. September sind die Leistungen des Bezirks, die auf der Grundlage einer Leistungs- und Entgeltvereinbarung erbracht werden, zwingende Voraussetzung für den Faktor 4,5.

5. Anforderungen an die Einrichtungsleitung

Die Einrichtungsleitung muss einer pädagogischen Fachkraft übertragen **364** sein, § 17 Abs. 3. Möglich ist es auch, für mehrere Einrichtungen eine gemeinsame Einrichtungsleitung zu beschäftigen, sofern für mehrere Einrichtungen eine Gesamtbetriebserlaubnis erteilt wurde. Grenze ist, dass die Leitung für jede Einrichtung noch hinreichend Zeit haben muss, um ihre Aufgaben auch verantwortlich wahrzunehmen. Hierzu zählt auch eine ausreichende Präsenz vor Ort. Zur Frage, inwieweit die Arbeitszeit der Einrichtungsleitung beim Anstellungsschlüssel mit eingerechnet werden kann, s. Rn. 354.

6. Auswirkungen eines zu geringen Personaleinsatzes

365 Der Anstellungsschlüssel stellt bei der Arbeitszeit des pädagogischen Personals auf die vertraglich geschuldete Arbeitszeit ab. Fehlt das Personal wegen

– Ausscheidens,
– infolge von Ausfallszeiten wegen Krankheit oder
– wegen sonstiger Fehlzeiten

bei fortbestehendem, nicht ruhendem Arbeitsverhältnis, so wirkt sich dies nicht auf den rechnerischen Anstellungsschlüssel im Sinne des § 17 Abs. 1 aus. Um eine hinreichende Betreuungg der Kinder sicherzustellen, bedarf es daher über den Anstellungsschlüssel hinaus einer Regelung für diese Fehlzeiten. Diese erfolgt in § 17 Abs. 4.

> **Hinweis:**
> § 17 Abs. 4 stellt insoweit eine den § 26 Abs. 1 verdrängende Sonderregelung (lex specialis) dar. Der Tatbestand des Ausscheidens von Personal umfasst auch Änderungskündigungen, über die etwa Veränderungen bei der vertraglichen Arbeitszeit pädagogischer Kräfte vorgenommen werden. Zum Ausscheiden zählt jegliche Beendigung eines Arbeitsvertrags, unabhängig davon, ob die Kündigung seitens des Arbeitgebers oder des Arbeitnehmers ausgesprochen wurde. Der Kündigungsgrund sowie die Art der Kündigung spiele für den Tatbestand des Ausscheidens keine Rolle.

§ 17 Abs. 4 gilt nicht für alle rechtlichen Änderungen der gewichteten Buchungszeiten, die sich auf den Anstellungsschlüssel auswirken und nach § 26 Abs. 1 zu behandeln sind (s. Rn. 360).

Unter § 17 Abs. 4 fallen damit neben den explizit aufgezählten Fällen der Krankheit und des Ausscheidens als sog. Fehlzeiten aus anderem Grund:

– Mutterschutz
– Erholungsurlaub
– Dienstbefreiungen
– Sonderurlaub.

Nicht hingegen beispielsweise
- Gleitzeittage (= nur andere Verteilung der Arbeitszeit)
- nicht ganztägige Abwesenheitszeiten
- Fort- und Weiterbildungstage (seit 1.9.2013)
- Teilnahme an Fachtagen des Trägers oder Trägerverbunds.

> **Beispiel:**
> Eine pädagogische Kraft tritt morgens um 8 Uhr ihren Dienst in einer Kindertageseinrichtung an. Sie meldet sich um 9.30 Uhr wegen Kopfschmerzen arbeitsunfähig ab und verlässt die Einrichtung, um einen Arzt aufzusuchen, der sie anschließend arbeitsunfähig krankschreibt.
> Folge: Der Tag gilt nicht als Abwesenheitstag bzw. die Fehlzeit beginnt mit dem folgenden Tag.

a)   Rechtsfolge zu geringen Personaleinsatzes

Nach Abs. 4 Satz 1 ist es förderunschädlich, wenn für die Dauer eines Kalendermonats die nach dem Anstellungsschlüssel erforderliche Arbeitszeit des Gesamtpersonals oder auch nur der pädagogischen Fachkräfte tatsächlich unterschritten wird (nachfolgend als zu geringer Personaleinsatz bezeichnet).   **366**

Bei längeren Fehlzeiten muss für Ersatzpersonal (z. B. Krankheitsvertretungen) gesorgt werden, anderenfalls wird nach Abs. 4 Satz 3 für jeden weiteren angebrochenen Kalendermonat die Förderung für das gesamte Jahr um den auf diesen Kalendermonat entfallenden Förderbetrag gekürzt.

Grundsätzlich muss das Ersatzpersonal nach Stundenzahl und Qualifikation dem ausfallenden Personal entsprechen. Hat der Träger bei seiner normalen Personalausstattung den förderrelevanten Anstellungs- oder Qualifikationsschlüssel übererfüllt, muss er beim Ersatzpersonal nur die Mindestvoraussetzungen einhalten.

b)   Fristberechnung

Nach § 17 Abs. 4 Satz 2 beginnt die Frist für den Kalendermonat, in dem der zu geringe Personaleinsatz förderunschädlich ist, am ersten Werktag des nachfolgenden Kalendermonats. Ein zu geringer Personaleinsatz führt somit nur zu einer Förderkürzung, wenn er nicht bis zum ersten Betriebstag des **übernächsten Kalendermonats** behoben ist – im Ergebnis muss damit der Anstellungsschlüssel nur alle zwei Monate erfüllt sein.   **367**

Beispiele:

Beim Kindergarten St. Michael, der genau den Mindestanstellungsschlüssel von 1:11 aufweist, ist eine Erzieherin vom 1.4. an bis einschließlich 1.6. krank. Fristbeginn ist damit der 2.5. Fristablauf der 31.5. Wenn nicht spätestens am 1.6. wieder so viel Personal tatsächlich beschäftigt ist, wie es dem Anstellungs- und dem Qualifikationsschlüssel entspricht, verliert der Träger von St. Michael für den Juni und ggf. die Folgemonate die Förderung.

Beim Kindergarten St. Andreas, der gleichfalls den Mindestanstellungsschlüssel von 1:11 aufweist, wird eine Erzieherin mit Ablauf des 31.4. zum 1.5. gekündigt. Ab dem 1.5. ist damit der Anstellungsschlüssel nicht mehr erfüllt. Die Frist beginnt am 1.6. und endet am 30.6. Die neue Erzieherin muss also spätestens zum 1.7. eingestellt werden, damit kein Abzug des auf den Juli entfallenden Förderbetrags erfolgt.

Beim Kindergarten St. Ulrich, ebenso mit einem Anstellungsschlüssel von 1:11, wird ab dem 1.7. zusätzlich der gerade drei Jahre alt gewordene Philipp aufgenommen. Auch dadurch wird ab dem 1.7. der Anstellungsschlüssel nicht mehr erfüllt, allerdings mit der Folge, dass nach § 26 Abs. 1 Satz 1 ab dem Juli keine Förderung mehr erfolgt, bis beispielsweise zum 1.9. durch die den Kindergarten verlassenden frisch eingeschulten Kinder der Anstellungsschlüssel wieder erfüllt ist.

Ob **alle angemeldeten Kinder tatsächlich anwesend** sind, ist für § 17 Abs. 4 Satz 1 und 2 unerheblich, da in Satz 3 ausdrücklich darauf hingewiesen wird, dass die Förderkürzung unabhängig von der tatsächlichen Anwesenheitszeit der Kinder eintritt. Daran wird deutlich, dass die Fristbemessung ausschließlich unter dem Gesichtspunkt, dem Träger eine angemessene Reaktionszeit zu gewähren, erfolgt ist. Der Träger kann eine Förderkürzung bei Überschreitung der Frist also nicht mit dem Argument abwenden, die fortdauernde (rechtliche oder faktische) Nichteinhaltung des Anstellungsschlüssels sei deswegen unschädlich, weil infolge der wenigen tatsächlich anwesenden Kinder das vorhandene Personal für die Erreichung der Bildungs- und Erziehungsziele ausgereicht hätte.

Es gibt zahlreiche Gestaltungen, bei denen das Tolerieren eines über – im Extremfall – zwei Monate anhaltenden (deutlichen) Unterschreitens des nach § 17 Abs. 1 und 2 erforderlichen pädagogischen Personals weder im Hinblick auf das **Kindeswohl der Kinder,** noch im Hinblick auf die Fürsorgepflicht des Arbeitgebers für seine Angestellten hingenommen werden kann. Notfalls muss zur Abwendung einer Kindeswohlgefährdung unter Androhung der Aufhebung der Betriebserlaubnis die vorzeitige Einstellung von Ersatzpersonal verlangt werden.

Allerdings ist zu beachten, dass Fehlzeiten nur dann relevant sind, wenn sie das nach den Absätzen 1 bis 3 mindestens **erforderliche Personal be-**

treffen. Hat ein Träger z. B. mit einer angestellten Erzieherin und einer angestellten Kinderpflegerin bereits den Mindestanstellungs- und den Qualifikationsschlüssel erfüllt und beschäftigt er zusätzlich eine Berufspraktikantin, so braucht er diese nicht zu ersetzen, auch wenn sie länger als bis zum Beginn des übernächsten Kalendermonats ausfällt.

c) Modifizierung des Verfahrens bei unzureichendem Personaleinsatz ab dem 1.9.2013

aa) 5-Tage-Regelung

Die Erfahrungen aus der Praxis seit dem 1.9.2008 haben den Verordnungs- **368** geber veranlasst einige Änderungen vorzunehmen. Die Entwicklung beim bayernweiten Anstellungsschlüssel zeigt, dass die Träger überwiegend ihrer Verantwortung gerecht werden und ausreichend Personal vorhalten, um eine qualitativ hohe Bildungsarbeit zu gewährleisten. So fiel der durchschnittliche bayernweite Anstellungsschlüssel das dritte Jahr in Folge auf 1 : 9,68. Es mussten allerdings auch wiederholt Fälle festgestellt werden, in denen Träger im Jahresfortgang personelle Lücken weitgehend toleriert hatten und nur tageweise durch zusätzliche Personalstunden für Abhilfe sorgten. Die in den Einrichtungen betreuten Kinder haben in jedem Fall einen Anspruch auf eine kontinuierliche qualitative Bildungs-, Betreuungs- und Erziehungsarbeit. Nachdem Trägern bei personellen Ausfallszeiten kein lückenloser Ersatz möglich ist, toleriert der Verordnungsgeber Phasen eines unzureichenden Personaleinsatzes im Wege der Kalendermonatsfrist. Bis zum 31.8.2013 wurde die Kalendermonatsfrist des § 17 Abs. 4 bei unzureichendem Personaleinsatz bereits dann unterbrochen, wenn an einem Tag ein ausreichender Personaleinsatz sichergestellt werden konnte.

> Beispiel:
> Kraft A fehlt wegen Krankheit vom 13.1. bis 25.2. Am 27.2. fällt Kraft B bis zum 8.3. aus.
> Die Fehlzeit beginnt im Januar, förderunschädlicher Kalendermonat ist der Februar. Förderkürzung frühestens im März. Nachdem am 26.2. der Personaleinsatz ausreichend war, beginnt die Kalendermonatsfrist im März von Neuem zu laufen, so dass der Träger Zeit hat bis April, um ggf. für personellen Ersatz zu sorgen.
> Ab dem 1.9. gilt gemäß § 17 Abs. 4 Satz 4, dass die Kalendermonatsfrist erst dann unterbrochen wird, wenn der ausreichende Personaleinsatz an fünf zusammenhängenden Betriebstagen gewährleistet ist.

Für das obige Beispiel würde dies bedeuten, dass die Förderkürzung bereits für März erfolgt, da der ausreichende Personaleinsatz nicht an fünf zusammenhängenden Betriebstagen sichergestellt war. Ein Unterbrechen wäre nur dann möglich, wenn im Anschluss an den 26.2. an den nächsten vier weiteren Betriebstagen der Personaleinsatz ausreichend gewesen wäre. Bei der Anrechnung der Betriebstage werden Schließtage nicht angerechnet.

bb) Schließzeiten und Betriebstage

369 Gemäß § 17 Abs. 4 Satz 5 zählen Schließtage nicht als Betriebstage. Der Träger in unserem Beispiel könnte demnach die Förderkürzung für März dann vermeiden, wenn er für die Zeit vom 1. bis 8.3. eine Schließzeit festlegt und die Einrichtung ab dem 9.3., wenn das Personal wieder vollzählig ist, öffnet. Mit der Regelung wollte der Verordnungsgeber allerdings primär folgende Fallgestaltungen entschärfen.

> Beispiel:
> Kraft A hat eine Fehlzeit wegen Krankheit vom 27.11. bis 22.12. Vom 23.12. ab bis 6.1. hat die Einrichtung geschlossen. Das gesamte Personal bringt Urlaub ein und ist komplett ab dem 7.1. wieder anwesend.
> Beginn Fehlzeit im November; Kalendermonat Dezember; Förderkürzung für Januar, da Anfang Januar kein ausreichender Personaleinsatz.
> Mit der Änderung der AVBayKiBiG sind die Schließtage zu Anfang Januar unschädlich für die Förderung. Maßgeblich ist der erste Betriebstag der Einrichtung nach Ablauf der Schließzeit. Sofern der Personaleinsatz danach an fünf zusammenhängenden Betriebstagen gewährleistet ist, erfolgt keine Förderkürzung.

cc) Kalendermonatsfrist und Kindergartenjahr

370 Eine weitere Änderung erfolgte in § 17 Abs. 4 Satz 3, als eine längere Fehlzeit im Sinne des § 17 Abs. 4 Satz 1 nur im jeweiligen Kindergartenjahr zu einer Förderkürzung führt.

> Beispiel:
> Kraft A fehlt wegen Krankheit ab dem 20.7. Sie erscheint wieder am 10.9.
> Bisher: Eintritt Fehlzeit im Juli; Kalendermonatsfrist August; Förderkürzung für September.
> Neu: keine Förderkürzung im September, da mit Beginn des neuen Kindergartenjahrs die Kalendermonatsfrist von Neuem zu laufen beginnt. Demnach erfolgt die Förderkürzung frühestens im Oktober.

Ausnahme für 12/13: Aufgrund der zum 1.9.2013 erfolgten Rechtsänderung werden Förderkürzungen aufgrund der Änderungen in § 17 Abs. 4 frühestens ab November 2013 umgesetzt.

d)   Ausnahmetatbestand des § 17 Abs. 5

§ 17 Abs. 5 regelt einen Sonderfall zu Abs. 4. In Abs. 4 werden nur die Fälle **371** erfasst, bei denen sich die Zahl der Arbeitszeitstunden verringern und infolge dessen ein unzureichender Personaleinsatz besteht. Nicht umfasst werden die Fälle, bei denen der Anstellungsschlüssel von 1 : 11 wegen einer Erhöhung der Buchungszeiten nicht mehr eingehalten wird. In diesen Fällen greift § 26 Abs. 1. In der Praxis haben sich die Fälle als problematisch erwiesen, bei denen Kinder während eines Bewilligungsjahres aufgenommen wurden und sich bis zur tatsächlichen Aufnahme unvorhersehbare Änderungen beim Personal ergeben haben.

Um mehr Rechtsklarheit zu schaffen wurde mit § 17 Abs. 5 versucht, die Tatbestände des § 17 Abs. 1 und 2 mit § 17 Abs. 5 zu vereinheitlichen bzw. zu harmonisieren. Bei den Fällen der Überschreitung des Mindestanstellungsschlüssels aufgrund des zeitgleichen Eintritts von Fehlzeiten des Personals mit der Erhöhung der Buchungszeiten der Kinder kommt grundsätzlich die Kalendermonatsfrist des § 17 Abs. 4 zur Anwendung. Der Träger behält seinen Förderanspruch bis zum übernächsten Kalendermonat. Allerdings werden die Buchungszeiten für das Kind, das zur Erhöhung der Summe der gewichteten Buchungszeiten geführt hat, nicht gefördert, solange der förderrelevante Mindestanstellungsschlüssel nicht eingehalten wird.

> Beispiel:
> Ein Träger schließt einen Betreuungsvertrag mit den Eltern eines Kindes im November ab. Das Kind wird ab Januar mit einer Buchungszeit von > 5 h–6 h in der Einrichtung betreut. Der Träger hat ausreichend Personal für die Aufnahme des Kindes ab Januar. Am 19.12. teilt eine Kraft dem Träger mit, dass sie wegen eines Beschäftigungsverbots ab dem 19.12. auf zunächst unbestimmte Zeit ausfällt. Das Zusammenfallen der Aufnahme des Kindes mit dem personellen Ausfall führt zu einem Überschreiten des förderrelevanten Mindestanstellungsschlüssels ab Januar.
> Lösung:
> Eintritt des förderschädlichen Ereignisses ab Januar – Kalendermonat Februar – Förderkürzung ab März; der Träger erhält aber für das im Januar aufgenommene Kind für Januar und Februar keine kindbezogene Förderung.
> Das betreffende Kind wird in KiBiG.web für den maßgeblichen Zeitraum als „nicht förderfähig" erfasst.

Erfolgt das Nichteinhalten des Mindestanstellungsschlüssels nicht wegen der Aufnahme eines Kindes, sondern wegen Höherbuchung in Zusammenhang mit einer Fehlzeit des pädagogischen Personals, ist die Rechtsfolge identisch. Auch in diesem Fall greift die Kalendermonatsfrist. Das betreffende Kind wird in der Zeit des Nichteinhaltens mit dem alten, niedrigeren Buchungszeitfaktor gefördert.
Beispiel:
Höherbuchung von der Zeitkategorie > 5 h–6 h auf 7 h–8 h. Bis zum Einhalten des Mindestanstellungsschlüssels erhält der Träger für das betreffende Kind die Förderung mit dem Buchungszeitfaktor 1,5 anstelle von 2,0.
In KiBiG.web ist ein weiteres Kind als „nicht förderfähig" mit dem Zeitfaktor 0,5 (Zeitkategorie > 1 h–2 h) zu erfassen.

In § 17 Abs. 5 wird noch ein zweiter Ausnahmefall geregelt. Nimmt ein Träger ein Kind aufgrund einer Zuweisung bzw. einer Empfehlung durch das Jugendamt auf und wird dadurch der förderrelevante Mindestanstellungsschlüssel überschritten, wird für die Dauer von bis zu drei Monaten nach Zustimmung des StMAS von einer Förderkürzung abgesehen, sofern keine Kindeswohlgefährdung zu befürchten ist.

7.   Härtefallklausel

372   Nach der bis zum 1.9.2008 geltenden Fassung der AVBayKiBiG war rechtlich umstritten, ob für bestimmte Ausnahmefälle (etwa des unverschuldeten Nichteinhaltens des Anstellungsschlüssels) von einer Förderkürzung abgesehen werden kann. Um rechtliche Zweifel auszuräumen, ist mit Wirkung zum 1.9.2008 eine Härteklausel als § 17 Abs. 4 Satz 4 eingefügt worden. Danach kann **mit Zustimmung des Bayerischen Staatsministeriums für Arbeit und Soziales, Familie und Integration** von einer Förderkürzung in Härtefällen ganz oder teilweise abgesehen werden.

a)   Härtefallregelung bis zum 31.8.2013

373   Die Einführung der Härtefallregelung steht in engem Zusammenhang mit der Verbesserung des förderrelevanten Anstellungsschlüssels von 1 : 12,5 auf 1 : 11,5 zum 1.9.2008. Zur Vermeidung unbilliger Härten wurde die Verbesserung des förderrelevanten Anstellungsschlüssels einerseits mit einer Übergangsregelung versehen, die bis zum 31.10.2010 Gültigkeit besaß. Andererseits wurde für Fälle ab dem 1.1.2011 eine Härtefallregelung eingeführt.

Mit der Härtefallregelung sollen förderrechtliche Nachteile abgemildert werden, die auf arbeitsrechtliche Hindernisse und Probleme bei der Personalgewinnung zurückzuführen sind. Per AMS vom 22.8.2008 (AMS VI 4/7360/328/08 führt das StMAS näher aus, dass Probleme bei der Personalgewinnung dann bestehen, wenn geeignetes Personal trotz intensiver Anwerbeversuche nicht zur Verfügung steht. Als geeigneter Anwerbeversuch gilt die Meldung der offenen Stelle bei der zuständigen Arbeitsagentur in Verbindung mit der Schaltung eigener Zeitungsannoncen im Abstand von mindestens zwei Monaten. Als Nachweis für die in die Wege geleiteten Anwerbeversuche ist im Falle einer aufsichtlichen Prüfung eine Bestätigung der Arbeitsagentur über fehlende Bewerber vorzulegen, sofern der Arbeitsmarkt nicht über geeignete Bewerber verfügt. Eine Erklärung des Trägers ist insoweit ausreichend, sofern zwar Bewerber mit entsprechendem Anforderungsprofil vorhanden sind, sich die mangelnde Eignung eines Bewerbers aber im Einstellungsverfahren herausgestellt hat.

Voraussetzungen im Einzelnen:

Das StMAS hat mit AMS 05-2009 (AMS VI 4/7361/2/09 vom 16.11.2009) Durchführungshinweise zur Härtefallregelung erlassen. Eine Härtefallprüfung kommt demnach nur in den Fällen in Betracht, wenn der unzureichende Personaleinsatz infolge eines Tatbestands des § 17 Abs. 4 durch
– einen Krankheitsfall,
– bei Ausscheiden von pädagogischem Personal oder
– aufgrund sonstiger Fehlzeiten

eingetreten ist. Die Reduzierung der Arbeitszeit auf Wunsch einer pädagogischen Kraft ist dem Ausscheiden von pädagogischem Personal gleichzusetzen. Tritt die Förderkürzung aufgrund einer Erhöhung der Buchungsstunden der Kinder ein, ist die Anwendung der Härtefallregelung ausgeschlossen.

Die Anerkennung eines Härtefalltatbestands erfordert die Darlegung von Gründen, wonach das Fehlen der Fördervoraussetzungen auf Umstände zurückzuführen ist, auf die der Träger oder ggf. die Gemeinde keinen Einfluss hatte bzw. nehmen konnte. Gleichzeitig muss die Erstattung des Förderbetrags bezogen auf das Kindergartenjahr zu einem Betriebskostendefizit bzw. zu einer Erhöhung des Betriebskostendefizits führen. Dies ist nach Auffassung des StMAS nur dann der Fall, wenn die Förderkürzung zu einer Erstattung bzw. Rückforderung bereits geleisteter Abschlagszahlungen bezogen auf das jeweilige Kindergartenjahr führt.

Für die Feststellung eines Härtefalls geht es somit um die Frage, inwiefern der Träger oder die zuschusspflichtige Gemeinde alles in seinem/ihrem Verantwortungsbereich unternommen hat, um ein Unterschreiten der nach

§ 17 erforderlichen Arbeitszeiten des pädagogischen Personals möglichst zu verhindern bzw. um einen ausreichenden Personaleinsatz schnellstmöglich wieder herzustellen.

Die Anwendung des § 17 Abs. 4 Satz 4 setzt demnach voraus:
- Feststellung eines im Vergleich zu einer bereits erbrachten Abschlagszahlung rechtlich zustehenden geringeren Förderbetrags
- Feststellung eines Härtefalls für den Fall der Rückzahlung bereits erbrachter Fördermittel

Im Rahmen der Einzelfallprüfung können folgende Überlegungen eine Rolle spielen:
- Anstellungs- und Qualifikationsschlüssel vor und während des unzureichenden Personaleinsatzes
  - Einplanung eines Personalpuffers
  - Tatsächlicher Anstellungsschlüssel im Jahresdurchschnitt
- Organisatorische Maßnahmen des Trägers
  - Z. B. Springerlösung
  - Erhöhung der Arbeitszeiten des vorhandenen Personals
- Zeitpunkt des Tätigwerdens des Trägers zur Gewinnung zusätzlicher Personalstunden
- Umsetzung der Bildungs- und Erziehungsziele während des unzureichenden Personaleinsatzes
  - Zahl der tatsächlich anwesenden Kinder
  - Ersatz von pädagogischen Fachkräften durch pädagogische Ergänzungskräfte
- Situation auf dem Arbeitsmarkt – Fachkräftemangel

aa) Verfahrensschritte für die Anerkennung eines Härtefalls

374 – Feststellung des Trägers oder der Gemeinde über einen unzureichenden Personaleinsatz aufgrund eines in § 17 Abs. 4 Satz 1 genannten Tatbestands
- Feststellung einer Förderkürzung durch Bewilligungsbehörde bzw. Gemeinde, da Tatbestand des § 17 Abs. 4 Satz 1 mindestens einen Kalendermonat einschlägig
- Antrag des Trägers auf Anerkennung eines Härtefalls über die Gemeinde an die staatliche Aufsichtsbehörde oder direkt Antrag der Gemeinde auf Härtefall bei der Aufsichtsbehörde im Wege der Endabrechnung
- Prüfung durch die Aufsichtsbehörde

– Sofern die Aufsichtsbehörde den Härtefallantrag unterstützt, legt sie den Vorgang mit einem Aktenvermerk zur Zustimmung über die Regierung an das StMAS vor.

> Beispiel:
> Ein Träger erfährt am 15.1. kurzfristig vom längeren Ausfall einer pädagogischen Vollzeit-Fachkraft aufgrund eines Beschäftigungsverbots. Die Fehlzeit führt dazu, dass die förderrelevante Fachkraftquote nicht mehr eingehalten werden kann. Aufgrund der Kalendermonatsfrist tritt ab dem März eine Förderkürzung ein.
> Aus seinen Abrechnungsunterlagen ergibt sich, dass zur Erreichung der Fördergrenze zwanzig Fachkraftstunden fehlen. Der Anstellungsschlüssel bewegt sich innerhalb der Grenze zum förderrelevanten Anstellungsschlüssel, da der Träger bei den pädagogischen Ergänzungskräften einen großzügigen Puffer eingeplant hat.
> Der Träger hat versucht, die fehlenden Fachkraftstunden über eine Erhöhung der Arbeitszeit der noch vorhandenen zwei Fachkräfte zu kompensieren. Dies war aus tarifrechtlichen Gründen fehlgeschlagen. Auf eine zeitnah geschaltete Annonce hat sich nur eine Bewerberin gemeldet, die sich aber als ungeeignet erwies, so dass der Träger von einer Einstellung Abstand nahm.
> Bei entsprechender Nachfrage beim Jugendamt stellte dies dem Träger die Anwendung der Härteregelung im Rahmen der Endabrechnung in Aussicht. Die Förderung stellt sich wie folgt dar:
> Fördersumme ohne Förderkürzung   200.000 Euro
> Fördersumme mit Förderkürzung   150.000 Euro
> Geleistete Abschlagszahlungen   180.000 Euro
> Ohne die Härteregelung müsste der Träger im Rahmen der Endabrechnung bereits geleistete und verbrauchte Abschlagszahlungen in Höhe von 30.000 Euro erstatten. Aufgrund der Anwendung der Härteregelung wird auf diese Erstattung bereits verbrauchter Fördermittel verzichtet. Allerdings hat der Träger keinen Anspruch auf Nachzahlung der Summe von 20.000 Euro, die er ohne die eingetretene Förderkürzung erhalten hätte.

bb) Günstigkeitsregelung (96 %-Regelung)

Nach ersten Erfahrungen kam es in Einzelfällen trotz der Anwendung der **375** Härtefallregelung zu unbilligen Ergebnissen, vor allem dann, wenn ein Träger im Zeitpunkt der Beantragung der Abschlagszahlungen im Vergleich zum Jahresfortgang eine geringere Anzahl von Kindern in der Einrichtung betreute und deshalb die Abschläge für das maßgebliche Kindergartenjahr geringer festgesetzt wurden. Gleichzeitig verzichtete der Träger aus verwaltungsökonomischen Gründen darauf, während des Kindergartenjahres einen Folgeantrag zur Anpassung der Abschlagshöhe zu stellen. In diesen Einzelfällen ermöglicht der Freistaat Bayern eine Auszahlung über die bereits geleisteten Abschlagzahlungen hinaus (vgl. AMS 04-2011, Az.: VI 4/6512.01-1/196 vom 5.4.2011). Dies ist konkret dann der Fall,

- wenn die bisherigen Abschlagszahlung hinter dem Regelwert von 96 % der zu Beginn des Bewilligungsjahrs zu erwartenden Fördersumme zurückbleibt und
- durch den Ausfall des pädagogischen Personals im Sinne des § 17 Abs. 4 Satz 1 nicht zugleich Einsparungen bei den Personalkosten eingetreten sind (z. B. wegen Anspruchs auf Lohnfortzahlung).

Der Zuwendungsempfänger hat den Sachverhalt zu begründen und nachzuweisen. In dieser Fallvariante können Auszahlungen bis zu 96 % des regulär ermittelten Förderbetrages ausbezahlt werden. Beim Träger verbleibt ein Finanzierungsrisiko in Höhe von 4 %.

Beispiel:

Ein Träger erfährt am 15.1. kurzfristig vom längeren Ausfall einer pädagogischen Vollzeit-Fachkraft aufgrund eines Beschäftigungsverbots. Die Fehlzeit führt dazu, dass die förderrelevante Fachkraftquote nicht mehr eingehalten werden kann. Aufgrund der Kalendermonatsfrist tritt ab dem März eine Förderkürzung ein.

Aus seinen Abrechnungsunterlagen ergibt sich, dass zur Erreichung der Fördergrenze zwanzig Fachkraftstunden fehlen. Der Anstellungsschlüssel bewegt sich innerhalb der Grenze zum förderrelevanten Anstellungsschlüssel, da der Träger bei den pädagogischen Ergänzungskräften einen großzügigen Puffer eingeplant hat.

Auf ein Inserat meldet sich eine pädagogische Fachkraft, die vom Träger für geeignet befunden wurde. Der Träger und die Bewerberin schlossen einen Arbeitsvertrag. Aufgrund anderweitiger Verpflichtung begann das Arbeitsverhältnis am 8.3.

Nachdem nach Ablauf der Kalendermonatsfrist zum 1.3. die Fachkraftquote nicht eingehalten war, musste der Träger für März eine Förderkürzung in Höhe von 20.000 Euro hinnehmen. Daraufhin beantragte er die Anwendung der Härtefallregelung.

Die Förderung stellt sich wie folgt dar:

Fördersumme ohne Kürzung	240.000 Euro
Fördersumme mit Kürzung	220.000 Euro
Geleistete Abschläge	222.000 Euro
Förderung nach Härtefall	222.000 Euro

Das Ergebnis erschien unbillig, da der Träger alles in seiner Macht Stehende unternommen hatte, um schnellstmöglich den personellen Ausfall zu kompensieren. Nur aufgrund der zu niedrig angesetzten Abschläge verbleibt auch nach Anwendung der Härteregelung ein finanzieller Verlust von 18.000 Euro.

In diesem Fall greift die sog. Günstigkeitsregelung, wonach die Jahresfördersumme in Höhe von 96 % der Jahresfördersumme ohne Kürzung ausgereicht wird.

Jahresförderung nach Härtefall   230.400 Euro

b)   Härtefallregelung ab dem 1.9.2013

Die Härtefallregelung ist seit dem 1.9.2013 im neuen § 17 Abs. 6 verortet. **376** Die Neufassung der Härtefallregelung basiert auf den Erfahrungen aus der Praxis. Zur Vereinfachung des Verfahrens wird die sog. Günstigkeitsregelung (vgl. Rn. 375) als Regelfall übernommen. Nachdem die bisherige Formulierung teilweise zu Rückfragen und Problemen geführt hat, stellt Abs. 6 nunmehr klar, dass die Träger nach Anwendung der Härtefallregelung mit einer Förderung in Höhe von 96 % der ungekürzten Jahresförderung rechnen können. Dies erleichtert die Finanzplanung bei eingetretenen Förderkürzungen infolge des Nichteinhaltens des förderrelevanten Anstellungs- und Qualifikationsschlüssels. Abs. 6 stellt ausdrücklich darauf ab, dass die Träger eine hinreichende Personalreserve vorhalten und sich bei der Personalplanung nicht von vornherein an der Fördergrenze orientieren.

Das Verfahren zur Anwendung der Härtefallregelung ist gesondert in § 24 geregelt.

3. Abschnitt
Kindbezogene Förderung

§ 18
Zusätzliche Leistungen für die Tagespflegeperson

[1]Die Tagespflegeperson erhält vom örtlichen Träger der öffentlichen Jugendhilfe einen Qualifizierungszuschlag als zusätzliche Leistung im Sinn von Art. 20 Satz 1 Nr. 4 BayKiBiG. [2]Der Qualifizierungszuschlag ist durch den örtlichen Träger der öffentlichen Jugendhilfe zu differenzieren und beträgt mindestens 10 v.H. des vom örtlichen Träger der öffentlichen Jugendhilfe festgesetzten Tagespflegegeldes nach § 23 Abs. 2 Nr. 2 SGB VIII. [3]Kriterien zur Differenzierung des Qualifizierungszuschlags sind die Qualifikation der Tagespflegeperson sowie das Alter oder der persönliche Betreuungsbedarf der betreuten Kinder. [4]Der Qualifizierungszuschlag ist abhängig von der erfolgreichen Teilnahme der Tagespflegeperson an einer Qualifizierungsmaßnahme im Sinn von Art. 20 Satz 1 Nr. 1 BayKiBiG im Umfang von mindestens 100 Stunden und einer schriftlichen Erklärung zur Bereitschaft, an Fortbildungsmaßnahmen im Umfang von mindestens

15 Stunden jährlich teilzunehmen und auch unangemeldete Kontrollen zuzulassen. [5]Die Tagespflegeperson muss über die zur individuellen Bildungsbegleitung erforderlichen deutschen Sprachkenntnisse verfügen. [6]Von Satz 5 kann in begründeten Einzelfällen und zeitlich befristet im Einvernehmen mit dem örtlichen Träger der öffentlichen Jugendhilfe abgewichen werden.

Anmerkungen

377 Eine Tagespflegeperson erhält vom örtlichen Träger der öffentlichen Jugendhilfe pro betreutes Kind in Abhängigkeit von der Länge der Betreuungszeit ein sog. Tagespflegegeld. Die Höhe bestimmt dabei der örtliche Träger der öffentlichen Jugendhilfe (also der Landkreis oder die kreisfreie Stadt vertreten durch das Jugendamt, Art. 42 Abs. 3 AGSG) eigenverantwortlich. Dieses jeweilige örtlich gültige Tagespflegegeld wird durch den sog. Qualifizierungszuschlag für die qualifizierten Tagespflegepersonen im Sinne des Art. 20 BayKiBiG in Verbindung mit §§ 23, 43 SGB VIII angehoben.

Die Tagespflegeperson muss nach Satz 4 und 5 hierfür folgende Leistungen erbringen:
– vorherige Teilnahme an und erfolgreicher Abschluss einer Qualifizierungsmaßnahme in Höhe von mindestens 100 Stunden (à 45 Minuten); welche Kurse hierzu zugelassen werden, bestimmt nach Art. 20 Nr. 1 BayKiBiG der örtliche Träger der öffentlichen Jugendhilfe. Bis zum 31.8.2013 ist eine Qualifizierungsmaßnahme in Höhe von 60 Stunden (à 45 Minuten) ausreichend, vgl. § 28 Abs. 1 Satz 1.
– Vorlage einer Erklärung **in Schriftform** über
  – die Bereitschaft, während der Tätigkeit als Tagespflegeperson jedes Jahr an einer Fortbildungsmaßnahme in Höhe von 15 Stunden jährlich teilzunehmen, und
  – die Bereitschaft, unangemeldete Kontrollen der Aufsichtsbehörde, also des Jugendamtes, zuzulassen.

Es empfiehlt sich, die schriftliche Erklärung im Rahmen der Beantragung der Pflegeerlaubnis zu tun. Verweigert eine Tagespflegeperson irgendwann die Teilnahme an einer Fortbildungsmaßnahme oder öffnet sie bei einer unangemeldeten Kontrolle des Jugendamtes ihre Räumlichkeiten nicht, so verliert sie noch im gleichen Monat ihren Anspruch auf den Qualifizierungszuschlag.

Als weitere Voraussetzung für den Qualifizierungszuschlag müssen Tagespflegepersonen nach Satz 5 über hinreichende Deutschkenntnisse verfügen. Als Maßstab für die erforderlichen Deutschkenntnisse gilt auch wie bei den pädagogischen Kräften im Sinne des § 16 Abs. 1 Satz 2 das Sprachniveau B2 des gemeinsamen europäischen Referenzrahmens (vgl. § 16 Abs. 1 Satz 2, Rn. 341)

Ausnahmen sind zeitlich befristet im Einvernehmen mit dem Träger der öffentlichen Jugendhilfe möglich. Denkbar wäre, wenn für die Betreuung von Asylbewerbern, die kaum über deutsche Sprachkenntnisse verfügen, eine Tagespflegeperson benötigt wird, die sich in der Landessprache der Asylbewerber verständigen kann.

§ 18 bestimmt darüber hinaus die Kriterien über die Festlegung des Qualifizierungszuschlags, der gemäß Art. 20 Nr. 4 zu differenzieren ist.

Nach dem Wortlaut des § 18 gelten für eine Differenzierung folgende Kriterien:

– die Qualifikation der Tagespflegeperson,
– das Alter der Kinder und
– deren individueller Betreuungsbedarf.

Es genügt, wenn die Differenzierung nach einem Kriterium erfolgt.

Der Qualifizierungszuschlag beträgt mindestens 10 v.H. des vom örtlichen Träger der öffentlichen Jugendhilfe festgesetzten Tagespflegeentgelts, wobei nur der Betreuungsanteil des Tagespflegeentgelts berücksichtigt wird. Der Verpflegungsanteil bleibt unberücksichtigt. Es liegt im Ermessen des Trägers der öffentlichen Jugendhilfe, mit welchem prozentualen Anteil der Qualifizierungszuschlag beginnt und entsprechend differenziert wird.

> Beispiel:
> Nachdem der Differenzierungszuschlag bisher einheitlich 20 v.H. betragen hat, verzichtet ein Träger der öffentlichen Jugendhilfe auf Differenzierungsschritte zwischen 10 und 20 v.H. und differenziert in Schritten von jeweils 10 v.H. beginnend bei 20 v.H.

Für die Differenzierung des Qualifizierungszuschlags wurde den Trägern der öffentlichen Jugendhilfe eine Übergangszeit über § 28 Abs. 1 Satz 2 bis zum 31.12.2014 eingeräumt. Bis dahin kann nach der bisherigen Regelung verfahren werden.

Vorbemerkung zu §§ 19 bis 24

Die umfangreichsten Änderungen sind im dritten Abschnitt der AVBayKi- **378** BiG enthalten. Mit den neuen Vorschriften der §§ 19 bis 24 wurden alle notwendigen Verfahrensregelungen aufgenommen. Es finden sich Vorschriften
– zur Antragstellung und Bewilligung der kindbezogenen Förderung,

– der Feststellung von Basiswert, Qualitätsbonus und Elternbeitragszuschuss, den Abschlagszahlungen sowie
– der Durchführung von Belegprüfungen.

§ 19
Antragsverfahren

(1) ¹Zur Beantragung der kindbezogenen Förderung nach Art. 19 Nr. 6 BayKiBiG muss der Träger die förderrelevanten Daten über das vom Freistaat zur Verfügung gestellte Computerprogramm freigeben und den Antrag auf kindbezogene Förderung nach Art. 26 Abs. 1 Satz 1 BayKiBiG schriftlich (§ 126 Bürgerliches Gesetzbuch – BGB) bei der Aufenthaltsgemeinde der jeweiligen Kinder (Art. 18 Abs. 1 BayKiBiG) stellen. ²Für die Einhaltung der Frist nach Art. 19 Nr. 6 BayKiBiG gilt § 16 Abs. 2 des Ersten Buches Sozialgesetzbuch (SGB I) entsprechend. ³Die Sitzgemeinde prüft den Gesamtantrag, gibt ihn bei Vorliegen der Fördervoraussetzungen im vom Freistaat zur Verfügung gestellten Computerprogramm für alle anderen betroffenen Aufenthaltsgemeinden zur weiteren Bearbeitung frei und erlässt bezogen auf ihre Kinder den Förderbescheid. ⁴Nach Freigabe des Gesamtantrags durch die Sitzgemeinde verfahren die anderen Aufenthaltsgemeinden für die Gastkinderanträge in entsprechender Weise.

(2) ¹Die Gemeinden beantragen die staatliche Förderung nach Art. 18 Abs. 2 BayKiBiG schriftlich nach Art. 26 Abs. 1 Satz 2 BayKiBiG bei der Bewilligungsbehörde (Art. 28 BayKiBiG), nachdem sie die förderrelevanten Daten freigegeben haben. ²Für die Einhaltung der Frist nach Art. 18 Abs. 2 BayKiBiG ist der Zugang (§ 130 BGB) bei der Bewilligungsbehörde maßgeblich. ³Nach Prüfung erlässt die Bewilligungsbehörde einen Bescheid über die Förderung nach Art. 18 Abs. 2, Art. 19 und 21 BayKiBiG.

(3) Zu den aktuellen Daten im Sinn des Art. 19 Nr. 8 BayKiBiG zählen alle Daten, die für die Förderung nach dem Bayerischen Kinderbildungs- und -betreuungsgesetz erforderlich sind, insbesondere die Monatsdaten der betreuten Kinder und die Arbeitszeiten des vorhandenen Personals einschließlich der Fehlzeiten des Personals.

Anmerkungen

1. Antragsverfahren des Trägers gegenüber der Gemeinde

§ 19 Abs. 1 Satz 1 regelt das Antragsverfahren des Trägers für die kindbe- **379** zogene Förderung gegenüber der Aufenthaltsgemeinde. Das Antragsverfahren wird seit der Einführung von KiBiG.web mit dem onlinegestützten Verfahren abgewickelt und läuft in zwei Schritten ab.

– Freigabe aller Daten in KiBiG.web, die für die Berechnung der kindbezogenen Förderung erforderlich sind (Ist-Monatsdaten Kinder und Personal),
– Versendung eines vom Träger unterschriebenen Antragsformulars.

Gemäß Art. 26 BayKiBiG ist der Antrag des Trägers nach wie vor schriftlich bei der Gemeinde zu stellen. Zur Wahrung der Antragsfrist kommt es gemäß § 130 BGB auf den Eingang des Antrags bei der Aufenthaltsgemeinde an. Im Zweifelsfall muss der Träger den Nachweis erbringen, dass der Antrag schriftlich und fristgemäß (vgl. Art. 19 Nr. 6 BayKiBiG) bei der Aufenthaltsgemeinde eingegangen ist. Insofern ist es ratsam, dass sich Träger den Eingang des Antrags von der Aufenthaltsgemeinde bestätigen lassen. Die Träger können davon ausgehen, dass der Antragseingang bei der Gemeinde registriert wurde, wenn der Antrag bei der Gemeinde in KiBiG.web bestätigt wurde (Ampelstellung gelb).

Enthält ein Antrag an eine Gemeinde Kinder, die ihren gewöhnlichen Aufenthalt nicht in der Gemeinde haben, sind die Gemeinden über die Verweisung auf § 16 Abs. 2 SGB I verpflichtet, den Antrag für die betreffenden Kinder an die zuständige Aufenthaltsgemeinde weiterzuleiten. Eine bloße Änderungsbewilligung, dass für ein oder mehrere Kinder wegen des falschen Aufenthaltsorts keine Förderung geleistet wird, ist nicht mehr möglich.

Zur Erleichterung bietet sich für die Fälle von Kindern mit unzutreffender Aufenthaltsgemeinde folgendes Verfahren an:

Die Gemeinde bewilligt den Antrag des Trägers einschließlich der Kinder, die ihren Aufenthaltsort nicht in der Antragsgemeinde haben. Anschließend eruiert die Gemeinde die korrekte Aufenthaltsgemeinde und rechnet mit dieser den kommunalen Förderanteil außerhalb von KiBiG.web ab. Für dieses Verfahren steht in KiBiG.web das Modul „kommunaler Mittelausgleich" zur Verfügung. Über dieses Modul wird es den Gemeinden ermöglicht, eine Auswahl der Kinder mit falscher Aufenthaltsgemeinde zu tätigen und ein Antragsformular erstellen zu lassen, in dem der kommunale, kindbezogene Förderanteil ausgewiesen wird.

Beispiel:

In einer Einrichtung werden 100 Kinder aus drei Gemeinden betreut, für Gemeinde A 70 Kinder, für Gemeinde B 20 Kinder und für Gemeinde C 10 Kinder. Bei der Prüfung der Anträge durch die Gemeinde C stellt diese fest, dass zwei Kinder den gewöhnlichen Aufenthalt in der Gemeinde B und ein Kind in der Gemeinde D haben.

Gemeinde C erlässt einen Bewilligungsbescheid gegenüber dem Träger für 10 Kinder. Anschließend erstellt die Gemeinde C über das Modul „kommunaler Mittelausgleich" jeweils ein Formular zur Beantragung der Erstattung des kommunalen Förderanteils an Gemeinde B und Gemeinde D.

Gemeinde B beantragt die staatliche Refinanzierung für alle 10 Kinder, für die die Gemeinde B gegenüber dem Träger die Bewilligung erlassen hat.

2. Vorrang der Sitzgemeinde

380 § 19 Abs. 1 Satz 3 und 4 regelt das Bewilligungsverfahren, wenn in einer Einrichtung Kinder aus mehreren Gemeinden betreut werden und der Träger für seine Einrichtung dementsprechend Anträge an mehrere Gemeinden gestellt hat. Demnach prüft die Sitzgemeinde das Vorliegen der Fördervoraussetzungen im Sinne des Art. 2 und 19 BayKiBiG für alle anderen Aufenthaltsgemeinden. Der Verordnungsgeber geht davon aus, dass in den Einrichtungen die meisten Kinder ihren gewöhnlichen Aufenthaltsort in der Sitzgemeinde haben. Erst wenn die Sitzgemeinde das Vorliegen der Fördervoraussetzungen geprüft hat, entscheiden die anderen Gemeinden über die Anträge.

Hinweis:

In KiBiG.web wird eine Freigabe bei der Endabrechnung für die sog. Gastgemeinden erst dann ermöglicht, wenn die Sitzgemeinde den Antrag des Trägers freigegeben hat. Solange die Freigabe durch die Sitzgemeinde noch nicht erfolgt ist, wird dies bei den Gastgemeinden durch ein rotes Kreuz markiert.

3. Antragsverfahren der Gemeinde gegenüber dem Freistaat

381 Auch für die Antragstellung der Gemeinde auf die staatliche Förderung gegenüber dem Träger der öffentlichen Jugendhilfe gilt Schriftform. Auch hier kommt es gemäß § 130 BGB auf den Eingang beim Träger der öffentlichen Jugendhilfe an.

Die Schriftform gilt im Übrigen auch für die Beantragung der Bundesmittel zur Betriebskostenförderung für Kinder unter drei Jahren. Die bloße

Freigabe der Mittel in KiBiG.web durch die Gemeinden ist für das Erfordernis der Schriftform nicht ausreichend.

4. Aktualisierung der förderrelevanten Daten

In § 19 Abs. 3 wird definiert, was konkret unter dem Begriff „förderrelevan-   **382** te Daten" für die Berechnung der kindbezogenen Förderung im Sinne des Art. 19 Nr. 8 BayKiBiG zu verstehen ist. Demnach gehören hierzu die Ist-Monatsdaten Kinder und die Ist-Monatsdaten Personal einschließlich der Abwesenheitszeiten des Personals im Sinne des § 17 Abs. 4. Damit ist nunmehr sichergestellt, dass die vollumfängliche Erfassung der Abwesenheits- bzw. Fehlzeitenzeiten des pädagogischen Personals für alle Träger verbindlich ist. Ansonsten liegt keine vollständige Antragstellung im Sinne des Art. 26 BayKiBiG vor, was zu einer verfristeten Antragstellung führt, wenn der Träger die Angaben nicht bis spätestens 30.4. nachholt.

§ 20
Basiswert und Qualitätsbonus

(1) Bei der Berechnung des Basiswerts nach Art. 21 Abs. 3 Satz 2 BayKi-BiG werden die Entwicklungen der Tarife nach dem Tarifvertrag für den öffentlichen Dienst (TVöD) – Allgemeiner Teil – und dem Besonderen Teil Pflege- und Betreuungseinrichtungen (BT-B) sowie die Entgeltnebenkosten berücksichtigt.

(2) [1]Kindertageseinrichtungen haben einen Anspruch auf ein Zwölftel des als Qualitätsbonus nach Art. 23 Abs. 1 Satz 3 BayKiBiG festgesetzten Betrags für jeden Monat, in dem die Fördervoraussetzungen nach § 17 Abs. 1 bis 5 vorliegen. [2]Der Qualitätsbonus findet keine Anwendung bei der Berechnung der staatlichen kindbezogenen Förderung in Fällen der Erhöhung der Buchungszeitfaktoren nach § 25 Abs. 1 Sätze 2 und 3.

(3) Die Beantragung des Qualitätsbonus erfolgt im Rahmen der kindbezogenen Förderung nach § 19.

Anmerkungen

Gemäß Art. 21 Abs. 3 Satz 2 BayKiBiG wird der Basiswert jährlich vom   **383** StMAS unter Berücksichtigung der Personalkosten bekannt gegeben. In § 20 Abs. 1 erfolgt die Klarstellung, dass entsprechend der seit der Einführung der kindbezogenen Förderung zum 1.9.2006 gängigen Praxis des

StMAS die Personalkosten anhand der Entwicklung der Tarifverträge des Öffentlichen Dienstes (TVöD) berücksichtigt werden.

384 § 20 Abs. 2 konkretisiert den Anspruch der Träger auf den Qualitätsbonus. Demnach erhalten die Träger den Qualitätsbonus nur für die Kalendermonate, in denen ein Förderanspruch auf die kindbezogene Förderung besteht. Für Kalendermonate, in denen z. B. wegen des Nichteinhaltens des förderrelevanten Mindestanstellungsschlüssels kein Förderanspruch besteht, hat der betreffende Träger auch keinen Anspruch auf den Qualitätsbonus.

Das StMAS hat die Höhe des Qualitätsbonus für das Bewilligungsjahr 2013/2014 mit dem 162. Newsletter bekannt gegeben. Demnach beträgt der Qualitätsbonus 52 Euro.

Für den Qualitätsbonus ist kein eigenes Antragsverfahren erforderlich. Er wird mit der kindbezogenen Förderung berechnet und festgestellt.

§ 21
Beitragszuschuss

(1) Der Beitragszuschuss nach Art. 23 Abs. 3 Sätze 1 und 2 BayKiBiG in Verbindung mit Art. 35 Abs. 1, Art. 37 Abs. 1 BayEUG beträgt monatlich 100 Euro für maximal zwölf Monate je Kind; § 26 Abs. 1 Satz 1 gilt entsprechend.

(2) ¹Die Beantragung der Beitragszuschüsse nach Abs. 1 erfolgt durch den Träger der Kindertageseinrichtung nach § 19 für jedes Kind, für das nach Art. 21 Abs. 1 BayKiBiG die staatliche Förderung gewährt wird. ²Ist der tatsächlich erhobene Elternbeitrag niedriger als der staatliche Zuschuss, verbleibt der überschießende Betrag beim Träger. ³Bei Kindern im Sinn von Art. 37 Abs. 1 Sätze 2 und 3 BayEUG müssen die Eltern eine Kopie des Antrags nach Art. 37 Abs. 1 Sätze 2 und 3 BayEUG der Kindertageseinrichtung vorlegen.

Anmerkungen

Siehe auch Anm. zu Art. 23 Abs. 3 BayKiBiG Rn. 231–235.

385 In § 21 wird die Höhe des Elternbeitragszuschuss bestimmt; ab dem 1.9.2013 beträgt er 100 Euro monatlich und wird maximal für 12 Kalendermonate ausbezahlt. Analog zum Qualitätsbonus wird der Elternbeitragszuschuss mit der kindbezogenen Förderung beantragt und bewilligt.

Sofern der Elternbeitragszuschuss höher ist als die von den Eltern zu bezahlenden Elternbeitrage verbleibt der Restbetrag beim Träger.

> Beispiel:
> Eltern buchen für ihr Kind die Zeitkategorie > 5 h bis 6 h. Hierfür wird ein Elternbeitrag von 70 Euro fällig. Der Träger reduziert den Beitrag um 70 Euro; die Eltern werden beitragsfrei gestellt. Der Träger beantragt im Gegenzug den Elternbeitragszuschuss und erhält 100 Euro.

Kinder, bei denen auf Wunsch der Eltern der Eintritt der Schulpflicht vorgezogen wird (sog. Kann-Kinder im Sinne von Art. 37 Abs. 1 Satz 2 und 3 BayEUG) erhalten die Beitragsermäßigung erst mit dem Kalendermonat, in dem sie die vorzeitige Einschulung bei der Grundschule angezeigt bzw. beantragt haben. Hierfür legen die Eltern eine Kopie des Antrags an die Schule bei der Kindertageseinrichtung vor. Die Grundschulen wurden durch das StMUK über das Verfahren entsprechend informiert.

Sonderfall:

Ein Kind besucht als Vorschulkind eine Kindertageseinrichtung, die Eltern erhalten die Beitragsermäßigung, der Träger rechnet den Beitragszuschuss ab. Im Mai stellt sich heraus, dass das Kind aufgrund einer Entwicklungsverzögerung vom Schulbesuch zurückgestellt wird. Das Kind wird im nächsten Jahr dann die Einrichtung verlassen und in eine Schulvorbereitende Einrichtung wechseln. Nachdem es sich bei der SVE um keine BayKiBiG-Einrichtung handelt, stellt sich die Frage, ob der Träger den Elternbeitrag zu Recht erhalten hat oder diesen ggf. zurückerstatten muss, nachdem das Kind im Vorschuljahr keine Kindertageseinrichtung besucht.

Es wurde entschieden, dass der Beitragszuschuss für das Kind zu Recht geleistet wurde und es zu keiner Erstattung kommt. Die Tatsache, dass das Kind im letzten Jahr vor der Einschulung – im Jahr der Zurückstellung – eine SVE besucht, ist als nicht förderschädlich anzusehen, zumal die Eltern für die SVE ebenfalls beitragspflichtig sind.

§ 22
Abschlagszahlungen

(1) [1]Die freigemeinnützigen und sonstigen Träger von Kindertageseinrichtungen und Großtagespflege nach Art. 20a BayKiBiG haben im jeweiligen Bewilligungszeitraum gegen die Aufenthaltsgemeinde einen Anspruch auf mindestens vier Abschlagszahlungen in Höhe von insgesamt 96 v.H. der im Bewilligungszeitraum zu erwartenden kindbezogenen Förderung und

des Qualitätsbonus. [2]Mit den Abschlagszahlungen werden auch die auf den jeweiligen Abschlagszeitraum entfallenden Beitragszuschüsse nach Art. 23 Abs. 3 BayKiBiG quartalsweise ungekürzt an die Träger ausbezahlt. [3]Der Träger beantragt die Abschlagszahlungen unter Verwendung des bereitgestellten Computerprogramms. [4]Ein Änderungsantrag ist zulässig, wenn sich die Personalstunden im Lauf eines Quartals um mindestens 15 v.H. erhöht haben.

(2) [1]Die Bewilligungsbehörden für die staatliche Betriebskostenförderung (Art. 28 BayKiBiG) leisten Abschlagszahlungen in Höhe von 96 v.H. der im Bewilligungszeitraum zu erwartenden staatlichen Fördersumme zum 15. Februar, 15. Mai und 15. August jeweils in Höhe von 23 v.H. sowie zum 15. November in Höhe von 31 v.H. an die kreisfreien Städte und kreisangehörigen Gemeinden. [2]Die kreisfreien Städte und die kreisangehörigen Gemeinden müssen den auf die freigemeinnützigen und sonstigen Träger entfallenden Teil der Abschlagszahlungen innerhalb von zwei Wochen nach Eingang der jeweiligen staatlichen Quartalszahlung an die freigemeinnützigen und sonstigen Träger auszahlen, soweit keine andere Abschlagsvereinbarung getroffen wurde. [3]Für die kreisfreien Städte gilt Satz 2 entsprechend mit der Maßgabe, dass die Frist von zwei Wochen für die Abschlagszahlungen an die freigemeinnützigen und sonstigen Träger jeweils mit den in Satz 1 genannten Terminen beginnt. [4]Im Fall des Verzugs sind die Abschlagszahlungen an die freigemeinnützigen und sonstigen Träger ab dem fünften Tag nach Fälligkeit zu verzinsen; § 44 SGB I gilt entsprechend.

(3) Für die kindbezogene Förderung der Tagespflege nach Art. 20 BayKiBiG hat der Träger der öffentlichen Jugendhilfe einen Anspruch auf Abschlagszahlungen gegenüber dem Freistaat Bayern; Abs. 2 gilt entsprechend.

(4) Nimmt der Träger die in Art. 19 Nr. 8 BayKiBiG aufgeführten Meldungen nicht rechtzeitig vor, so ist die nächste Auszahlung der Abschlagszahlungen an den Träger auszusetzen.

Anmerkungen

386 In enger Anlehnung an die bisherige Praxis regelt § 22 die Modalitäten für das Abschlagsverfahren. Zunächst wird festgehalten, dass freigemeinnützige und freie Träger einen Anspruch auf Abschlagszahlungen in Höhe von bis zu 96 % der zu erwartenden Jahresfördersumme haben. In Einzelfällen kam es vor, dass Gemeinden die Zahlung insbesondere bei Gastkinderfällen

verweigert hatten. Wegen des fehlenden Rechtsanspruchs konnten betroffene Träger die Zahlung von Abschlägen nicht einklagen. Dies kann bei Trägern mit überörtlichem Einzugsbereich, die Kinder aus sehr vielen Gemeinden betreuen, zu wirtschaftlichen Problemen führen, da diese Träger dann einen Großteil ihrer Betriebskosten auf eigene Kosten vorfinanzieren müssen.

Die Abschlagszahlungen errechnen sich grundsätzlich anhand der zu Beginn eines Bewilligungsjahres vorhandenen Daten. Dies bedeutet nicht, dass im Antrag auf Abschlag ausschließlich die Kinder aufsummiert werden, die tatsächlich in der Einrichtung aufgenommen wurden. Anhand von Erfahrungswerten können zusätzliche Kinder im Antrag erfasst werden, wenn auch in den Vorjahren eine bestimmte Zahl von Kindern nachträglich während des laufenden Bewilligungsjahres aufgenommen wurden. Auch können Ferien- und Kurzzeitbuchungen durch zusätzliche Kinder im Antrag auf Abschlag aufgenommen werden. Die Abschlagssumme soll den Betrag von 96 % der zu erwartenden Jahresfördersumme jedoch nicht überschreiten.

Die Elternbeitragszuschüsse werden im Rahmen der Abschlagszahlungen zu 100 % und demnach ohne den 4 %igen Abschlag ausbezahlt.

Sofern sich die Personalkosten binnen eines Bewilligungsjahres um mindestens 15 % erhöhen, besteht für die Träger die Möglichkeit eines Folgeantrags. Damit wollte der Verordnungsgeber das Verfahren straffen und verhindern, dass infolge von nur geringfügigen Änderungen eine Vielzahl an Folgeanträgen zu bearbeiten ist.

Verfahren

Das Verfahren läuft im Gegensatz zur Endabrechnung formlos, eine Schriftform ist nicht geregelt. Es steht den Gemeinden und staatlichen Aufsichtsbehörden frei, eigene Verfahrensregeln zu treffen. Dies scheint aufgrund der Höhe der Zahlungen empfehlenswert.

In Abs. 2 Satz 2 wurde entsprechend der bisherigen Praxis eine quartalweise Auszahlung der Abschläge an die kreisfreien Städte und kreisangehörigen Gemeinden geregelt. Um die Planungssicherheit der Träger zu erleichtern, sind die Städte und Gemeinden verpflichtet, die Abschläge zeitnah innerhalb von zwei Wochen an die Träger weiterzuleiten.

Rechtsfolgen des Versäumnisses der Meldung im Sinne des Art. 19 Nr. 8 BayKiBiG

Gemäß Art. 19 Nr. 8 BayKiBiG sind die Träger von Kindertageseinrichtungen verpflichtet, die aktuellen Daten für die kindbezogene Förderung unter

Verwendung von KiBiG.web quartalsweise zu aktualisieren. § 22 Abs. 4 regelt nun die Rechtsfolge, wenn die Aktualisierung zu spät oder gar nicht erfolgt. Demnach haben die Gemeinden die nächste Abschlagszahlung an den Träger auszusetzen.

> Beispiel:
> Eine Gemeinde stellt fest, dass zwei Einrichtungen in ihrem Gemeindegebiet am 10.1. die Daten nur bis einschließlich September aktualisiert haben. Die vollständige Datenaktualisierung würde am 15.1. alle Daten bis einschließlich Dezember umfassen. Die Gemeinde informiert die beiden Träger und fordert diese auf, die Aktualisierung bis 15.1. vorzunehmen.
> Sollte die Datenaktualisierung nicht bis zum 15.1. erfolgt sein, wird die nächste Abschlagszahlung zum 15.4. bzw. 15.2. (ab 2015) ausgesetzt. Erfüllt der Träger ansonsten alle weiteren Fördervoraussetzungen, erhält der Träger die Auszahlung der Jahresfördersumme im Rahmen der Endabrechnung ohne Kürzung.

Hinweis:
Mit dem Berichtsgenerator in KiBiG.web können die Gemeinden kontinuierlich und ohne großen Aufwand die Aktualität der Daten der Einrichtungen prüfen. Über den Bericht „Fortschritt Monatsdaten" erhalten die Gemeinden einen Überblick über alle Einrichtungen im Gemeindegebiet und den Stand bis zu welchem Kalendermonat die Daten aktualisiert wurden. So können die Gemeinden ihre Träger ggf. im Vorfeld vor dem jeweiligen 15. eines Aktualisierungszeitpunkts auf die Erforderlichkeit der Aktualisierung hinweisen und somit das Aussetzen der nächsten Abschlagszahlung verhindern.

Die Regelungen zu den Abschlägen gelten für die Tagespflege entsprechend, so dass die örtlichen Träger der öffentlichen Jugendhilfe vierteljährliche Abschlagszahlungen bei den Regierungen beantragen können.

§ 23
Belegprüfungen in Kindertageseinrichtungen und Kindertagespflege; Rücknahme-, Widerrufs- und Vollstreckungsverfahren

(1) [1]Die Bewilligungsbehörden (Art. 28 BayKiBiG) sind verpflichtet zu prüfen, ob der Träger der Kindertageseinrichtungen und die Tagespflegepersonen die tatsächlichen und rechtlichen Voraussetzungen für die kindbezogene Förderung im Prüfungszeitraum erfüllt haben. [2]Die Prüfung umfasst einen Zeitraum von mindestens einem Jahr und erstreckt sich höchstens auf die fünf letzten Jahre. [3]Die Regierungen, Kreisverwaltungsbehörden und Gemeinden (Abs. 6) sollen gemeinsam jährlich Belegprüfun-

gen durchführen, wobei insgesamt mindestens 20 von Hundert der erfassten Förderfälle zu prüfen sind.

(2) ¹Die Bewilligungsbehörden sind berechtigt, Bücher, Belege und sonstige erforderliche Geschäftsunterlagen vom Träger und der Gemeinde zum Zwecke der Belegprüfung anzufordern sowie die Verwendung der Förderung durch örtliche Erhebungen zu prüfen oder durch Beauftragte prüfen zu lassen. ²Der Träger der Kindertageseinrichtung und der Großtagespflege sowie die Tagespflegepersonen haben die erforderlichen Unterlagen zur Verfügung zu stellen und die notwendigen Auskünfte zu erteilen; § 66 SGB I gilt entsprechend.

(3) Stellt die Bewilligungsbehörde im Rahmen der Belegprüfung fest, dass die Voraussetzungen für die kindbezogene Förderung nicht erfüllt oder weggefallen sind, ist sie verpflichtet, die Sitzgemeinde, die betroffenen Aufenthaltsgemeinden und andere betroffene Träger der öffentlichen Jugendhilfe unverzüglich darüber zu informieren.

(4) ¹Für die Rücknahme, den Widerruf oder die Erstattung der kindbezogenen Förderung gelten §§ 39 bis 51 des Zehnten Buches Sozialgesetzbuch, für das Vollstreckungsverfahren gelten die Vorschriften des Zweiten Hauptteils des Bayerischen Verwaltungszustellungs- und Vollstreckungsgesetzes. ²Soweit mehrere Aufenthaltsgemeinden nach Art. 18 Abs. 1 BayKiBiG betroffen sind, betreibt die Sitzgemeinde der jeweiligen Kindertageseinrichtung das Rücknahme-, Widerrufs-, Erstattungs- und Vollstreckungsverfahren gegen den freigemeinnützigen oder sonstigen Träger mit Wirkung für alle Aufenthaltsgemeinden. ³Sofern die Sitzgemeinde keine Aufenthaltsgemeinde im Sinn von Art. 18 Abs. 1 BayKiBiG ist, überträgt die örtlich zuständige Bewilligungsbehörde die Aufgabe nach Satz 2 auf die überwiegend betroffene Aufenthaltsgemeinde. ⁴Bei überörtlichen Fällen kann das Staatsministerium für Arbeit und Soziales, Familie und Integration die Aufgabe nach Satz 2 an eine betroffene Bewilligungsbehörde nach Art. 28 BayKiBiG übertragen. ⁵Die Sitzgemeinde, die überwiegend betroffene Aufenthaltsgemeinde oder die nach Satz 4 zuständige Bewilligungsbehörde hat erstattete kindbezogene Fördermittel unverzüglich nach Eingang anteilig an die betroffenen Aufenthaltsgemeinden weiterzuleiten.

(5) ¹Zur statistischen Erhebung berichten die Bewilligungsbehörden dem Staatsministerium für Arbeit und Soziales, Familie und Integration jährlich über die Zahl und Ergebnisse der Belegprüfungen nach Abs. 1 Satz 1. ²Das Staatsministerium für Arbeit und Soziales, Familie und Integration

ist darüber hinaus berechtigt, in Einzelfällen Auskünfte über die Belegprüfung von den Bewilligungsbehörden anzufordern.

(6) [1]Die Sitzgemeinden und Aufenthaltsgemeinden können eigene Belegprüfungen bei den Trägern von Kindertageseinrichtungen und Kindertagespflege durchführen. [2]Abs. 1 bis 3 gelten entsprechend.

Anmerkungen

1. Belegprüfung

387 § 23 regelt die Durchführung von Belegprüfungen der kindbezogenen Förderung. Mit der neuen Vorschrift des § 23 reagiert der Verordnungsgeber auf die zu geringe Quote der durchgeführten Belegprüfungen. In § 23 werden die Zuständigkeit, das Verfahren insbesondere bei Rückforderungen und die Prüfquote festgelegt.

Zuständig für die Belegprüfungen sind die Bewilligungsbehörden für die staatliche Betriebskostenförderung im Sinne des Art. 28 Satz 1 BayKiBiG. Die Bewilligungsbehörden sollen jährlich 20 % der im KiBiG.web erfassten Kindertageseinrichtungen und Tagespflegepersonen erfassen. Ziel ist es, dass in einem 5-Jahres-Turnus alle Einrichtungen und Tagespflegepersonen mindestens einmal geprüft werden. Ein Abweichen von der jährlichen Prüfquote ist insofern unproblematisch, wenn sichergestellt ist, dass innerhalb von fünf Jahren eine vollständige Prüfung aller Fälle erfolgt ist. Die Prüfung erfolgt jeweils mindestens für ein Abrechnungsjahr und kann sich im Einzelfall auf bis zu fünf Bewilligungsjahre erstrecken. Die Entscheidung hierüber liegt im pflichtgemäßen Ermessen der Bewilligungsbehörde. Ein längerer Prüfzeitraum ist dann angezeigt, wenn die Ergebnisse einer Prüfung den Verdacht begründen, dass in den vergangenen Jahren Fördergelder zu Unrecht bewilligt und ausbezahlt wurden.

Bei der Belegprüfung stellen die Bewilligungsbehörden fest, ob die Bewilligung der kindbezogenen Förderung zu Recht erfolgt ist. Die Bewilligungsbehörden können die hierfür erforderlichen Unterlagen vom Träger anfordern. Dies kann im Rahmen einer Belegprüfung vor Ort oder durch Vorlage relevanter Unterlagen bei der Bewilligungsbehörde geschehen. Für die Einsichtnahme von Buchungsbelegen, Beobachtungsbögen oder Arbeitsverträgen empfiehlt sich eine Vorortprüfung, da Träger berechtigterweise Originalunterlagen ungern auf dem Postwege versenden.

Bei der Durchführung von Belegprüfungen empfiehlt es sich, diese zusammen mit der Sitzgemeinde der Einrichtung durchzuführen, da Unrechtmäßigkeiten sowohl den staatlichen wie den kommunalen Förderanteil betreffen und so Synergien genutzt werden können.

Gemäß § 23 Abs. 2 Satz 2 haben Träger und Gemeinden eine Mitwirkungspflicht. Demnach besteht bei fehlender Mitwirkung die Möglichkeit nach § 66 SGB I die nächste Abschlagszahlung auszusetzen und diese erst nach erfolgter Mitwirkung nachzuholen. Die Entscheidung, ob eine ausgesetzte Abschlagszahlung nach erfolgter Mitwirkung nachbezahlt wird, liegt im Ermessen der Bewilligungsbehörde.

2. Rückforderungsverfahren

Stellt sich im Rahmen einer Belegprüfung heraus, dass die kindbezogene **388** Förderung ganz oder teilweise zu Unrecht erbracht wurde, hat die Bewilligungsbehörde die Sitzgemeinde, betroffene Gastgemeinden und ggf. einen anderen betroffenen Träger der öffentlichen Jugendhilfe über diesen Umstand zu informieren.

Für das Rücknahmeverfahren sind die Vorschriften der §§ 39 bis 51 SGB X anzuwenden, wobei bei der Rücknahme von Verwaltungsakten in der Regel die §§ 44 und 45 SGB X einschlägig sein werden, die Rückforderung von zu Unrecht geleisteten Zahlungen erfolgt über § 50 SGB X.

Zur Vereinfachung des Rücknahmeverfahrens, insbesondere wenn mehrere Gemeinden betroffen sind, hat der Verordnungsgeber die Zuständigkeit für die Durchführung des Rücknahmeverfahrens in die Hand der Sitzgemeinde gelegt. Die Sitzgemeinde prüft im Rahmen ihrer Zuständigkeit auch die Rücknahme- und Erstattungsmöglichkeiten für die Gastgemeinden.

Bei überörtlichen Fällen, wenn etwa Gemeinden aus verschiedenen Landkreisen oder kreisfreien Städten betroffen sind, kann das StMAS die Zuständigkeit auf eine Bewilligungsbehörde übertragen.

> Beispiel:
> In einer Einrichtung werden Kinder aus der Sitzgemeinde A und drei weiteren Gemeinden aus demselben Landkreis betreut. Die Jahresfördersumme ist für zwei Kalendermonate zu kürzen.
> Die Zuständigkeit für das Rücknahmeverfahren liegt bei der Sitzgemeinde A. Das zuständige Landratsamt stellt zunächst die Höhe des Erstattungsanspruchs gegenüber den Gemeinden für den staatlichen Förderanteil fest. In einem zweiten

Schritt stellt die Gemeinde A den Erstattungsanspruch der betroffenen Gemeinden gegenüber dem Träger fest. Die Gemeinde A erlässt den Rücknahmebescheid gemäß § 45 SGB X für alle betroffenen Gemeinden und leitet die vom Träger erstatteten Rückforderungsbeträge an die beiden anderen Gemeinden weiter.

> **Beispiel:**
> Eine Einrichtung liegt in einem Landkreis unmittelbar am Stadtrand einer kreisfreien Stadt. In der Einrichtung werden Kinder aus mehreren kreisangehörigen Gemeinden des Landkreises, der benachbarten kreisfreien Stadt und aus einer kreisangehörigen Gemeinde des Nachbarlandkreises betreut. Bei der Belegprüfung stellt sich heraus, dass die Förderung für zwei Kalendermonate zurückzufordern ist.
> Nachdem zwei Landkreise und eine kreisfreie Stadt betroffen sind, bietet sich an, die Zuständigkeit an die betroffene Regierung als Bewilligungsbehörde für die kreisfreie Stadt zu geben. Die Regierung stellt zunächst die Höhe des Erstattungsbetrags für die staatliche Förderung der kreisfreien Stadt gegenüber der Regierung sowie der Landkreisbehörden gegenüber den kreisangehörigen Gemeinden fest. In einem zweiten Schritt stellt die Regierung den Erstattungsanspruch der jeweiligen Gemeinden gegenüber dem Träger fest.

> **Beispiel:**
> In einer Einrichtung werden Kinder aus drei Gemeinden betreut. Bei der Belegprüfung stellt sich heraus, dass bei zwei Kindern aus der Gemeinde B der Migrationsfaktor 1,3 zu Unrecht angesetzt wurde.
> Betroffen ist nur Gemeinde B. Nachdem das Landratsamt die staatliche Förderung von der Gemeinde B zurückverlangt hat, wird die Gemeinde B eine Rückforderung der zu viel bezahlten Fördermittel an den Träger durchsetzen.

Hinweis:

Die Rücknahme eines rechtswidrigen Verwaltungsakts und die Rückforderung von zu Unrecht ausbezahlten Förderbeträgen an einen Träger wird sich im Verhältnis zwischen Träger und Gemeinde nicht immer verwirklichen lassen, weil sich der Träger auf Vertrauensschutz in den Bestand eines Verwaltungsakts und dessen Rechtmäßigkeit wird berufen können. Zudem wird der Träger die Fördermittel im Zeitpunkt der Rücknahme bereits vollständig verbraucht haben. Die Gemeinden müssen aber ihrerseits die zu viel ausgereichte staatliche kindbezogene Förderung in jedem Fall erstatten, da sich die Gemeinden im Verhältnis zur staatlichen Bewilligungsbehörde nicht auf Vertrauensschutz berufen können.

§ 24
Antragsverfahren in Härtefällen

[1]Der Träger der Einrichtung kann im Rahmen der Endabrechnung einen schriftlichen Antrag auf Anerkennung eines Härtefalls unter Darlegung der Gründe für das Vorliegen eines Härtefalltatbestands nach § 17 Abs. 6 stellen. [2]Nach Prüfung des Antrags leitet die Gemeinde den Antrag an die Bewilligungsbehörde (Art. 28 BayKiBiG) weiter. [3]Kommt die Bewilligungsbehörde zu dem Ergebnis, dass der Antrag unbegründet ist, erlässt sie den Förderbescheid unter Darlegung der Gründe für die Kürzung der Förderung und die Ablehnung des Härtefallantrags. [4]Hält die Bewilligungsbehörde den Antrag für begründet, leitet sie den Antrag und einen Aktenvermerk mit Sachverhaltsschilderung und Begründung über die örtlich zuständige Regierung an das Staatsministerium für Arbeit und Soziales, Familie und Integration zur Einholung der Zustimmung weiter. [5]Das Staatsministerium für Arbeit und Soziales, Familie und Integration kann das Zustimmungsverfahren nach § 17 Abs. 6 Satz 1 im Einzelfall oder allgemein an eine nachgeordnete Behörde übertragen.

Anmerkungen siehe unter Rn. 374 ff.

§ 25
Buchungszeitfaktoren

(1) [1]Es gelten folgende Buchungszeitfaktoren:
1. für Kinder unter drei Jahren und Schulkinder:
   - 0,5 für eine Buchungszeit von mehr als einer bis einschließlich zwei Stunden
   - 0,75 für eine Buchungszeit von mehr als zwei bis einschließlich drei Stunden
2. für alle Kinder:
   - 1,00 für eine Buchungszeit von mehr als drei bis einschließlich vier Stunden
   - 1,25 für eine Buchungszeit von mehr als vier bis einschließlich fünf Stunden
   - 1,50 für eine Buchungszeit von mehr als fünf bis einschließlich sechs Stunden
   - 1,75 für eine Buchungszeit von mehr als sechs bis einschließlich sieben Stunden
   - 2,00 für eine Buchungszeit von mehr als sieben bis einschließlich acht Stunden

- 2,25 für eine Buchungszeit von mehr als acht bis einschließlich neun Stunden
- 2,50 für eine Buchungszeit von mehr als neun Stunden.

[2]Der Buchungszeitfaktor für die staatliche kindbezogene Förderung in Kindertageseinrichtungen erhöht sich um 0,15 für jedes Kind unter drei Jahren sowie für Kinder im Sinn von Art. 21 Abs. 5 Sätze 5 und 6 BayKiBiG. [3]Im Rahmen einer zusätzlichen staatlichen Leistung nach Art. 23 Abs. 2 BayKiBiG erhöht sich der Buchungszeitfaktor für jedes Kind, das einen Vorkurs nach § 5 Abs. 2 besucht, im letzten Jahr vor der Einschulung um 0,1, und für jedes Kind, das einen Vorkurs nach § 5 Abs. 3 besucht, im letzten Jahr vor der Einschulung um 0,4. [4]Die Erhöhungen nach Sätzen 2 und 3 finden keine Berücksichtigung bei der Ermittlung des Anstellungsschlüssels und der Fachkraftquote.

(2) [1]Bei Schulkindern können außerhalb der Schulferien Zeiten zwischen 8.00 Uhr und 11.00 Uhr nicht in die förderfähige Buchungszeit mit einbezogen werden. [2]Bei höheren Buchungen in den Ferienzeiten wird zur Bestimmung des Buchungszeitfaktors ein gesonderter Durchschnitt aller Ferienbuchungen ermittelt.

Inhaltsübersicht   Rn.

Anmerkungen

389 § 25 enthält ergänzende Bestimmungen zu den Buchungszeitfaktoren nach Art. 21 Abs. 4 BayKiBiG.

1. Buchungszeitfaktoren

Nach Art. 21 Abs. 2 BayKiBiG berechnet sich die jährliche Förderung aus dem Produkt von Basiswert, Gewichtungs- und Buchungszeitfaktor.

Die Höhe dieser Buchungszeitfaktoren legt gemäß Art. 21 Abs. 4 Satz 6 BayKiBiG das Bayerische Staatsministerium für Arbeit und Soziales, Familie und Integration in § 19 Abs. 1 fest.

Die Buchungszeitfaktoren reichen von 0,5 für mehr als eine bis einschließlich zwei Stunden bis hin zu 2,5 für mehr als 9 Stunden. Für jede Stunde mehr gibt es demnach einen um 0,25 erhöhten Buchungszeitfaktor, das heißt eine um 25 Prozent des Basiswertes erhöhte Förderung. Dies beruht darauf, dass der Basiswert auf eine tägliche (über drei) bis zu vierstündige pädagogische Arbeit bezogen ist (s. Art. 21 Abs. 3 Satz 1 BayKiBiG) und daher eine Stunde einem Viertel des Basiswertes entspricht.

Nach Abs. 1 Nr. 1 gelten die **Buchungszeitfaktoren 0,5** (für mehr als eine bis einschließlich zwei Stunden) **und 0,75** (für mehr als zwei bis einschließlich drei Stunden) **nur für Kinder unter drei Jahren und für Schulkinder**, also nicht für Kinder im Alter von drei Jahren bis zur Einschulung. Dies beruht darauf, dass nach Art. 21 Abs. 4 Satz 4 BayKiBiG bei Kindern dieser Altersstufe erst eine pädagogische Förderung von mehr als drei Stunden pro Tag bezuschusst wird – kürzere Zeiten werden dem Bildungsauftrag für diese Altersgruppe nicht gerecht; s. näher Erl. zu Art. 21 BayKiBiG Rn. 205 ff.

Die **Buchungszeitfaktoren ab 1,0** und höher (also für die Zeitkategorien ab über drei bis einschließlich 4 Stunden) gelten nach Abs. 1 Nr. 2 **für alle Kinder**, also für Kinder unter drei Jahren, Kinder im Kindergartenalter und für Schulkinder.

2. Bestimmung des anzuwendenden Buchungszeitfaktors

Die Bestimmung des anzuwendenden Buchungszeitfaktors vollzieht sich in einem Dreischritt: **390**

(1) Ausgangspunkt für die Frage, welcher Buchungszeitfaktor bei einem Kind konkret angewendet wird, ist die vereinbarte Buchung zwischen Träger und Eltern.

(2) Dann wird der Buchung eine bestimmte Buchungszeitkategorie zugeordnet.

(3) Schließlich wird der Buchungszeitfaktor entsprechend § 25 Abs. 1 Satz 1 abgelesen, der der Buchungszeitkategorie entspricht.

Über das Bildungsfinanzierungsgesetz hat der Freistaat Bayern zusätzliche Mittel zur Verbesserung der Personalsituation in Einrichtungen, in denen Kinder unter drei Jahren betreut werden, bereitgestellt. Diese zusätzlichen Mittel werden über eine Erhöhung des Buchungszeitfaktors um 0,15 für

Kinder mit Gewichtungsfaktor 2,0 ausgereicht (vgl. Kapitel zum Bildungs-finanzierungsgesetz S. 14 ff.). Die Erhöhung gilt ausschließlich für den staat-lichen Förderanteil.

Bei Kindern mit erhöhtem Sprachförderbedarf, die an einem Vorkurs nach § 5 Abs. 2 teilnehmen, wird der ermittelte Buchungszeitfaktor nach § 19 Abs. 1 Satz 2 für die staatliche Förderung, nicht aber für die kommu-nale Förderung, bei Kindern die mit dem Migrationsfaktor 1,3 gefördert werden um 0,10 erhöht, bei den Kindern ohne Migrationsfaktor um 0,4. Die Erhöhung für Kinder ohne Migrationshintergrund wird ebenfalls aus Mit-teln, die über das Bildungsfinanzierungsgesetz bewilligt wurden, finanziert. In KiBiG.web besteht hierfür bei der Erfassung von Kindern die Möglich-keit, den Vorkurs mit „ja" zu markieren.

Die förderrechtlichen Voraussetzungen für die Teilnahme am Vorkurs Deutsch sind in § 5 Abs. 2 und 3 geregelt (vgl. Rn. 290 ff.).

Die dadurch bewirkte Fördererhöhung wird allerdings erst bei der End-abrechnung umgesetzt. Die Erhöhung des Buchungszeitfaktors hat keine Auswirkung auf den Anstellungs- und Qualifikationsschlüssel.

a) Buchungsvereinbarung

391 Auf welche Buchung sich Träger und Eltern einigen, bleibt ihnen überlas-sen – ob sie sich also z. B. nur darauf einigen, dass das Kind im Schnitt täg-lich über drei bis vier Stunden den Kindergarten besuchen wird, oder ob sie festlegen, dass das Kind im Schnitt täglich vier Stunden vormittags den Kindergarten besuchen wird, oder ob sie konkret bestimmen, dass das Kind montags und dienstags den Kindergarten von jeweils 8 Uhr bis 16 Uhr und mittwochs bis freitags von 9 Uhr bis 17 Uhr besucht. Maßgeblich ist hier, wie viel Flexibilität der Träger den Eltern einräumen kann und möchte. Grenzen für die freie Vereinbarung ergeben sich lediglich aus folgenden Vorgaben: Der Träger darf maximal eine Mindestbuchungszeit von 20 Stun-den in der Woche bzw. vier Stunden pro Tag fordern und muss deswegen über die vier Stunden pro Tag hinaus jede Stundenkategorie zulassen (vgl. Erl. zu Art. 21 BayKiBiG Rn. 205 ff.); zudem muss die vereinbarte Bu-chungszeit in der Regel auch genutzt werden (hierzu vgl. Erl. zu § 26 Rn. 394).

b) Zuordnung zu einer Buchungszeitkategorie und zu einem Buchungszeitfaktor

Nach Art. 21 Abs. 4 BayKiBiG gibt die Buchungszeit die mit den Eltern ver- **392**
einbarte, regelmäßige Besuchszeit des Kindes an, und zwar gerechnet als
täglicher Durchschnittswert. Die Buchungszeitkategorie ist dabei kein genauer Stundenwert. So ist unerheblich, ob sich das Kind z. B. über einen
Zeitraum von etwas mehr als drei Stunden oder von bis zu vier Stunden pro
Tag in der Einrichtung aufhält.

> Beispiele:
> Träger A und Eltern X haben vereinbart, dass das Kind der Eltern X jeden Tag über
> Vormittag und Mittag sechs Stunden lang die Einrichtung besuchen wird. Dann
> gilt für dieses Kind die Buchungszeitkategorie „über fünf bis sechs Stunden".
> Träger B und Eltern Y haben vereinbart, dass die Eltern Y jeden Tag ihr Kind
> zwischen 7.30 Uhr und 8.30 Uhr bringen und zwischen 12 Uhr und 12.30 Uhr
> abholen werden. Hier schwankt täglich die Besuchszeit zwischen maximal fünf
> Stunden und minimal 3 $\frac{1}{2}$ Stunden. Dies entspricht der Buchungszeitkategorie
> „über vier bis fünf Stunden". Selbst wenn die Eltern tatsächlich ihr Kind stets erst
> um ca. 8.30 Uhr bringen würden und schon um 12 Uhr holen würden, wäre die
> Buchungszeitkategorie „über vier bis fünf Stunden" förderrechtlich nicht zu
> beanstanden, weil die tatsächliche Nutzungszeit weniger als eine Stunde die
> gebuchte Zeit unterschreitet (vgl. näher Erl. zu § 26 Rn. 396).
> Träger C und Eltern Z haben vereinbart, dass die Eltern Z ihr Kind montags bis
> donnerstags von 8 Uhr bis 15 Uhr, am Freitag hingegen nur von 8 Uhr bis 12 Uhr in
> den Kindergarten bringen. Hier ist das Kind viermal sieben und einmal vier
> Stunden im Kindergarten. Dies ergibt einen Durchschnitt von täglich $(4 \times 7 + 4) : 5$
> = 6,4 Stunden, d. h. es gilt die Buchungszeitkategorie über sechs bis sieben
> Stunden.

Jeder Buchungszeitkategorie entspricht ein Buchungszeitfaktor, der aus
Abs. 1 Satz 1 abgelesen werden kann.
Änderung der vereinbarten Buchungszeit siehe Rn. 207.

3. Besonderheit bei der Buchung von Schulkindern in den Schulzeiten

Während der Schulzeit hat jedes Kind mindestens zwischen 8 Uhr und **393**
11 Uhr Unterricht. Wenn der Unterricht ausfällt, hat die Schule bis zum regulären Unterrichtsende die Aufsichtspflicht. Deswegen besteht zwischen
8 Uhr und 11 Uhr kein Bedarf, die Kinder in einem Hort, in einem alters-
geöffneten Kindergarten oder in einer anderen Kindertageseinrichtung betreuen zu lassen. Vor diesem Hintergrund nimmt § 19 Abs. 2 Satz 1 die Zei-

ten zwischen 8 Uhr und 11 Uhr bei Schulkindern während der Schulzeit (also nicht in den Ferien) aus den förderfähigen Buchungszeiten aus.

> Beispiel:
> Ein Hort hat von 6 Uhr bis 17 Uhr geöffnet. Die Grundschule setzt keine Springerkräfte für erkrankte Lehrer ein, sondern verweist auf den Hort. Wenn der Träger des Hortes vor diesem Hintergrund mit den Eltern E vereinbart, dass diese den Hortplatz für ihr Kind von 6 Uhr bis 15 Uhr buchen, so ist dies zulässig. Bei der Bestimmung der einschlägigen Buchungszeitkategorie ist jedoch zu beachten, dass in der Schulzeit die Zeit zwischen 8 Uhr und 11 Uhr nicht eingerechnet werden darf, in Bezug auf die Förderung daher die Buchungszeitkategorie „über fünf bis sechs Stunden" (Zeit von 6 Uhr bis 8 Uhr und 11 Uhr bis 15 Uhr) anzuwenden ist.
> In einem solchen Fall sollte darauf hingewirkt werden, dass die Grundschule selbst die Aufsicht ab morgens 7.30 Uhr bis zum regulären Unterrichtsende sichert.

4. Besonderheit bei Buchungen während der Ferienzeiten

394 In den Ferien treten in Kindertageseinrichtungen fünf verschiedene Fallgestaltungen auf, die vom Normalbetrieb abweichen (vgl. Rn. 211):

– Manche pädagogischen Kräfte haben Urlaub: Dies ist unproblematisch, solange noch ausreichend pädagogische Kräfte anwesend sind, damit die Aufsicht gewährleistet ist, und die Fehlzeiten nicht über die Kalendermonatsfrist des § 17 Abs. 4 andauern, vgl. Erläuterungen zu § 17 Rn. 365 ff.

– Die Kindertageseinrichtung schließt während der Ferien. Bis zu 30 Schließtage pro Bewilligungsjahr sind förderunschädlich, Art. 21 Abs. 4 Satz 3 BayKiBiG.

– Manche Kinder sind während der Ferien zu Hause oder im Urlaub und fehlen daher. Solche Fehlzeiten der Kinder sind stets und unbegrenzt unbeachtlich, vgl. Art. 21 Abs. 4 Satz 3 BayKiBiG.

– Manche Kinder kommen nur während der Ferien in die Kindertageseinrichtung, weil die Eltern sich zwar nach der Schule stets selbst um das Kind kümmern können, aber nicht über so viele Urlaubstage verfügen, um alle Ferientage abzudecken. Die Frage, in welchen Fällen für Kinder, die nur kurzzeitig eine Kindertageseinrichtung besuchen, auch eine Förderung gewährt wird, regelt § 26 Abs. 3.

– Schulkinder, die bereits im Anschluss an den Unterricht eine Kindertageseinrichtung besuchen, benötigen häufig in den Ferienzeiten eine längere Betreuung. Diesen Sonderfall während der Ferienzeiten regelt § 25 Abs. 2 Satz 2 im Zusammenspiel mit § 20 Abs. 3.

Nach § 25 Abs. 2 Satz 2 wird zur Bestimmung des Buchungszeitfaktors ein **Durchschnitt aller Ferienbuchungen** ermittelt. Mit diesem erhöhten Buchungszeitfaktor kann dann einheitlich gem. § 26 Abs. 3 ein Monat abgerechnet werden, wenn mindestens für 15 Betriebstage erhöht gebucht wurde. Entsprechend können bei mindestens 30 Betriebstagen zwei und ab 45 Betriebstagen drei Monate abgerechnet werden.

Beispiel:

Die Eltern haben für ihr Kind im Hort normalerweise die Buchungszeitkategorie „über drei bis vier Stunden" gewählt und möchten zudem in den Ferien den Hort zu folgenden Zeiten nutzen:

Zeitraum	Dauer der Buchung	Buchungszeitkategorie
Weihnachtsferien	4 Betriebstage	über 7 bis 8 Stunden
Osterferien	8 Betriebstage	über 5 bis 6 Stunden
Pfingstferien	8 Betriebstage	über 5 bis 6 Stunden
Sommerferien	15 Betriebstage	über 7 bis 8 Stunden

Zur Berechnung des Durchschnitts der Buchungen werden stets die Obergrenzen herangezogen, also hier 19 Betriebstage 8 Stunden und 16 Betriebstage 6 Stunden, ergibt als Durchschnitt mehr als 7 Stunden und damit die Buchungszeitkategorie über 7 bis 8 Stunden. Die Zeiten mit erhöhten Buchungen umspannen insgesamt 35 Tage, so dass zwei Monate mit dem erhöhten Wert abgerechnet werden können.

Die Elternbeiträge sind entsprechend der Buchungszeiten zu staffeln. Wenn daher Horte, aber auch andere Kindertageseinrichtungen von Kindern besucht werden, die während der Ferienzeiten die Einrichtung länger besuchen, müssten die Eltern für diese Zeiten einen erhöhten Elternbeitrag entrichten, was insbesondere im Hinblick auf die Zahlung per Einzugsermächtigung einen zusätzlichen Aufwand verursacht. Um dies zu vermeiden, empfiehlt es sich, die Eltern von Anfang an die erhöhte Ferienbetreuung mitbuchen zu lassen und dann den erhöhten Elternbeitrag einheitlich auf alle Monate umzulegen.

Hinweis:

Ein Muster für einen solchen Buchungsbeleg findet sich mit Erläuterungen im Anhang; dieses Muster sieht vor, dass die Eltern den errechneten, durchschnittlichen Buchungszeitfaktor eintragen.

§ 26
Wirksamwerden von Änderungen

(1) [1]Förderrelevante Änderungen werden, soweit in dieser Verordnung keine anderen Regelungen getroffen sind, ab Beginn des Kalendermonats berücksichtigt, in dem sie eintreten. [2]Soweit die tatsächliche Nutzungszeit regelmäßig erheblich von der Buchungszeit im Sinn von § 25 Abs. 1 abweicht, stellt dies eine förderrelevante Änderung dar. [3]Im Fall des Art. 21 Abs. 5 Sätze 5 und 6 BayKiBiG werden abweichend von Art. 21 Abs. 4 Satz 4 BayKiBiG auch Buchungszeiten von bis zu drei Stunden täglich bis zum Ende des Betreuungsjahres in die Förderung einbezogen. [4]Schließtage der Einrichtungen über Art. 21 Abs. 4 Satz 3 Halbsatz 2 BayKiBiG hinaus führen für jeden weiteren Schließtag zu einem Abzug in Höhe des 293sten-Teils der Förderung der Einrichtung für den Bewilligungszeitraum; davon ausgenommen sind bis zu fünf zusätzliche Schließtage, die der Fortbildung dienen.

(2) Erfolgen Anfang und Ende des Buchungszeitraums binnen weniger als einem Monat, so kann der Förderung ein Kalendermonat zugrunde gelegt werden, wenn die Buchungszeit mindestens 15 Betriebstage umfasst.

(3) Erfolgen mehrere Kurzzeitbuchungen beispielsweise für die Ferienzeiten im Bewilligungszeitraum, die zeitlich nicht zusammenhängende Zeiträume umfassen, so werden die Buchungszeiträume zusammengezählt; umfassen die zusammengezählten Buchungszeiträume mindestens 15 Betriebstage, können ein Kalendermonat, ab mindestens 30 Betriebstagen zwei Kalendermonate und ab 45 Betriebstagen drei Kalendermonate abgerechnet werden.

(4) Eine neu gegründete Kindertageseinrichtung kann für die ersten drei Monate Betriebszeit die Zahl der Kinder der Förderung zugrunde legen, die sie im dritten Monat nach Betriebsbeginn erreicht.

Anmerkungen

§ 26 entspricht im Wesentlichen dem § 20 der Fassung der AVBayKiBiG, **395** die bis 31.8.2013 gültig war. § 26 bestimmt, zu welchem Zeitpunkt sich Änderungen auf die Förderung auswirken.

1. Monatsprinzip

Abs. 1 formuliert als Grundsatz das sog. Monatsprinzip. Änderungen wirken sich danach grundsätzlich auf den ganzen Monat aus, in dem die Änderung stattfindet.

Im Abs. 1 Satz 1 erfolgte mit der Änderung der AVBayKiBiG zum 1.9.2013 durch die Einfügung „ab Beginn des Kalendermonats" eine Klarstellung, die der bisherigen Praxis entspricht und verdeutlicht, dass beim Eintritt förderrelevanter Änderungen auf den jeweiligen Kalendermonat abgestellt wird (Kalendermonatsprinzip).

> Beispiele:
> Kind K wird am 20.2. in den Kindergarten aufgenommen. Folge ist, dass dann für den gesamten Februar das Kind K kindbezogen gefördert wird.
> Kind K verlässt am 20.2. den Kindergarten. Folge ist, dass dann für den gesamten Februar keine Förderung gewährt wird.
> Dem Kind K wird mit Bescheid vom 20.2. ein Eingliederungshilfeanspruch zuerkannt. Ab dem Monat Februar (einschließlich) wird der kindbezogenen Förderung der Gewichtungsfaktor 4,5 zugrunde gelegt.
> Die Eltern haben für ihr Kind K einen Platz der Kategorie „über vier bis fünf Stunden" gebucht. Am 20.2. einigen sie sich mit dem Träger, dass das Kind ab sofort „über fünf bis sechs Stunden" täglich die Einrichtung besuchen wird. Ab Februar (einschließlich) berechnet sich die kindbezogene Förderung anhand des Buchungszeitfaktors für die Stundenkategorie „über fünf bis sechs Stunden", also 1,5.

Eine andere Regelung im Sinne des Abs. 1 ist § 17 Abs. 4, der zwar gleichfalls ein (Kalender-)Monatsprinzip vorsieht, die Wirkung aber auf den übernächsten Folgemonat verschiebt (s. Rn. 396 ff.).

2. Von den Eltern nicht ausgenutzte Buchungszeiten

Die von den Eltern mit dem Träger vereinbarte Buchungszeit gibt den Zeit- **396** raum an, für den das Kind regelmäßig die Kindertageseinrichtung täglich (durchschnittlich) besucht. Dies wirft die Frage auf, was passiert, wenn die tatsächliche Nutzung von der gebuchten Zeit abweicht, die Eltern sich also in der künftigen regelmäßigen Inanspruchnahme der Kindertageseinrichtung geirrt haben.

Der Träger richtet nach der gebuchten Zeit seinen Personaleinsatz aus. Wenn die Eltern regelmäßig ihr Kind früher in die Einrichtung geben und/oder ihr Kind später abholen, wird er in eigenem Interesse darauf achten, dass die Eltern sich entweder an die gebuchte Zeit halten oder ihre Buchung nach oben korrigieren.

Das gleiche Interesse haben die nach den Buchungszeiten finanzierenden Gemeinden und der Freistaat, wenn die Eltern mehr Zeit gebucht haben, als sie regelmäßig in Anspruch nehmen. Zwar gelten für die Abrechnung grundsätzlich die zwischen Eltern und Träger vereinbarten Buchungszeiten. Allerdings ist förderrechtlich die Buchungszeit nur die Zeit, die das Kind regelmäßig in der Einrichtung verbringt, Art. 21 Abs. 4 Satz 2 BayKiBiG. In Anknüpfung hieran regelt § 26 Abs. 1 Satz 2, dass regelmäßige und erhebliche Unterschreitungen der gebuchten Zeit eine förderrelevante Änderung darstellen. Was unter einer regelmäßigen und erheblichen Unterschreitung zu verstehen ist, präzisiert die Verordnungsbegründung zu dieser Vorschrift: **Irrelevant sind danach Unterschreitungen**, wenn sie entweder **nicht länger als einen Monat anhalten** oder wenn sie **maximal 1 Stunde pro Tag** ausmachen.

> Beispiel:
>
> Die Eltern haben für den dreijährigen Max einen Platz in einem Kindergarten mit „über fünf bis sechs Stunden" gebucht. Am Anfang ist Max aber überfordert, fünf Stunden im Kindergarten mit seinen vielen Eindrücken zu verbringen. Seine Eltern holen ihn daher die ersten zwei Wochen schon stets nach zwei Stunden, die dritte und vierte Woche nach drei Stunden und danach nach etwas mehr als vier Stunden aus dem Kindergarten. Der Kindergarten erhält von Anfang an eine Förderung für die Stundenkategorie „über fünf bis sechs Stunden", da in den ersten vier Wochen zwar die gebuchte Zeit um mehr als eine Stunde pro Tag unterschritten wurde, diese Abweichung aber nicht länger als einen Monat erfolgte und für die Zeit danach die Abweichung nicht mehr als eine Stunde beträgt.

Im Ergebnis führt dies dazu, dass die Buchungszeiten den Eltern eine tägliche Varianz von einer Stunde ermöglichen und daher ein hohes Maß an Flexibilität gewährleisten, ohne dass die Planungssicherheit für den Träger gefährdet ist.

Das Kriterium der Regelmäßigkeit ermöglicht Eltern und Träger ein Abweichen von der vereinbarten Buchungszeit.

> Beispiele:
> Eltern holen ihr Kind an einem Tag statt um 17.00 Uhr bereits um 13.00 Uhr ab, weil es zu einem privaten Kindergeburtstag eingeladen ist.
> Eltern bringen ihr Kind wegen eines Arztbesuchs statt um 7.30 Uhr erst um 10.30 Uhr.
> Die Abholung eines Kindes verzögert sich wegen einer beruflichen Verhinderung der Eltern um anderthalb Stunden.

Hinweis:
Auch bei unregelmäßigen Abweichungen von der gebuchten Zeit sollten die Eltern die Einrichtung möglichst zeitnah von diesem Umstand informieren.

3. Buchungszeitfaktor für Kinder ab drei Jahren in der Krippe

Kinder unter drei Jahren erhalten den Gewichtungsfaktor 2,0 bei der kind- **397**
bezogenen Förderung (Art. 21 Abs. 5 BayKiBiG). Bei ihnen werden auch die Buchungszeitkategorien „über eine bis zwei Stunden" und „über zwei bis drei Stunden" gefördert (vgl. § 25 Abs. 1 Nr. 1).

Kinder ab drei Jahren erhalten in dem Monat, in dem sie drei Jahre alt werden (Abs. 1 Satz 1), nur noch den Gewichtungsfaktor 1,0 und für sie werden auch nur noch Buchungszeiten von mehr als drei Stunden gefördert, Art. 21 Abs. 4 Satz 4 BayKiBiG.

Wird nun aber ein Kind in einer Krippe drei Jahre alt, so erhält es nach Art. 21 Abs. 5 Satz 5 BayKiBiG den Gewichtungsfaktor noch bis einschließlich dem nachfolgenden August. Analog gilt dies für alle anderen Einrichtungen, wenn Art. 21 Abs. 5 Satz 6 BayKiBiG zur Anwendung kommt. Parallel dazu bestimmt § 26 Abs. 1 Satz 3, dass bis einschließlich nachfolgendem August auch Zeiten von bis zu drei Stunden täglich gefördert werden.

> Beispiel:
> Das Kind Florian geht täglich ca. 2 $\frac{1}{2}$ Stunden in eine Einrichtung (Buchungszeitkategorie über zwei bis drei Stunden). Am 8.3. wird Florian drei Jahre alt. Von diesem März bis zum August erhält der Träger für Florian weiterhin die kindbezogene Förderung mit dem Gewichtungsfaktor 2,0 und dem Buchungszeitfaktor 0,75 berechnet. Würde Florian hingegen einen (altersgeöffneten) Kindergarten besuchen, bei dem Art. 21 Abs. 5 Satz 6 BayKiBiG nicht zur Anwendung kommt, hätte der Träger ab einschließlich März Anspruch auf Förderung mit dem Gewichtungsfaktor 1,0. Da Florian aber die Einrichtung allerdings nicht mehr als drei Stunden besucht, besteht ab dem Kalendermonat der Vollendung des 3. Lebensjahres kein Förderanspruch für Florian.

4. Zusätzliche Schließtage für Fortbildungszwecke

398 Nach Art. 21 Abs. 4 Satz 3 BayKiBiG sind 30 Schließtage förderunschädlich, d. h. es wird keine Förderkürzung vorgenommen. Die 30 Schließtage werden von den meisten Einrichtungen genutzt, um den pädagogischen Kräften Urlaub oder den Abbau von Überstunden gewähren zu können, ohne sich darum bemühen zu müssen, durch versetzte Urlaubszeiten oder Ersatzkräfte die Kindertageseinrichtung offen zu halten.

Hinweis:
Für den auf 16 Monate verlängerten Bewilligungszeitraum 2013/2014 gelten bis zu 40 Schließtage als förderunschädlich bzw. 45 Tage bei Fortbildung.

§ 26 Abs. 1 Satz 4 ermöglicht es den Trägern, an weiteren fünf Tagen (also insgesamt 35 Tage) die ganze Kindertageseinrichtung ohne Förderkürzung zu schließen, wenn diese fünf Tage für die Fortbildung des pädagogischen Personals genutzt werden. Ziel ist es, Teamfortbildungen zu erleichtern, Fortbildungen also, an denen das gesamte pädagogische Personal teilnimmt und die daher zur Schließung der Einrichtungen führen.

Bei Teamfortbildungen ist eine Fortbildung im Sinne des § 26 Abs. 1 Satz 4 nur dann gegeben, wenn das Fortbildungsthema eindeutig formuliert ist und die Veranstaltung von einem externen Referenten geleitet wird. Teamtage, an denen die Einrichtung geschlossen ist, die vom pädagogischen Team zur Fortentwicklung der pädagogischen Konzeption genutzt werden, sind keine Fortbildungstage im Sinne des § 26 Abs. 1 Satz 4.

Seit dem 1.9.2013 enthält § 26 Abs. 1 Satz 4 wieder eine Regelung für den Fall des Überschreitens der Höchstzahl an Schließtagen und legitimiert im Prinzip die bisherige Praxis (vgl. hierzu Rn. 207).

5. Kurzzeitbuchungen

399 Manche Kinder benötigen nur für kurze Zeit eine Kindertageseinrichtung. Dies trifft etwa für viele Schulkinder zu, deren halbtags beschäftigter Elternteil sich zwar nach Schulende um sie kümmern kann, aber nicht über genügend Urlaub verfügt, um 13 Ferienwochen pro Jahr zu überbrücken. Auch in Kurorten kommt es immer wieder vor, dass die Kurgäste ihre kleinen Kinder mitbringen und dann für die Dauer der Kur einen Platz in einem Kindergarten suchen. Abs. 2 und 3 regeln, in welchen Fällen solche Kurzzeitbuchungen bei der Förderung berücksichtigt werden können.

Dabei wird auch für Kurzzeitbuchungen am sog. **Monatsprinzip** festgehalten, d. h. je nach Länge der Kurzzeitbuchung bleibt sie entweder bei der

Förderung ganz außer Acht (bis einschließlich 14 Betriebstage) oder es kann ein ganzer Kalendermonat abgerechnet werden (ab 15 Betriebstagen). Abs. 2 und 3 sind lex specialis (Sonderregeln) zu Abs. 1 Satz 1, d. h. sie verdrängen diesen.

Beispiel 1: Eine Kurzzeitbuchung während des Bewilligungszeitraumes
Mutter M bekommt von ihrer Krankenkasse eine vierwöchige Kur vom 1.2. bis 27.2. bewilligt. Am Kurort besucht ihr Sohn S währenddessen (20 Tage lang) den Kindergarten K. Würde Abs. 1 Satz 1 Anwendung finden, erhielte der Kindergartenträger keine Förderung hierfür: Das förderrelevante Ereignis „Beginn des Buchungszeitraums/Einritt in den Kindergarten" würde zwar zunächst dazu führen, dass der gesamte Monat Februar abgerechnet werden könnte; das gleichfalls förderrelevante Ereignis „Ende des Buchungszeitraums/Austritt aus dem Kindergarten" würde dies aber wieder genau umdrehen und dazu führen, dass der gesamte Monat Februar als nicht gebucht gewertet würde.
Im anderen Extremfall eines Besuchs eines Kindergartens vom 27.2. bis zum 2.3. hingegen würde Abs. 1 Satz 1 dazu führen, dass der ganze Februar abgerechnet werden könnte (Eintritt wirkt sich auf den ganzen Februar aus, der Austritt hingegen einheitlich auf den März).
Für Buchungen, die kürzer sind als ein Monat (d. h. 30 Kalendertage am Stück), regelt Abs. 2 deswegen stattdessen, dass stets dann ein Kalendermonat abgerechnet werden kann, wenn die Kurzzeitbuchung 15 Betriebstage erfasst. Betriebstage sind diejenigen Tage, an denen die Kindertageseinrichtung geöffnet hat. Danach kann bei der Kur vom 1.2. bis 27.2. der Februar abgerechnet werden (der Träger erhält also $1/12$ der Jahresförderung), bei einem Besuch vom 27.2. bis zum 2.3. hingegen erhält der Träger keine Förderung.

Beispiel 2: Mehrere Kurzzeitbuchungen im Bewilligungszeitraum
Familie F gibt ihre Tochter T nur während der zweiten Weihnachtsferienwoche, zwei Wochen in den Osterferien und zwei Sommerferienwochen in den Hort. Aufgrund der Feiertage kommen im betreffenden Jahr 22 Betriebstage zusammen. Nach Abs. 2 könnte der Träger keine Förderung bekommen, da keiner der Buchungszeiträume (einzeln betrachtet) 15 Betriebstage umfasst. Abs. 3 bestimmt deswegen, dass solche Kurzzeitbuchungen zusammengerechnet werden können. Für je 15 Betriebstage kann so ein voller Kalendermonat abgerechnet werden – hier also einer.

Abs. 3 findet auf **zwei unterschiedliche Fallkonstellationen** Anwendung:
– Ein Kind besucht **normalerweise keine Kindertageseinrichtung**, sondern **nur für mehrere kurze Zeiträume** (jeweils weniger als einen Monat lang), typischerweise in den Ferien – s. zuvor Beispiel 2.
In KiBiG.web wird dies als sog. Kurzzeitbuchung bezeichnet.

- Ein Kind besucht normalerweise eine Kindertageseinrichtung, **für mehrere kurze Zeiträume** (jeweils weniger als einen Monat lang), jedoch **länger** als üblich.
In KiBiG.web wird dies als sog. Ferienbuchung bezeichnet

Im ersten Fall beantwortet Abs. 3 die Frage, ob die Kurzzeitbuchung überhaupt abgerechnet werden kann, im zweiten Fall, ob sie mit der längeren Buchungszeit, also gem. § 25 Abs. 2 Satz 2 mit einem höheren Buchungszeitfaktor als der übrige Zeitraum abgerechnet werden können.

Es kann sein, dass die Eltern für die zusammenzurechnenden Zeiträume **verschiedene Buchungszeiten** gewählt haben. Dann ist nach § 25 Abs. 2 Satz 2 ein **Durchschnittswert** der Buchungszeiten zu bilden, mit dem der gesamte Zeitraum dann einheitlich abgerechnet wird (vgl. Rechenbeispiel in Erl. zu § 25 Rn. 394).

Nach seinem Wortlaut gilt § 26 Abs. 2 Satz 2 direkt nur für den Fall, dass das Kind die Einrichtung besucht, für die Ferienzeiten aber eben länger. § 26 Abs. 2 Satz 2 ist analog aber auch für alle anderen Fälle (Zusammenrechnung anderer Kurzzeitbuchungen als während der Ferienzeiten oder Zusammenrechnung von Kurzzeitbuchungen von Kindern, die ansonsten die Einrichtung nicht besuchen).

Abs. 3 sieht vor, dass bei 15 bis 29 (zusammengerechneten) Betriebstagen ein Kalendermonat, bei 30 bis 44 Betriebstagen zwei und ab 45 Kalendertagen drei Kalendermonate abgerechnet werden können. Über ein Bewilligungsjahr verteilte Kurzzeitbuchungen, die insgesamt 60 oder mehr Betriebstage erfassen, kommen praktisch nicht vor. Deswegen wurde von einer noch weitergehenden Hochstaffelung in Abs. 3 Satz 2 abgesehen.

6. Abrechnung neu gegründeter Kindertageseinrichtungen

400 Es ist in der Praxis üblich, bei neu gegründeten Kindertageseinrichtungen in der Anfangszeit nicht gleich mit der angestrebten Zahl von Kindern, sondern erst mit weniger Kindern anzufangen. So soll dem pädagogischen Personal Gelegenheit gegeben werden, sich im Team einzuspielen. Um bei einer solchen Vorgehensweise (volle Personalstärke bei weniger aufgenommenen Kindern) keine Finanzierungslücke entstehen zu lassen, sieht Abs. 4 vor, dass bei der Abrechnung im ersten Bewilligungsjahr auch für die **ersten drei Monate entsprechend der Kinderzahl im vierten Monat** (das ist der dritte Monat nach Betriebsbeginn) gefördert wird.

> Beispiel:
> Eine Krippe mit 12 Plätzen eröffnet am 5.9. und nimmt zunächst vier Kinder, ab Oktober und November nochmals je zwei weitere Kinder und im Dezember dann schließlich noch einmal vier weitere Kinder auf.

September	Oktober	November	Dezember
4 Kinder	6 Kinder	8 Kinder	12 Kinder

> Betriebsbeginn: 5.9.
> Hier kann der Träger bei seinem Förderantrag schon ab September die Förderung für 12 Kinder erhalten.

Vor allem im Zuge des Ausbaus der Plätze für Kinder unter drei Jahren wurden zwar zahlreiche neue Plätze geschaffen. Allerdings entstanden nicht immer neue Einrichtungen. Insbesondere wenn bestehende Einrichtungen um- oder angebaut wurden, stellte sich die Frage, ob eine neue Einrichtung im Sinne des § 26 Abs. 4 vorlag. Das StMAS hat seine Rechtsauffassung mit AMS vom 6.2.2012 (AMS 08/2011 Az: VI 4/6512.01-1/311) folgendermaßen dargelegt:

„Eine neu gegründete Einrichtung liegt vor, wenn eine Betriebserlaubnis nach § 45 SGB VIII erstmalig erteilt wird oder eine Betriebserlaubnis für eine bestehende Einrichtung aufgehoben und aufgrund von Änderungen in der Platzsituation im Sinne einer Erweiterung eine neue Betriebserlaubnis erteilt wird.

Die Zugrundelegung der Belegungszahl des dritten Monats ab Betriebsbeginn setzt voraus, dass der Träger das hierfür erforderliche Personal bereits seit Betriebsbeginn vorhält. Demnach sind bei Anwendung des § 26 Abs. 4 AVBayKiBiG der förderrelevante Anstellungsschlüssel sowie der Qualifikationsschlüssel unter Berücksichtigung der Belegung im vierten Monat bereits bei Betriebsbeginn einzuhalten."

> Beispiel:
> Ein dreigruppiger Kindergarten mit 75 Plätzen schließt eine der drei Kindergartengruppen und baut die Räumlichkeiten für eine Krippengruppe mit 12 Plätzen um. Zusätzlich wird über einen Anbau noch eine weitere Krippengruppe mit 12 Plätzen geschaffen. Der Träger hält das für die Betreuung der U3-Kinder benötigte Personal neben dem Personal in den Kindergartengruppen ab Betriebsbeginn am 1.9. vor.
> Für die neue erweiterte Einrichtung erhält der Träger eine neue Gesamt-Betriebserlaubnis.

Der Träger kann die Belegung, die in der gesamten Einrichtung im Dezember gegeben ist, ab dem September in KiBiG.web erfassen und bei der Endabrechnung zugrunde legen. Sofern Gastkinder erst in der Zeit von Oktober bis einschließlich Dezember aufgenommen werden, gilt § 26 Abs. 4 in gleicher Weise.

Ein dreigruppiger Kindergarten mit 75 Plätzen schließt eine der drei Kindergartengruppen und baut die Räumlichkeiten für eine Krippengruppe mit 12 Plätzen um. Auf Antrag erhält der Träger eine neue Betriebserlaubnis.

Eine Anwendung von § 26 Abs. 4 ist nicht möglich, da keine neue Betriebserlaubnis im Sinne einer Erweiterung erteilt wurde.

§ 27
Netze für Kinder; Landkindergärten

(1) Die Ansprüche nach der Übergangsvorschrift für ein Netz für Kinder des § 3 Abs. 3 Nr. 1 des Gesetzes vom 8. Juli 2005 (GVBl S. 236) erlöschen, wenn von den Definitionsmerkmalen eines Netzes für Kinder abgewichen wird.

(2) Ein Gemeindeteil gleicht auf Grund seiner Infrastruktur einer selbstständigen Gemeinde im Sinn des Art. 24 Satz 2 BayKiBiG, wenn er vor den Eingemeindungsmaßnahmen im Zuge der oder im Hinblick auf die kommunale Gebietsreform von 1972 eine selbstständige Gemeinde war.

(3) Für die Berechnung des Anstellungsschlüssels ist bei Landkindergärten im Sinn des Art. 24 BayKiBiG auf die Zahl, Gewichtungsfaktoren und Buchungszeiten der tatsächlich betreuten Kinder abzustellen.

Anmerkungen

401 In § 21 sind nähere Bestimmungen zu zwei Sonderfördertatbeständen enthalten, nämlich die Sonderförderung für Netze für Kinder und diejenige für Kindergärten im ländlichen Raum.

1.   Sonderförderung für Netze für Kinder

402 In § 3 Abs. 3 Nr. 1 Satz 1 und 2 BayKiBiG und ÄndG wird den zum 31.7.2005 bestehenden Gruppen im Netz für Kinder zunächst bis zum 31.8.2006 ihre alte Förderung (kombinierte Personal- und Sachkostenförderung) weitergezahlt und ab dem 1.9.2006 eine Sonderförderung entsprechend der Landkindergartenregelung gewährt (näher hierzu s. Erl. zu § 3 BayKiBiG und ÄndG Rn. 269). Voraussetzung für die Sonderförderung ist, dass die Fördervoraussetzungen der Förderrichtlinie für Netze für Kinder weiterhin erfüllt sind.

Auf diese Gesetzeslage aufsetzend verhindert § 27 Abs. 1 nun, dass die bestehenden Netze für Kinder zwischen der normalen kindbezogenen Förderung und der Sonderförderung hin und her wechseln können. **Ein Netz für Kinder, das sich einmal in eine „normale" Kindertageseinrichtung umstrukturiert hat, kann sich nicht wieder in ein Netz für Kinder zurückwandeln**, ebenso *Dunkl/Eirich*, § 21 Nr. 1. Grund für diesen Ausschluss ist, dass die Sonderförderung der Netze für Kinder deren Weiterbestehen ermöglichen soll, ohne die üblichen Voraussetzungen der Kindertageseinrichtungen erfüllen zu müssen. Dieses Schutzes bedürfen die Netze für Kinder aber nicht mehr, wenn sie freiwillig den Strukturwandel vollziehen.

Die Netze für Kinder erhalten die Sonderförderung nach der bis zum 31.12.2012 gültigen Fassung des Art. 24 BayKiBiG, also weiterhin mit 22 fiktiven Kindern. Der Qualitätsbonus wird für die Netze für Kinder nicht gewährt, da für die Netze der Anstellungsschlüssel nicht gilt.

Platzsharing

In der Richtlinie Netz für Kinder ist die Platzzahl der Gruppen auf maximal 15 Plätze festgelegt. Netze, bei denen die Plätze auf mehrere Kinder verteilt werden (Platzsharing), betreuen teilweise mehr als 22 Kinder, die folglich relativ kurze Buchungszeiten haben. Diese Netze haben aufgrund der Anwendung des Art. 24 BayKiBiG Einbußen bei der Förderung. Zum Ausgleich darf bei diesen Netzen bei der Berechnung der durchschnittlichen Buchungszeit nicht die tatsächliche Zahl der betreuten Kinder, sondern die Höchstplatzzahl von 15 herangezogen werden.

2. Sonderförderung für die Kindergärten im ländlichen Raum

Kindertageseinrichtungen im ländlichen Raum, die die einzige Kindertageseinrichtung in ihrer Gemeinde oder in ihrem Gemeindeteil darstellen, erhalten unter den Voraussetzungen des Art. 24 BayKiBiG eine Sonderförderung. § 27 Abs. 2 regelt nun, bei welchen Gemeindeteilen die Existenz einer weiteren Kindertageseinrichtung in einem anderen Gemeindeteil die Gewährung der Sonderförderung nicht ausschließt. **403**

Nach § 21 Abs. 2 sind solche Teile einer politischen Gemeinde Gemeindeteile, die im Sinne des Art. 24 BayKiBiG aufgrund der Infrastruktur einer selbstständigen Gemeinde gleichen. Nach Abs. 2 sind dies diejenigen Gemeindeteile, die **vor den gesamten Eingemeindungsmaßnahmen im Zuge der großen Gemeindegebietsreform selbstständig waren.**

Beispiel:

In der Gemeinde A gibt es einen Kindergarten im Hauptort mit 45 Kindern und in einem Ortsteil einen weiteren Kindergarten mit 18 Kindern. Der Ortsteil ist 1972 in die Gemeinde A eingemeindet worden. Gemeinde A kann für den Kindergarten im Ortsteil unter den weiteren Voraussetzungen des Art. 24 BayKiBiG (Altersöffnung, kein Kind abgewiesen) die Sonderförderung beantragen.

Wenn der Kindergarten im Hauptort der Gemeinde A gleichfalls weniger als 22 Kinder hätte, so kann die Gemeinde auch für diesen die Sonderförderung beantragen, denn auch der Hauptort war vor den Eingemeindungsmaßnahmen eine selbstständige Gemeinde.

Es gibt drei Arten von Gemeindeteilen, die für die Sonderförderung nach Art. 24 BayKiBiG wie eine selbstständige Gemeinde gewertet werden:

- Gemeindeteile, die 1972 oder später ihre Selbstständigkeit verloren;
- Gemeindeteile, die sich vor 1972 freiwillig wegen der sonst angekündigten angeordneten Eingemeindung eingemeinden ließen (sog. freiwillige Phase; vgl. § 21 Abs. 2: „oder im Hinblick auf");
- Gemeinden, in die aufgrund solcher Eingliederungsmaßnahmen andere Gemeinden eingemeindet wurden.

§ 27 Abs. 3 stellt klar, dass bei Anwendung der Landkindergartenregelung des Art. 24 BayKiBiG hinsichtlich des förderrelevanten Mindestanstellungsschlüssels bezogen auf die tatsächlich in der Einrichtung betreuten Kinder abgestellt wird. Bis zum 31.12.2012 musste zusätzlich auch der förderrelevante Mindestanstellungsschlüssel bezogen auf die fiktive Zahl der Kinder als Voraussetzung für die Anwendung des Art. 24 BayKiBiG erfüllt werden. Das Nichteinhalten des förderrelevanten Anstellungsschlüssels bzw. der Fachkraftquote hinsichtlich der fiktiven Kinder hatte zur Folge, dass zwar Anspruch auf die Regelförderung gegeben war, nicht aber Anspruch auf die Anwendung der Sonderförderung.

4. Abschnitt
Übergangs- und Schlussbestimmung

§ 28
Übergangsregelung

(1) ¹Bis zum 31. August 2013 ist eine erfolgreiche Teilnahme von Tagespflegepersonen an einer Qualifizierungsmaßnahme im Sinn des Art. 20 Satz 1 Nr. 1 BayKiBiG als Fördervoraussetzung für den Qualifizierungszuschlag nach § 18 Satz 4 im Umfang von mindestens 60 Stunden ausreichend. ²Bis zum 31. Dezember 2014 können die Träger der öffentlichen Jugendhilfe abweichend von Art. 20 Satz 1 Nr. 4 BayKiBiG einen einheitlichen Qualifizierungszuschlag i.H.v. 20 von Hundert des vom örtlichen Träger der öffentlichen Jugendhilfe nach § 23 Abs. 2 Satz 2 SGB VIII festgesetzten Tagespflegegeldes, mindestens jedoch 20 von Hundert des durchschnittlichen, vom Bayerischen Landkreistag empfohlenen Tagespflegegeldes auszahlen.

(2) Von den Voraussetzungen des § 17 kann befristet bis einschließlich 31. August 2015 mit Zustimmung des Staatsministeriums für Arbeit und Sozialordnung, Familie und Frauen abgewichen werden, wenn weder das Kindeswohl noch die Umsetzung der Bildungs- und Erziehungsziele gefährdet werden,

1. die Einrichtung einen Anstellungsschlüssel von 1:11,5 erfüllt,
2. der Träger sich durch mehrmalige Stellenausschreibung bemüht hat, die Voraussetzungen des § 17 zu erfüllen und
3. im Bezirk der örtlich zuständigen Agentur für Arbeit ein Fachkräftemangel für pädagogisches Personal vorliegt.

Anmerkungen

Die staatlich geförderte Tagespflege ist davon abhängig, dass die Tagespflegeperson an einer Qualifizierungsmaßnahme im Sinn von Art. 20 Nr. 1 BayKiBiG teilgenommen hat. Die Qualifizierungsmaßnahme muss nach § 18 Satz 4 dabei 100 Stunden (d.h. 100 Schulstunden) umfassen. Da jedoch viele Jugendämter bereits Qualifizierungskurse organisiert und durchgeführt haben mit weniger als 100 Stunden, wurde zunächst bis zum 31.8.2008 auch eine Qualifizierung in Höhe von 60 Stunden als ausreichend gewertet. Mit Wirkung zum 1.9.2008 wurde die Übergangsfrist in Abs. 1 bis zum 31.8.2013 verlängert, um den Ausbau der Tagespflege zu forcieren. Hintergrund ist, dass nur durch die Kombination von Angeboten in Kindertageseinrichtungen und in Tagespflege das Ziel, auch für Kinder unter drei Jah-

404

ren ein bedarfsdeckendes Angebot zu schaffen, erreicht werden kann. Die Zeit bis zum 31.8.2013 müssen die Tagespflegepersonen, deren Qualifizierungsmaßnahme weniger als 100 Stunden umfasste, für jährliche Weiterqualifizierungen im Umfang von 15 Stunden pro Jahr nutzen.

In Abs. 2 wird bis zum 31.8.2015 in begründeten Ausnahmefällen ein Abweichen von § 17 ermöglicht. Die **Übergangsfrist dient** dazu, den Trägern ausreichend **Zeit zu gewähren**, ihre Personalausstattung an den **verbesserten förderrelevanten Mindestanstellungsschlüssel von 1:11 anzupassen**. Die Voraussetzungen sind:

– Zeitraum bis 31.8.2015
– Erfüllung des Anstellungsschlüssels von 1:11,5
– Zustimmung des StMAS
– keine Gefährdung des Kindeswohls und
– keine Gefährdung der Umsetzung der Bildungs- und Erziehungsziele
– Der Träger hat sich durch mehrmalige Stellenausschreibung um Personal bemüht, um die Voraussetzungen des § 17 einzuhalten
– Bestätigung des Vorliegens eines Personalmangels im Bezirk der zuständigen Arbeitsagentur.

Für den Zeitraum vom 1.9.2012 bis 31.8.2013 geltende Festlegungen (siehe unter Rn. 361).

§ 28 ergänzt die alte Vorschrift des § 22 wegen des Erfordernisses für die Träger der öffentlichen Jugendhilfe, den Qualifizierungszuschlag für Tagespflegepersonen gemäß § 18 differenziert festzulegen. Hierfür räumt § 28 den Trägern der öffentlichen Jugendhilfe eine Übergangsfrist bis zum 31.12.2014 ein.

§ 29
Inkrafttreten

Anmerkungen

§ 29 entspricht § 23 alter Fassung.

405   Nach § 23 alter Fassung traten
– die Bildungs- und Erziehungsziele am 16.12.2005,
– die personellen Mindestanforderungen gleichfalls am 16.12.2005 und
– die Vorschriften über die kindbezogene Förderung rückwirkend zum 1.8.2005

in Kraft.

§ 2 Änderungsgesetz   **406**

Durch die Umstellung des Bewilligungszeitraums vom Kindergartenjahr zum Kalenderjahr ergeben sich ab dem 1.1.2015 andere Auszahlungstermine für die Abschlagszahlungen.

Auszahlungstermine bis 31.12.2014

1. Abschlag	15. Oktober
2. Abschlag	15. Januar
3. Abschlag	15. April
4. Abschlag	15. Juli

Auszahlungstermine ab 1.1.2015

1. Abschlag	15. Februar
2. Abschlag	15. Mai
3. Abschlag	15. August
4. Abschlag	15. November

Für die Schließtage gelten ab 2015 dann wieder die 30 bzw. 35 Tage für den 12-Monats-Turnus. Bei einem Überschreiten der maximalen Schließtage wird die Jahresförderung für jeden Tag um 1/220 gekürzt. Für 2013/2014 gelten wegen des 16-monatigen Bewilligungszeitraums 40 bzw. 45 Tage und die Kürzung um 1/293 pro Tag.

§ 3 Änderungsgesetz   **407**

§ 3 regelt

– das rückwirkende Inkrafttreten der geänderten AVBayKiBiG zum 1.9.2013
– Inkrafttreten weiterer Änderungen in § 2 ÄndG zum 1.1.2015
– Außerkrafttreten von § 28 Abs. 1 zum 1.1.2015.

Anhang

1. Elternfragebogen

2. Richtlinie zur Förderung der Betriebskosten von Plätzen für Kinder unter drei Jahren in Kindertageseinrichtungen und in Tagespflege

3. Muster eines Buchungsbelegs

4. Muster eines Buchungsbelegs für Horte

5. Betreuung behinderter Kinder in integrativen Kindertageseinrichtungen

6. Teilstationäre Angebote zu Tagesbetreuung für behinderte oder von Behinderung bedrohte Kinder

7. Musterbetriebserlaubnis

8. Einwilligung der Eltern in den Fachdialog zwischen Kindertageseinrichtung und Schule über das Kind

9. Gesprächsvermerk zur Früherkennungsuntersuchung

Anhang 1 Elternfragebogen

Elternbefragung im Jahr 2009
zur Feststellung des Betreuungsbedarfs
in der Gemeinde/Stadt ....

Bitte füllen Sie für jedes Kind einen eigenen Fragebogen aus und geben Sie diesen an die Gemeinde/Stadt .... zurück.
(☐ Zutreffendes bitte ankreuzen)

*Bitte geben Sie hier das **Geburtsjahr** und den **Geburtsmonat** Ihres Kindes an, da die Altersangabe für die Planung wesentlich ist:*

Geburtsmonat	Geburtsjahr

1. Mein Kind hat einen Betreuungsplatz

☐ nein

☐ ja, nämlich in

      ☐ in einer Krippe *(zur Erläuterung siehe Beiblatt)*

      ☐ in einem Kindergarten

      ☐ in einem Hort

      ☐ in einer Mittagsbetreuung

      ☐ in einer Nachmittagsbetreuung

      ☐ in Kindertagespflege

2. Mein Kind benötigt einen Betreuungsplatz

☐ nein – *vielen Dank für Ihre Mitarbeit.*

☐ ja, nämlich weiterhin den bisherigen Betreuungsplatz – *bitte weiter mit Frage 4.*

☐ ja, nämlich folgenden Betreuungsplatz in _____ *(evtl. Ort angeben)*

      ☐ in einer Krippe *(zur Erläuterung siehe Beiblatt)*

      ☐ in einem Kindergarten

      ☐ in einem Hort

      ☐ in einer Mittagsbetreuung

      ☐ in einer Nachmittagsbetreuung

      ☐ in Kindertagespflege

      Falls Sie eine bestimmte Einrichtung bzw. Tagespflegeperson wünschen, bitte hier den Namen angeben:

      _____

3. Mein Kind benötigt den Betreuungsplatz ab *(bitte Zeitpunkt angeben)*

4. Für mein Kind benötige ich folgende Betreuungszeiten

	Montag	Dienstag	Mittwoch	Donnerstag	Freitag	Samstag
Von	Uhr	Uhr	Uhr	Uhr	Uhr	Uhr
Bis	Uhr	Uhr	Uhr	Uhr	Uhr	Uhr
Dauer	Std.	Std.	Std.	Std.	Std.	Std.
Mittagessen	☐ Ja ☐ Nein	☐ Ja ☐ Nein	☐ Ja ☐ Nein	☐ Ja ☐ Nein	☐ Ja ☐ Nein	☐ Ja ☐ Nein

Bitte beachten Sie beim Ausfüllen dieser Tabelle das Beiblatt zu den Betreuungskosten in Ihrer Gemeinde.

5. Für mein Kind benötige ich auch während der Ferienzeiten Betreuung

☐ nein

☐ ja, nämlich _____ Woche/n *(bitte Anzahl angeben)* in folgenden Ferienzeiten:

_____

(Herbst-, Weihnachts-, Faschings-, Oster-, Pfingst-, Sommerferien)

6. Ich habe folgende Wünsche und Anmerkungen (z.B. Trägerschaft, pädagogische Ausrichtung, besonderer Förderbedarf, wechselnde Betreuungszeiten z.B. wegen Schichtdienst)

_____

_____

_____

☐ kein besonderer Wunsch

Vielen Dank für Ihre Mitarbeit!

Stand: 15.12.2008

Erläuterungen

Krippen
Krippen sind Kindertageseinrichtungen, deren Angebot sich überwiegend an Kinder unter drei Jahren richtet. Die Elternbeiträge sind nach Buchungszeiten gestaffelt, sie liegen in unserer Gemeinde/Stadt bei durchschnittlich ..... Euro monatlich für 4 bis 5 Stunden täglich.

Kindergärten
Kindergärten sind Kindertageseinrichtungen, deren Angebot sich überwiegend an Kinder im Alter von drei Jahren bis zur Einschulung richtet. Die Elternbeiträge sind nach Buchungszeiten gestaffelt, sie liegen in unserer Gemeinde/Stadt bei durchschnittlich ..... Euro monatlich für 4 bis 5 Stunden täglich.

Horte
Horte sind Kindertageseinrichtungen, deren Angebot sich überwiegend an Schulkinder richtet. Die Elternbeiträge sind nach Buchungszeiten gestaffelt, sie liegen in unserer Gemeinde/Stadt bei durchschnittlich ..... Euro monatlich für 4 bis 5 Stunden täglich.

Mittagsbetreuung
In der Mittagsbetreuung werden Schulkinder der Klassen 1 bis 4 in der Schule nach Unterrichtsende bis ca. 15.30 Uhr betreut. Es findet keine Ferienbetreuung statt. Der Elternbeitrag liegt in unserer Gemeinde/Stadt bei durchschnittlich .... Euro monatlich.

Nachmittagsbetreuung
In der Nachmittagsbetreuung werden Schulkinder der Klassen 5 bis 10 in der Schule nach Unterrichtsende betreut. Es findet keine Ferienbetreuung statt. Der Elternbeitrag liegt in unserer Gemeinde/Stadt bei durchschnittlich ... Euro monatlich.

Kindertagespflege
In der Tagespflege betreuen eine oder mehrere qualifizierte Tagespflegeperson(en) – unter Umständen neben eigenen Kindern – fremde Kinder. Diese familienähnliche Betreuungsform ist weder an Alter noch an Öffnungszeiten gebunden. Der Elternbeitrag liegt bei .... bis .... Euro pro Stunde.

Anhang 2 Richtlinie zur Förderung der Betriebskosten von Plätzen für Kinder unter drei Jahren in Kindertageseinrichtungen und in Tagespflege

---

2231-A
Richtlinie zur Förderung der Betriebskosten
von Plätzen für Kinder unter drei Jahren
in Kindertageseinrichtungen und in Tagespflege
Bekanntmachung des Bayerischen Staatsministeriums
für Arbeit und Sozialordnung, Familie und Frauen
vom 28. Oktober 2009 Az.: VI4/7360/368/08

Der Freistaat Bayern gewährt nach Maßgabe dieser Richtlinie und der allgemeinen haushaltsrechtlichen Bestimmungen (insbesondere der Art. 23, 44 Bayerische Haushaltsordnung und den dazu erlassenen Verwaltungsvorschriften) Zuwendungen zu den Betriebskosten für Plätze in Kindertageseinrichtungen und in der Kindertagespflege für Kinder unter drei Jahren. Ausgehend von Art. 2 des Gesetzes zur Förderung von Kindern unter drei Jahren in Kindertageseinrichtungen und in Kindertagespflege (Kinderförderungsgesetz – KiföG) vom 10. Dezember 2008 (BGBl I S. 2403) erfolgt die Förderung ohne Rechtsanspruch im Umfang der im Staatshaushalt bei Kap. 10 07 Tit. 633 90 veranschlagten Mittel.

Abschnitt I
Allgemeine Beschreibung des Zuwendungsbereichs

1.   Zweck der Zuwendung

Mit dieser Richtlinie werden die Modalitäten der Ausreichung der vom Bund im Rahmen des KiföG für den Ausbau der Betreuungsangebote für Kinder unter drei Jahren zur Verfügung gestellten Mittel an die für die Bereitstellung einer bedarfsgerechten Anzahl an Kinderbetreuungsplätzen zuständigen Kommunen geregelt.

2.   Gegenstand der Förderung

Gefördert werden die Betriebskosten der Plätze in Kindertageseinrichtungen sowie die Kosten in der Tagespflege für Kinder unter drei Jahren.

3.   Zuwendungsempfänger

Zuwendungsempfänger sind die für die Bereitstellung von Betreuungsplätzen für Kinder nach Art. 5 des Bayerischen Kinderbildungs- und -betreuungsgesetzes (BayKiBiG) zuständigen Gemeinden und örtlichen Träger der öffentlichen Jugendhilfe.

4.   Zuwendungsvoraussetzungen

[1]Die Zuwendung erfolgt im Rahmen der kindbezogenen Förderung des BayKiBiG und setzt einen Förderanspruch des Zuwendungsempfängers nach Art. 18

Abs. 2 oder 3 BayKiBiG für Kinder unter drei Jahren voraus. [2]Die Zuwendung erhalten ausschließlich Zuwendungsempfänger, die den vollständigen Förderantrag auf kindbezogene Förderung bis zum 31. Dezember nach Ablauf des Bewilligungszeitraums (Nr. 9 dieser Bekanntmachung) gestellt haben.

5.   Art und Umfang der Zuwendung

5.1   Art der Zuwendung

[1]Die Zuwendung erfolgt als Festbetragsfinanzierung. [2]Die Zuwendung wird über den Ausbaufaktor (Nr. 5.3.2) ausgereicht.

5.2   Zuwendungsfähige Kosten

Zuwendungsfähig sind die Betriebskosten für den Platz in einer Kindertageseinrichtung und die Kosten für einen Platz in der Kindertagespflege, der zu Beginn der Förderung von einem Kind unter drei Jahren belegt wird.

5.3   Höhe der Förderung

5.3.1   Die Förderung errechnet sich als Produkt aus Basiswert und Buchungszeitfaktor nach Maßgabe des Art. 21 Abs. 2 BayKiBiG sowie dem Ausbaufaktor (Nr. 5.3.2).

5.3.2   [1]Der Ausbaufaktor wird rückwirkend für den jeweiligen Bewilligungszeitraum (Nr. 9) durch das zuständige Staatsministerium festgelegt und bekanntgemacht. [2]Die Höhe des Ausbaufaktors errechnet sich durch Division wie folgt:

a) Dividend sind die gemäß Nr. 1 und Vorbemerkung im Bewilligungszeitraum zur Verfügung stehenden Haushaltsmittel.

b) Divisor ist der nach BayKiBiG – ohne Berücksichtigung der Gewichtungsfaktoren – ermittelte Förderbetrag der für den Bewilligungszeitraum fristgerecht gestellten Förderanträge (Nr. 4 Satz 2) für Kinder unter drei Jahren (Produkt aus tatsächlicher Zahl der im Bewilligungszeitraum betreuten Kinder unter drei Jahren × Basiswert × durchschnittlicher Buchungszeitfaktor im Bewilligungszeitraum).

5.3.3   [1]Die Zuwendungsempfänger erhalten auf Antrag Abschlagszahlungen, die vierteljährlich zusammen mit der kindbezogenen Förderung nach dem BayKiBiG ausgereicht werden. [2]Für die Auszahlung der Abschlagszahlungen ermittelt das zuständige Staatsministerium einen vorläufigen Ausbaufaktor. [3]Bei der Berechnung des vorläufigen Ausbaufaktors kommt der Rechenweg nach Nr. 5.3.2 mit der Maßgabe zur Anwendung, dass 80% der zur Verfügung stehenden Haushaltsmittel, der durchschnittliche Buchungszeitfaktor des Vorjahres, die im Bewilligungszeitraum voraussichtliche Zahl der betreuten Kinder unter drei Jahren und der maßgebende Basiswert zugrunde gelegt werden. [4]Sollte sich während des Bewilligungszeitraums abzeichnen, dass die tatsächliche Zahl der betreuten Kinder oder die durchschnittliche Buchungszeit erheblich von den prognostizierten Werten abweichen, kann das zuständige Staatsministerium den vorläufigen Ausbaufaktor jederzeit anpassen, um eine Überzahlungzu vermeiden.

5.3.4 [1]Auf die sich nach Nr. 5.3.1 ergebende Förderung je Bewilligungszeitraum wird die Summe der für diesen Bewilligungszeitraum geleisteten Abschlagszahlungen angerechnet. [2]Differenzen sind auszugleichen, d. h. waren die Abschlagszahlungen gegenüber dem Endförderbetrag zu hoch, hat der Empfänger den überzahlten Betrag zu erstatten. [3]Ergibt sich hingegen ein höherer Endförderbetrag als die Summe der Abschlagszahlungen wird der Mehrbetrag ausgezahlt.

5.3.5 Der Zuwendungsempfänger hat die Abschlagszahlungen zu erstatten, wenn er den Antrag auf Endabrechnung nicht innerhalb der in Nr. 4 Satz 2 festgelegten Frist stellt.

5.3.6 [1]Bei der Berechnung der Förderhöhe gelten die Verfahrensvorschriften des BayKiBiG und der Ausführungsverordnung zum BayKiBiG in der jeweils geltenden Fassung entsprechend. [2]Bei Kindern, die das dritte Lebensjahr im Laufe des Bewilligungszeitraums vollenden, erfolgt die Förderung bis zum Ausscheiden aus der Kindertageseinrichtung bzw. bis zur Beendigung der Kindertagespflege, längstens bis zum Ablauf des Bewilligungszeitraums.

6. Mehrfachförderung

Eine Förderung nach dieser Richtlinie entfällt, wenn für den gleichen Zuwendungszweck über die kindbezogene Förderung des BayKiBiG hinaus andere Mittel des Freistaates Bayern sowie des Bundes oder der EU in Anspruch genommen werden.

Abschnitt II
Verfahren

7. Bewilligungsbehörde

Die Auszahlung der Zuschüsse an die Kommunen erfolgt durch die für die kindbezogene Förderung nach Art. 28 BayKiBiG zuständigen Bewilligungsbehörden.

8. Antragstellung

[1]Der Antrag der Kommune auf kindbezogene Förderung nach Art. 26 Abs. 1 Satz 2 BayKiBiG bzw. auf Abschlagszahlungen gilt gleichzeitig als Antrag auf die Gewährung des Ausbaufaktors nach dieser Richtlinie, es sei denn, die Kommune bestimmt im Antrag ausdrücklich etwas anderes. [2]Die Bewilligungsbehörden melden dem zuständigen Staatsministerium die für die Berechnung des Ausbaufaktors maßgebenden Daten bis spätestens 15. März des auf den Bewilligungszeitraum folgenden Jahres.

9. Bewilligungszeitraum

Bewilligungszeitraum ist das jeweilige Kindergartenjahr (1. September bis 31. August).

10. Nachweis und Prüfung der Verwendung

[1]Der Nachweis für die kindbezogene Förderung von Kindern unter drei Jahren im Rahmen des BayKiBiG gilt gleichzeitig als Nachweis der Mittelverwendung für diese Richtlinie. [2]Die Bewilligungsbehörde prüft den Nachweis in eigener Zuständigkeit und Verantwortung. [3]Sie ist auch zuständig für die Rücknahme und den Widerruf von Zuwendungsbescheiden und die Rückforderung von Zuwendungen.

Abschnitt III
Inkrafttreten, Außerkrafttreten

11. Inkrafttreten

Diese Richtlinie tritt mit Wirkung vom 1. September 2009 in Kraft.

12. Außerkrafttreten

Diese Richtlinie tritt mit Ablauf des 31. August 2014 außer Kraft.

Friedrich S e i t z
Ministerialdirektor

Anhang 3 Muster eines Buchungsbelegs

Träger: _____

_____

_____

Dieser Buchungsbeleg ist **Bestandteil des Betreuungsvertrages** vom ....

Erläuterungen:

I. Angaben zur Person

Die Angaben zur Person benötigen wir, damit klar ist, für welches Kind der Buchungsbeleg gilt. Bei Kindern mit (drohender) Behinderung benötigen wir – wenn vorhanden – eine Kopie des Bescheides nach § 53 SGB XII bzw. § 35a SGB VIII, da wir dann zusätzliche Zuschüsse erhalten können, mit deren Hilfe wir den besonderen Bedürfnissen Ihres Kindes gerecht werden können.

II. Buchungszeit

Zur besseren Planbarkeit des Einsatzes des pädagogischen Personals bitten wir Sie anzugeben, wann Sie in der Regel Ihr Kind bringen bzw. holen möchten. Sie können – in Absprache mit uns – zwei unterschiedliche Eintragungen vornehmen, z.B. für Montag bis Donnerstag und für Freitag.

Sie müssen die von Ihnen angegebenen Bring- und Holzeiten nicht präzise einhalten. Ihre Angabe dient vielmehr dazu auszurechnen, wie viele Stunden Ihr Kind normalerweise unsere Einrichtung pro Tag besucht (sog. Buchungszeit). Beispiel: Wenn Sie Ihr Kind zwischen 8 und 9 Uhr bringen und zwischen 12 und 13 Uhr holen möchten, dann stehen unsere pädagogischen Kräfte für Ihr Kind von 8 bis 13 Uhr und damit 5 Stunden zur Verfügung. Sofern wir dies organisatorisch ermöglichen können, kann Ihr Kind unsere Einrichtung an verschiedenen Tagen auch unterschiedlich lange oder zu unterschiedlichen Zeiten besuchen. Für die Buchungszeit wird dann der Durchschnitt pro Tag ausgerechnet. Damit Sie unsere Einrichtung möglichst flexibel nutzen können, vereinbaren wir mit Ihnen keine exakte Stundenzahl, sondern eine Buchungszeitkategorie. Sie können wählen zwischen:

Über 1 bis 2 Std.[1]	Über 2 bis 3 Std.[1]	Über 3 bis 4 Std.[2]	Über 4 bis 5 Std.[3]	Über 5 bis 6 Std.[3]	Über 6 bis 7 Std.[3]	Über 7 bis 8 Std.[3]	Über 8 bis 9 Std.[3]	Über 9 Std.[3]

[1] Diese Kategorien kann der Träger streichen, wenn er eine Mindestbuchungszeit von „über 3 bis 4 Std." festgelegt hat.

[2] Diese Kategorie kann der Träger zusätzlich streichen, wenn er eine Kernzeit von 4 Stunden festgelegt hat.

[3] Diese Kategorien streicht der Träger, wenn er sie aufgrund kürzerer Öffnungszeiten nicht anbieten kann.

Eine Buchung in der Kategorie „mehr als 3 bis einschließlich 4 Stunden" pro Tag bedeutet, dass Ihr Kind in der Regel zwischen 15 und 20 Stunden pro Woche tatsächlich in unserer Einrichtung verbringt.

Ändert sich Ihre tatsächliche Nutzung für einen Zeitraum von mehr als einem Monat im Umfang von mindestens einer Stunde, sind die Buchungen entsprechend anzupassen und ein neuer Buchungsbeleg auszufüllen.

I. Angaben zur Person

Name des Kindes	Geburtsdatum

Name der Eltern (Personensorgeberechtigten)
Anschrift

Bei Kindern mit (drohender) Behinderung:

Ein Bescheid über die Bewilligung einer integrativen Betreuung nach § 53 SGB XII oder

§ 35a SGB VIII liegt ☐ nicht vor

☐ vor (bitte Bescheid in Kopie beifügen)

II. Buchungszeit

Zur Information für den Träger:

Wochentage	Bringzeit	Holzeit
	zwischen .... und....Uhr	zwischen .... und....Uhr
	zwischen .... und....Uhr	zwischen .... und....Uhr

Daraus ergibt sich als verbindliche Buchungszeitkategorie und Elternbeitrag:

Datum	Buchungszeit- kategorie	Elternbeitrag pro Monat
Buchung ab		

Ich versichere, dass die vorstehenden Angaben wahrheitsgemäß sind. Änderungen teile ich unverzüglich mit.

_____   _____

(Ort, Datum)   (Unterschrift eines Personensorgeberechtigten)

Anhang 4 Muster eines Buchungsbelegs für Horte

Träger: _____

_____

_____

Dieser Buchungsbeleg ist **Bestandteil des Betreuungsvertrages** vom ....

I. Angaben zur Person

Name des Kindes	Geburtsdatum

Name der Eltern (Personensorgeberechtigten)
Anschrift

Die amtliche Bestätigung eines festgestellten

Anspruchs auf Eingliederungshilfe nach

§ 53 SGB XII oder § 35 a SGB VIII liegt ☐ nicht vor

☐ vor (bitte Bestätigung beifügen)

Beide Eltern bzw. der Elternteil, bei dem das

Kind seinen überwiegenden Aufenthalt hat, sind ja ☐   nein ☐

nichtdeutscher Herkunft

oder

sind/ist als Spätaussiedler anerkannt ja ☐   nein ☐

(bitte jeweils Nachweis beifügen)

☐   Nachweis über die Früherkennungsuntersuchung wurde vorgelegt

☐   Nachweis über die Früherkennungsuntersuchung wurde nicht vorgelegt

      Gründe:

II. Festlegung der Buchungszeiten

	Schulzeit		Ferienzeit		
	Buchung		Buchung		
		Beitrag in € monatlich	ab 15 bis 29 Tage	ab 30 bis 44 Tage	ab 45 Tage
>2h bis 3h					
>3h bis 4h					
>4h bis 5h					
>5h bis 6h					
>6h bis 7h					
>7h bis 8h					
>8h bis 9h					
>9h					

Ich versichere, dass die vorstehenden Angaben wahrheitsgemäß sind. Änderungen sind unverzüglich mitzuteilen.

Datum und Unterschrift eines Personensorgeberechtigten

Anhang 5 Betreuung behinderter Kinder in integrativen Kindertageseinrichtungen

Bayer. Städtetag, Bayer. Gemeindetag, Bayer. Landkreistag, Bayer. Staatsministerium für Arbeit und Sozialordnung, Familie und Frauen und Arbeitsgemeinschaft der Spitzenverbände der freien Wohlfahrtspflege in Bayern

Gemeinsame Empfehlung zur Gewährung des Faktors 4,5 + x bei der Betreuung behinderter Kinder in Integrativen Kindertageseinrichtungen

Die Unterzeichner stimmen darin überein, dass sich durch die Umstellung auf das Bayerische Kinderbildungs- und -betreuungsgesetz (BayKiBiG) bei der Finanzierung von Integrativen Kindertageseinrichtungen im Grundsatz keine Änderung beim Umfang der Förderung einer zusätzlichen Kraft ergeben sollte. Vielmehr sollen Staat und Kommunen – wie bisher – die für die Integration zusätzlich notwendigen Personalkosten zu 80 Prozent übernehmen. Mit Einführung des BayKiBiG erfolgt dies durch Erhöhung des Gewichtungsfaktors (= 4,5 + x).

Die Erhöhung dieses Faktors kommt bei Kindern mit körperlicher, geistiger oder seelischer Behinderung/drohender Behinderung in integrativen Krippen, Kindergärten und Horten in Betracht (Integrationskinder). Voraussetzung ist das Vorliegen eines Eingliederungshilfebescheids des zuständigen Sozialhilfeträgers, der auf die Förderung in einer Kindertageseinrichtung lautet. Um zusätzliche Leistungen der Eingliederungshilfe zu erhalten, ist es daneben erforderlich, dass die Kindertageseinrichtungen eine Leistungs- und Entgeltvereinbarung mit dem zuständigen Bezirk abschließen. Grundlage für die einzelne Leistungs- und Entgeltvereinbarung bildet die zwischen den kommunalen Spitzenverbänden und den Einrichtungsträgerverbänden geschlossene Rahmenleistungsvereinbarung zur teilstationären Tagesbetreuung in Kindertageseinrichtungen (T-K-Kita vom 1. September 2007).

Um den Trägern von integrativen Einrichtungen Planungssicherheit für die Finanzierung ab dem Betriebsjahr 2007/2008 zu geben, empfehlen die Unterzeichner, nach dem beigefügten Berechnungsmodell des Bayerischen Sozialministeriums **(Anlage)** vorzugehen. Danach wäre der Gewichtsfaktor von 4,5 bei integrativen Einrichtungen so weit anzuheben, dass die Zusatzkraft zu 80 Prozent finanziert werden kann. Mit Hilfe des vom Bayerischen Sozialministerium aktualisiert ins Internet eingestellten „Programms zur Berechnung des Gewichtungsfaktors 4,5 + x" (www.stmas.bayern.de/kinderbetreuung/download/berech nung.htm) können die Kindertageseinrichtung und die Kommune relativ einfach die Höhe des x-Faktors errechnen.

Der Zeitaufwand und die Qualifikation der Integrationskraft sind vom behindertenspezifischen Mehraufwand abhängig. Dieser Bedarf ist vom Träger zu begründen. Ohne gesonderte Begründung wird empfohlen, bei einer durchschnittlichen Buchungszeit von in der Regel sechs Stunden täglich für Gruppen mit

- drei behinderten oder von Behinderung bedrohten Kindern 0,6,
- vier behinderten oder von Behinderung bedrohten Kindern 0,8 und
- fünf behinderten oder von Behinderung bedrohten Kindern 1,0

Integrationskräfte einzusetzen.
Der zusätzliche Faktor x wird nicht in den Anstellungsschlüssel eingerechnet.
Zum 1. November eines jeden Jahres soll die Einrichtung einen Anstellungsschlüssel von 1:11 oder besser aufweisen. Unberührt bleibt der gesetzliche Mindestanstellungsschlüssel von 1:12,5. Der zu Beginn des Betreuungsjahres ermittelte Faktor x soll für das gesamte Betreuungsjahr gewährt werden, auch wenn sich die Zahl der Integrationskinder vermindert.

München, 1. September 2007

Anhang 6 Teilstationäre Angebote zu Tagesbetreuung für behinderte oder von Behinderung bedrohte Kinder

---

Bayerische Rahmenleistungsvereinbarung für den Leistungstyp:
Teilstationäre Angebote zur Tagesbetreuung für behinderte oder von Behinderung bedrohte Kinder im Sinne des § 53 SGB XII in Kindertageseinrichtungen im Sinne des Art. 2 Abs. 1 BayKiBiG

(T-K-KITA)

Stand 20.6.2007

1. Gegenstand und Grundlage

Diese Vereinbarung regelt diejenigen Leistungen, die die Leistungsträger unter Berücksichtigung des Nachranges der Sozialhilfe sicherzustellen haben. Des Weiteren werden hier die verbindlichen Vorgaben für die von den Kindertageseinrichtungen zu erbringenden Leistungen festgelegt.

Kinder mit Behinderung und solche, die von einer Behinderung bedroht sind, sollen in wohnortnahen Kindertageseinrichtungen entsprechend ihres individuellen Hilfebedarfs nach Möglichkeit gemeinsam mit Kindern ohne Behinderung betreut und gefördert werden, um ihnen eine gleichberechtigte Teilhabe am gesellschaftlichen Leben zu ermöglichen.

Die integrativen Angebote in Kindertageseinrichtungen beinhalten ganzheitliche und begleitende Leistungen in den Bereichen Förderung, Betreuung und ggf. Pflege, Bildung und Erziehung.

Die örtliche Kooperation und die Vernetzung aller beteiligten Stellen ist anzustreben mit dem Ziel, eine differenzierte Bedarfsfeststellung und Angebotsplanung zu entwickeln, um ausreichend und bedarfsorientiert Plätze anzubieten.

Grenzen der Integration werden nicht nur durch Art und Schwere der Behinderung gesetzt, sondern auch durch Rahmenbedingungen, unter denen Integration sich vollzieht. Die Qualität der entsprechenden Rahmenbedingungen zur Integration von behinderten Kindern soll mit dieser Vereinbarung gesichert werden.

Wesentliche rechtliche Grundlagen

Die im Folgenden beschriebenen Leistungen werden auf der Grundlage folgender gesetzlicher Bestimmungen und folgender Vereinbarungen erbracht:

* Sozialgesetzbuch – SGB XII Sozialhilfe (insbesondere §§ 53 ff., 75 ff.)
* Verordnung nach § 60 des SGB XII (Eingliederungshilfe-Verordnung)
* Bayerischer Rahmenvertrag zu § 79 SGB XII
* Sozialgesetzbuch – SGB VIII Kinder und Jugendhilfe
* Bayerisches Ausführungsgesetz zum Sozialgesetzbuch (AG SG)
* Sozialgesetzbuch – SGB IX Rehabilitation und Teilhabe behinderter Menschen
* Bayerisches Kinderbildungs- und -betreuungsgesetz (BayKiBiG)
* Verordnung zur Ausführung des Bayerischen Kinderbildungs- und -betreuungsgesetzes (AVBayKiBiG)

2. Zielgruppe

2.1 Personenkreis

Der Personenkreis umfasst Kinder mit teilstationärem Hilfebedarf, die nicht nur vorübergehend körperlich, geistig, seelisch oder mehrfach behindert oder von einer wesentlichen Behinderung bedroht sind im Sinne des § 53 SGB XII und nicht ausschließlich der Leistung einer HPT bedürfen. Seelisch behinderte oder von seelischer Behinderung bedrohte Schulkinder werden von dieser Rahmenleistungsvereinbarung nicht erfasst. Teilstationärer Hilfebedarf bedeutet, dass ein behinderungsbedingter Hilfebedarf über mehrere Stunden täglich an mehreren Tagen in der Woche vorliegt.

Hierbei findet § 13 Abs. 1 Satz 3 SGB XII Beachtung.

2.2 Bildung von Gruppen vergleichbaren Hilfebedarfs

In diesem Leistungstyp findet keine weitere Differenzierung nach Hilfebedarfsgruppen statt.

3. Aufnahme

3.1 Aufnahmeverpflichtung

Die Kindertageseinrichtung verpflichtet sich nach § 5 des Bayerischen Rahmenvertrages gemäß § 79 SGB XII im Rahmen der vorhandenen Kapazitäten alle behinderten oder von einer wesentlichen Behinderung bedrohten Kinder aufzunehmen, für die sie nach § 4 des Bayerischen Rahmenvertrages gemäß § 79 SGB XII ein Leistungsangebot vorhält.

Die Kindertageseinrichtung kann grundsätzlich nur behinderte oder von einer wesentlichen Behinderung bedrohte Kinder aufnehmen, die unter den gegebenen Bedingungen (z. B. räumliche Gegebenheiten, Gruppenzusammensetzung, Personalausstattung, etc.) entsprechend ihrem individuellen Bedarf betreut und gefördert werden können.

3.2 Aufnahmeverfahren

Die Kindertageseinrichtung weist die gesetzlichen Vertreter darauf hin, dass vor der Aufnahme in den Kindergarten beim zuständigen Leistungsträger ein Antrag auf Kostenübernahme der Eingliederungshilfeleistungen mit ausführlichen Unterlagen (d. h. ärztliche Berichte, Entwicklungsberichte der abgebenden Einrichtung oder sonstigen Stellen etc.) einzureichen ist.

Eine Aufnahmezusage kann in der Regel erst dann erfolgen, wenn das Aufnahmeverfahren abgeschlossen ist und eine Kostenzusicherung des zuständigen Leistungsträgers vorliegt.

Für Kinder, deren Behinderung erst nach Aufnahme eintritt oder festgestellt wird, können auch nach Aufnahme in die Einrichtung Kostenübernahmeanträge unter Berücksichtigung von § 18 Abs. 1 SGB XII gestellt werden.

3.3 Kündigung

Die Kündigung eines Platzes für ein Kind, das teilstationäre Leistungen nach dem SGB XII erhält, wird durch die Einrichtung im Betreuungsvertrag oder in der Satzung geregelt.

Sie hat im Benehmen mit dem Leistungsträger zu erfolgen.

4. Leistung

4.1 Ziele der Leistung

Ziele sind

- entsprechend dem individuellen Bedarf des Kindes eine drohende wesentliche Behinderung oder eine Behinderung oder deren Folgen durch individuelle Förderung, Betreuung einschließlich Pflege, Bildung und Erziehung zu beseitigen oder zu mildern.

- die gleichberechtigte Teilhabe aller Kinder am gesellschaftlichen Leben weitestgehend zu ermöglichen. Es soll erreicht werden, dass Kinder mit Behinderungen nicht wegen Mangel an entsprechend ausgestatteten integrativen Plätzen in Kindertageseinrichtungen auf Sondereinrichtungen nur für Kinder mit Behinderung verwiesen werden müssen.

- die Kinder ohne Behinderung und deren Eltern für die Belange der Kinder mit (drohender) Behinderung bei gleichzeitiger Förderung eines natürlichen und ungezwungenen Umgangs zueinander zu sensibilisieren. Soziale Integrationsprozesse zwischen Kindern mit und ohne (drohende) Behinderung werden gezielt gefördert.

Für die pädagogische Gestaltung der gemeinsamen Angebote für Kinder mit und ohne Behinderung gelten folgende Leitprinzipien:

Die gemeinsame Betreuung, Bildung und Erziehung von Kindern mit und ohne Behinderungen in Kindertageseinrichtungen ist ein ganzheitliches Angebot. Darüber hinaus soll die individuelle Förderung fester Bestandteil der Gesamtkonzeption sein. Dabei ist anzustreben, dass Leistungen anderer Kostenträger, wie die medizinische und integrative therapeutische Versorgung der Kinder mit Behinderungen im Rahmen eines ganzheitlichen Ansatzes in das Alltagsgeschehen eingebunden ist.

Förderung sozialer und lebenspraktischer Kompetenzen, Persönlichkeitsentwicklung

Eine dem jeweiligen Entwicklungsstand entsprechende Förderung von Selbstbestimmung und Selbstbehauptung trägt zur positiven Persönlichkeitsbildung bei und unterstützt die Kinder bei der Bewältigung alltäglicher Aufgaben und der Entwicklung größtmöglicher Selbstständigkeit.

Ressourcen- und Prozessorientierung

Ausgangspunkt der pädagogischen Arbeit mit allen Kindern ist die Orientierung an deren jeweiligen Stärken und Fähigkeiten. Den individuellen Lernprozessen der Kinder mit unterschiedlichen Entwicklungsvoraussetzungen wird im Rahmen der gemeinsamen pädagogischen Angebote Rechnung getragen.

Förderung der Eigenbeschäftigung und Freizeitgestaltung

Vielfältige pädagogische Angebote wecken die individuellen Neigungen und Interessen der Kinder und steigern dadurch die Wahrnehmungs- und Erlebnisfähigkeit. Gleichzeitig werden durch Motivation und Aufgreifen der Interessensbereiche die Eigenbeschäftigung und Freizeitgestaltung dahingehend gefördert, diese zunehmend selbstständig in Varianz und Umfang zu intensivieren.

Gemeinsame Bildungs- und Erziehungsprozesse von Kindern mit und ohne Behinderungen nehmen einen zentralen Stellenwert in der Entwicklungsförderung ein und geben den Kindern vielfältige Lernimpulse.

Vorbereitung schulischer Maßnahmen

Die Kindertageseinrichtung hat u. a. die Aufgabe, die Kinder auf den Übergang in die Schule vorzubereiten. Sie unterstützt in Zusammenarbeit mit Fachdiensten und Lehrern die Eltern (ggf. gesetzliche Vertreter) der Kinder bei der Planung der weiteren schulischen Ausbildung. Vorrangiges Ziel ist der Besuch bzw. die Integration in einer Regelschule.

Zusammenarbeit mit Eltern

Eine ausreichende Förderung von Kindern mit Behinderung kann nur in enger Zusammenarbeit zwischen Eltern und der Kindertageseinrichtung erfolgen.

Fachkräfte sind für die Eltern als Berater notwendig und umgekehrt. Es ist Aufgabe der Fachkräfte, über behinderungsspezifische Hilfen zu informieren, die Kontakte unter den Eltern zu fördern und zu stärken, um dem Kind mit Behinderung die notwendigen Förderungen zu ermöglichen.

4.2 Art, Inhalt und Umfang der Leistung

Die von der Kindertageseinrichtung zu erbringenden Leistungen müssen in jedem Einzelfall in Art und Umfang dem Hilfeanspruch nach den §§ 1, 8 und 9 SGB XII entsprechen. Sie müssen gem. § 76 Abs. 1 Satz 3 SGB XII ausreichend, zweckmäßig und wirtschaftlich sein und dürfen das Maß des Notwendigen nicht überschreiten. Die Kindertageseinrichtung leistet die Hilfe entsprechend dem individuellen Bedarf des behinderten oder von einer Behinderung bedrohten Kindes.

Die einzelnen Leistungsbereiche beinhalten:

- Förderung, Betreuung und ggf. Pflege, Erziehung und Bildung

- Organisation und Koordination des Alltags in der Kindertageseinrichtung, Team- und Fallbesprechungen, Fortbildung, Förder- und Hilfeplanung und Dokumentation

- Zusammenarbeit mit Eltern oder gesetzlichen Vertretern und Kooperation mit allen Beteiligten bei der Planung und Durchführung der Angebote gem. Art. 15 Abs. 1 BayKiBiG. Im Rahmen der Erstellung des Gesamtplans ist es notwendig, dass alle Verantwortlichen zusammenwirken und ihre Förder- und Hilfsmaßnahmen aufeinander abstimmen.

5. Qualität der Leistung

Die Qualität der zu erbringenden Leistung gliedert sich in Strukturqualität, Prozessqualität und Ergebnisqualität.

Die Kindertageseinrichtung hat die Qualität der vereinbarten und notwendigen Leistungen sicherzustellen. Der Träger der Kindertageseinrichtung ist verantwortlich, dass Maßnahmen zur internen Sicherung der Struktur-, Prozess- und Ergebnisqualität festgelegt und durchgeführt werden.

5.1 Strukturqualität

Jede Form der Integration setzt voraus, dass pädagogische, personelle und räumliche Bedingungen vorhanden sind, die eine den Bedürfnissen aller Kinder gerecht werdende Betreuung, Bildung und Erziehung garantieren.

5.1.1 Standort und Ausstattung

Die sächliche und räumliche Gestaltung des Angebots soll kindgerechten und behinderungsspezifischen Erfordernissen und Bedürfnissen entsprechen.

5.1.2 Konzeption

Die Kindertageseinrichtung legt die Konzeption auf Anforderung vor. Sie ist nicht Bestandteil der individuellen Leistungsvereinbarung.

5.1.3 Betreuungsdauer

Die wöchentliche Betreuungszeit von Kindern mit Behinderung beträgt in der Kindertageseinrichtung gem. Art. 2 Abs. 2 BayKiBiG i. d. R. mindestens 20 Stunden. Im Übrigen richtet sich die wöchentliche Betreuungszeit nach den Bestimmungen des BayKiBiG. Angestrebt wird dabei eine tägliche Betreuungszeit von mindestens vier Stunden.

5.1.4 Personalausstattung

Die personelle Besetzung richtet sich nach dem BayKiBiG und der Verordnung zur Ausführung des BayKiBiG. Der Mindestanstellungsschlüssel von 1:12,5 ist einzuhalten. Die Bezirke finanzieren die Anhebung des Gewichtungsfaktors von 4,5 nach Art. 21 Abs. 5 Satz 2 BayKiBiG für behinderte oder von Behinderung bedrohte Kinder im Sinne des § 53 SGB XII mit teilstationärem Hilfebedarf auf 5,5 (entspricht mindestens zwei Betreuungspersonalstunden je Kind je Woche (vgl. Ziff. 2.1).

Für Personalmehrungen, die aus diesem Vertrag zustande kommen, ist die Regelung des § 17 Abs. 2 der Verordnung zur Ausführung des BayKiBiG (50 % pädagogische Fachkräfte im Sinne des § 16 Abs. 2 AVBayKiBiG) einzuhalten.

Zusätzliche Leistungen der Gemeinden und des Landes nach Art. 21 Abs. 5 Satz 3 BayKiBiG bleiben davon unberührt.

Ein zusätzlich notwendiger Fachdienst wird je Kind mit Behinderung und je Kind, das von Behinderung bedroht ist, in einem Umfang von bis zu 50 Stunden pro Kindergartenjahr finanziert. Davon stehen für die Teilnahme an Teambesprechungen sowie für sonstige Kooperationen bis zu zehn Stunden jährlich je Integrationskind zur Verfügung. Je Fachstundeneinheit müssen i. d. R. mindestens 45 Minuten direkt mit dem Kind gearbeitet werden.

Die im Rahmen der Eingliederungshilfe über die Anhebung des Gewichtungsfaktors finanzierten Betreuungsstunden können durch eigenes Personal oder durch externe Fachdienste sichergestellt werden.

Die Kindertageseinrichtung entscheidet eigenverantwortlich, unter Berücksichtigung des individuellen Bedarfes des Kindes, in welchem Umfange die finanzierten Betreuungsstunden durch Fachdienste sichergestellt werden.

Der Fachdienst für Integration qualifiziert sich durch entsprechende behindertenspezifische Ausbildungen und Erfahrungen in einschlägigen Fachdisziplinen wie z. B. Sozialpädagogik, Heilpädagogik, Sonderpädagogik, Psychologie. Die Vorhaltung des Fachdienstes ist in Form von Festanstellung, bzw. auf Kooperationsbasis (insbesondere durch interdisziplinäre Frühförderstellen) oder Honorarbasis möglich.

Unter Berücksichtigung der Zusammenarbeit mit Eltern, pädagogischem Personal in Kindertageseinrichtungen und Ärzten sind die Aufgaben des Fachdienstes für Integration insbesondere:

- Förderplanung

- Koordination und Durchführung von Förderangeboten

- Koordination und Kooperation mit anderen Institutionen

- Beratung und Information von Eltern, pädagogischem Personal in der Einrichtung u.a.

- Hilfsmittelversorgung.

Zusätzlich notwendige Leistungen im Sinne des § 30 SGB IX bleiben unberührt.

Medizinisch-therapeutische Leistungen, wie z.B. Krankengymnastik, Logopädie, Ergotherapie, sind nicht Bestandteil dieser Vereinbarung und werden mit dem dafür vorrangig zuständigen Kostenträger abgerechnet.

5.1.5 Sachausstattung

Die durch den behinderungsbedingten Mehraufwand erforderliche Sachausstattung (insbesondere Spiel- und Lernmaterial) wird in der individuellen Leistungsvereinbarung geregelt.

5.2 Prozessqualität

Der Prozess der Leistungserbringung richtet sich nach § 8 des Bayerischen Rahmenvertrages gemäß § 79 SGB XII vor allem nach folgenden Grundsätzen:

- Leitbild und Konzeption der Kindertageseinrichtung, deren Übereinstimmung mit den Zielen der Hilfeleistung sowie ihre Anpassung an veränderte fachliche Standards und veränderte Bedarfslagen der Kinder mit Behinderung

- Vernetzung der Angebote innerhalb der Kindertageseinrichtung im Rahmen einer einzelfallbezogenen Betreuungs-, Bildungs-, Erziehungs- und Förderplanung

- Vernetzung mit jenen Einrichtungen, Diensten und Ämtern, deren Tätigkeiten in einem sachlichen Zusammenhang mit den Aufgaben der Kindertageseinrichtung stehen (Art. 15 Abs. 1 Satz 1 BayKiBiG)

- Bedarfsorientierung der Hilfeleistung

- Angebote zur Unterstützung und Förderung der Fähigkeiten zur Selbsthilfe

- Organisation der Integrationsarbeit in einem Team der Fachkräfte einschließlich Fachberatung

- Dokumentation der Leistungen

- Beteiligung und Zusammenarbeit mit den Eltern bzw. gesetzlichen Vertretern bei Planung und Durchführung der Hilfeangebote

5.2.1 Förderung als ein geplanter Prozess

Der Prozess der Förderung wird unter Berücksichtigung der lebenspraktischen, sozialen, emotionalen, psychomotorischen, kognitiven und sensitiven Kompetenzen des Kindes mit Behinderung geplant, begleitet und angepasst.

5.2.2 Dokumentation

Um die Betreuungsarbeit nachvollziehbar zu machen, wird die Arbeit in allen wesentlichen Punkten regelmäßig dokumentiert.

5.3 Ergebnisqualität

Die Ergebnisqualität ist der Zielerreichungsgrad der gesamten Leistungserbringung.

Anhand der vereinbarten Leistungsziele ist das Ergebnis durch die Kindertageseinrichtung regelmäßig zu überprüfen.

Kriterien für die Feststellung der Ergebnisqualität können sein:

* Soziale Integration

* Entwicklung von Kompetenzen z. B. in den Bereichen soziale, kognitive, emotionale und körperliche Entwicklung (vgl. § 1 Abs. 2 AVBayKiBiG)

* Sichtweise der Kinder bzw. ihrer Eltern oder gesetzlichen Vertreter.

6. Qualitätssicherung

Der Träger der Kindertageseinrichtung ist dafür verantwortlich, dass Maßnahmen zur internen Sicherung der Struktur-, Prozess- und Ergebnisqualität festgelegt und durchgeführt werden.

7. Härteklausel

Soweit durch die Umstellung der Finanzierung durch die Bezirke für die Leistungen der Eingliederungshilfe für behinderte oder von Behinderung bedrohte Kinder Defizite entstehen, kann der Bezirk diese ausgleichen.

8. Salvatorische Klausel

Sollten einzelne Regelungen dieses Vertrages ganz oder teilweise unwirksam sein oder werden, so berührt dies die Gültigkeit der übrigen Regelungen nicht. Die betreffende Regelung wird von den Vertragspartnern entsprechend dem inhaltlich Gewollten und rechtlich Zulässigen angepasst.

9. Revisionsklausel

Die Rahmenleistungsvereinbarung soll im Kindergartenjahr 2008/2009 überprüft werden, ob und inwieweit die zugrunde gelegten Annahmen zutreffend waren. Bei Abweichungen wäre die Rahmenleistungsvereinbarung entsprechend anzupassen.

10. Kündigung

Diese Rahmenleistungsvereinbarung kann mit einer Frist von 6 Monaten zum Schluss eines Kindergartenjahres von jedem Vertragspartner gekündigt werden. Die Kündigung bedarf der Schriftform und ist allen Vertragspartnern zuzustellen.

Die Kündigung gilt nur für den kündigenden Vertragspartner.

11. Inkrafttreten

Diese Vereinbarung tritt am 1.9.2007 in Kraft.

Abgestimmte Protokollnotizen zur Bayerischen Rahmenleistungsvereinbarung für T-K-Kita

1) Die Vereinbarungspartner erklären, dass bezüglich der Ziffer 5.1.3 Betreuungsdauer Konsens besteht, dass mit der jetzigen Formulierung über die wöchentliche Betreuungsdauer auch die Buchungskategorie 3–4 h eingeschlossen ist.

2) Die Vereinbarungspartner erklären, dass bezüglich Ziffer 9 Konsens besteht, dass bei der Revision der Rahmenleistungsvereinbarung T-K-KITA im Kindergartenjahr 2008/2009 die Notwendigkeit der weiteren Aufrechterhaltung der Härteklausel (Ziffer 7) überprüft wird.

3) Die Vereinbarungspartner erklären, dass Konsens besteht, dass über die Flexibilisierung des Gewichtungsfaktors 1 (vgl. Ziffer 5.1.4) als Personalbudget, welches auch für zusätzlichen Fachdienst verwendet werden kann, die vom Bezirk finanzierten, zusätzlich notwendigen Fachdienststunden nicht reduziert werden.

4) Die Bezirke gewährleisten eine Finanzierung des zusätzlichen Gewichtungsfaktors 1 (Ziffer 5.1.4) entsprechend dem jeweiligen kommunalen und staatlichen Basiswert umgerechnet auf 100 % der dem Basiswert zugrunde liegenden Personalkosten (Summe der Basiswerte 80 %*100 %).

Die Fachdienststunde wird mit 40,00 € vergütet.

Anhang 7 Musterbetriebserlaubnis

Rn 0	**Betriebserlaubnis für die Kindertageseinrichtung** Straße ▓▓▓ in ▓▓▓ <hr><u>Anlagen:</u> 1 Kopie der Betriebserlaubnis 1 Empfangsbestätigung mit Bitte um Rückgabe ▓▓▓ (Landratsamt, kreisfreie Stadt, Regierung) erlässt folgenden **Bescheid:**

1	1. Dem ▓▓▓ **(Träger)** wird
	
	☐* die **Erlaubnis** zum **Betrieb einer/eines**
	
	☐* Kinderkrippe mit ...... Plätzen
	
	     davon für Kinder unter drei Jahren
	         maximal .... Plätze
	         mindestens .... Plätze***
	
	☐* Kindergartens mit .... Plätzen
	
	     davon für Kinder unter drei Jahren maximal .... Plätze
	                                              mindestens .... Plätze***
	     davon für Schulkinder maximal .... Plätze
	
	☐* Horts mit .... Plätzen
	
	☐* Hauses für Kinder mit .... Plätzen
	
	     davon für Kinder unter drei Jahren maximal .... Plätze
	                                                mindestens .... Plätze***
	     davon für Schulkinder maximal .... Plätze

2	☐* Netzes für Kinder mit .... Plätzen

3   mit Wirkung ab ▮▮▮ (Datum) nach

     ☐*   § 45 SGB VIII   bzw.

     ☐*   Art. 9 BayKiBiG

     aufgrund der Feststellungen der Begehung vom ▮▮▮ **erteilt.**

---

4   ☐*die vorläufige Erlaubnis zum Betrieb einer/eines .... mit Wirkung ab
     ▮▮▮ (Datum) nach

     ☐*   § 45 SGB VIII   bzw.

     ☐*   Art. 9 BayKiBiG

     aufgrund der Feststellungen der Begehung vom ▮▮▮ (Datum)

     unter der Bedingung erteilt, dass bis zum ▮▮▮ (Datum) folgende Auflagen erfüllt werden:

     ▮▮▮▮▮▮▮▮▮▮▮▮

     ▮▮▮▮▮▮▮▮▮▮▮▮

     ▮▮▮▮▮▮▮▮▮▮▮▮

---

5   ☐*   **Im Kindergarten belegen Kinder**

     ☐*   **unter drei Jahren**

     ☐*   **Kinder unter zwei Jahren und** ▮▮▮ ****Monaten
jeweils zwei Plätze.**

     ☐*   **In Kinderkrippen können je zwei Kinder von drei Jahren bis zur Einschulung
bzw. Schulkinder einen Krippenplatz belegen.**

---

6   ☐*   In der Kindertageseinrichtung

     ☐*   verringert sich die Platzzahl bei Aufnahme von Kindern mit Behinderung oder von
Behinderung bedrohten Kindern um je ☐ Plätze.

     ☐*   dürfen gleichzeitig maximal ☐ Kinder mit Behinderung oder von Behinderung bedrohte Kinder anwesend sein.

     ☐*   dürfen gleichzeitig maximal ☐ Kinder unter drei Jahren anwesend sein.

7	**Die Zahl der Kinder kann** ☐* innerhalb eines Kindergartenjahres (Art. 26 Abs. 1 Satz 3 BayKiBiG) ☐* befristet für maximal ▨ Monate um maximal ▨ * gleichzeitig anwesende Kinder um ▨ * Prozent **überschritten werden.**

8   **2. Bedingungen:**

     2.1 Die Bildungs- und Erziehungsarbeit der Kindertageseinrichtung ist durch pädagogische Fachkräfte zu sichern, § 15 AVBayKiBiG.

     2.2 Mindestens ▨ Fachkraft/Fachkräfte im Sinn §§ 15, 16 Abs. 2 AVBayKiBiG ist/sind zu beschäftigen.

     2.3 ☐* Ein Anstellungsschlüssel im Sinne von § 17 Abs. 1 AVBayKiBiG
        von ☐*   1 : 12,5
        von ☐* ▨ ****   ist einzuhalten.

     2.4. ☐* Ein Personal-Kind-Schlüssel von ▨ ist einzuhalten.

     Begründung:

     2.5. ☐* Bei Aufnahme von Kindern unter drei Jahren ist (zusätzlich zu 2.3 und mit Ausnahme von Randzeiten, max. 1 h) ein Personal-Kind-Schlüssel von ▨ einzuhalten.
       ☐* Bei Aufnahme von Kindern mit Behinderung oder von Behinderung bedrohten Kindern
       ist (zusätzlich zu 2.3 und mit Ausnahme von Randzeiten, max. 1 h) ein Personal-Kind-Schlüssel von ▨ einzuhalten.

9   **3. Sonstige Nebenbestimmungen:**

10   4.   Meldepflichten/Ordnungswidrigkeit:

*   **Zutreffendes ankreuzen**

**   mindestens sechs Monate

***   falls zutreffend Zahl der nach dem Sonderinvestitionsprogramm des Freistaates Bayern (2008-2013) geförderten Plätze

****   bei Abweichen von Anstellungsschlüssel 1:12,5 individuelle Begründung erforderlich

Gründe:

I.

Die Erlaubnispflicht für den Betrieb einer Kindertageseinrichtung besteht nach § 45 SGB VIII bzw. nach Art. 9 BayKiBiG.

II.

▓▓▓ (Landratsamt, kreisfreie Stadt, Regierung) ist gemäß Art. 28 S. 2 BayKiBiG zuständig.

III.

Der Entscheidung liegen folgende Unterlagen zugrunde:

☐   Baugenehmigung/Nutzungsänderungsgenehmigung,

☐   Finanzierungsplan der Einrichtung

     polizeiliches Führungszeugnis des Betreibers

     ☐ einfaches FZ   oder ☐ erweitertes FZ

☐   Daten nach § 47 Nr. 1 SGB VIII

☐   Planunterlagen - Funktionsbeschreibung

☐   Pädagogische Konzeption oder sonstige die Bildungs- und Erziehungsarbeit beschreibende Unterlagen

☐   Begehungsprotokoll vom ▓▓▓

IV.

Die Festlegungen in Ziff. 1 dienen der Sicherung des Kinderwohls.

Die unter Ziff. 2 genannten Bedingungen haben ihre Grundlage in § 45 Abs. 2 Satz 1 SGB VIII.

Anhaltspunkte, die eine Versagung der Betriebserlaubnis rechtfertigen könnten, sind nicht ersichtlich.

V.

Die unter Ziff. 2 erfassten Auflagen/Bedingungen sind zur Sicherung des Kindeswohls erforderlich, weil

VI.

Im Falle einer vorläufigen Erlaubnis hier Begründung für die Auflagen (werden die Auflagen binnen der gesetzten Frist erfüllt, wird eine endgültige Betriebserlaubnis erteilt)

VII. Die Kostenentscheidung ergibt sich aus § 64 Abs. 1 SGB X.

Hinweise:

Eigenes Hinweisblatt

Rechtsbehelfsbelehrung:

Gegen diesen Bescheid kann innerhalb eines Monats nach seiner Bekanntgabe entweder Widerspruch eingelegt (siehe 1.) oder unmittelbar Klage erhoben (siehe 2.) werden.

1. Wenn Widerspruch eingelegt wird:
Der Widerspruch ist **schriftlich oder zur Niederschrift** bei (Landratsamt, kreisfreie Stadt oder Regierung) einzulegen. Sollte über den Widerspruch ohne zureichenden Grund in angemessener Frist sachlich nicht entschieden werden, so kann Klage bei dem Bayerischen Verwaltungsgericht in , schriftlich oder zur Niederschrift des Urkundsbeamten der Geschäftsstelle dieses Gerichts erhoben werden. Die Klage kann nicht vor Ablauf von drei Monaten seit der Einlegung des Widerspruchs erhoben werden, außer wenn wegen besonderer Umstände des Falles eine kürzere Frist geboten ist. Die Klage muss den Kläger, den Beklagten (*Freistaat Bayern*) und den Gegenstand des

Klagebegehrens bezeichnen und soll einen bestimmten Antrag enthalten. Die zur Begründung die-nenden Tatsachen und Beweismittel sollen angegeben, der angefochtene Bescheid soll in Urschrift oder in Abschrift beigefügt werden. Der Klage und allen Schriftsätzen sollen Abschriften für die übri-gen Beteiligten beigefügt werden.

2. Wenn unmittelbar Klage erhoben wird:
Die Klage ist bei dem

Bayerischen Verwaltungsgericht in ▮▮▮,
Postfachanschrift: Postfach ▮▮▮,
Hausanschrift: ▮▮▮,

schriftlich oder zur Niederschrift des Urkundsbeamten der Geschäftsstelle dieses Gerichts zu erheben. **Die Klage muss den Kläger, den Beklagten** (*Freistaat Bayern*) **und den Gegenstand des Klagebegehrens bezeichnen** und soll einen bestimmten Antrag enthalten. Die zur Begründung dienenden Tatsachen und Beweismittel sollen angegeben, der angefochtene Bescheid soll in Ur-schrift oder in Abschrift beigefügt werden. Der Klage und allen Schriftsätzen sollen Abschriften für die übrigen Beteiligten beigefügt werden.

_____

(Unterschrift)

13 | **Hinweisblatt**

§ 47 des Achten Buches Sozialgesetzbuch (SGB VIII)

§ 47

Meldepflichten

Der Träger einer erlaubnispflichtigen Einrichtung hat der zuständigen Behörde

1. die Betriebsaufnahme unter Angabe von Name und Anschrift des Trägers, Art und Standort der Einrichtung, der Zahl der verfügbaren Plätze sowie der Namen und der beruflichen Ausbildung des Leiters und der Betreuungskräfte sowie

2. die bevorstehende Schließung der Einrichtung

unverzüglich anzuzeigen. Änderungen der in Nummer 1 bezeichneten Angaben sowie der Konzeption sind der zuständigen Behörde unverzüglich, die Zahl der belegten Plätze ist jährlich einmal zu melden.

§ 104

Bußgeldvorschriften

(1) Ordnungswidrig handelt, wer

1. ohne Erlaubnis nach § 43 Abs. 1 oder § 44 Abs. 1 Satz 1 ein Kind oder einen Jugendlichen betreut oder ihm Unterkunft gewährt,

2. entgegen § 45 Abs. 1 Satz 1, auch in Verbindung mit § 48a Abs. 1, ohne Erlaubnis eine Einrichtung oder eine sonstige Wohnform betreibt oder

3. entgegen § 47 eine Anzeige nicht, nicht richtig, nicht vollständig oder nicht rechtzeitig erstattet oder eine Meldung nicht, nicht richtig, nicht vollständig oder nicht rechtzeitig macht oder

4. entgegen § 97a Abs. 4 vorsätzlich oder fahrlässig als Arbeitgeber eine Auskunft nicht, nicht richtig oder nicht vollständig erteilt.

(2) Die Ordnungswidrigkeiten nach Absatz 1 Nr. 1, 3 und 4 können mit einer Geldbuße bis zu fünfhundert Euro, die Ordnungswidrigkeit nach Absatz 1 Nr. 2 kann mit einer Geldbuße bis zu fünfzehntausend Euro geahndet werden.

§ 15

Anhang 8 Einwilligung der Eltern in den Fachdialog zwischen Kindertageseinrichtung und Schule über das Kind

Einwilligung der Eltern
in den Fachdialog zwischen Kindertageseinrichtung und Schule über das Kind
(Eltern und Grundschule erhalten jeweils eine Kopie dieser Einwilligung)

Elternhaus, Kindertageseinrichtung und Grundschule sind Partner in gemeinsamer Verantwortung für das einzuschulende Kind. Die Einwilligung der Eltern ermöglicht eine partnerschaftliche Kooperation und den Austausch aller Beteiligten über das Kind. Mit vereinten Kräften gelingt es umso besser, das Kind bei der Bewältigung seiner mit der Einschulung anstehenden Aufgaben optimal zu begleiten.

(1) Teilnahme des Kindes am „Vorkurs Deutsch lernen vor Schulbeginn" *(streichen, falls unzutreffend)*
Für die Kursplanung ist es notwendig, alle daran teilnehmende Kinder in einer Liste, die auch die Grundschule erhält, mit folgenden Daten zu erfassen: Name, Vorname, Geburtsdatum und welche Sprache/n in der Familie gesprochen wird/werden. Im Rahmen der arbeitsteiligen Kursdurchführung tauschen sich jeweils zuständige Erzieherin und Lehrkraft über ihre Beobachtungen der sprachlichen Lern- und Entwicklungsprozesse des Kindes regelmäßig aus und stimmen für eine optimale Förderung des Kindes das weitere pädagogische Vorgehen aufeinander ab. Die Eltern werden über den sprachlichen Entwicklungsverlauf ihres Kindes fortlaufend informiert.

(2) Übergang des Kindes in die Grundschule
Für jedes Kind ist dieser Übergang ein einschneidendes Lebensereignis, aber auch für Eltern. Es kommen auf das Kind viele neue Anforderungen zu, die es in relativ kurzer Zeit zu bewältigen hat. Erzieherinnen und Lehrkräfte haben die gemeinsame Aufgabe, diese sensible Phase zu begleiten, das Kind und die Eltern über den Übergang gut zu informieren und sie bei dessen Bewältigung zu unterstützen. Wichtig ist, dass alle den Bewältigungsprozess gemeinsam gestalten, damit dieser Übergang gelingt. **Gespräche** hierzu führen Erzieherinnen und Lehrkräfte mit den Eltern, auch untereinander und möglichst im Beisein der Eltern, um auch ihre Kenntnisse und Erfahrungen über ihr Kind mit einzubeziehen.

Im Einschulungsverfahren kann für die Grundschule (z.B. Kooperationsbeauftragte/r, Schulleitung) der Austausch mit der Kindertageseinrichtung wichtig sein, insbesondere um sich zu beraten, ob das Kind einer gezielten Unterstützung vor bzw. nach seiner Einschulung bedarf (z.B. Hochbegabten-, Sprachförderung, Besuch einer Sprachlernklasse), ob für das Kind die Zurückstellung vom Schulbesuch oder der Besuch einer Förderschule die bessere Entscheidung ist. **Im 1. Schuljahr** kann es für die Erstklassenleitung wichtig sein, ihre Eindrücke über das Kind und sein Bewältigungsverhalten in der Übergangsphase sowie ihre Überlegungen zur optimalen Begleitung des Kindes mit der Erzieherin zu bereden. Der Erfahrungshintergrund, den Erzieherinnen aufgrund ihrer mehrjährigen intensiven Begleitung des Kindes haben, kann der Schule helfen, das Kind besser zu verstehen, mehr über seine Stärken zu erfahren und es bei seinen Lernprozessen besser zu begleiten. **Wenn solche Gespräche, aber auch die Übermittlung schriftlicher Unterlagen über das Kind anstehen, werden die Eltern stets vorab kontaktiert, um mit ihnen die konkreten Inhalte und ihre Gesprächsteilnahme abzusprechen.**

Am Ende des 1. Schuljahres ist die Übergangsbegleitung des Kindes beendet. Die Grundschule ist verpflichtet, jene **Dokumente in der Schulakte**, die sie über das Kind im Rahmen der Kooperation mit der Kindertageseinrichtung erstellt hat, zu vernichten.

Kind: _____ *(Name)*
Kindertageseinrichtung: _____
Schule: _____
(jeweils Name, Anschrift und Telefon / Name des/r Kooperationsbeauftragten)

Hiermit **willige ich** ein, dass sich Kindertageseinrichtung und Schule bei Bedarf innerhalb des beschriebenen Rahmens über mein Kind austauschen.

_____, den_____   _____
　　(Ort)　　　　*(Datum)*　　*(Unterschrift des / der Personensorgeberechtigten)*

Anhang 9 Gesprächsvermerk zur Früherkennungsuntersuchung

**Muster für den Gesprächsvermerk
zur Früherkennungsuntersuchung**

(angelehnt an StMAS AMS VI 4/10/2008
vom 29.7.2008 Az. VI 4/7360/293/07/HO)

Als Beiblatt zum Betreuungsvertrag kann folgender Text im Rahmen des Aufnahmeverfahrens des Kindes beigefügt werden:

– Der Nachweis über die Teilnahme an der letzten fälligen altersentsprechenden Früherkennungsuntersuchung wurde durch Vorlage des ordnungsgemäß abgestempelten und unterschriebenen Kinder-Untersuchungsheftes durch die Personensorgeberechtigten am .... erbracht. Ich habe mich durch persönliche Einsichtnahme davon überzeugt.

– Der Nachweis über die Teilnahme an der letzten fälligen altersentsprechenden Früherkennungsuntersuchung wurde durch Vorlage einer ordnungsgemäß unterschriebenen Bestätigung des Kinderarztes durch die Personensorgeberechtigten am .... erbracht. Ich habe mich durch persönliche Einsichtnahme davon überzeugt.

– Der Nachweis über die Teilnahme an der letzten fälligen altersentsprechenden Früherkennungsuntersuchung wurde nicht vorgelegt. Ich habe am .... die/den Personensorgeberechtigten auf die Verpflichtung und die Notwendigkeit der Wahrnehmung der Früherkennungsuntersuchung hingewiesen sowie sie/ihn aufgefordert, die Früherkennungsuntersuchung ihres/seines Kindes nachzuholen und uns durch Vorlage des ordnungsgemäß abgestempelten und unterschriebenen Kinder-Untersuchungsheftes oder einer ordnungsgemäß unterschriebenen Bestätigung des Kinderarztes nachzuweisen. Dies ist nicht erfolgt.

_____   _____

Ort, Datum   Unterschrift der/s Erzieherin/Erziehers

Stichwortverzeichnis

Die Zahlen beziehen sich auf die Randnummern.

Inobhutnahme

Krisenintervention und Schutzgewäh-
rung durch die Jugendhilfe
§§ 8a, 42 SGB VIII

von Professor Dr. iur. Thomas
Trenczek M.A.

2008, 2. Auflage, 316 Seiten, € 32,–

ISBN 978-3-415-03931-5

Die Inobhutnahme ist eine Intervention
im Bereich des Kinderschutzes, es geht
vielfach um die Sicherung des Kindeswohls in eskalierten Konflikten und
akuten Gefährdungssituationen, um
Schutz vor extremer Vernachlässigung,
Misshandlung und Missbrauch.

Die Arbeitshilfe gibt auf Basis einer
interdisziplinären Perspektive und
gleichzeitig einer gründlichen diszipli-
närfachlichen Ausarbeitung eine Orientierung für die schwierige Arbeit im
Alltag der Krisenintervention in der
Jugendhilfe. Für Studierende und Neu-
einsteiger ist das Buch insbesondere als
umfassende Darstellung der interdisziplinären Grundlagen der Krisenintervention in der Jugendhilfe geeignet.
Erfahrenen Praktikern, insbesondere
der Jugendschutzstellen und Jugendämter, bietet die Arbeitshilfe Klärung
und Antworten auf die konkreten im
Arbeitsalltag immer wieder auftreten-
den Einzelfragen.

BOORBERG

RICHARD BOORBERG VERLAG   FAX 0711/7385-100 · 089/4361564
TEL 0711/7385-343 · 089/436000-20   BESTELLUNG@BOORBERG.DE

RA0114